法　　理

法哲学、法学方法论与人工智能

（第6卷第2辑）

舒国滢　主编

图书在版编目(CIP)数据

法理.第6卷.第2辑/舒国滢主编.—北京:商务印书馆,2021
ISBN 978-7-100-19715-1

Ⅰ.①法… Ⅱ.①舒… Ⅲ.①法理学—研究 Ⅳ.①D90

中国版本图书馆 CIP 数据核字(2021)第 048405 号

权利保留,侵权必究。

法 理

法哲学、法学方法论与人工智能
(2020·第6卷第2辑)

舒国滢 主编

商 务 印 书 馆 出 版
(北京王府井大街36号 邮政编码100710)
商 务 印 书 馆 发 行
北京虎彩文化传播有限公司印刷
ISBN 978-7-100-19715-1

2021年4月第1版 开本 787×1092 1/16
2021年4月北京第1次印刷 印张 18¼
定价:96.00元

主办单位：
中国政法大学法学院法学方法论研究中心
北京市天同律师事务所

主　编：舒国滢（中国政法大学法学院）
副主编：王夏昊（中国政法大学法学院）
　　　　　辛正郁（北京市天同律师事务所）

编辑委员会（以姓氏笔画为序）
　王　进（西北政法大学刑事法学院）
　冯　威（中国政法大学法学院）
　华小鹏（河南财经政法大学）
　李红勃（中国政法大学法治政府研究院）
　朱明哲（中国政法大学比较法学研究院）
　刘　毅（北京理工大学法学院）
　杨　贝（对外经济贸易大学法学院）
　宋旭光（深圳大学法学院）
　汪　雄（首都师范大学政法学院）
　柯　岚（华中科技大学法学院）
　郭　晔（浙江大学光华法学院）
　梁迎修（北京师范大学法学院）
　雷　磊（中国政法大学法学院）

学术秘书：韩亚峰　吴国邦

目录

特稿

  经济分析与法学方法 ································· 王鹏翔　张永健（3）

专题研讨 1·风险社会与责任伦理

  风险与责任 ·· 安东尼·吉登斯（79）

  责任、秩序伦理和集体能动性

    ···················· 尼基尔·穆克吉　克里斯托夫·卢埃奇（91）

  社会主义中国语境下的专政与紧急状态

    ——何以区别？如何实践？ ························· 杨海舟（104）

专题研讨 2·凯尔森及其多元理论

  汉斯·凯尔森与阿道夫·朱利叶斯·梅克尔著作中的法律位阶理论

    ······················· 托马斯·奥莱科夫斯基（123）

  纯粹性命题 ·· 斯坦利·L. 鲍尔森（132）

特色栏目·人工智能与计算法学

  人工智能与法律、逻辑和论证型式 ·············· 亨利·帕肯（169）

智慧司法中算法公开的尝试 ……………………………… 王志成（186）

法学中的"实验"

——由实证研究到实践教学的一体贯通 …………… 陶宏光（203）

案评

论不动产抵押权的担保范围认定

——由一个设例切入 ………………………………… 齐昕（219）

论债权之受领权能作为财产罪中的占有形态

——基于二维码案的定性分析 ……………………… 郝赟（242）

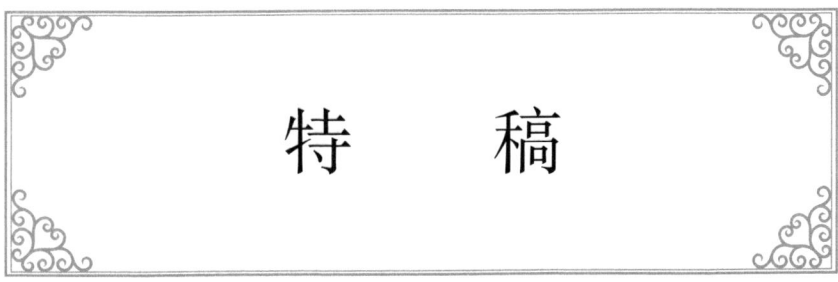

经济分析与法学方法[*]

王鹏翔　张永健[**]

摘　要　法律经济分析与法教义学研究向来鲜少对话,本文尝试将法律经济分析整合运用至传统法学方法:首先,经济分析除了在部分条文之文义、历史解释不可或缺,更可借由目的解释或结果取向解释的论证架构,成为法律解释与法律续造的方法。因此,经济分析不是独立的法律解释方法,而可融入于既有的法教义学架构。其次,经济分析追求的效率分为一阶和二阶,"一阶效率"乃是直接作为实质规范目的之效率,尤其是资源分配效率与生产效率;"二阶效率"则是权衡解决目的(原则、价值、利益)冲突之效率考虑——亦即最适化或最大化实现一组可能相冲突之目的。体系上,民事财产法之内在原则,多可由效率原则推导而出,是故效

---

[*] 作者感谢苏永钦、王文宇、简资修、林建志、王锴、林子仪、邱文聪、吴全峰、刘淑范、戴昕、桑本谦、胡伟强、赵雷、由然、席涛、徐光东、周天舒、徐文鸣、赖建桦、杜宴林、熊丙万、贺剑、阎天、许可、刘晓春、侯猛、竺效、张吉豫的宝贵意见。尤其感谢雷磊教授在研讨会上40分钟的口头评论。本文为"中央研究院"法律学研究所2016年研究组群计划"经济分析与法学方法"的部分成果。本文初稿曾发表于2016年12月13日"中央研究院"法律学研究所个人年度学术研讨会,2016年11月10日"中央研究院"法律学研究所举办之"经济分析与法学方法研讨会",2017年3月28日中国海洋大学法学院演讲,2017年4月2日中国政法大学法与经济学研究院演讲,2019年6月12日中国人民大学法学院民商法前沿论坛,2019年6月9日吉林大学法学院演讲。感谢刘孟涵、戴旻谚、张凯评、朱明希、朱子元、蔡孟昕、朱一宸的研究协助。
本文繁体版原刊载于2019年《台大法学论丛》第48卷第3期,本次转载时加入约25000字之内容。
作者顺序依姓氏笔画排列,两人贡献程度相同。

[**] 王鹏翔,"中央研究院"法律学研究所副研究员。张永健,"中央研究院"法律学研究所研究员、法实证研究数据中心主任;美国纽约大学法学博士。

率可以作为民事财产法内部体系的统一性基础，且由于法律原则具有最适化要求的规范结构，故任何法律原则的适用都内建了二阶效率。最后，经济分析有助于解决不同解释方法之冲突与优先性等后设方法论问题，效率标准可以作为证成、选择法律解释以及是否采取法律续造的理由。

关键词 经济分析 法教义学 效率 诱因 法学方法 法律解释 法律续造 后设方法（二阶方法）

一、经济分析作为法学方法？

自20世纪90年代初迄今，法律的经济分析引入华文法学界已近三十年。[1] 近年来，虽然法律经济分析（economic analysis of law）以及法律经济学（law and economics）[2] 的研究在两岸日渐蓬勃发展[3]，但法律经济分析与传统的法教义学似乎仍为没有交集的两条并行线。经济分析在法学界经常被视为异类，以民法学为例，

---

[1] 从供给、需求两方面分析台湾地区法经济学的发展历程，参见黄韬：《台湾地区法律经济学研究现状及其成因：基于法学知识生产的分析框架》，《华东政法大学学报》2014年第92期。英文文献参见 Steven S. Kan, "Law and Economics in Taiwan", in *Encyclopedia of Law & Economics* 328, 328–336 (Boudewijn Bouckaert & Gerrit De Geest eds., 1999), available at http: //encyclo.findlaw.com/0375book.pdf。

[2] 关于法律经济学与法律经济分析的区别，可以参考 Guido Calabresi, *The Future of Law and Economics: Essays in Reform and Recollection* 1–23 (2016).

[3] 参见贺剑：《走出共同担保人内部追偿的"公平"误区——〈物权法〉第176条的解释论》，载《法学》2017年第3期；熊丙万：《私法的基础：从个人主义走向合作主义》，中国法制出版社2019年版；熊丙万：《中国财产法的经济分析》，载《人大法律评论》2017年第1期；熊丙万：《实用主义能走多远——美国财产法学引领的私法新思维》，载《清华法学》2018年第1期；凌斌：《肥羊之争：产权界定的法学和经济学思考——兼论〈商标法〉第9、11、31条》，载《中国法学》2008年第5期；凌斌：《法治的代价：法律经济学原理批判》，法律出版社2012年版；陈若英：《活水清渠：法律制度运行的信息机制》，法律出版社2014年版；艾佳慧：《中国法官最大化什么》，载苏力主编：《法律与社会科学》第3卷，法律出版社2007年版，第98—151页；艾佳慧：《科斯定理还是波斯纳定理：法律经济学基础理论的混乱与澄清》，载《法制与社会发展》2019年第6期；艾佳慧：《法律界权视野下的科斯定理》，载《财经法学》2018年第6期；许可：《网络虚拟财产物权定位的证立——一个后果论的进路》，载《政法论坛》2016年第5期；许可：《物债二分下的网络虚拟财产权——一个法律经济学的视角》，载《人大法律评论》2017年第1期；戴昕：《威慑补充与"赔偿减刑"》，载《中国社会科学》2010年第3期；桑本谦、戴昕：《真相、后果与"排除合理怀疑"——以"复旦投毒案"为例》，载《法律科学》（西北政法大学学报）2017年第3期；桑本谦：《私人之间的监控与惩罚——一个经济学的进路》，山东人民出版社2005年版；桑本谦：《疑案判决的经济学原则分析》，载《中国社会科学》2008年第4期；张维迎、邓峰：《信息、激励与连带责任——对中国古代连坐、保甲制度的法和经济学解释》，载《中国社会科学》2003年第3期；邓峰：《清末变法的法律经济学解释：为什么中国选择了大陆法》，载《中外法学》2009年第2期；

除了少数例外①,绝大部分教科书都不会提及或运用经济分析方法,甚而投稿至法学期刊的经济分析研究论文仍不时遭受"非法学研究"之讥。

我们认为,造成这个现象的可能原因之一在于,法律经济分析如何与法(教义)学方法接轨,仍未获得法教义学与法律经济分析两方面学者的足够重视与研究。②经济分析向来不仅不被视为典型或"正统"的法学方法(或根本不被视为一种"法学"方法)③,而且效率作为经济分析的核心概念如何能够在释义学的框架内发挥作用,也少见说明。

本文尝试在经济分析与法学方法之间架起一道跨越鸿沟的桥梁。④在简要介绍何谓"法学方法"之后,我们将说明经济分析如何能够整合到法学方法论的架构之中。本文的核心主张如下:

(接上页)苏力:《"海瑞定理"的经济学解读》,载《中国社会科学》2006年第6期;苏力:《大国宪制》,北京大学出版社2018年版;简资修:《经济推理与法律》,元照出版公司2014年版;叶俊荣:《出卖环境权》,载《环境政策与法律》第2版,元照出版公司2010年版,第35—71页;苏永钦:《寻找新民法》,元照出版公司2008年版;谢哲胜、庄春发、黄健彰等:《法律经济学》,五南图书出版公司2007年版;王文宇:《民商法理论与经济分析》(二),元照出版公司2003年版;王文宇:《民商法理论与经济分析》,元照出版公司2000年版;陈明灿:《我国私有既成道路用地使用受限与损失补偿之法律经济分析》,载《东海大学法学研究》2006年第24期;陈明灿、林志昌:《共有土地判决分割之法律经济分析》,载《月旦民商法杂志》2006年第13期;胡天赐:《买卖不破租赁制度之法律经济分析》,载《台大法学论丛》2004年第33卷第1期;胡天赐:《台湾"民法"第425条中有关租赁契约公示制度之法律经济分析》,载《台北大学法学论丛》2004年第54期;熊秉元:《熊秉元漫步法律》,时报文化出版社2003年版;熊秉元:《约法哪三章——法律及制度经济学论文集》(一),元照出版公司2002年版;熊秉元:《天平的机械原理——法律及制度经济学论文集》(二),元照出版公司2002年版;熊秉元:《法律经济学开讲》,时报文化出版社2007年版;熊秉元:《法学的经济思维》,华艺学术出版社2013年版。

① 参见例如王泽鉴:《民法物权》(第2版),自刊2010年版,第14页。王泽鉴教授并未认为效率是民法的唯一价值;另请参见本页脚注③对于王泽鉴教授立场的更多说明。

② 作为法教义学的倡导者而明确主张法教义学的充分发展必须借鉴社会科学的研究成果,参见许德风:《法教义学的应用》,载《中外法学》2013年第5期。

③ 王泽鉴教授在《法律思维与民法实例》关于方法论的部分,并未特别强调经济分析与法学方法之关联。参见王泽鉴:《法律思维与民法实例》,自刊2011年版,第254—323页。在其物权法教科书中则认为:"经济效率不足以取代传统的法律解释方法,因为经济效率不是最高或唯一的法律原则,法院也不是某项解释是否符合经济效率的最佳判断者",但他仍明白肯定"经济效率乃在评估法律适用对资源分配的影响,应可纳入法律目的解释,而与其他解释方法共同协力,以实现法律的规范意旨",参见王泽鉴,同本页脚注①,第25页。黄茂荣教授则在其经典《法学方法与现代民法》第六版中额外提及"经济观察法"作为税捐法的解释方法,姑且不论这种取向于税法经济目的之解释方法有别于一般性的经济分析方法,黄茂荣教授仍认为"是否真的适当将经济观察法抬举为一种特别的解释方法,学说上依然存有疑问",参见黄茂荣:《法学方法与现代民法》(第6版),自行出版2009年版,第437页。

④ 至于其他社会科学方法如何与法教义学融合之问题,不在本文讨论之列。可参见侯猛:《社科法学的传统与挑战》,载简资修主编:《2014两岸四地法律发展:法学研究与方法》(下册),"中央研究院"法律学研究所2018年版,第449—464页。

首先，经济分析的思维模式，主要可以借由目的解释或结果取向解释的论证架构，成为法律解释与法律续造的方法之一；文义解释与历史解释，有时必须诉诸经济考虑；体系解释所诉诸之内在原则，亦可借由效率原则来说明其合理性。因此，经济分析基本上不是一种独立的法律解释方法，而是可以整合运用至既有的解释方法，并填补解释方法作为论证形式所需之实质内容。

其次，各种解释方法的位阶顺序为何，迄今仍是法学方法论中悬而未决的问题之一。经济分析的效率考虑与成本效益分析，有助于解决解释方法间的冲突与优先性问题。

最后，传统的法学方法论多局限于解释论而不及于立法论，但本文将指出，解释论与立法论难以截然区分，一套完整的法学方法论必须包括立法论，而立法论正是经济分析擅长之处。

进入正文之前，且容我们补充一个比较法上的观察：法律经济分析于20世纪后半叶发祥于美国，并迅速发展成为彼邦主流之"法学方法"，但在德国以及包括英国在内的欧洲法学界，经济分析并未如同在美国一般大行其道。① 然而，美国与德国的法学思维会有如此分歧的发展，不能简化为英美法与欧陆法的差异（同属普通法系的英国，法律经济分析就不如美国盛行，甚至可以说远较德国逊色），而是由法律制度与文化、法学教育与学术社群以及法律思想史等其他背景因素所造成，在此无法一一详述。② 毋庸讳言，经济分析不是德国主流的法学方法，对于经济分析方法在法学的应用，德国（或德语系）法学界也多半持保留或质疑的态度③；因

---

① 关于德国接受法律经济学的困难，可参见 Christian Kirchner, "The Difficult Reception of Law and Economics in Germany", 11 *Int'l. Rev. L. & Econ.* 277, 277-292 (1991)；德语世界在19世纪末20世纪初也曾有经济分析思想的萌芽。可惜未受到重视也没有得到进一步发展，参见 Kristoffel Grechenig & Martin Gelter, "Divergenz Evolution des Rechtsdenkens-Von amerikanischer Rechtsökonomie und deutscher Dogmatik", *RabelsZ* 72 (2008), S. 513 (540 ff.)。

② 对此详见 Grechenig & Gelter (Fn. 1, S. 6), S. 513-561。根据这两位奥地利学者的看法，迄19世纪后半，美国与德国的主流法学思维——前者是以 Langdell 为代表的 classical legal thought，后者则是概念法学（Begriffsjurisprudenz）——其实非常类似，他们认为，造成分道扬镳的主因是美国法律现实主义（American Legal Realism）的兴起，以及效益论（Utilitarianism）的思维方式在美国法学界被广泛接受。两位作者的英文版论述，参见 Kristoffel Grechenig & Martin Gelter, "The Transatlantic Divergence in Legal Thought: American Law and Economics Vs. German Doctrinalism", 31 *Hastings Int'l & Comp. L. Rev.* 295 (2008)。也参见 Nuno Garoupa & Thomas S. Ulen, "The Market for Legal Innovation: Law and Economics in Europe and the United States", 59 *Ala. L. Rev.* 1555 (2008)（主张美国有兴盛的法经济学，但欧洲没有，原因是美国的法学院面临激烈的资源竞争，而高度竞争的环境比较容易鼓励创新，法经济学就是其中一项创新产品）。

③ Pawlowski, *Methodenlehre für Juristen*, 3. Aufl., 1999, Rn. 852, 855; Bydlinski, *Juristische Methodenlehre und Rechtsbegriff*, 2. Aufl., 1991, S. 331 ff; Kramer, *Juristische Methodenlehre*, 3. Aufl., 2010, S. 255 ff; Fezer, "Aspekte einer Rechtskritik an der economic analysis of law und am property

此，在主要继受德国法的华文法学界，法律经济分析处于边缘地位，乃至留美的经济分析学者与留德为主的法教义学者之间罕有交流对话，似乎也不足为奇。

即便如此，我们仍必须指出以下两点：

第一，虽然经济分析在德语法学界未居主流，其发展也不如美国昌盛，但这并不代表法律经济分析的研究在德语世界不受重视或处于低度发展状态。相反地，德国、奥地利和瑞士不仅都有法律经济分析的专门研究机构①，德语的法律经济分析教科书、专书、论文、判决评释也早已汗牛充栋②，甚至有不少被译为英文，只是两岸少有引介而已。

第二，德语世界仍有不少学者，或在其方法论著作中，或以论文甚至专书来讨论法律经济分析在法教义学中的地位及运用可能；尽管篇幅长短与接受程度不一③，但这明白显示了德语法学界并未忽视经济分析与法学方法的关联，只是两岸

（接上页）rights approach", *JZ* 1986, 817, 817-864。大部头与简明版的两本方法论代表作 Larenz, *Methodenlehre der Rechtswissenschaft*, 6. Aufl., 1991 与 Zippelius, *Juristische Methodenlehre*, 8. Aulf., 2003 则从未有过只字词组讨论过经济分析。德国知名民法学者如卡纳里斯（Canaris）、司徒尔纳（Stürner）对经济分析重大误解以及对此误解之批评，参见张淞纶：《傲慢与偏见：传统民法学与法经济学》，载《人大法律评论》2017年第1期。

① 代表者如汉堡、萨尔布鲁根（Saarbrücken）、维也纳、圣加伦（St. Gallen）等大学的法律经济学研究中心。欧盟赞助成立的法律经济学学程，有硕士班 European Master in Law and Economics (http://www.emle.org/)，参加者有汉堡大学与维也纳大学；有博士班 European Doctor in Law and Economics (http://www.edle-phd.eu/)，汉堡大学是四个核心学校之一。

② 仅略举数例如下：Hans-Bernd Schäfer & Claus Ott, *Lehrbuch der ökonomische Analyse des Zivilrechts*, 5. Aufl., 2012; Emanuel V. Towfigh & Niels Petersen, *Ökonomische Methoden im Recht*, 2010; Michael Adams, *Ökonomische Theorie des Rechts*, 2. Aufl., 2004; Horst Eidenmüller, *Effizienz als Rechtsprinzip*, 4. Aufl., 2015; Klaus Mathis, *Effizienz statt Gerechtigkeit?*, 2. Aufl., 2006; Hein Kötz & Hans-Bernd Schäfer, *Judex Oeconomicus*, 2003; Anne van Aaken, "Rational Choice" in der *Rechtswissenschaft*, 2003; Hans-Peter Schwintowski, "Ökonomische Theorie des Rechts", *JZ* 1998, S. 581 (581-588); Christian Kirchner, *Ökonomische Theorie des Rechts*, 1997; Heinz-Dieter Assman et al. (Hrsg.), *Ökonomische Analyse des Rechts*, 1993; Claus Ott & Hans-Bernd Schäfer, "Die ökonomische Analyse des Rechts-Irrweg oder Chance wissenschaftlicher Rechtserkenntnis?", *JZ* 1988, S. 213 (213-223); Peter Behrens, *Die ökonomischen Grundlagen des Rechts*, 1986.

③ 例如 Kirchner & Koch, "Norminterpretation und ökonomische Analyse des Rechts", Analyse und Kritik 11 (1989), 111, 111 ff; Grundmann, "Methodenpluralismus als Aufgabe: Zur Legalität von ökonomischen und rechtsethischen Argumenten in Auslegung und Rechtsanwendung", *RabelsZ* 61 (1997), 423, 423 ff; Tontrup, "Ökonomik in der dogmatischen Jurisprudenz", in: *Methodische Zugänge zu einem Recht der Gemeinschaftsgüter*, 1998, S. 41, 41-120; Ladeur, "Die rechtswissenschaftliche Methodendiskussion und die Bewältigung des gesellschaftlichen Wandels: Zugleich ein Beitrag zur Bedeutung der ökonomischen Analyse des Rechts", *RabelsZ* 64 (2000), S. 60, 91 ff; Schwintowski, *Juristische Methodenlehre*, 2005, S. 151-164; Lieth, *Die ökonomische Analyse des Rechts im Spiegelbild klassischer Argumentationsrestriktionen des Rechts und seiner Methodenlehre*, 2007; Eidenmüller (Fn. 2, S. 7), S. 393 ff, 450 ff.

对此未予足够重视而已。①

两岸作为继受地，毋需故步自封，背负太多被继受国（不论德美或其他国家）的传统包袱；况且本地法律学者的留学背景及理论传承已渐趋多元；彼此若能捐弃成见、携手合作，未尝不能在经济分析与法学方法的跨领域议题作出有别于德美等被继受国的独特贡献，而本文正是抛砖引玉的微薄尝试。

以下简要说明本文的论述结构。第二部分首先批判地回顾并重构传统的法学方法，说明法学何以需要一套方法并强调传统法律解释方法的不确定性，并指出法教义学还需要一套关于法律解释的后设方法。这是因为文义、历史、目的、体系等传统解释方法，仅为一种论证形式，仍须填补某些规范性与经验性的主张以充实论证之前提。而经济分析以效率作为规范目的、以经济行为模式来说明或预测结果，正可充实法律解释形式所需之实质内容，并作为选择评价法律解释与续造的方法。② 换言之，本文并非主张经济分析可以完全取代法教义学，而是强调其可补充传统法学方法在实质内容与后设方法论的不足之处。③ 在英文的经济分析著作中，尤其是欧洲或美国的纯经济学家执笔时，往往会忽略法教义学的研究结果，直接以经济学的分析工具建构新的规则。这并非本文立场。法教义学是大陆法系法律人沟通的平台和法律思维累积与推进的框架，本文认为经济分析是"补充/结合"而非"取

---

① 限于篇幅，本文无法与质疑法律经济分析的德国传统法律学者进行全面对话。但正如 Christian Kirchner, *supra* note 1 (p. 6), at 278-279 所言，即便在德国，法律经济分析学者与传统释义学者也常处于各说各话的状态：一方认为法学应该引进现代社会科学方法，尤其是经济分析取向远胜于传统法学方法；另一方则坚持法律系统与法学方法的自主性。但正如基什纳（Kirchner）所指出，真正需要的其实是将经济分析取向内化为法律解释方法，让法律学者与律师、法官都更容易理解接受，这正是本文所努力的方向。事实上，德国方法论的新近讨论，已渐承认经济分析方法有一席之地，对此请特别参见 Frank Laudenklos, "Methode und Zivilrecht in der ökonomischen Analyse des Rechts", in: Joachim Rückert & Ralf Seinecke (Hrsg.), *Methodik des Zivilrechts-von Savigny bis Teubner*, 3. Aufl., 2017, S. 471 (484 ff.)（该文讨论了四种关于法学接受经济分析的批评——有碍法学自主性、导致不确定性、歧视经济弱势、损益衡量会损及法伦理文化，并一一响应或反驳，但因与经济分析与法学方法如何结合无直接相关，故在此不赘）；Christian Kirchner, "Methodik für die judiative Rechtsfortbildung im Zivilrecht: die institutionellenökonomische Perspektive", in: Joachim Rückert & Ralf Seinecke (Hrsg.), *Methodik des Zivilrechts-von Savigny bis Teubner*, 3. Aufl., 2017, S. 489 (489 ff)（该文从制度经济学观点，阐述经济分析如何与传统法学方法相结合以运用于民法的法律续造）。

② 本文并不主张，经济分析是唯一可以和法教义学相结合的理论。其他实质的规范性理论，例如正义理论、分配理论，至少也可以透过目的解释方法与法教义学相结合。

③ 本文的论旨在于展现经济分析如何与法教义学结合，以及为何法教义学应该接纳经济分析。至于现行实务因为缺乏经济分析思维产生的弊病，则是个别议题论文的工作。此种论述，参见例如张永健、陈恭平、刘育升：《无权占有他人土地与相当于租金之不当得利，实证研究与政策建议》，载《政大法学评论》2016 年第 145 期（法院在决定相当于租金之不当得利数额、认定其消灭时效等数种议题上，均因缺乏一贯的理论与思维方式，作出不一致判决、值得商榷的法律解释）。

代",意思是经济分析可以在既有法律解释方法的框架内展开,既不会推翻传统的解释方法,更非一种独立的解释方法。①

本文第三部分以下,将分别探讨经济分析方法与解释论、立法论之关联。这些论述将以民事实体法问题为中心,并主要以两岸民法方法论的一些典型例子②来说明。虽然本文的许多主张具有一般性,但不同部门法间运用经济分析的方式与时机仍有些许差异。③不同于可以推翻国会意志的宪法解释,不同于可以入人于罪的刑法解释,也不同于其他禁止规范之法律解释,民法的解释带给第三人的"后患"较少。(但这并不表示,经济分析在宪法或刑法等公法领域,无从运用于法律解释。④)

---

① 关于经济分析并非取代,但可补充传统法教义学,亦参见 Thomas M. J. Möllers, *Juristische Methodenlehre*, 2017, S. 185。

② 本文以民法方法论的经典例子说明经济分析的功能,是为了凝聚焦点。如果举一般读者不熟悉的例子,则本文需要花更多篇幅说明其背后缘由,难免失焦;这是其他专门论文应该做的工作。经济分析在经典例子中与传统法学方法论获致一样的结论,不代表在其他例子中两者立场永远相同。经济分析即使结论都与传统法学方法论相同,也不会因此失去用处。法学的很大一部分本来就是在写作"协同意见书"而非"不同意见书"。再者,本文认为,传统法学方法论的缺点之一是,对各自问题的说理,并未一贯,而显得零散。经济分析即使在十个问题和传统法学方法论结论相同,都是使用同样一套理论,一以贯之(例如下文即将以简单的优势风险承担理论,来解释契约法的"可归责"、侵权行为法的过失、买卖法的危险负担移转方式乃至瑕疵担保责任的类推适用)。当经济分析文章使用效率、交易成本等彼此关联密切的少数分析工具贯穿探讨所有民法问题时,许多使用传统方法的论著,在论述不同民法问题时,权衡不同的小目标、小价值,像是维护所有权之静的安全、保障交易安全、避免社会经济受影响、避免当事人利益重大损害、保全邻地利益、使改良共有物更容易实行、促使共有物有效利用、保护少数共有人利益……不一而足(以上均摘述自台湾地区"民法"物权编立法或修法理由,也常见于教科书与论文)。但如果没有更上位的理论与价值判断,法律解释者要如何在这些价值中取舍,又如何知道还有哪些小目标或小价值是立法者、修法者未及明示者?当法官面对违章建筑、借名登记此种常见但又没有明确条文可凭的纠纷时,若没有上位理论的指引,如何能作出和体系其他部分一致的判断?

③ 美国法学中最早开始使用经济分析方法的领域是竞争法、公司法;两岸在此两领域中适用经济分析的争议较小,从事者也较多。参见例如邓峰:《普通公司法》,中国人民大学出版社 2009 年版;王文宇:《公司与企业法制》,元照出版公司 2000 年版,第 395—520 页;张心悌:《企业资产收购后产品责任之归属——以美国法及法律经济分析为中心》,载《辅仁法学》2002 年第 23 期;张心悌:《从法律经济分析观点探讨强制公开收购制度》,载《辅仁法学》2004 年第 28 期;张心悌:《从法律经济学与信息财产权探讨内线交易理论——兼论内线交易内部人之范围》,载《台大法学论丛》2008 年第 3 期;张心悌:《从法律经济分析观点论 WTO 争端解决机制》,载《中正法学集刊》2004 年第 15 期;陈志民:《"吓阻"(deterrence)概念下之反托拉斯法私人诉讼——"最适损害赔偿"理论之政策启示》,载《人文及社会科学集刊》2002 年第 14 期;陈志民:《法律的经济分析——我美丽的正义女神是不是忧郁的经济学家?》,载《竞争政策通讯》2005 年第 9 期;陈志民:《经济分析适用于公平交易法之价值、示例与释疑》,载《财产法暨经济法》2011 年第 27 期;蔡昌宪:《从经济观点论企业风险管理与董事监督义务》,载《中研院法学期刊》2013 年第 12 期。

④ 参见张永健:《法经济分析——基本立场与教义应用》,载《法律书评》2020 年(边际吓阻概念在刑法立法与解释之运用);张永健:《土地征收补偿——理论、实证、实务》,元照出版公司 2013 年版(决定征地补偿标准的法经济学解释);张永健:《论药品、健康食品、食品之管制》,2003 年台大法律研究所硕士论文(如何设计药品、食品规制框架、解释相关规范的法经济学分析)。

尤其当法院解释的对象为契约法之"预设任意规定",纵使本案当事人受此法律解释拘束,但仍可用诉讼后交易,排除无效率的法律解释对当事人交易之干扰;尔后的其他交易者更可以用事前的特约排除该民法条文,以同时排除法院之法律解释。因此,在民事问题上,法院有更多解释法律的"实验"空间,成本有限,但创造性的法律解释可能带来利多。即使论者对在刑法或公法领域适用经济分析方法仍有疑虑,这并不妨碍法院使用同一套法教义学方法,在民事案件中结合经济分析论证。

不过,本文虽然主要以民法问题举例,并不代表本文认为经济分析只能适用到民商法,这只是笔者部门法专长与篇幅限制下的取舍。本文提出的"后设方法论"以及在各种既有解释方法中运用经济分析的方式,原则上可以适用到所有法律问题。但要明确回答:公法、刑法等其他法律领域之经济分析有何不同,只能另为文处理之。①

本文第三部分(解释论)与第四部分(立法论)乃在展现经济分析解释民法问题的视角与方法。其他规范性或经验性理论,自然也可以从不同角度与方法来充实法律论证所需之前提。本文的要求只是:经济分析思维提供了良好法律论证的一项必要条件,而非充分条件。任何法学研究取向都有其局限,经济分析亦不能免,但至少在民事财产法领域中,经济分析可以提供一以贯之的理论,而与传统法学方法有良好结合之可能性。

二、法学方法论简介

(一)何谓"法学":法学的范围与特性

在讨论经济分析是否以及如何能够作为一种法学方法之前,须先回答第一个大

---

① 正如同拉伦茨在本书第6页脚注③的方法论著作也主要以民法领域问题为例,但这无碍于其作为一般性的法学方法论,也少有人质疑其关于法律解释与续造的论述仅能适用于民法领域。此外,德文关于其他法领域之经济分析的著作,除见本书第7页脚注②的若干文献外,关于公法的经济分析之新近著作,请特别参考 Michael Rodi, *Ökonomische Analyse des öffentlichen Rechts*, 2014。英文文献关于公法与刑法的经济分析文献已多,不赘述。以下仅举数本专书、教科书为例:参见 Robert D. Cooter, *The Strategic Constitution*, 1-380 (2000)(以经济分析方法探讨宪法问题);Alan Devlin, *Fundamental Principles of Law and Economics*, 105-46 (2015)(以经济分析方法探讨刑法问题);Steven Shavell, *Foundations of Economic Analysis of Law*, 471-568 (2004)(以经济分析方法探讨刑法问题);Richard A. Posner, *Economic Analysis of Law*, 865-962 (8 ed. 2011)(以经济分析方法探讨宪法问题);Cass R. Sunstein, *Simpler: The Future of Government*, 1-215 (2013)(以经济分析方法探讨行政管制问题);Eric A. Posner & Alan O. Sykes, *Economic Foundations of International Law* (2013)(以经济分析方法探讨国际法问题)。

哉问：何谓"法学"与"法学方法"？

所谓"法学"有广义、狭义两种理解方式。广义的法学，泛指一切以"法"（不论是法律制度、规范、行动或其他相关现象）为研究对象的学科。[①] 各人文、社会学科——例如哲学、社会学、人类学、经济学等——都能从各自的角度去研究法律，从而法哲学、法社会学、法人类学、法经济学等交叉学科，皆属广义的法学。按照广义的理解，只要研究的主题与法律相关，则各个学科所使用的方法均可称为"法学方法"，如此一来，经济分析无疑也属于广义的法学方法之一。[②] 不过，广义的法学方法显然不是法律人或法学者向来所理解的"法学方法"，为了区别起见，或许可将广义的法学方法称为"法学研究方法"（methods of legal research）。

狭义的法学即通常所称"法教义学"（Rechtsdogmatik, the doctrinal study of law），狭义的法学方法，则是法教义学在处理法律问题时所使用的方法。[③] 不过，何谓"法教义学"，迄今仍没有一个广为接受的清楚定义。德国法学方法论巨擘卡尔·拉伦茨在其巨著《法学方法论》中，将法教义学界定为：

> 主要从规范性角度来研究法律并以此探讨规范之"意义"的学科。它涉及实证法规范的规范效力及其意义内容，同时也包括了法院判决所内含的裁判准则。[④]

拉伦茨这段话短短数言，内涵却十分庞杂，以下关于法教义学的工作及性质的概述，可视为对这段话的补充阐述。

另一位德国法理学大家罗伯特·阿列克西，在与两位同样知名的法理学家亚历山大·佩岑尼克与奥利斯·阿尔尼奥所合著的经典论文《法律推理的基础》中，则将法教义学的工作简明界定为：（1）探究法律秩序的内容；（2）法律概念与法律规范的体系化。他们认为，这两项任务是彼此关联的，法秩序的内容无法独立于体系化的方法，反之亦然。[⑤]

[①] 传统方法论学者多半也同样肯认法学有广狭两义之分，如 Larenz (Fn. 3, S. 6), S. 190 ff; Bydlinski (Fn. 3, S. 6), S. 8 ff。

[②] 社会科学方法运用于法学的完整方法论谱系，参见张永健：《法实证研究：原理、方法与应用》，新学林出版股份有限公司 2019 年版，第 15—22 页。

[③] 对"将法学直接化约为法教义学，且不接受广义法学方法"此种立场之批判，参见凌斌：《什么是法教义学：一个法哲学追问》，载《中外法学》2015 年第 27 卷第 1 期。

[④] Larenz (Fn. 3, S. 6), S. 195.

[⑤] See Aulis Aarnio et al., "The Foundation of Legal Reasoning III", 12 *Rechtstheorie* 423 (1981). 阿列克西自己则在其《法律论证理论》一书中，将法释学的工作分成三个面向：描述现行有效的法律，并对其进行概念与体系分析以及对疑难法律案件提出解决建议。参见 Robert Alexy, *Theorie der juristischen Argumentation*, 3. Aufl., 1996, S. 308 f.

根据以上的看法，法教义学的工作大致包含三个部分：（1）法源论：认识哪些规范属于有效的法律。（2）解释论：探求法律规范的意义内容。（3）体系化：形成法律概念之间的位阶次序，发现及具体化一般法律原则。简言之，法教义学的主要工作可界定为：有效法律的解释与体系化（the interpretation and systematization of valid laws）。一般所谓的"法学方法"也就是法律解释与体系化的方法。①

法学方法有别于其他法学研究方法（广义的法学方法）之处，在于法学所具有的重要特质②：法教义学主要是一门规范性与实践性的学科（a normative and practical discipline）。③

法教义学工作的主要任务是解决规范问题，亦即一个人应该（亦即被允许、要求或禁止）采取何种行动，或者负有何种权利或义务的问题。然而，有别于其他同样处理规范问题的规范性学科（例如伦理学或神学），法教义学是在既定的法律秩序的框架下来解决规范问题。④换言之，法学所要问答的规范问题是：按照某个法律秩序，法律所要求、允许、禁止者为何？某个人是否有做（或不做）某件事的法律权利或义务？

我们将"法律要求/禁止/允许做某件事情A"或者"X有做A的权利/义务"这种形式的陈述，称为"法律命题"（propositions of law）。法律命题可以是一般性的，例如"法律允许人民在电台刊播药物广告"，也可以相当具体，例如"袋地承租人张三有权利通过李四所有的邻地"。法学作为一门规范性学科，其最重要的任务就是判断或决定法律命题是否成立，而对于有效法律规范的解释与体系化，最终目的也是为了完成此项任务。

法学作为规范性学科的特性之一在于，法学工作乃是以说理论证的方式，来判断或决定法律命题的成立与否。当法律人或法学家主张某个法律命题时，都必须提出理由来支持、证立为何其所主张的法律命题成立。尤其当一项法律命题无法直接

---

① 关于法源论、法律解释与体系化作为法教义学的主要工作，参见 Aulis Aarnio, "Reason and Authority: A Treatise on the Dynamic Paradigm of Legal Dogmatics," 131–85 (1997); Aleksander Peczenik, "Scientia Juris: Legal Doctrine as Knowledge of Law and as A Source of Law," 14–30 (2005). 德国传统的法学方法论代表作——例如拉伦茨（本书第6页脚注③）与黄茂荣（本书第5页脚注③）——的重点也都在于法律解释与体系形成。

② 如果没有特别指明，以下的"法学"指的都是狭义的法学，即法教义学。

③ 之所以加上"主要"两字，是要强调法学并不只有规范面向，还具有分析与经验的面向。关于法学的三个面向，参见 Alexy (Fn. 5, S. 11), S. 308. 关于经验面向的深入论述，可参见王鹏翔、张永健：《经验面向的规范意义——论实证研究在法学中的角色》，载《中研院法学期刊》2015年第17期。本文改写后收录于张永健，同本书第11页脚注②，第53—69页。

④ Larenz (Fn. 3, S. 6), S. 193; Bydlinski (Fn. 3, S. 6), S. 9.

从明文的法律规定所推衍而出时，说理论证的工作更具有关键的重要性。① 何种理由与论证形式可以用来证立法律命题，乃是法学方法论的核心议题，本文稍后会再详加说明。

法学的另一个重要特性在于，它是一门实践导向的学科。传统的法教义学主要是从法官观点来处理法律上的规范问题。法官的判决结果通常是一个具体的法律命题（例如"某甲应处三年以下有期徒刑""张三应给付李四价金若干"），亦即在个案中法律所要求、禁止或允许者为何。② 由于司法判决原则上要受到法律拘束，因此法官主要是透过适用及解释法律（主要是制定法），来得出并证立在个案中的判决。③ 法学工作的另一个重要任务，即在于提供协助法官裁判的准则，将解释与体系化的成果运用于法律适用过程，以证成具体的法律命题。④ 相应地，传统的法学方法也就大多聚焦于法律适用与法律解释的方法；因此，在传统方法论中，立法论的议题往往居于次要地位，但这并不表示，立法论就应完全被排除在法学之外。⑤ 本文第四部分还会再指出，为何立法论应该成为法学方法的一部分。

（二）为什么需要一套方法

在简要介绍法学（法教义学）的基本特征之后，本文要回答的第二个大哉问是："为什么法学需要一套方法？"

某种工作的"方法"，非常抽象简略地说，乃是为了达成此一工作的目标，解决其所要处理的问题而采取的程序、方式或步骤。⑥ 如前所述，法学工作的目标在于判断或决定究竟什么是法律所要求、禁止或允许者；而从法官的观点来看，法学

---

① Alexy (Fn. 5, S. 11), S. 17-31.
② Alexy 借用 Karl Engisch 的术语，将个案判决表述的规范命题称为"具体的法律应然命题"（konkrete rechtliche Sollensurteile），参见 Robert Alexy, "Juristische Interpretation", in: Alexy, *Recht, Vernunft, Diskurs*, 1995, S. 71 (79).
③ 关于法律拘束，参考 Hans-Joachim Koch & Helmut Rüßmann, *Juristische Begründungslehre*, 1982, S. 69ff, 112ff, 175ff; Helmut Rüßmann, "Möglichkeit und Grenzen der Gesetzesbindung", in: Alexy, Koch, Kuhlen & Rüßmann, *Elemente einer juristischen Begründungslehre*, 2003, S. 135 (135-154).
④ Alexy (Fn. 5, S. 11), S. 311.
⑤ 早逝的德国法律逻辑学者尤尔根·罗迪格（Jürgen Rödig）在 20 世纪 70 年代初即已从法理论与法政策的观点批评传统法学方法论在此方面之不足，并大力倡议立法学方法之研究，见 Jürgen Rödig, *Schriften zur juristischen Logik*, 1980, S. 295 ff；同时期强调将法学方法论拓展至立法论的代表见解亦可见 Ota Weinberger, "Norm und Institution: Eine Einführung in die Theorie des Rechts", 1988, S. 208 ff。传统方法论著作中少数讨论法学方法论于立法论之运用，可见 Bydlinski (Fn. 3, S. 6), S. 609 ff.
⑥ 参见 Jürgen Rödig, *Die Theorie des gerichtlichen Erkenntnisverfahrens*, S. 6 f; Weinberger (Fn. 5, S. 13), S. 169。有趣的是，绝大多数传统法学方法论著作没有说明何谓一套"方法"。

所要处理的主要问题则是"如何借由法律的适用以证成具体个案的法律命题"。因此，我们可从法律适用的论证结构切入，来了解为什么法学需要一套方法。

法律适用基本上包括以下的工作：认定事实，找出可资适用的法律规范，再透过一定的论证步骤得到具体个案的法律效果。法律适用最简单的论证方式，就是众所熟知的"法学三段论"（juristischer syllosimus, legal syllogism）：法律规范作为大前提，案件事实为小前提，结论则是具体的法律效果。例如"驾驶汽车闯红灯者，应处以若干罚款（大前提）；某甲开车闯红灯（小前提）；因此，某甲应处以若干罚款（结论）"。

不过，这种简单的法律适用方式，在现实案例中少之又少。在大部分的法律案件中，案件事实的描述与法律规范的构成要件往往并不完全吻合，从而无法单凭法学三段论得出具体个案的法律效果。

例如假设案件事实为某甲在电台刊播药物广告，当我们要判断他是否有这么做的权利（亦即法律是否允许某甲在电台刊播药物广告，或者说，法律是否禁止国家干预他这么做）时，可资适用的法律规范是宪法保障言论自由的规定。然而，光从"宪法保障人民的言论自由"和"某甲在电台刊播药物广告"这两个前提，我们仍无法推论出解决个案的具体法律命题"宪法保障某甲在电台刊播药物广告的自由"。这是因为，作为小前提的案件事实描述（"在电台刊播药物广告"）和作为大前提的法律规范所使用的概念（"言论"）之间存有裂缝（Kluft），我们无法确定，究竟在电台刊播药物广告是否属于宪法所保障的"言论"。①

在这个案例中，要推论出具体的法律效果，还必须加入一些额外的前提，来弥补案件事实和法律规范之间的裂缝。例如加入以下（2）和（3）这两个前提之后，完整无跳跃的推论可表述为：

（1）宪法保障人民发表言论的自由。

（2）商业上之意见表达属于宪法所保障之言论。

（3）在电台刊播药物广告属于商业上之意见表达。

（4）甲在电台刊播药物广告。

因此，（5）宪法保障某甲在电台刊播药物广告的自由。

弥补案件事实与法律规范之间的裂缝，以推论出具体法律效果的论证过程，就是所谓的"涵摄"（Subsumtion）。②

---

① 关于"裂缝"的概念，来自 Koch & Rüßmann (Fn. 3, S. 13), S. 22 ff, 49 ff。

② 关于涵摄的结构，参见 Alexy (Fn. 5, S. 11), S. 274 ff; Koch & Rüßmann (Fn. 3, S. 13), S. 48 ff; 王鹏翔.《论涵摄的逻辑结构》，载《成大法学》2005 年第 9 期。

在上述论证的前提中，（1）是明文的法律规定，（4）是案件事实的描述，（2）（3）则是解释法律的主张（解释何谓宪法所保障的"言论"），可称之为"法律解释"（Auslegungen des Gesetzes）。① 从（1）再加上（2）与（3），可以导出"宪法保障人民商业上意见表达的自由"或"宪法保障刊播药物广告的自由"等抽象程度较低的一般性法律命题，它们可直接适用至系争个案，而得到"宪法保障某甲在电台刊播药物广告的自由"的具体结论，倘若没有加入这些法律解释作为额外的前提，就导不出这个结论。

以上显示，在案件事实与法律规范之间存在裂缝时进行解释的必要性。但法律解释（2）和（3）既不是案件事实的描述，也不是明文的法律规定，由此就遇到"为什么法学需要一套方法"的问题：我们要如何（＝用什么样的方法）得到这些法律解释？什么样的理由可以用来支持一个法律解释？为此，法学需要一套帮助我们得到并证成法律解释的方法。②

进一步而言，案件事实与法律规范之间的裂缝，往往不只一种填补方式。亦即同一条法律规范，可能存有多个不同的法律解释。在上述的例子，可以对（1）采取另外一种解释来填补裂缝：

（2*）只有与公意形成、信仰表达或追求真理有关的意见才属于宪法所保障的言论。

（3*）在电台刊播药物广告与公意形成、信仰表达与追求真理皆无关。

（2*）与（3*）同样是额外的前提，它们既非法律明文规定，亦非案件事实的描述。但由（2*）与（3*）表述的法律解释，所证立的是完全相反的法律效果："甲在电台刊播药物广告的自由并不受宪法所保障。"

由此指向了另一个问题：当不同的法律解释并存时，我们要如何（＝用什么样的方法）决定采取哪一个解释？什么样的理由可以用来证立其中一种解释可能，而不采取其他解释可能？为此，法学也需要一套在不同的解释可能性之间作出选择的方法。③

在传统方法论中，法律解释的对象主要（但不限于）包括宪法在内的制定法。更棘手的状况是，有某些案件可能欠缺可资适用的法律（制定法）规范，但法官仍必须作出决定。例如假设出卖人故意向买受人宣称买卖目标物具有实际上不存在之

---

① Alexy (Fn. 2, S. 13), S. 80; Koch & Rüßmann (Fn. 3, S. 13), S. 22 ff.
② Alexy (Fn. 2, S. 13), S. 77 ff; Alexy (Fn. 5, S. 11), S. 288 ff; Koch & Rüßmann (Fn. 3, S. 13), S. 119 ff.
③ Alexy (Fn. 2, S. 13), S. 78；关于解释的选择作为法学的重要问题之一，参见 Aulis Aarnio, *Denkweise der Rechtswissenschaft*, 1979, S. 95 ff。

优点,唯出卖人对此一谎称之优点亦无保证之意思。此种案例无法适用台湾地区"民法"第 360 条后半的规定,来得出"买受人有权向出卖人请求不履行之损害赔偿"的法律效果,因为"故意宣称目标物具有实际上不存在之优点"显然并非"故意不告知物之瑕疵"。

在这样的情况下,有两种可能的解决方式。① 一种方式是透过反面推论(argumentatum e contrario),主张系争案例无法被涵摄至第 360 条后半规定的构成要件之下,从而也无法得出该规定的法律效果。另一种方式则是认为,虽然第 360 条后半的规定无法适用,但这乃是"法律(制定法)漏洞",为了填补这个漏洞,必须创造出一个新的大前提:"出卖人故意宣称目标物具有实际上不存在之优点者,买受人亦得请求不履行之损害赔偿",将其适用至系争案例,亦可得到相同的法律效果。② 第二种解决方式即传统法学方法论所称之"法律续造"(Rechtsfortbildung)的一种:类推适用。

但法律解释的方法问题也出现在法律续造当中。在上述案例中,填补漏洞的法律命题("出卖人故意宣称目标物具有实际上不存在之优点者,买受人亦得请求不履行之损害赔偿")既非明文的法律规定,也无法借由解释明文的法律规定(第 360 条后半)所得出。那么,我们要如何(=用什么样的方法)得出这个法律命题?什么样的理由可以用来证成它?换言之,在欠缺可资适用的法律规范时,法学还需要一套方法,来帮助我们得到并证成那些填补漏洞的法律命题。③

针对上述为何需要一套法学方法的问题,经济分析其实都能有所贡献。以下第三部分将指出,经济分析不仅能运用至传统的法律解释方法以证成法律解释,效率原则更可成为采取或选择特定法律解释的理由,甚至可以用来证成法律续造。但在此之前,让我们先简要介绍传统的法律解释方法。

---

① 在 1999 年台湾地区"民法"第 227 条修正为明文化不完全给付后,也有可能不透过第 360 条之解释,而以第 227 条之解释、适用解决此问题。实务上仍依照"最高法院"1988 年度第七次民事庭会议决议(最近判决参见"最高法院"2009 年度台上字 1811 号民事判决、"最高法院"2004 年度台上字 695 号民事判决),认为不完全给付以嗣后瑕疵为限。此见解受到学说批评,参见例如陈自强:《买卖物之瑕疵债务不履行一般规定之适用》,载《月旦法学杂志》2013 年第 214 期(台湾地区"最高法院"也曾有不同见解之判决,参见台湾地区"最高法院"2005 年度台上字 1112 号民事判决)。本文此处以及下文并不尝试解决此一争论,而是以此为方法论的展示,说明如何以经济分析方法支持对第 360 条采取的目的性扩张的法律解释。而在实务上,因为谎称之优点乃类似于自始瑕疵,无法适用第 227 条,所以法官、律师遇此问题,仍须以第 360 条之适切解释,作为判决基础。
② 黄茂荣,同本书第 5 页脚注③,第 601—602 页;Larenz (Fn. 3, S. 6), S. 382.
③ Alexy (Fn. 2, S. 13), S. 91 f; Koch & Rüßmann (Fn. 3, S. 13), S. 257 ff.

（三）传统法学方法概要：以法律解释方法为中心

德国传统的法学方法论，通常包括以下几个部分：法律规范的种类、法律适用的结构、法律解释、法律续造以及体系建构。如前所述，这套方法论主要是一套关于法律适用的方法论，由于法律的适用很少不涉及解释的问题，法律解释的方法也就成了传统法学方法论的核心议题。

法律解释的方法又称为法律解释的准则（canones）、判准（Kriterien）或要素（Elemente）。[①] 尽管解释方法是传统法学方法论的重心，但关于法律解释方法的数量、种类及运用顺序等问题，方法论学者仍未获得一致的共识。[②] 不过，向来公认的解释方法大致都会包括以下四种：文义、历史、体系、目的。[③]

解释和论证之间具有密切的关系。如前所述，法律解释的主要工作，即在于提出理由来支持（或反对）采取某个解释法律的主张。准此，传统的法律解释方法，可被视为用来支持（或反对）采取某个法律解释的论证形式（Argumentformen）[④]：这些解释方法告诉我们，如何得出法律解释以及哪些素材（文义、历史、体系、目的）可以作为解释依据。

然而，法律解释方法并没有说明：为什么这些素材可以作为解释的依据？在具体个案中，为什么要采取某个解释方法，而不是采取别种论证形式去支持其他可能的解释？各种解释方法背后隐含的考虑，及其运用方式与顺序问题，容后再述。以下四小节先依序介绍上述四种典型的解释方法[⑤]：

---

① Alexy (Fn. 2, S. 13), S. 83.
② 关于这些问题的概述，可见 Alexy (Fn. 5, S. 11), S. 19 ff; Koch & Rüßmann (Fn. 3, S. 13), S. 166 ff。
③ 传统方法论关于这几种解释方法的阐述，可见 Larenz (Fn. 3, S. 6), S. 320 ff; Bydlinski (Fn. 3, S. 6), S. 436ff；黄茂荣，同本书第 5 页脚注③，第 401—437 页。不过，在德国法学方法论未居绝对主流地位的华文法学界，仍不乏对传统法律解释方法的批判。解构四种传统解释方法，并主张扬弃此种解释架构，参见黄维幸：《法律解释所为何事？传统解释方法的批判》，载《月旦法学杂志》2016 年第 249 期；苏力：《解释的难题：对几种法律文本解释方法的追问》，载《中国社会科学》1997 年第 4 期。并可参见桑本谦：《法律解释的困境》，载《法学研究》2004 年第 5 期；桑本谦：《理论法学的迷雾：以轰动案例为素材》（增订版），法律出版社 2015 年版，第 61—65 页。
④ 关于解释方法作为论证形式，参见 Alexy (Fn. 5, S. 11), S. 301; Alexy (Fn. 2, S. 13), S. 84。颜厥安：《法与实践理性》，允晨文化出版公司 1998 年版，第 156—164 页。
⑤ 本文并未将"比较法"列为独立的法律解释方法。比较法虽然是一种广义的法学方法，但以狭义的法学（法教义学）而言，比较法虽可以在适当情境中用为文义、历史、体系、目的解释之一环，比较法本身并无独特之"论证形式"。以民法举例，若论者执德国民法或瑞士债务法的某德文名词的射程范围，而主张参照该条文的民法应作如何解释，则其论证形式反而接近于"历史解释"——民法的立法者在拟定条文时，若确实有参照德国或瑞士法条文的文字与结构，其对中文法条用字的选定与认识，很可能与外国立法者同。唯有就此而言，"借彼喻此"才有正当基础。否则，若论者举美国普通法中的 pain and suffering damages 来划定民法"慰抚金"一词的内涵与外延，可乎？

1. 文义解释

文义解释乃是一种语意论证（semantische Argumente），亦即以法律概念的意义或使用方式，来支持或反对某个解释的论证形式。① 它包括了概念在日常语言或专业语言的意义，但这两者时有出入；例如台湾地区"民法"买卖一节中所称的"危险"，和一般日常用语的"危险"，两者意思即不相同；台湾地区"刑法"所称的"重伤"也不完全等于通常所称之"重伤"，而必须依台湾地区"刑法"第10条第4项的定义去理解。

此外必须强调，有些法律专业概念，其文义仍须诉诸或参酌其他专业知识来确定。例如砍断他人一手之拇指、食指与中指是否属于台湾地区"刑法"第278条第1项所称之"使人受重伤"（亦即第10条第4项的"毁败一肢之机能"），需要医学或生理学的知识。而民法中更有不少需要借助经济分析工具（如成本效益考虑）才能确定其意义的概念，例如台湾地区"民法"第812、813条于附合、混合问题所称之"需费过巨"；第788条于袋地通行开路时所称之"致通行地损害过巨"；《中华人民共和国民法典》第322条"因加工、附合、混合而产生的物的归属，有约定的，按照约定；没有约定或者约定不明确的，依照法律规定；法律没有规定的，按照充分发挥物的效用以及保护无过错的当事人的原则确定。因一方当事人的过错或者确定物的归属给另一方当事人造成损失的，应当给予赔偿或者补偿"之"充分发挥物的效用"。

语意论证有三种可能结果：基于概念的文义，系争的案件事实可被涵摄至某条法律规范 N 之下，亦即 N 可适用至该案件；或者，基于概念的文义，系争的案件事实无法被涵摄至 N 之下，亦即 N 不能适用。② 例如基于"配偶"的文义解释，被害人之妻属于台湾地区"民法"第194条所称之"配偶"，而得向加害人请求慰抚金；被害人之同居人或未婚妻则不属于第194条所称之"配偶"，因而

（接上页）正因为比较法属于主观历史解释的一环，其适用尚须注意下列几点：第一，若基于各种理由，认为文义解释优先，则以外国条文的名词解释作为历史解释，并取代本国条文的文义解释时，必须充分说理为何不优先使用文义解释。第二，如果论者倡言引入民法制定时未曾参酌的外国法条文，或者借镜对象的条文与本国条文有文句或体系差异，则此种法律解释方法并非历史解释，当然也不是有独立正当地位的"比较法方法"，而应该接近于某种目的解释。而比较法作为目的解释，要具有说服力，必须作"二重的因果推论"：简言之，若某国有 A 条文、B 现象，本国无 A 条文、有 C 现象。本国学者认为 B 优于 C，并倡言引入 A 条文，即必须奠基于"在某国 A 导致 B"、"在本国采用 A 后，C 会换成 B"的二重因果推论。关于二重因果推论的详细说明，参见张永健：《社会科学式的比较法——评 Mark Ramseyer. 2015. Second Best Justice: The Virtues of Japanese Private Law, The University of Chicago Press》，载《中研院法学期刊》2017年第20期。

① Alexy (Fn. 5, S. 11), S. 289 ff; Alexy (Fn. 2, S. 13), S. 86; Koch & Rüßmann (Fn. 3, S. 13), S. 188 ff.
② Alexy (Fn. 5, S. 11), S. 290; Alexy (Fn. 2, S. 13), S. 86; Koch & Rüßmann (Fn. 3, S. 13), S. 195 ff.

不得向加害人请求慰抚金。① 在上述这两种情况，文义解释都足以确定具体的法律效果。如果此时仍要作出偏离语意论证的判决（例如赋予被害人之同居人或未婚妻第 194 条的慰抚金请求权），即不再属于法律解释，而进入狭义的法律续造的范畴。

不过，在大部分的情况下，语意论证所能得到的往往是第三种结果：基于概念的文义，系争案件事实可能被涵摄至某条法律规范 N 之下，也可能无法被涵摄至 N 之下。② 例如根据"子女"的文义，非婚生子女可能属于第 194 条所称之"子女"，也可能不属之。这种情况多出现于，所要解释的法律概念其意义模糊、歧义或具不确定性，从而容许多种解释的可能。例如台湾地区"民法"第 373 条所称之"交付"，其文义可能涵盖包括指示交付和占有改定在内的所有交付形态，也可能只指现实和简易交付。③

在第三种情况下，文义解释本身并不足以确定具体的法律效果，而只能指出，在文义范围内存在数个可能解释，至于要采取哪一个解释，则非语意论据所能决定，必须引入其他种类的论证形式后进行抉择。④ 本文第三部分将会指出，在这种情况下，经济分析可以作为在不同解释间如何取舍评价的论证工具。

在此暂且将文义解释的功能归纳为以下两点：首先，文义解释划定了法律解释的界限，逾越或违反文义，即非属法律解释而是（狭义的）法律续造。⑤ 其次，文义解释经常只是法律解释的出发点，如果文义范围内有多种解释可能，就必须透过其他解释方法才能得到法律解释的结果。⑥

2. 历史解释

历史解释是以当初制定法律之立法者的意思为根据的解释方法。历史解释乃是一种起源式的论证（genetische Argumente），它包括以下两种论证形式：第一种方式是主张，对于法律规范 N 采取某个解释 I，才符合立法者的意思，因此应该采取 I 这个解释。第二种方式则是指出，立法者制定 N 所要追求的目的为 Z；若不对 N

---

① 本例来自王泽鉴：《民法总则》（增订新版），自刊 2014 年版，第 165—170 页；亦可见王泽鉴，同本书第 5 页脚注③，第 293—294 页。
② Alexy (Fn. 2, S. 13), S. 86; Koch & Rüßman (Fn. 3, S. 13), S. 194 ff.
③ 台湾地区原"民法"第 948 条所指之善意"受让"，是否包括指示交付与占有改定，也在 2010 年修法增订同条第 2 项后才厘清。
④ Alexy (Fn. 5, S. 11), S. 290 f; Alexy (Fn. 2, S. 13), S, 86.
⑤ Larenz (Fn. 3, S. 6), S. 323 f. 但必须注意：由于文义的范围并不总是百分之百明确，因此法律解释与法律续造之间的界限也未必总是能够截然划分。
⑥ Larenz (Fn. 3, S. 6), S. 324 ff；王泽鉴，同本书第 5 页脚注③，第 267 页。

采取某个解释 I,就无法达到 Z 这个目的;因此,应该采取 I 这个解释。① 后面这种论证方式是一种目的论证(teleologische Argumente),以立法者目的为依据的历史解释,也可被视为目的解释的一种类型,即所谓"主观目的解释"。

立法者的意思或目的通常是借助立法理由、立法草案、立法史与制定经过等文献资料来探知。历史解释常面临的问题是,历史资料未必总是能明确呈现立法者的意思或其所欲追求的目的②;再者,社会变迁也会产生不少立法者当时所无法预见的案件(例如用计算机打字的遗嘱是否算是台湾地区"民法"第 1190 条的"自书"遗嘱),若立法者已经作古,也难以推测其对这些案件会有何想法。而立法者是一群人而非一个人③,从会议记录中固然可以大略探知有发言之"立法委员"之立场,但若条文是在闭门协商后变动,又与任何原始提案条文不同,则难以事后推测立法者之意旨。

然而,值得注意的是,在某些个别条文的立法理由中,仍可以清楚看到立法者有意采取经济效率的考虑;例如台湾地区"民法"第 371 条的立法理由提到"以节劳力",或者第 838 条的修正理由提到"发挥其经济作用"等。在这种情况下,采取符合立法者意思或目的之历史解释,不可避免地要涉及经济分析的论证,容后再述。④

3. 体系解释

体系解释乃是以维持法律体系的一致性与融贯性作为依据的解释方法。抽象地说,它包括两种论证方式。第一种是避免矛盾:如果对某条法律规范 N1 采取解释 I,会导致与另一条法律规范 N2 相冲突,就不应该采取 I 这个解释。第二种是追求融贯:如果法律规范 N1 容许有多种解释可能,即应该尽可能采取和法律体系中其他规范相互一致或相互支持的解释。⑤

---

① Alexy (Fn. 5, S. 11), S. 291 ff; Alexy (Fn. 2, S. 13), S. 86.
② 关于历史解释的问题,可见 Alexy (Fn. 5, S. 11), S. 293; Larenz (Fn. 3, S. 6), S. 328 f. 将所谓"立法理由"一律当成历史解释之素材,更是非常有问题的做法。许多法律草案乃由行政机关草拟,送"立法院"审议时并附上修正理由或立法理由。但"立法院"通常只会审查法条,不会修订"草案总说明"或"修正理由",故实务上曾有出现立法院变更了关键的法条文字,但法院仍行行政机关依据提案条文所拟的修正理由去解释法律,反而让"立法院"之修正目的落空之例。参见张永健:《土地征收条例第 30 条之征收补偿标准——综论 2000 年后之"最高行政法院"相关判决》,载《中研院法学期刊》2010 年第 6 期。
③ 参见例如苏力,同本书第 17 页脚注③,该文具说服力地指出使用历史解释的其他问题。
④ 关于民法中所包括之经济论理之梳理,林俊廷:《论物之经济效用解释——案例事实之类型化分析》,载《"司法院"谢前副院长在全七秩祝寿论文集编辑委员会主编:《"司法院"谢前副院长在全七秩祝寿论文集》,元照出版公司 2014 年版,第 463—486 页。
⑤ Alexy (Fn. 2, S. 13), S. 86 f;黄茂荣,同本书第 5 页脚注③,第 417—418 页。

体系解释包含许多下位类型。例如在解释个别法律规范时，必须注意它在法律体系中的地位以及与其他规范之间的关联（脉络关联性的论据）；相同的法律概念必须尽可能采取相同的解释方式（概念一致性的论据）；在解释下位规范时，必须采取符合或实现上位规范的解释，避免产生抵触上位规范的结果（法秩序统一性的论据）。①

体系解释的方法与体系的概念密切相关。德国传统的法学方法论，将体系区分为两类：内部体系（das innere System）与外部体系（das äußere System）。② 外部体系乃是由法律概念的抽象程度位阶所形成的体系，简言之，外部体系是概念的体系。民法由"抽象到具体""一般到特别"的五编制体例，基本上就是取向于概念位阶的体系编纂方式。外部体系的解释方法，着重于所要解释的概念在法条编制体例中的前后关联及其在概念体系中的分类次序（例如属于权利概念中的物权或债权、法律行为中的负担行为或处分行为）；上述脉络关联性与概念一致性的论据，即属于外部体系的解释方法。

内部体系的基本想法则认为：法律体系不只是由实证法规范所组成，还包括实证法背后所立基的价值、原则或目的。所谓"内部体系"，乃是取向于法律体系内在的价值判断与一般原则所形成的价值目的体系（axiologisch-teleologisches System），简言之，内部体系是原则的体系。③

内部体系与外部体系的解释方法，可能会导致不同结果。例如前述台湾地区"民法"第373条之"交付"以及《中华人民共和国民法典》第604条之"交付"，应如何解释的问题。就外部体系而言，物权法上的交付概念包括占有改定与指示交付（台湾地区"民法"第761条；《中华人民共和国民法典》第227、228条）；但从内部体系来看，以交付作为危险负担移转之时点，所要贯彻乃是"利益之所在，危险之所归"以及"只有对物有事实上管领力者，始应令其负担危险"等一般原则，如此一来，"交付"即应解释为仅包括现实交付和

---

① 所谓"符合宪法的解释"（verfassungskonforme Auslegung），因而也可视为体系解释的一种类型。Alexy (Fn. 2, S. 13), S. 86 f 就将体系解释区分为八种论证类型：确保一致（konsistenzsichernd）、脉络（kontextuell）、概念体系（begrifflich-systematisch）、原则（prinzipien）、特殊的法学论据（spezielle juristische Argumente）、先例（präjudiziell）、历史（historisch）、比较法（komparativ）。
② 关于外部体系与内部体系的体系解释，参见 Kramer (Fn. 3, S. 6), S. 89 ff.
③ 王泽鉴，同本书第5页脚注③，第268—271页；黄茂荣，同本书第5页脚注③，第749—760页；Larenz & Canaris, *Methodenlehre der Rechtswissenschaft*, 3. Aufl., 1995, S. 263 ff, 298 ff. 关于传统方法论的体系概念，可参考两本代表著作：Claus-Wilhelm Canaris, *Systemdenken und Systembegriff in der Jurisprudenz*, 2. Aufl., 1983; Franz Bydlinski, *System und Prinzipien des Privatrechts*, 1996。

简易交付。①

以下本文还会再运用经济分析方法，探究第 373 条之"交付"如何解释的问题。在此只须先指出，传统法学方法论可能会从体系的观点，质疑经济分析与既有的民法编制体系不兼容，或质疑效率是否为法律体系所内含的价值判断原则，进而否定经济分析进入体系解释的可能。对此将于以下第三部分第四节详论。

4. 目的解释

目的解释乃是以法律的规范目的为依据的解释方法。例如台湾地区"民法"第 190 条第 1 项的"占有人"，其文义可能涵盖直接占有人、间接占有人甚至占有辅助人。但考虑到其规范目的在于让事实上能够控制、防止动物造成损害之人负责，为了达到这个目的，就必须将该条之"占有人"解释为"对动物具有事实上管领力之人"，亦即直接占有人与占有辅助人，但不包括间接占有人。②

目的解释的基本论证形式如下③：

（1）目的 Z 应该被实现。

（2）对法律规范 N 采取解释 I，有助于实现 Z（或者：如果不采取解释 I，将无法实现 Z）。

因此，（3）应该采取 I 这个解释。

目的论证之前提（1）是规范性的前提，Z 代表某个价值、原则、政策目标或值得实现的状态。（2）则表述了采取解释 I 所会带来的结果：它能够实现 Z 这个目的。这是一个经验性的前提，采取 I 这个解释究竟是否有助于达成 Z，需要经验论证的检验。④因此，目的论证本身就包含了结果考虑与经验面向，要用目的论证来支持某个解释，就必须指出（或预测）手段和目的之间的因果关联：采取这个解释将能导致某个结果，而这个结果正是所欲追求的目的。⑤

目的解释的结果考虑面向，正是法律解释方法与经济分析思维之间的衔接点，容后详述。在此先简单指出目的解释的几个问题。

首先是目的本身的多样性。如果 Z 是立法者当初制定规范 N 时想要追求的目的，即属历史解释的一种，亦即所谓"主观目的解释"；立法者的主观目的为何，

---

① 黄茂荣：《买卖法》（5 版），自刊 2002 年版，第 750—754 页。
② 王泽鉴：《侵权行为法》，自刊 2009 年版，第 592—598 页，亦见王泽鉴，同本书第 5 页脚注③，第 282—287 页。
③ Alexy (Fn. 5, S. 11), S. 297.
④ Alexy (Fn. 5, S. 11), S. 297 f; Koch & Rüßmann (Fn. 5, S. 11), S. 217 ff.
⑤ 王鹏翔、张永健，同本书第 12 页脚注③，第 240—243 页。

基本上是立法数据探求的经验问题。但法学方法论中的目的解释，通常是所谓"客观目的解释"，亦即诉诸法律规范背后立基之原则或目的。要探求这些原则或目的，解释者必须理解并合理说明，作为解释对象的规范所要保护的利益或要贯彻的价值判断为何。①

法律的客观规范目的，可以是个别规定的具体目的，例如台湾地区"民法"第194条旨在保护慰藉遗族的精神痛苦，也可能是数个或一组法律规范背后共通的抽象目的②；例如从第190条第1项与第373条的解释问题，或许可以归纳出一条相当抽象的一般原则：目标物之风险（毁损灭失、造成他人伤害等）基本上应由对物有事实上管领力之人来承担。又例如从表见代理、善意取得、债权之表见让与等制度，可以归纳出维护交易安全之信赖保护原则。③抽象程度更高之客观规范目的，甚至还包括了某个部门法、法律制度或整体法律秩序所要追求的一般目标，例如法律的社会作用、经济效率与公平正义等。④

但问题在于：要如何得到并证成那些作为解释依据的客观规范目的？强调内部体系的传统方法论学者多半认为，这些规范目的乃是隐含在法律体系的内在价值秩序当中的一般法律原则，同时也提供了一些发现或得出法律原则的方法，例如运用类型、个案归纳、上位价值具体化等。⑤

然而，即便能够透过这些方法获得解释所需要之目的或原则，也不保证目的论证之前提（1）就因此能被证成。换言之，这些方法仍然没有回答"为什么某个原则或目的应该获得实现？"要回答这个问题，不可避免地要诉诸某些实质论据，来证成解释所要实现之规范目的或原则（例如上述关于目标物风险负担分配的一般原则）的合理性或正确性。⑥下文将会指出，经济分析的效率论据正可被视为这类论据的一种。

目的解释之另一个问题在于，同一个（或一组）法律规范 N 企图实现或可被赋予之目的可能不只一个，而是 $Z_1 \cdots Z_n$；而这些目的可能各自要求对 N 作出不同的解释，甚至可能彼此互相冲突。⑦

---

① Alexy (Fn. 5, S. 11), S. 296; Larenz (Fn. 3, S. 6), S. 333 ff.
② 举例而言，以台湾地区"民法"诸多条文背后共通的规范意旨，论证违章建筑应该被当作动产，参见苏永钦：《违章建筑与小产权房》，载《法令月刊》2015年第4期。
③ 黄茂荣，同本书第5页脚注③，第743—746页。
④ 王泽鉴，同本书第22页脚注②，第576—598页；Robert Alexy & Ralf Dreier, "Statutory Interpretation in the Federal Republic of Germany", in *Interpreting Statutes: A Comparative Study* 73, 88 (Neil MacCormick & Robert Summers eds., 1991).
⑤ Larenz & Canaris (Fn. 3, S. 21), S. 290 ff；黄茂荣，同本书第5页脚注③，第697—749页。
⑥ 这种实质论据阿列克西称为"一般实践论据"（allgemeine praktische Argument），Alexy (Fn. 2, S. 13), S. 89。
⑦ Alexy (Fn. 5, S. 11), S. 298 f; Larenz (Fn. 3, S. 6), S. 336 ff.

以电台刊播药物广告是否受言论自由保障为例。如果认为保障言论自由之目的在于追求真理或健全民主程序，就会对宪法之"言论自由"采取上述第二种解释（仅包含与公意形成或追求真理相关的意见表达），而将商业广告剔除在外；反之，如果认为保障言论自由之目的在于保障个人独立自主的自我表现，而与言论本身的价值无关，就可能采取将商业上意见表达包含在内的第一种解释。①

又如台湾地区"刑法"第 310 条第 3 项的"能证明其为真实者"要如何解释（确定为真或只要有理由相信表意内容为真），涉及该条规定背后所要平衡的两项原则——言论自由与名誉权保障——孰轻孰重的判断。② 再例如通说认为民法物权编关于善意取得的规范目的有二：所有权保障与维护交易安全，因此在解释善意取得的规定时，扩张或缩减受让人实时取得所有权之范围 ③，都必须考虑这两项原则之间如何权衡的问题。④ 民事诉讼中，迅速而经济的裁判和充分的程序保障是往往冲突的两项原则，同样需要在具体问题中权衡。⑤

当数个目的各自支持不同的解释，彼此竞合或相互冲突时，就无法单凭目的论证来决定应该采取哪一种解释，而必须进一步在这些相关的目的、利益或原则之间取舍衡量（trade-off, Abwägung）。以下还会再指出，关于目的、利益或价值之间如何衡量，经济分析提供了相当有力的论证工具。

5. 法律解释方法的问题

运用不同的解释方法（或论证形式），可能会得到不同的解释结果，从而对同一个法律问题也会有不同的答案。各种解释方法之间是否有一定的优先级以及顺序为何，传统法学方法论迄今仍未有定论。目前比较广为接受的看法是，各种解释方法之间并没有一成不变的绝对位阶顺序，而只有初步的（prima facie）或可推翻的（defeasible）优先级。⑥

---

① 关于此问题之经典探讨，参见林子仪：《言论自由与新闻自由》，月旦出版社1993年版，第3—62页。
② 何建志：《诽谤罪之体系建构与法理分析——二元化言论市场管制模式》，载《台北大学法学论丛》2004年第52期。
③ 例如台湾地区原"民法"第949条之盗赃、遗失物究为列举或例示（所有非基于原占有人意思而丧失占有者）规定，在新条文中确认为例示，故更倾向于保护原所有权人。又如第948条之善意，可能包括有重大过失之善意，而在新条文中，此种重大过失之善意被排除，故更倾向于保护原所有权人。
④ 王泽鉴，同本书第5页脚注①，第87—113页。但请比较张永健：《动产所有权善意取得之经济分析》，载《中研院法学期刊》2017年第21期（认为保护所有权的静的安全，在善意取得问题并不重要）。
⑤ 参见邱联恭：《程序制度机能论》，三民书局出版社1996年版，第63页。
⑥ 关于解释方法的顺序问题：Alexy (Fn. 5, S. 11), S. 303 ff; Alexy (Fn. 2, S. 13), S. 89; Koch & Rüßmann (Fn. 3, S. 13), S. 176 ff; Alexy & Dreier, *supra* note 4 (p. 23), at 92-99; Larenz (Fn. 3, S. 6), S. 343 ff.

然而，各种解释方法之间的初步优先级为何，解释方法本身无法提供答案。①为什么要采取某种解释方法以及解释方法之间的顺序问题，可称为"后设方法论（meta-methodology）的问题"。如前所述，解释方法作为一种论证形式，并没有告诉我们采取特定论证形式背后的理由是什么，但每一种论证形式之所以能被用来支持或反对一个法律解释，其实都是基于某些价值或原则的考虑。解释方法之间的顺序关系，也就取决于这些价值或原则之间的相对比重关系。

例如采取文义解释与历史解释的理由之一，是为了确保法官受立法者拘束——它表现在不得任意偏离制定法文义与尊重立法者意思；而这个拘束的正当性来自于民主原则与权力分立原则。体系解释则企图满足一致性与融贯性等基本的理性要求，同时也是为了符合禁止恣意的平等原则。至于为什么应该采取客观目的解释，则来自于规范目的本身的实质正确性；特别是当这些目的是关于利益、负担与资源如何公平分配或有效运用的一般原则时，目的论证的说服力即来自于解释的结果有助于达成某种公平或有效率的状态。②

由此可见，为什么要采取某种解释方法，归根究底仍是为了实现某些高阶的目的、价值或原则，这也是一种目的或结果论证，可称之为"**关于法律解释方法的后设目的或结果论证**"（meta-teleological or meta-consequential argument about the methods of legal interpretation）。正如同目的论证中数个目的之间的竞合或冲突必须透过衡量来解决，解释方法的顺序问题，同样也取决于上述那些高阶价值或原则之间如何取舍衡量。

例如一种可能的初步优先级是基于以下的考虑：在其他条件相同（other things being equal）的情况下，比起公平或效率等实质原则，权力分立与民主原则被推定为具有更高的重要性；亦即确保法官受到制定法拘束，基本上优先于作出公平、正确或有效率的判决，因此，文义解释与历史解释相对于客观目的解释，具有初步的优先性。再者，相较于立法者的意思，语意论据具有更高的公开性与知悉可能性，基于法安定性与可预测性，文义解释相对于历史解释应该具有初步的优先性。体系解释则可视为一种中间类型，追求形式上一致无矛盾的外部体系解释，旨在维持制定法的一贯性，其位阶大致相当于文义或历史解释；实现法律内含之原则或价值的内部体系解释，则为目的解释之一种。③

然而，以上只是初步而非绝对不变的顺序。在某些情况下，实现公平或效率的

---

① 同见解，参见桑本谦，同本书第17页脚注③，第5页。
② Alexy (Fn. 2, S. 13), S. 90 f; Alexy & Dreier, *supra* note 4 (p. 23), at 95–99; Koch & Rüßmann (Fn. 3, S. 13), S. 179 ff.
③ Alexy (Fn. 5, S. 11), S. 305; Alexy (Fn. 5, S. 11), S. 90; Koch & Rüßmann (Fn. 3, S. 13), S. 182 ff.

决定，可能会比死守法律拘束来得重要，如果有坚强的理由支持目的论证应该优先于语意或历史论证，则上述的优先级仍可能被推翻。但究竟在什么样的状况下存在这种坚强的理由，亦即在何种条件下，公平或效率等实质原则会反过来凌驾权力分立与民主原则，解释方法的初步优先级无法提供答案，还是必须要再次诉诸价值或原则衡量。①

事实上，即便能够排定解释方法之间的优先级（不论是初步或绝对的），依然无法排除各种解释方法本身的不确定性。②如前所述，即便文义解释具有初步的优先性，语意论据往往也只能指出在文义范围内有多种可能解释。历史解释所依据的历史资料，可能包含分歧不一的立法意思；体系解释的内部解释与外部解释，也可能导致不同的解释结果；目的解释更可能由于客观规范目的之多样性，而使得同一条法律规范有不同的解释方式。

因此，真正的关键问题或许不在于排定解释方法的优先级，而是在数个可能的法律解释之间要如何选择或决定采取哪一个。传统法学方法论认为，在进行这种选择或决定时，不可避免地要涉及评价的问题，亦即必须判断相竞逐的解释方案孰优孰劣。但关于评价的标准与方式，乃至于此种价值判断是否有理性证成的可能，方法论学者仍然莫衷一是。③下文将会指出，面对法律解释的选择评价问题，经济分析可以提供一套明确的评价标准与决定方法，以作为法律解释涉及之价值判断的部分理性基础。

6. 法律续造

除了法律解释，传统法学方法论关注的另一个重点是法律续造。广义的法律续造包含法律解释：解释法律的工作形塑或改变了法律的内容，每个法律解释的结果，都会产生一条实证法所未明文规定的规范，因此也都属于法律续造。④例如关于台湾地区"民法"第373条采取内部体系的解释，将得到"买卖目标物之利益及危险，除契约另有订定外，自现实交付或简易交付时起，均由买受人承受负担"这条规范。

一般认为，广义与狭义法律续造的区别在于：后者逾越或违反了法律文义。⑤

---

① Alexy (Fn. 5, S. 11), S. 306 f; Alexy & Dreier, *supra* note 4 (p. 23), at 98–99; Larenz (Fn. 3, S. 6), S. 346.
② 关于解释方法的不确定性问题，可见 Alexy (Fn. 5, S. 11), S. 20 ff; Koch & Rüßmann (Fn. 3, S. 13), S. 166 ff; Alexy & Dreier, *supra* note 4 (p. 23), at 77–78。
③ Alexy (Fn. 5, S. 11), S. 23 ff.
④ Alexy (Fn. 2, S. 13), S. 91.
⑤ Alexy (Fn. 2, S. 13), S. 91; Larenz (Fn. 3, S. 6), S. 366 ff；黄茂荣，同本书第5页脚注③，第541—542页。如前所述，由于文义的边缘可能有模糊地带，因此法律解释与法律续造未必总是能够明确区分。例如将台湾地区"民法"第225条第2项之"损害赔偿"扩展至征收补偿金，究属扩张解释或类

当某条法律规范依其文义无法适用于某个案型，却仍要将其法律效果扩张到这个案型之上（例如前述将台湾地区"民法"第 360 条后半类推适用至出卖人故意宣称目标物具有实际上不存在之优点的情况）；或者当某条法律规范依其文义虽可适用至系争案例，却仍不予适用以避免其法律效果出现（例如将使本人纯获法律上利益的自己代理排除于台湾地区"民法"第 106 条禁止自己代理的适用范围之外），此时即非属法律解释而是狭义的法律续造。

狭义的法律续造已经超越文义的可能界限，因此显然不能诉诸语意论据，而必须以其他种类的论据证成。法律续造中最常运用的是目的论证（包括主观与客观目的论证）。例如将台湾地区"民法"第 360 条后半类推适用至出卖人故意夸大质量之案例，是为了实现该条规定保护买受人之目的，亦即避免出卖人利用买受人对目标物质量效用的认知错误，来误导买受人缔结契约，这乃是一种目的性扩张（teleologische extension）。① 又如限缩台湾地区"民法"第 106 条使其适用范围不及于使本人纯获法律上利益之自己代理，则是为了贯彻该条规定保护本人利益之立法意旨，此即所谓"目的性限缩"（teleologische Reduktion）。②

由于狭义的法律续造偏离或违背了文义解释，法官进行法律续造的许可性也就取决于语意论据和其他论据之间的优先级，亦即在何种条件下可以运用后者（尤其是目的论据）来推翻语意论据所确定的结果。如同解释方法的顺序问题，这涉及了支持语意论据之民主、权力分立与法安定性等原则，和法律续造背后所要实现的融贯性与内容正确性等原则，两者之间如何取舍衡量。③

以下本文将指出，经济分析的成本效益分析如何有助于处理法律续造许可性背后的价值衡量问题。另外值得关切的问题是：效率原则本身是否就能作为某种"规范目的"而成为法律续造的论据？台湾地区"最高法院"曾经以"发挥袋地之利用价值、使地尽其利增进社会经济"为目的，类推适用台湾地区"民法"第 787 条，肯认袋地承租人或使用借贷人亦得享有该条规定之邻地通行权。④ 这显然是一种基于提升资源分配效率考虑所为之法律续造。关于效率论据如何经由目的论证之形式而被运用在法律解释与法律续造当中，将在以下第三部分进一步阐述。

（接上页）推适用。参见王泽鉴：《民法学说与判例研究》（第七册），自刊 1996 年版，第 129—142 页。
① 黄茂荣，同本书第 22 页脚注①，第 669—672 页。
② 王泽鉴，同本书第 19 页脚注①，第 518—523 页。详细讨论参见王鹏翔：《目的性限缩之论证结构》，载《月旦民商法杂志》2004 年第 4 期。
③ Alexy (Fn. 2, S. 13), S. 91 f; Koch & Rüßmann (Fn. 3, S. 13), S. 253 ff.
④ 台湾地区"最高法院"1990 年度第二次民事庭会议（二）参照，亦参见王泽鉴，同本书第 5 页脚注③，第 309—312 页。

三、经济分析作为法律解释方法

（一）语意开放结构引入经济分析论据

表述法律规范所运用的概念，乃是法律解释的对象，法律解释因而常被视为探究概念意义的工作；基于语意论据的文义解释也因此成为法律解释的起点。然而，如前所述，诉诸语意论据所能得到的答案往往是不确定的；亦即，依据法律概念的意义，某条法律规范有多种解释可能，从而无法确定它究竟是否能适用至系争案例。这种不确定性可称为"语意的悠游空间"（semantischer Spielraum）或"文义的开放结构"（open texture）。①

语意的开放性来自于概念的结构特征：歧义（mehrdeutig）、模糊（vague）与评价的开放性（evaluative Offenheit）。② 歧义性指的是同一个概念在不同的脉络下可能有不同的意义内涵。例如"处分"这个概念，在民法中有时兼指事实上之处分与法律上之处分（包括负担行为与处分行为），有时只指涉处分行为。模糊性则是概念的意义或使用方式不足以确定某个案例是否落在这个概念的外延范围内，例如台湾地区"民法"中常出现"重大过失"或"可得而知"的概念，如果没有进一步予以精确化，很难在具体案件中判断当事人究竟是否有重大过失或可得而知。评价的开放性乃是需要透过价值判断予以填补的概念，例如"善良风俗"或"诚实及信用方法"等。评价上开放的概念，其不确定性来自于价值判断标准的多元、歧义或模糊；就此而言，它亦可视为歧义或模糊概念的一种。

1. 处分

歧义性通常可以借由指明概念所在的脉络来排除，例如"处分"一词在台湾地区"民法"第 84 条、第 759 条、第 765 条就有广狭不同的含义；但模糊和评价上开放的概念就无法只凭语意论据来排除其不确定性。如前所述，此时文义解释只能指出有多种解释可能，而必须诉诸其他解释方法——亦即语意论据外的论据——才能决定采取哪一种解释。

---

① 关于语意的悠游空间，参考 Robert Alexy, "Die logische Analyse juristischer Entscheidungen", in: Alexy, *Recht, Vernunft, Diskurs*, 1995, S. 13 (24); Hans-Joachim Koch, "Über juristisch-dogmatisches Argumentieren im Staatsrecht", in: Koch (Hrsg.), *Seminar: Die juristische Methode im Staatsrecht*, 1977, S. 15 (29 ff). 文义的开放结构则见 H. L. A. Hart, *The Concept of Law*, 124-36 (Joseph Raz et al. eds., 3d ed. 2012).

② Alexy (Fn. 1, S. 28), S. 13 ff; Koch (Fn. 1, S. 28), S. 41 ff; Koch & Rüßmann (Fn. 3, S. 13), S. 191 ff.

2. 分离需费过巨

民法中有不少模糊或不确定法律概念，本身其实就带有浓厚的经济意涵，可以直接诉诸成本效益考虑等经济分析论据来精确化其意义。典型的例子是台湾地区"民法"第812条共有合成物要件中的"非毁损不能分离"与"分离需费过巨"。就文义而言，任何不到灭失程度之破坏都可称为"毁损"，单凭日常语言的文义很难确定究竟要到何种程度的破坏才算"非毁损不能分离"。同样地，究竟分离之费用要到多高才算"过巨"，若依凭直觉判断，不免言人人殊。"需费过巨"的可能文义之一是"以两位原动产所有人之收入或资产相比，花费实在太多"，但采取这个文义解释，与物权法极少以物权人个人资产作为衡量单位的做法格格不入。台湾地区与德国教科书中，不是（顶多）仅以举出一两个实例之方式说明此概念①，未能对此构成要件提出可以明确操作之标准；就是提出过度严格而大可訾议的操作标准。②

然而，"非毁损不能分离"与"需费过巨"这两个模糊概念（以及《中华人民共和国民法典》第322条"充分发挥物的效用"这个概念），其实可以透过经济分析的方法予以精确化。我们可利用"分离后两物之总价""合成物之价格""分离之费用"这三个变量作为解释标准：若分离后两物之总价低于合成物之价格，则属"非毁损不能分离"；若分离后两物之总价与合成物价格之间的差额低于分离所需之费用，即应解释为"分离需费过巨"；因为在上述的情形，分离所耗费之社会成本皆高于分离所带来之社会效益，亦即减少社会整体资源，无效率。③ 同样的成本效益分析也可用于解释台湾地区"民法"第813条关于混合物之"不能识别"或"识别需费过巨"：除非混合后再分离之两物，其总价高于混合物之价格，且两者之差价大于辨识之费用，否则即为"识别需费过巨"。④

3. 偿金

除此之外，台湾地区"民法"常出现的"偿金""可归责"与"可得而知"，

---

① 参见曼弗雷德·沃尔夫：《德国物权法》，吴越、李大雪译，韦伯文化国际出版有限公司2006年版，第295页；鲍尔·施蒂尔纳：《德国物权法》（下册），申卫星、王洪亮译，法律出版社2006年版，第449页；谢在全：《民法物权论》（上）（第6版），自刊2014年版，第330页；邱玟惠：《民法物权逐条释义》，元照出版公司2015年版，第90—92页；陈荣传：《民法物权实用要义》，五南图书出版有限公司2014年版，第61页。Staudinger & Diehn & Wiegand, BGB, 2017, § 948 Rn. 4, Palandt & Herrler, BGB, 77. Aufl. 2018, § 948 Rn. 2.

② MüKo & Gaier, BGB 6. Aufl. 2013, § 948 Rn. 3.（如［1］分离所需费用＞分离后物品存续利益或［2］分离所需费用＞混合物价值，则为分离需费过巨）。此操作标准的问题在于，若混合物价值为200，若分离则两物价值各为95，若分离所需费用为189，则按此标准并非需费过巨。但分离之举让物之价值由200变成190，还要花费189，等于是-199的变化。立法者真有可能赞同此种分离？

③ 参见张永健：《附合与混合之经济分析》，载《月旦民商法杂志》2012年第36期。本文修改后收录于张永健：《物权法之经济分析：所有权》，北京大学出版社2019年版。

④ 参见张永健：《物权法之经济分析：所有权》，北京大学出版社2019年版，第249—251页。

《中华人民共和国民法典》中的"赔偿""补偿",也是可以引入经济分析思维的法律概念。以"偿金"为例,单就通常的文义而论,凡一方给付另一方大于零元的金钱,都是偿金,法院也可以在不同情境下,用不同的标准定义偿金。"偿金"的文义具有开放性,传统学说对于偿金之计算方式,则或以租金界定,但未提出理由说明为何以租金界定之①;或讨论偿金之性质是损害赔偿或补偿,但未申论如何计算偿金。②

从经济分析的角度来看,应该以市价估算偿金,才是能够促进效率的解释方式。③此外,无论是无权使用他人不动产产生之相当于租金之不当得利,或者物权法上造成他人不动产损害产生之赔偿责任等,都一概以市价为依归。以台湾地区"民法"第796条第1项土地所有人越界建筑造成邻地损害所应支付之偿金为例,解释为邻地所有权人因土地被越界而无法收取之(最高)租金,因为第796条第1项之"损害",可认定为越界者利用越界部分土地,对被越界者制造之机会成本,而机会成本则是资源用于某一用途(例如土地被越界建筑所利用)而必须放弃的其他可能用途中价格最高者。④而且,若不以市场租金为计算偿金标准,则土地所有权人即可能有激励假装成善意越界,赌一个低价使用邻地的机会;若已超过市场租金为计算标准,则邻地所有权为获取超额利润,就可能明知对方越界但不抗议,以事后换取高额租金。

4. 可归责与优势风险承担理论

台湾地区"民法"第225条、第226条之"可归责"本来就可以在不同的契约类型中作不同的解释,不一定要如多数学说一般,一律分为不可抗力、事变、抽象轻过失、具体轻过失、重大过失、故意,并且在有偿契约以抽象轻过失作为预设。无名的有偿契约,也可能因缔约人之行业内习惯使用不同的归责方式。⑤而具体轻过失与抽象轻过失的通说表述(为自己处理事务同样注意、善良管理人)更只适合

---

① 参见谢在全,同本书第29页脚注①,第210页。
② 参见郑冠宇:《民法物权》(第6版),新学林出版股份有限公司2016年版,第272页。此外,第27页脚注③引用的两本德国物权法教科书,也都没有提到越界建筑所产生的地租(Rente)应该如何计算。德国的注释书有认为:以越界时遭占有面积之交易价值为准,邻地所有人如已有具体兴建计划,得作为提高地租之判断因素(Staudinger, Althammer, Roth, BGB, 2016, § 912 Rn. 46-47; MüKo & Gaier, BGB, 6. Aufl. 2013, § 912 Rn. 31);也有认为:对邻地所有人因容忍义务致使用利益丧失之补偿(Palandt & Herrler, BGB, 77. Aufl. 2018, § 912 Rn. 72)。这两种见解应该可以解释为市场租金,但没有说明为何应采取市场租金。
③ 参见张永健:《物权法之经济分析:所有权》(第一册),元照出版有限公司2015年版,第2—3页。
④ 参见张永健:《越界建筑之经济分析》,载《中研院法学期刊》2013年第12期。
⑤ 与本文采取近似见解,认为"可归责"不等于"故意过失",契约和侵权法不需建立相同的归责原则,参见陈自强:《契约责任之归责事由》,载《台大法学论丛》2012年第1期。

用在有为他人处理事务之契约类型，无法用在所有债之问题。① 把"可归责"硬套在某种固定的故意过失类型谱中，往往无益于澄清文义，反而像是以空话解释模糊，疏于真正说理。

针对"可归责"这样的模糊法律概念，其实可以透过经济分析方法所提出的"优势风险承担者"（superior risk bearer）来建构比较精确的解释。② 优势风险承担者可能是有能力以低成本预防风险发生者（例如甲级营造厂比地主自建户更能以购买期货、订立远期契约方式降低国际钢价波动对营建成本之影响），也可以是能以最低成本分散风险者（例如投保成本较低）。③ 有偿契约是双方互蒙其利才会制定，优势风险承担理论可以降低双方的总成本，使契约产生的净价值上升，双方都能获利。

因此，优势风险承担理论的证立基础，在于（谈判力量大致对等的④）当事人，若有机会事前约定风险承担归属，也一定会选择成本最小的风险分担方式。此即"仿效市场"（mimicking the market）的经济理论⑤，和契约法中的"多数的预设任意规定"（majoritarian default rule）理论，系出同源。⑥ 法院透过判决累积清楚具体的优势风险承担分配规则，可以引导不清楚哪造成本较低的当事人，依循过去留下的智慧。而法院判决符合市场规律，就节省了日后同种交易的当事人拟定契约的成本（不用费劲排除法院见解）。

---

① 参见张永健：《购物网站标错价之合约纠纷与行政管制——经济分析观点》，载《政大法学评论》2016 年第 144 期。

② 中文文献，参见张永健：《论给付不能之分类与归责问题》，载《法令月刊》2003 年第 6 期。英文文献，参见 Richard A. Posner & Andrew M. Rosenfield, "Impossibility and Related Doctrines in Contract Law: An Economic Analysis", 6 *J. Legal Stud.* 83 (1977); Michelle J. White, "Contract Breach and Contract Discharge Due to Impossibility: A Unified Theory", 17 *J. Legal Stud.* 353, 357-58 (1988); Steven Shavell, "Damage Measures for Breach of Contract", 11 *Bell J. Econ.* 466, 487-88 (1980); A Mitchell Polinsky, "Risk Sharing through Breach of Contract Remedies", 12 *J. Legal Stud.* 427, 431-32 (1983); Steven Shavell, "The Design of Contracts and Remedies for Breach", 99 (1) *Q. J. Econ.* 121, 127-28 (1984).

③ See Robert Cooter & Thomas Ulen, *Law and Economics* 350-52 (6th ed. 2012).

④ 即使当事人谈判力量不对等，也有经济分析学者主张，法院在契约未清楚约定时，应该仿效市场，依照不对等谈判力量下原本所可能达成的谈判结果，作为判决依据。See Omri Ben-Shahar, "A Bargaining Power Theory of Default Rules", 109 *Colum. L. Rev.* 396 (2009).

⑤ 关于仿效市场之概念，参见 Posner, *supra* note 1 (p. 10), at 316; Richard A. Posner, "Law and Economics in Common-Law, Civil-Law, and Developing Nations", 17 *Ratio Juris* 66, 68 (2004); Jules L. Coleman, "Economics and the Law: A Critical Review of the Foundations of the Economic Approach to Law", 94 *Ethics* 649, 658 (1984); Hans-Bernd Schäfer & Claus Ott, *The Economic Analysis of Civil Law*, 296-319 (2004).

⑥ 前述偿金以市场价格厘定的主张，同样也是仿效市场的概念。参见张永健、陈恭平、刘育升，同本书第 8 页脚注③，第 89 页。

进一步言之，是否罢工就一定是事变、地震就一定是不可抗力，因而均构成不可归责于债务人，也可以再思考。在特定条件下，从事前观点观之①，罢工、地震也是债务人可以避免的（例如选择没有频繁罢工、地震地区的工厂生产商品）。也因此，在最适风险承担理论下，债权人最适合承担风险，则债权人可归责；债务人最适合承担风险，则债务人可归责。台湾地区"民法"第266条所定"不可归责于双方"的情形，应该是例外，唯有在双方风险承担能力不分轩轾时，才适用本条。

最后，必须特别强调四点。第一，契约若已有明文分配风险，自然应尊重当事人选择。优势风险承担理论是针对契约法预设任意规定的理论，当预设任意规定被当事人特约推翻，优势风险承担理论就不适用。当事人可以缔约，依照风险类型或任何其他标准，将风险分配给其中一方承担；当然也可以规定所有契约未明文分派的风险，全部由其中一方承担。此时，较有能力承担风险的一方，已经事前从另一方获得价金补偿，则无论此风险被传统学说认为是不可抗力还是具体轻过失，都无关紧要——已经自愿选择承担风险的一造，必然是可归责。私法自治的经济基础，正是因为当事人比法官、立法者更了解自身的需求与相对优势。一个好的经济理论、好的预设任意规定，可以在多数情形导出较有效率的结果；但个案当事人如果以平等地位缔约，且双方均有充分信息，则当事人特约（即私法自治结果）会更好。

第二，优势风险承担理论之作用在于帮助法院思考风险如何分派，但契约债务不履行不总是导因于风险实现。学说上所称之不可抗力与事变，固然多属此理论意义下之风险；但许多学说上所称之违反善良管理人义务之行为，并不属于此理论意义下之风险。例如台风将仓库吹垮导致产品无法及时交货，是风险；但制造商根本刻意不生产，不是风险。在后者，当然应该论为可归责于制造商。此结论和优势风险承担理论都奠基于成本效益思维——由制造商管好自己的生产流程，比由委托制造者越俎代庖监督生产流程，成本较低。

第三，如导论所言，本文重点在于经济分析的法学方法定位，对于具体问题的分析仅能点到为止。可归责应该如何定义②，是大哉问，不可能在本文得到完整处理。优势风险承担理论之所以（或是否）优于主观化或客观化的交易注意义务违反理论，其实是实证问题——契约法规范是在协助当事人完成交易；如果交易当事人

---

① 参见张永健，同本书第29页脚注③，第24—29页。
② 台湾地区以及德国、瑞士、日本、法国、英国、美国如何定义归责事由，参见陈自强：《契约过失责任与无过失责任之间——归责事由的比较法观察》，载《政大法学评论》2011年第123期。

在协商成本够低时，是以哪一方较能承担风险而安排归责事由，则优势风险承担理论较优，因为符合交易当事人预期。若多数交易当事人偏好以近似于侵权法的故意过失安排归责事由，则传统理论较优。

第四，优势风险承担理论在侵权行为法之过失认定亦有适用余地，亦即以"最低成本之（风险）防避者"（the cheapest cost avoider）作为归责依据。以德国著名的"野生动物护栏案"为例：原告骑摩托车行经黑森邦的森林道路与野生动物相撞，造成身体多处伤害。该路段虽设有警告标志，但原告以该邦未于道路设置护栏，有违交通安全义务为由，依德国民法第823条第1项，诉请邦政府损害赔偿。德国联邦法院判决原告败诉，主要理由是野生动物系无主物，邦政府不可能在所有野生动物出没之路段均设置护栏，树立警告标志即为已足，风险应由用路人自行承担。①

事实上，如果仅依"过失"之文义（如"怠于尽到注意义务"），很难认定要采取何种措施（设置警告标志或护栏），才算尽到维护交通安全注意义务，从而也难以判断未设护栏究竟是否有过失。德国学者克茨（Kötz）和舍费尔（Schäfer）即从经济分析观点提出明确的解决之道：他们依据实证资料指出，该路段动物相撞事故频繁（年均50—60件），损害金额总额高达10—12万马克，但设置护栏的成本远低于此（只需5万马克）；既然邦政府能以较低成本防范事故之发生，则应由其承担风险，才是有效率的解决方案，亦即邦政府负有义务设置围栏，未设围栏系有过失，而应对因此所生之损害负赔偿责任。②

5. 可得而知

"可得而知"也是可以引入经济分析论据的另一适例。台湾地区"民法"有13个条文用"可得而知"作为构成要件，条文位置横跨总则、债编、物权编、亲属编，但"可得而知"的文义相当模糊：花两分钟打听就会变成已知，可以符合"可得而知"；但花两年打听才会变成已知，仍然可以符合"可得而知"。毕竟，只要并非不可能知道（统计学家甚至会说世界上只有极低的机率，没有不可能）或已经知道，都可称为"可得而知"，此时若不引进法学以外的论述工具，难以判定当事人是否可得而知。

关于这个问题，经济分析可以从信息成本与预期效益的比较，来精确界定何谓

---

① BGH, NJW 1989, 2808 f. 本案之简述，亦参见王泽鉴，同本书第22页脚注②，第340页；Möllers (Fn. 1, S. 9), S. 340。
② 详细论述请见Kötz & Schäfer (Fn. 2, S. 7), S. 5 ff. 此即汉德公式之应用："若预防成本[B]小于损失金额[L]乘以损失发生机率[P]，即属有过失。"

"可得而知"。以台湾地区"民法"第 948 条第 1 项的"因重大过失而不知"为例（本条较精确之用语为"可得而知"①），买受人要构成可受善意取得制度保护之善意，必须买受人已付出"最适的信息投资"，而仍认为出卖人有权处分之机率相当高。②抽象地说，买受人付出之征信成本，必须高于或等于征信所引致的预期社会利益。更具体一点，法官可以判断，目标物售价是否低于新品合理市价太多？若价格明显过低，买受人怀疑目标物来历不明，从而询问、质疑出卖人之征信成本就很低。③买受人若是专业采购者，通常征信成本较低。在目标物性质不特别适合（或业内交易习惯没有采取）指示交付或占有改定，而出卖人提出或坚持使用此种观念交付方式时，买受人应该会产生合理怀疑，进而征信。所以，若价格显著低于市价、买受人以收购同类物为业、拟制交付之选择不合常理，买受人是善意有重大过失的可能性即上升。④

6. 小结

文义解释固然是法律解释的起点，也划定了法律解释的范围。但从以上"需费过巨""偿金""可得而知"等模糊的法律概念可以看出，在语意的开放结构中，文义（尤其是日常语言的意义）本身并不足以确定这些概念应作何种解释，此时若坚持停留在单纯文义解释的层面，更易陷入不确定性与无预测可能性，引入经济分析思维作为解释工具，反而比较能够精确界定这些概念的意义内涵，有助于提高法安定性与可预测性。⑤

论者或谓：以上数例并非传统的文义解释；因语意开放空间而存在多种解释可能时，应该由其他解释方法（例如目的解释）来接手，而非直接将经济分析当作"第五种"解释方法。然而，正如前文介绍文义解释时曾经指出，有不少法律专业概念，其文义解释必须诉诸法律以外的专业知识来确定其意义内涵（例如需要生理学知识来理解何谓刑法所称"毁败一肢之机能"，但我们并不会将诉诸生理学的解释当成一种独立的解释方法），上述这些具有经济意涵的不确定法律概念，正是需

---

① 张永健：《社科民法释义学》，新学林出版社 2020 年版，第 262 页。
② See William M. Landes & Richard A. Posner, "The Economics of Legal Disputes over the Ownership of Works of Art and Other Collectibles", in *Essays in the Economics of the Arts* 177, 190–91 (Victor Ginsburgh & Pierre-Michel Menger eds., 1996).
③ See ibid. at 217. 参见杨宏晖：《动产所有权善意取得制度之比较与再检讨》，载《台大法学论丛》2012 年第 4 期。
④ 参见谢哲胜：《民法物权》（第 4 版），三民书局出版社 2012 年版，第 499 页；张永健：《社科民法释义学》，新学林出版社 2020 年版，第 262 页。
⑤ 关于经济分析可以精确化概括条款与不确定法律概念，可见 Ladeur (Fn. 3, S. 7), S. 91 f; Möllers (Fn. 1, S. 9), S. 185。

要引进经济分析才能精确化其文义内涵的概念。退一步而言，即便将文义解释局限于只能诉诸日常语言或（狭义的）法学专业使用方式的语意论证，亦无碍于将上述诸例归类为一种目的解释，亦即以促进经济效率为目的之解释论证，对此将于以下第三节详论。

（二）历史解释中的经济考虑

制定之初，台湾地区"民法"各条留下立法理由。债编、物权编、亲属编、继承编在2000年前后分批、多次修正时，也都留下修法理由，甚至历次会议记录的逐字稿汇编为数十巨册。从各自立法到编纂成典，留下的历次审议稿和官方意见，不可胜数。有意进行历史解释者，在民法不缺材料。不过，1930年代科学化的经济学尚未兴起，当时的立法者，或许不太可能认识到现代经济分析的效率概念，诸多经济学家的思想体系也不一定能放在同一套经济学架构下论述。[①]

然而，我们不能因此认为历史解释就没有经济分析的一席之地。事实上，由个别条文立法、修法理由来看，不少条文都蕴含了效率考虑。例如第371条规定买卖之价金应于目标物之交付处所交付之，其立法理由乃是"以节劳力"；第824条关于共有物分割方法的立法理由提到"省费"；第838条规定地上权得让与或设定抵押权的修法理由提到"发挥其经济作用"；第876条法定地上权之修正理由则明白表示"避免拍定后建筑物无从利用土地致拆除之结果，有害社会经济发展"。由此可见，采取成本效益分析的经济论证来解释这些法律规定，或许才真正符合立法者意思或更能够达成立法目的。[②] 就此而言，仍不容忽视经济分析在历史解释中所能发挥的作用。[③]

依据此种富有效率考虑的历史解释，在解释诸如第876条时，就有超越文义解释，甚至进行法律续造的空间。第876条之适用，以土地与建筑物"同属于一人所有"为前提；但解释上是否有扩张适用到非同属于一人所有之情境？[④] 在市面上的灵骨塔位交易契约（例如"金宝山金宝塔金宝座"的订购契约），有约定灵骨塔建物的应有部分移转给购买之消费者，但灵骨塔开发商保有土地所有

---

① 但当时立法者同样也不可能认识1970年代出现的罗尔斯正义论与德沃金的资源平等观。
② 参与债编与物权编修法的学者，不乏经济分析的先驱，如苏永钦教授、谢哲胜教授。若说至少部分条文的立法者有寓含经济效率于其内，恐怕也不是非分之想。
③ 关于经济分析作为历史解释方法或者主观目的解释，可参考 Kirchner & Koch (Fn. 3, S. 7), S. 111 f; Grundmann (Fn. 3, S. 7), S. 432 ff; Lieth (Fn. 3, S. 7), S. 97 f.
④ 更详细探讨灵骨塔交易契约的各种难题，参见张永健、吴从周：《逝者的公寓大厦——灵骨塔的契约与物权安排问题》，载《台大法学论丛》2019年第4期。

权。若有塔位尚未完全售出，灵骨塔开发商可能保有建物的部分应有部分。但无论开发商是否有建物部分应有部分，都很难认为土地与建筑物"同属于一人所有"。

而且，在此等灵骨塔位交易契约中，并未约定灵骨塔有使用土地之地上权。若灵骨塔开发商将土地设定抵押权，而土地又嗣后被拍卖，一直被蒙在鼓里的灵骨塔位消费者，能否联合起来，向法院主张有法定地上权存在？按照文义解释，恐怕构成要件不符。按照历史解释，未免灵骨塔遭拆除，减损社会总财富，故法院有将"同属于一人所有"扩张解释或甚至超越文义进行法律续造之空间。当然，任何时候土地上之建筑物被土地所有权人逼迫拆除，都会造成减损社会财富之结果；但"同属于一人所有"的构成要件，却不应该完全成为具文。更完整、但必须俟诸他文的经济分析，还会由目的解释探讨如果扩张解释第876条给予法定地上权，是否会造成土地所有权人和建筑物所有权人分别或联合的策略行为。

（三）经济分析作为目的论证方法

到目前为止的讨论，经济分析要进入法律解释的管道在于，具有开放结构的法律概念本身带有经济意涵，可以引入经济分析方法来精确化其内涵；或者立法理由本身就含有成本效益考虑的因素，亦即立法目的本身就在于促进效率。然而，并非每一个有待解释的法律概念，其语意内涵都需要诉诸经济分析来界定；立法理由中明白包含效率考虑的法律规范，也是少数。经济分析要整合到法学方法，更重要且一般性的途径，是透过目的论证之形式进入法律解释与法律续造的说理过程。这包括两种运用方式：第一，效率作为法律解释或法律续造所要实现的规范目的，或者以效率考虑来证成某些规范目的之合理性；第二，经济分析的效率判断可以用来取舍衡量相冲突之目的价值。

1. 结果导向与目的论证

一般认为，经济分析方法与传统法教义学最大不同之处在于，经济分析属于结果导向（Folgenorientierung）的思维方式。这种思维方式是一种事前（ex ante）观点：它着眼于适用、解释、制定法律所会带来的效果，并从这些效果来评估应该采取何种法律措施，包括如何适用、解释某项法律规范以及应否制定、修正某项法律规范。[1]

---

[1] 张永健，同本书第29页脚注③，第24—25页；Eidenmüller (Fn. 2, S. 7), S. 1 ff.

确切地说，结果导向的思维方式包括两个部分：结果预测（采取某个法律措施会导致何种结果）与结果评价（评价所导致的结果好坏与否）。① 完整的结果导向论证由两个前提所组成：

（C1）采取某个措施 M 会导致某个结果 F。

（C2）结果 F 是好的（或者：[C2']结果 F 是不好的）。

因此，应该采取 M（或者：应该不采取 M）。②

由此观之，经济分析提供了一套完整的结果导向概念与论证工具。首先，从经济分析的角度来看，所谓"好的"结果指的是效率或社会福祉的提升。其次，根据经济学（不论是古典经济学中理性自利的经济人"homo economicus"或是当代的行为经济学）的行为模式，经济分析可以推估采取某项法律措施会对行为人（受规范者）所造成的反应或影响，从而预测此项措施会导致何种结果。③

如前所述，经济分析的结果导向思考通常是事前观点，传统法教义学则主要是从法官观点来解决法律上的规范问题，而法官观点经常被认为是一种事后（ex post）观点：法官着眼的是已经发生的案件，在既定的法律秩序之下要如何适用法律来解决；至于适用或解释法律的结果预测与结果评估，通常不被认为是法官需要考虑的事情，而是立法者的工作。④

然而，只要稍微观察一下目的论证的结构就可以发现，将法教义学的观点完全化约为事后观点，并不恰当。目的论证之一般结构可以刻画如下：

（T1）目的 Z 应该被实现。（T2）采取某个措施 M（例如采取某个法律解释、进行某种法律续造或制定某项法律规范），有助于实现 Z。

因此，应该采取 M 这个措施。

可以看出，目的论证和结果导向的论证其实具有相同的结构，只不过大小前提的顺序相反。如前所述，目的论证的（T2）是个经验性的前提，亦即采取措施 M 会导致实现 Z 的结果，这相当于结果论证中的前提（C1）。目的论证的大前提（T1）则相当于结果论证的前提（C2），只不过它是用"应该"的概念来表述对于结果的正面评价，亦即 Z 是个好的结果，从而应该实现 Z。⑤

---

① Eidenmüller (Fn. 2, S. 7), S. 3, 397 ff; Schäfer & Ott (Fn. 2, S. 7), S. 4 ff; van Aaken (Fn. 2, S. 7), S. 169 ff.
② 王鹏翔、张永健，同本书第 12 页脚注③，第 242—243 页。
③ Eidenmüller (Fn. 2, S. 7), S. 4 ff; Schäfer & Ott (Fn. 2, S. 7), S. 11 ff; Ott & Schäfer (Fn. 2, S. 7), S. 217 ff; Kirchner & Koch (Fn. 3, S. 7), S. 114 ff.
④ 张永健，同本书第 29 页脚注③，第 25 页；Eidenmüller (Fn. 2, S. 7), S. 1 ff.
⑤ 王鹏翔、张永健，同本书第 12 页脚注③，第 243 页。

因此，法学方法经常运用之目的论证——不论是目的解释或是法律续造之目的性扩张与目的性限缩——其实都包含了结果考虑的前提：对于某项法律规范采取某个解释、类推适用或限缩适用，能够导致某个好的结果，亦即实现某个值得追求的规范目的。与一般的结果论证略有不同之处，或许仅在于法学方法中的目的论证已对某个结果预先作出正面评价，并将其设定为法律解释与法律续造所应追求之规范目的。①

2. 效率目的论证

如此一来，经济分析的效率论证可以轻易地转化为目的论证之形式，并运用于法律解释与法律续造。运用经济分析之目的解释方法，包含了经验层面的结果评估，以及规范层面之目的设定。② 诚如王泽鉴教授所言："经济效率乃在评估法律适用对于资源分配的影响，应可纳入法律目的解释，而与其他解释方法共同协力，以实现法律的规范意旨。"③

经济分析所设定的抽象规范目的是效率。如果采取某个法律解释或进行某种法律续造能够达到提升效率的目的，那么就应该采取这个法律解释或进行此种法律续造。就此而言，效率可以作为证成法律解释或法律续造的理由：如果同一条法律规范（或同一个法律概念）有多种解释可能并存时，那么应该采取最能够提升效率的解释；为了促进效率，有时可以或甚至必须扩张或限缩法律规范的适用范围。④

（1）何谓效率？⑤

如前所述，效率是经济分析用来评价结果优劣的核心标准，它也是经济分析式

---

① 关于目的论证与结果考虑的问题，另参考 Koch & Rüßmann (Fn. 3, S. 13), S. 221 ff。请注意：在此只是强调，经济分析的效率原则可以作为目的论证之一种形式进入法律解释与法律续造，并非主张凡是目的论证就一定是经济效率的思考方式。此外，此处之目的论证没有任何形上学的意涵，本文所理解之"目的论"，乃是以行为所产生的好处或利益，来界定行为之正当或应当与否的理论，参见 John Rawls, *A Theory of Justice*, 21-23 (Revised ed. 1999)。按照这种理解方式，结果取向的经济分析理论也可视为具有目的论之结构，参见 John Broome, *Weighing Goods: Equality, Uncertainty and Time*, 6-16 (1991)。

② Möllers (Fn. 1, S. 9), S. 181.

③ 王泽鉴，同本书第 5 页脚注①，第 25 页；另亦参见张永健，同本书第 29 页脚注④，第 2—3 页。

④ 关于效率导向的法律解释与法律续造，参考 Eidenmüller (Fn. 2, S. 7), S. 450; Lieth (Fn. 3, S. 7), S. 96 ff; Kirchner & Koch (Fn. 3, S. 7), S. 121 ff; Ott, Allokationseffizienz, "Rechtsdogmatik und Rechtsprechung-die immanente ökonomische Rationalität des Zivilrechts", in: *Allokationseffizienz in der Rechtsordnung*, 1989, S. 25 (38 ff.)。

⑤ 本小节参照了贺剑教授对繁体版文章之批评而改写。参见贺剑：《物权法经济分析的方法论之路——评张永健〈物权法之经济分析——所有权〉及相关论文》，《中研院法学期刊》2020 年第 27 期。本小节的说明引用自张永健：《经济人的法经济学 vs 法律人的法经济分析——答贺剑教授等师友之书评》，《中研院法学期刊》2020 年第 27 期。

法律论证的主要实质理由。但就像"正义"这个抽象概念底下容有各种不同的正义观（conceptions of justice）①，效率也有歧异的定义。更关键的是，即令同在法学与经济学的交叉领域中，依据研究者主要是经济视角还是法律视角，也会对效率抱持不同定义。详言之，此处有两种研究典范，一种是法经济学（law and economics），另一种是法经济分析（economic analysis of law）。②法经济学主要是经济学家从事，对此种研究典范而言，法律规范是外生（exogenous）、给定（given）③；其研究方法是经济学，研究主题（subject matter）是经济活动，但侧重于既定法律规范对经济活动的影响。至于法经济分析，则是法学家出身者所侧重。对法律人而言，法律规范是内生的（endogenous），可以修改变动，经济分析的要义在于推断、解释法律规范变化的后果。④法经济分析的研究主题是法，研究方法是经济学。

对（法）经济学者而言，因为法律规范是外生给定，所以 A 法到 B 法的转换不是他们的研究题目。也因此，张五常作为（法）经济学者，才会主张："如果所有局限条件都放进分析，帕雷托条件或至善点一定获得满足。……无效率的出现永远是源于有不需要指定的局限被漠视了。"⑤找出局限条件，以解释为何"看起来"无效率的现象其实已经是局限下最大化的结果，是经济学家的当行本色。但法律经济分析学者，则在思索如何改变法律（解释）以提升效率。

两者的研究方法虽同为经济学，但是否将法律作为不可更动的局限条件，看法不同。因此，如果直接套用通行的个体经济学教本的效率定义，就会不自觉地落入（法）经济学的研究典范。这当然合理正当，但本文（乃至于笔者其他著作）从事者为法经济分析，所以不能停留在个体经济学教本的定义。法与经济的交叉领域中风行多年的 Cooter & Ulen 教科书，也是从个体经济学的典范取经，将配置效率和帕雷托（Pareto）效率标准同视⑥——因为帕雷托效率标准关心物的配置。但是，一个独夫拥有所有资源，而蒸蒸苍民一无所有的社会中，帕雷托意义的配置效率也成立。若只在此种意义下使用配置效率一词，配置效率将是无用的概念。因此，以下，以及笔者其他著作中，才会以卡尔多希克斯（Kaldor-Hicks）效率标准的方式

---

① 关于正义的概念与不同的正义观，参见 Hart, supra note 1 (p. 28), at 159-65。
② See Guido Calabresi, *The Future of Law and Economics: Essays in Reform and Recollection*, 2-3 (2016).
③ See Pierre Schlag, "Coase Minus the Coase Theorem—Some Problems with Chicago Transaction Cost Analysis", 99 *Iowa L. Rev.*, 182-83 (2013).
④ See Alain Marciano, "Economic Analysis of Law", in *Encyclopedia of Law and Economics* 629, 630-32 (Alain Marciano & Giovanni Battista Ramello eds., 2019).
⑤ 参见张五常：《经济解释 卷四：制度的选择》（神州增订版），中信出版社 2014 年版，第 28 页。
⑥ See Robert Cooter & Thomas Ulen, *Law and Economics* 14 (6th ed. 2012).

理解配置效率。① 英文经济学教科书上虽然没有如此表述，但在法经济分析学者的具体论述中，则如此使用。②

所以，到底什么是（一阶）效率？笔者的专长是物权法，所以仍先以物权法情境为例，说明效率的定义。

物权法经济分析关注的效益，即"配置效率"（allocative efficiency）③，就是物（资源）的配置状态给人带来的福祉（well-being）④，而不考虑配置的成本。帕雷托最适（Pareto optimality）意义下的配置效率，是指世间之物都在最能利用者（highest valuer）之手。但由于专业分工生产、科技进步等许多原因，每天都发生许多交易（交易代表配置效率的提升），因此帕雷托最适的配置效率，似乎从来不曾达到。而无论物权法规范为何，在"制度成本"（institution cost）⑤的局限下，自愿交易会在局限下极大配置效率。

此外，因为制度成本为正，并非所有的物都在最能利用者之手。局限下极大的配置效率，并非理论上最大的配置效率。A法律制度下的配置，和B法律制度下的配置——H屋在A法下由甲获得，在B法下由乙拥有——带来的福祉不同。假若A、B造成的财富效果（wealth effect）可以忽略不计，甲、乙也有充分资力⑥，则不同配置的效率差异，可以由可观察到的甲、乙之愿付价格或愿受价格（willingness

---

① 不少文献也直接将成本收益分析（或称成本效益分析；cost-benefit analysis）与卡尔多希克斯效率标准画上等号。参见 Thomas J. Miceli, *The Economic Approach to Law* 6 (2 ed. 2008); Ram Singh, "Economic Efficiency", in *Encyclopedia of Law and Economics* 637, 639 (Alain Marciano & Giovanni Battista Ramello eds., 2019); Fatih Deyneli, "Efficiency", in *Encyclopedia of Law and Economics* 673, 673 (Alain Marciano & Giovanni Battista Ramello eds., 2019). Richard O. Zerbe Jr., "Cost-Benefit Analysis in Legal Decision-Making", in *The Oxford Fandbook of Law and Economics: Volume 1: Methodology and Concepts* (Francesco Parisi ed. 2017) 对成本收益分析与卡尔多希克斯效率标准的关联，有更多说明。波斯纳（Posner）和阿德勒（Adler）指出，精确而言，成本收益分析和卡尔多希克斯标准不同，因为前者使用金钱作为量度，后者则否。参见 Matthew D. Adler & Eric A. Posner, *New Foundations of Cost-Benefit Analysis* 21 (2006)。但此种区分不见于本文引用的其他文献。从状态A到状态B，从中受益者的福祉增加之总和，就是收益；从中受害者的福祉减少的总和，就是成本。如果收益大于成本，就有效率。

② 参见 Richard A. Posner, *The Economics of Justice*, 1983, pp. 91-92。

③ 因为配置效率只谈到配置收益，而没有论及配置成本，使用配置效率一词会有造成误会的空间。但 allocative efficiency 一词在英文文献被非常广泛地使用，可能"回不去了"。但读者必须注意，最精确而言，应该将未考虑成本的"配置效率"，改称为"配置效益"。

④ 配置效率奠基在特定行为假设之上，例如福祉、效用或财富极大。参见 Henk J. Ter Bogt, "Types of Efficiency", in *Encyclopedia of Law and Economics*, Alain Marciano & Giovanni Battista Ramello eds., 2019, p. 675, 677。

⑤ 制度成本是交易成本和资讯成本的合称，其详细定义参见张永健，同本书第29页脚注③（见第2章）。

⑥ 这在现实世界中当然不总是成立。每个人的愿付价格（willingness to pay）受到自身财富多寡的影响；既有个人财富不足者，能否为了对自己有价值之物付出高价，也和借贷市场是否存在有关。

to accept）来量度。① 如甲愿意最高支付 100 元取得 H 屋，乙只愿意付 90 元②，则 A 法律制度在一开始产生较高的配置效率。如果制度成本够低，则 B 法律制度下，甲乙也会交易，使 H 屋终归甲所有。就此而言，因为配置效率只看物带来的收益，不看成本，A、B 两种制度同样有配置效率。

物的不同配置所带来的不同福祉，是物权法中效率概念的效益面，成本面就是制度成本。制度成本包括资讯成本、交易成本。延续上例，A、B 两种法律制度的配置/效益相同，但制度成本不同——A 制度下甲乙不需要交易，但 B 制度下两方需要交易，制度成本虽不高，但仍为正。此外，设立、运行 A 制度和 B 制度的制度成本不同。可能 A 制度的法律规范不容易撰写，可能 B 制度要求法官在每个个案都要耗费心思才能作出判断。

在此，生产效率（productive efficiency）就可以登场。笔者改变见解，不再跟随芬纳尔（Fennell）的看法③，主张生产效率的产品是"制度成本降低"。笔者的新见解是，生产效率之产品就是物之配置，由法律制度（配合其他制度）制造。不同的法律制度伴随的不同制度成本，就是法经济分析学者必须斟酌之处。生产效率是指，给定一个产出（特定配置状态），用最少资源投入（最低成本）达成任务。④ 或者，给定一些资源投入，要能达到最多产出。⑤ 符合生产效率所作出的产品，不一定有价值。⑥ 例如若给定的配置状态产生的福祉很少，即使此种配置状态所需的

---

① 请注意，在此事例中，经济理论家会认为，严格而言，配置带来的收益只能用抽象的福祉概念量度。波斯纳法官知名的财富极大（wealth maximization）标准，虽然同样根源于卡尔多希克斯标准，但因为使用价格作为财富的量度而受到经济理论家如卡普洛（Kaplow）和沙维尔（Shavell）的苛责——后者认为价格本身就受到法律制度、财富分配的影响，无法回过头来衡量法律制度的良窳。参见 Louis Kaplow & Steven Shavell, *Fairness Versus Welfare*, 2002, pp. 35-37.（指出 "wealth [maximization] is not a well-defined concept"）关于波斯纳法官何以此用财富而非其他标准作为被最大化的客体，参见蒋侃学：《论法律经济学之方法论预设——以 Coase 与 Posner 的争论为核心》，台湾大学法研所 2014 年硕士学位论文，第 54—57 页。但法律人一旦开始关注具体的政策设计，希望能提出证据以在立法程序中说服人民，就迫切渴望具体的、能量化的量度。福祉作为数理模型中的变量 x，不影响经济理论家求解，但难以直接作为政策工具。因此，以财富极大为标准，或者使用价格作成本收益分析，是现实世界中的次佳标准。

② 为何甲乙的愿付价格会有差异？参见 Lee Anne Fennell, "The Problem of Resource Access", 126 *Harv. L. Rev.*, 2013, p. 1471, p. 1495. 这段话可以解释："A high-valuing user might be understood as one who possesses human inputs that are complementary to the resource in question and that, when combined with it, will maximize the value that can be derived from that resource. This could be through simple consumption or through the act of combining multiple resources to which one has access."

③ See ibid. at 1501-1502.

④ 熟悉比例原则的法律人应该对此不陌生——在两个适合性相同的手段中，要选择侵害最小（最低成本）者。

⑤ See Cooter, Ulen, *supra* note 3 (p. 31), at 13; Deyneli, *supra* note 1 (p. 40); Ter Bogt, *supra* note 4 (p. 40), at 676; Fennell, *supra* note 2 (p. 41), at 1494.

⑥ See Ter Bogt, *supra* note 4 (p. 40), at 677.

制度成本甚低，也不一定会产生大于零的净收益。

不同于配置效率考虑的仅是成本收益分析的效益面，生产效率下的产品是效益、代价是成本，因而考虑了成本和收益两面。也因此，生产效率骨子里就是成本收益分析。如果先给定了现行制度 A 下的配置，生产效率指引了投入成本最少的方案。如果再考虑可能的替代制度 B、C、D 下的配置，生产效率指引了各自投入成本最少的方案。每一次叩问都是成本效益分析。而 A、B、C、D 谁最佳，一阶效率标准只以净收益为依归，不考虑所得分配。而当此处之不考虑所得分配，包括不要求 A 转轨到 B、C、D 制度下的受益者补偿受害者，就等于在一阶效率层次使用了卡尔多希克斯效率标准①，选出净收益（net benefits）最大者。由于不要求补偿确实是法经济分析学者在一阶效率的起手式（甚至是唯一一招），所以在一阶效率层次，配置、生产成本、净收益的接续考量，就成为：以卡尔多希克斯效率标准，找出在物权法中一阶效率最大之方案。

物权法经济分析学者的日常思维活动，就是思考：若改用不同的物权法规范，新配置状态是否创造更高的个人福祉总和（即更能利用物之人是否更可能获得财产权②）？替代制度造成的资讯成本、交易成本为何？效益减去制度成本后，现行制度还是替代制度的净效益较高？

物权法经济分析，和其他部门法的经济分析，差别在于考虑了何种效益、何种成本。因此，每个部门法中界定效率的方式，就会因为其各自关怀的成本、效益迥异而不同。物权法的效益是配置带来的福祉，成本则是实现配置的制度成本，这种思维和侵权法、合同法不完全相同。③ 侵权法不是处理自愿交易，也有一大部分和人身侵害有关，所以不讨论配置。在沙维尔教授凝聚一生"武功"的集大成之作中，过失侵权法的目标（social goal）是极大化"侵权人与受害人由其行为中获得的效用"与"社会成本"（包括两方之防范成本和事故的预期损失）之差④，不涉及物之配置。合同的客体也不都是物，所以合同的一般理论也不讨论

---

① 卡尔多希克斯标准除了能和效率结合，成为卡尔多希克斯效率标准，也能和其他价值结合。参见张永健：《社科民法释义学》，新学林出版社 2020 年版，第 79—81 页。
② 芬纳尔教授言简意赅地说，此种思维转变是 "From transaction cost minimization to resource access improvements" 参见 Fennell, *supra* note 2 (p. 41), at 1494。
③ 合同法、侵权法的部分议题关乎资源（resource）——或者就用法律人惯用的"物"来替代资源也可以——但物权法全部与物/资源有关。物的配置（allocation），也就是谁拥有什么物，也就成为物权法的全世界。微观经济学的老本行，也在于物——在其语境中称为财货（goods）——的生产、交易，所以当然也在乎其配置。
④ See Shavell, *supra* note 1 (p. 10), at 178, 182, 193, 194, 199. 在该书后面章节中，其目标再依据情境微调，但基本逻辑不变。

配置。合同效力不拘束第三人，所以也没有对第三人资讯成本的顾虑。按照沙维尔的看法，合同法的目标就是极大化社会福利，而且多数情形中只要考虑契约两造的福祉即可。①

总之，物权法经济分析的效率标准，自然包括收益和成本两层面的判断。收益层面就是配置带来的福祉，成本层面就是制度成本高低。其他部门法的经济分析，采用的效率标准同样包括收益和成本两层面的判断，也同样使用金钱或其他替代方式量化收益、成本，只是其收益和成本考量的面向不完全相同——这也是部门法之所以被区分的原因。一阶效率不考虑所得分配、公平、正义等价值。但到了后设方法的层次②，福利（或比福利包罗更广的其他大概念），就会一并考虑一阶效率、所得分配、公平、正义等价值，留待本章下一节将进一步区分"一阶效率"与福利。

但在进入后设方法与福利的探讨之前，以下几个小节，先以上文所举的几个例子来说明，如何将（一阶）效率论证透过目的论证之形式运用于法律解释与法律续造。

（2）袋地通行权之目的性扩张

首先是目的性扩张（类推适用）的例子。在台湾地区"民法"物权编修正增订第800条之1的准用规定之前，学说和实务即以促进土地使用效益为由，主张将第787条袋地所有人之邻地通行权类推适用至承租人或其他利用权人。1990年台湾地区"最高法院"第2次民事庭会议决议即明白表示，"民法"创设邻地通行权之目的"原为发挥袋地之利用价值，使地尽其利增进社会经济之公益目的……从而邻地通行权……于其他土地利用权人相互间（包括承租人、使用借贷人在内），亦应援用'相类似之案件，应为相同处理'之法理，为之补充解释，以求贯彻"。由此段文字可以清楚看出，第787条的类推适用，乃是为了提升资源分配效率，达到更有效利用袋地之目的，而将该条之邻地通行权扩张至其他土地利用权人亦得享有。

面对上述问题，台湾地区"最高法院"使用传统法学方法论的做法，先认定法律漏洞之存在（袋地之土地所有权人有邻地通行权，承租人或使用借贷人等其他利用权人则无），再以类推适用的方式（就使用袋地的规范目的认定其他利用权人类

---

① See Shavell, *supra* note 1 (p. 10), at 294.
② 法学中并不缺二阶方法，鼎鼎有名的比例原则就是一种未臻精确的后设方法。参见戴昕、张永健：《比例原则还是成本收益分析？——法学方法的批判性重构》，载《中外法学》2018年第6期。

似于土地所有权人）来填补漏洞。① 但事实上，类推适用第 787 条的论证重点，并不在于袋地承租人或使用借贷人与所有权人两者之间到底具有何种"类似性"：从外部体系的观点来看，债权人如承租人或使用借贷人，与物权人如所有权人或地上权人，两者法律地位可谓天差地远，何来"相同"或"相似"可言？然而，类似性必须由目的来认定，从经济分析的观点，重点是评估：比起只让法条明示之所有权人享有邻地通行权，让袋地之用益物权人、承租人、使用借贷人等其他土地利用权人也享有邻地通行权，是否能让土地资源获得更有效利用的结果？答案显然是肯定的。允许其他土地利用权人都通行邻地，是否对邻地造成额外损害，若有额外损害，是否大到使得袋地通行增进的地利相形见绌？若答案为否，容许其他土地利用权人享有邻地通行权，较有效率。这个配置效率提升的结果评估，才是扣紧解释目的，支持扩张第 787 条邻地通行权的关键理由。台湾地区高等法院的决议，套用了传统法学方法的论证模式，甚至提出了属于一阶效率范畴的目的，但没有完整展开分析。

（3）自己代理之目的性限缩

第二个例子则是台湾地区"民法"第 106 条之目的性限缩。禁止自己代理的立法目的，在于避免利益冲突，防止代理人做出利自己而损本人之行为，以保护本人利益。然而，在代理行为系使本人纯获法律上利益的情况下（例如法定代理人单纯赠与无行为能力人并移转目标物所有权的案型），则本人与代理人之间并无利害冲突，若此时仍禁止自己代理，反而违背了该条规定保护本人利益之目的，故此时应限缩第 106 条之适用，而使自己代理行为有效。②

这个目的性限缩之说理过程，可以轻易用生产效率中节省交易成本的方式说明。将适用第 106 条本文（禁止使本人纯获法律上利益之自己代理）与不适用（允许使本人纯获法律上利益之自己代理）的状态两相比较，可以评估得知：两者中都没有人的利益受损（本人与代理人之间无利害冲突，第三人也未受到损害），而且还能让某一人受利（至少本人受益，例如自己代理之赠与契约与物权行为皆有效，使无行为能力之本人获得标的物之所有权）。但在前者，法定代理人必须先

---

① 请比较苏永钦教授之论点：袋地通行权乃不动产役权，需役与供役者均为土地，而实际能享受者，乃有权合法使用需役地者。因此，不独所有权人，用益物权人与承租人等自然都可以通行，因此并无漏洞可言，参见苏永钦：《相邻关系在民法上的几个主要问题》，载民法研究会主编：《民法研究 2——民法研究会实录》，学林出版社 1999 年版，第 15 页。本文认为，不论有无漏洞，支持邻地通行权包含土地之用益物权人与债权人，其背后的论据都是提升资源分配效率的考虑。针对传统法学方法以漏洞概念来界定法律续造的批评，参考 Koch & Rüßmann (Fn. 3, S. 13), S. 253 ff.

② 王泽鉴，同本书第 5 页脚注③，第 322—323 页；王泽鉴，同本书第 19 页脚注①，第 518—523 页。

赠与给第三人，再让第三人赠与给未成年人。此间不但衍生两次的赠与税，也有寻找第三人作为中介的交易费用。就此而言，此种法律续造可看作是：为了节省交易成本，应该限缩第106条之适用范围，使其不适用至使本人纯获法律上利益之自己代理。

（4）交付之限缩解释

第三个例子则是台湾地区"民法"第373条之"交付"应该如何解释的问题：包括第761条全部四种交付型态？抑或只包括现实交付和简易交付？如前所述，对于该条之目的（或内部体系）解释是：为了贯彻"利益之所在，危险之所归"的抽象原则，以及为了避免让对目标物无事实上管领力之人出乎意料地承担目标物毁损灭失之风险，因此应将第373条之"交付"解释为只包括现实交付与简易交付，但若契约当事人依该条但书合意以指示交付或占有改定以代交付者，则另当别论。①

然而，倘若追问：何以享受利益或对目标物有事实上管领力者即应承担危险？许多法律人的直觉答案可能是：这种风险分配方式比较公平，若未直接占有目标物而无法享受利益者，却要其承担危险，并不公平。但若继续追问，如何判断风险分配或危险负担移转方式是否公平？恐怕不少法律人即在此打住而无法进一步回答。

如果暂且搁置何谓公平的大哉问（这当然绝非不值得回答的问题），经济分析倒是可以从降低风险防范成本的观点，来合理回答为何要对第373条采取上述之目的解释。透过现实或简易交付，取得目标物之直接占有而享有利益之买受人，固然会由于不想丧失其已享有之利益而有激励去防止危险之发生；但以指示交付或占有改定而取得拟制占有之买受人，同样也会因为不想丧失其可期待享有之利益，而有防止危险发生之动机。两者之关键差别，在于控制风险的能力高低：一般而言，相较于对物没有事实上管领力者，直接占有人比较能够有效防止危险之发生，故由其负担危险，最能减少风险实现之机率。

由此可以联结至前述之优势风险承担理论②。从经济分析的角度来看，所谓"较有能力控制风险者"，是能够以较低成本预防风险发生者。透过直接交付取得事实上管领力之买受人，通常能以较低的成本采取防止危险发生之措施。相较之下，以观念交付方式而仅取得拟制占有之买受人，由于对目标物无事实上之管领力，若令其负担危险，则其为了防止危险之发生，势必投入较多的成本。因此，按

---

① 黄茂荣，同本书第5页脚注③，第748—750页。
② 关于优势风险承担理论在德国契约法的运用，亦参考 Schäfer & Ott (Fn. 2, S. 7), S. 442 ff.。

照前述契约法预设任意规定（default rule）之经济理论①，将第373条之"交付"解释为只指现实交付与简易交付，不包括占有改定与指示交付，才能降低双方为防止危险发生投入之总成本，使契约产生的净值上升。此种解释之好处是，原则上事实上管领力与危险负担结合。而若两者不一致，必然出自于当事人有意识的特约之结果，亦即当事人仍可用该条但书采取不同的风险分担方式，另外明白约定采用指示交付或占有改定以代交付。②

（5）瑕疵担保责任之类推适用

同样与风险负担设计有关的是第四个例子：台湾地区"民法"第360条后半类推适用至出卖人故意宣称目标物具有不存在之优点的案型。③"夸大优点"与"隐匿瑕疵"之相似性，在于两者都可能利用买受人对目标物质量效用之认知错误，来误导其缔结契约。而这其实可以从信息成本的角度分析之。

众所皆知，适用第359条与第360条的法律效果差异在于：依照前者通常可以解除契约，至少可以减少价金；依照后者，买受人尚有请求履行利益损害赔偿之权。前者是双方各自负担部分风险的设计；后者则是出卖人负担全部风险。

详言之，解除契约是回到原点，出卖人没有获得他的生产者剩余（producer surplus），买受人没有获得其消费者剩余（consumer surplus），而这些是原本其缔结契约所欲赚得之利润。而减少价金若是依照瑕疵品的市场价值与无瑕品的市场价值相减，买受人没有获得全部的预期消费者剩余（expected consumer surplus），但仍有部分消费者剩余（否则，除非有第359条但书情形，或者出卖人赖皮或可能无力偿还全部价金，买受人会选择解除契约）。而出卖人以较低的价格脱手瑕疵品，不一定使其生产者剩余降低，要看个案而定。精明的买受人认知到此点，就可以会倾向主张解除契约，迫使出卖人与其协商谈判，从而分享其部分生产者剩余给买受人。

---

① 同样运用契约法预设任意规定经济理论，探讨保证契约能否继承问题，参见黄诗淳、张永健：《"一身专属性"之理论建构：以保证契约之继承为重心》，载《中研院法学期刊》2019年第25期。

② 或问，若是如此，何以民法要规定指示交付或占有改定？答案仍然是节省交易成本。如果民法没有定义指示交付和占有改定，个案中需要拟制交付的当事人，必须花更多文字去定义此种移转占有方式。而若民法有此规定，当事人只需要用四个字就可以描述一种拟制交付。此种立法方式，英文的经济分析文献称为"套餐选项"（menu）——立法者写好选择，交易者就只需要点"一号餐"，而不用描述"火腿汉堡蛋＋小可乐＋薯饼"。经典英文文献参见 Ian Ayres, "Menus Matter", 73 U. Chi. L. Rev. 3 (2006). 研究海峡两岸暨香港公司法中的套餐选项对公司治理影响之实证研究，参见 Yu-Hsin Lin & Yun-Chien Chang, "An Empirical Study of Corporate Default Rules and Menus in China, Hong Kong and Taiwan", 15 J. Empirical Legal Stud., 2018, p. 875。

③ 黄茂荣，同本书第5页脚注③，第453—455页。

但如果在减少价金情形，法院会以瑕疵品市场价值的价格，衡量返还价金之数额，则买受人仍很可能不会获得全部的预期消费者剩余（否则一开始买受人就会选择购买瑕疵品），而出卖人的生产者剩余也会比其预期生产者剩余低。如此，双方就各自负担部分风险。

请求履行利益之情形，在买受人可以举证的范围内，买受人可能因为获得履行利益损害赔偿而留下全部的预期消费者剩余。而除非原本出卖人的预期生产者剩余大于买受人的预期消费者剩余，否则出卖人一毛没赚还要倒赔。准此，买受人很可能不用承担任何风险，出卖人则承担了全部买受人的风险。

厘清了第 359 条与第 360 条的风险负担设计后，即可进一步理解，为何出卖人有保证质量和故意不告知瑕疵时，要让出卖人负担全部之风险。简言之，关键在于信息成本与交易成本。任一买卖目标物都有多个面向的通常质量与效用（例如苹果的外皮颜色、水分含量、质地口感、甜度、大小），而现代社会中的职业出卖人（如苹果大盘商或市场摊贩）都大量出卖。出卖人要逐一检查每个目标物之质量与效用，成本很高，也不一定可行（果贩不可能每颗苹果咬一口确定口感后出卖）。甚至，要跟每个客户逐一约定目标物的通常质量与效用，也所费不赀。从果农到终端的果贩，只能借由苹果上的卷标注明的品种号码，传达此类苹果的平均质量与效用；而无论是学理上或现实上，在一定标准偏差（standard deviation）内的质量与效用，都是第 354 条的"通常效用"。

所以，出卖人只会在能负担的成本范围内，作贩卖前的检查。这对买受人也有利，无限制地检查会让产品售价上升，甚至让出卖人无以为继，只能退出市场，使买受人无处可买。但检查瑕疵的边际效用递减，在作了一定程度的检查后，更多的查核发现瑕疵的机率越来越低。对买卖双方都合理的做法是，做了一定的瑕疵品后，先卖再说，真有问题，就双方各退一步，各承担一部分的损失。整体而言，最能降低产销过程中的成本，使消费者能用较低价格买得产品。因此，第 359 条的基础预设任意规定，就是双方各负担一部分风险。

与第 360 条规范之情形，有所不同。出卖人保证产品质量，则表示出卖人已经在众多质量面向中，特别查核了部分或全部的质量面向，确认无误；或者出于营销考虑，即使没有实际查核质量，也愿意承担全部风险。出卖人必须借由自愿承担更多风险，以取信于消费者。否则，如果有无保证质量，都是解除契约或减少价金，则出卖人必然竞相保证质量，但消费者仍旧无所适从。是以，如果民法的预设任意规定缺乏了类似第 360 条之规定，有意"放讯"（signal）自家的产品质量高人一等的出卖人，也必须以特约方式加入此等增加出卖人风险的条款。第 360 条之规定，因此是"多数的预设任意规定",降低了交易成本。

至于出卖人故意不告知瑕疵而适用第 360 条之论理,略有不同。瑕疵已经为出卖人所知,表示出卖人无须进一步花费成本,就已经获得有价值信息。换言之,课予此等出卖人较高的风险负担责任,并不会促使其花费额外资源获取信息,因为信息已经存在。此外,此种以瑕疵品为目标之交易,容易引起后续纠纷,衍生出更多社会成本。而若瑕疵未被发现,出卖人等于获取额外高额利润,若不加以吓阻,会导致存侥幸之心者投注时间在(无效率的)骗人勾当。因此,预设任意规定课予较高的风险分担责任,以维持市场秩序。

最后,回到原本的问题:出卖人故意宣称目标物不存在的质量,是否应类推适用第 360 条?其背后的经济推论与故意不告知瑕疵的情形类似。出卖人本来就已经掌握信息,知晓目标物并无此等质量,故课予其较高的风险负担,并不会耗费额外搜集信息之成本。尤其在买卖双方信息不对称的情况下,出卖人通常比买受人更清楚目标物之质量如何,或至少能以更低的信息成本得知目标物之质量为何。换言之,在此同样可以运用"最低成本的风险防避者"的考虑,来说明何以出卖人故意宣称不存在之优点要与故意不告知瑕疵负同样责任。而夸大不实的说辞,同样容易引来后续纠纷;且若不吓阻,会吸引投机者成为出卖人。因此,出卖人故意宣称目标物不存在的质量,应当类推适用第 360 条。①

3. 解决目的竞合之效率考虑②

上一节说明:以效率为基础的经济分析论证,可以透过目的论证之形式,进入法律解释与法律续造;效率同时也可用来说明,为什么要实现某些规范目的(例如契约法中的风险分担设计)。诚然,效率并非唯一之规范目的(但由本文第三部分第四节第二小节可知,效率至少是规范目的之一);但即便效率并非某个目的解释所要直接实现之规范目的,效率考虑仍可在目的论证中扮演重要角色——除了判断采取哪个法律措施能够以更低的成本达成规范目的之外,效率论证亦有助于精确地

---

① 关于信息落差及最低成本防避者在法律中的例子,亦见 Möllers (Fn. 1, S. 9), S. 189。不过,仍请注意此问题在立法论与解释论的不同。在严格意义的解释论下,出卖人故意宣称目标物不存在的质量,只有类推适用第 360 条,和回归适用第 359 条两种选择,因为现行买卖法缺乏第三种处理模式(第 364 条情形不同,暂且不论)。但在作立法论研究时,出卖人故意宣称目标物不存在的质量、出卖人故意不告知瑕疵,和目标物缺乏保证之质量,可以作不同的处理,例如划定不同范围的履行利益(有些只补偿所受损害、有些也补偿所失利益;或其他标准)。

② 本节第 1—3 小节参照了贺剑教授对繁体版文章之批评而改写。参见贺剑:《物权法经济分析的方法论之路——评张永健〈物权法之经济分析——所有权〉及相关论文》,《中研院法学期刊》2020 年第 27 期。相关内容引用自张永健:《经济人的法经济学 vs 法律人的法经济分析——答贺剑教授等师友之书评》,《中研院法学期刊》2020 年第 27 期。

解决目的竞合或冲突的问题。

从上述结果取向与目的解释之关联可以看出，目的论证中之"目的"，不外乎是某个好的或值得实现之状态。我们可将目的之实现视为某种利益——不论是个人或整体社会的利益。但目的之实现通常不是全有或全无，而有实现程度高低之别。我们可以借用阿列克西的术语，将规范目的看作是某种原则或价值，将目的论证之大前提"应该实现某个目的Z"理解为一种"最适化要求"（Optimerungsgebote, optimization requirements，或译为"优化要求"或"尽力实现之诫命"）：亦即应该以尽可能高的程度来实现某个或某组目的、原则或价值。① 如此一来，只要稍作转换，经济分析的卡尔多希克斯效率标准，即可用以解决目的竞合之问题。

以最单纯的两个目的 Z_1 与 Z_2 竞合来说明。若能在 Z_1 保持同样实现程度的前提下，让 Z_2 获得更高程度的实现，即属帕雷托优越。然而，若要更高地实现 Z_2 必须牺牲 Z_1 为代价，且 Z_1 的实践并非完全不能打折扣（譬如因为 Z_1 和 Z_2 为抽象位阶相同之规范目的或原则），而法律体系应该尽量追求 Z_1 和 Z_2（共同）最大程度的实现，法律人就必须作前述的利益衡量，判断实现 Z_2 的好处或重要性是否大于 Z_1 所受之损害，或足以弥补 Z_1 之牺牲。最适化多重目的之利益衡量，正是前述卡尔多希克斯效率标准，其本质即为成本效益分析（cost-benefit analysis）。②

以卡尔多希克斯标准来更精确地理解此种目的冲突之利益衡量，会采取如下论证架构：假设目的 Z_1 要求采取某个解释 I_1，目的 Z_2 要求采取另一个解释 I_2，但采取其中一种解释必然会减损另一个目的之实现，此时究竟要选择何种解释，即须比较"采取解释 I_1"与"采取解释 I_2"这两个选项的成本效益总和：在前者的状态，虽能实现 Z_1，但必须付出减损 Z_2 实现程度的成本；在后者的状态，虽可实现

---

① 此乃阿列克西原则理论（Prinzipientheorie）的核心主张，原被用来刻画基本权利的规范结构与解决基本权利相冲突的衡量问题，见 Alexy, *Theorie der Grundrechte*, 1986, S. 75 ff. 中文文献请参考王鹏翔：《论基本权的规范结构》，载《台大法学论丛》2005 年第 2 期。关于规范目的之实现作为优化要求，则见 Robert Alexy, "On the Structure of Legal Principles", 13 *Ratio Juris* 294, 300-01 (2000); van Aaken (Fn. 2, S. 7), S. 154, 315 ff。

② 阿列克西曾提出一条衡量法则（Abwägungsgesetz）来刻画利益衡量的说理结构："对相冲突的原则 P1 与 P2 而言，若 P1 不被实现或被侵害的程度越高，则 P2 实现的重要性就必须随之越高。"Alexy (Fn. 1, S. 49), S. 146。衡量法则背后的想法是：若要正当化对于某项原则 P1 的限制或干预，亦即优先实现相冲突的原则 P2，则后者获得实现的利益或重要性必须大过前者所受的损害。这显然仍与卡尔多-希克斯效率若合符节，换言之，狭义比例原则仍不脱经济效率的思维模式。批评在狭义比例原则前增加其他阶层的原则并无道理，参见 Louis Kaplow, "On the Design of Legal Rules: Balancing Versus Structured Decision Procedures", 132 *Harv. L. Rev.* 2019, p. 992; Louis Kaplow, "Balancing Versus Structured Decision Procedures: Antitrust, Title VII Disparate Impact, and Constitutional Law Strict Scrutiny", 167 *U. Pa. L. Rev.* 2019, p. 1375。

Z2，但必须以牺牲 Z1 为代价（换言之，Z1 和 Z2 互为对方之机会成本）。按照卡尔多希克斯标准，即应选择成本效益总和更高的解释选项。①

如前所述，在法律解释与续造中，相竞合之目的未必仅限于（一阶）效率，还可以包括其他的实质价值或目的。但目的竞合之权衡，仍可运用卡尔多希克斯标准来刻画最适化的解决方法。此即本节所要提出的二阶效率概念，亦可称为"福利"。以下本节先介绍福利这个广于（一阶）效率的概念，再正式区分一阶效率与二阶效率。再来，本节探讨如何以二阶效率概念（福利极大化）处理目的冲突，以及为何使用二阶效率不会使一阶效率的价值凌驾于其他价值上。

（1）福利作为包含更广的价值

根据卡普洛和沙维尔的界定，福利（welfare）是个人福祉（well-being）的加总，而个人福祉包括个人的物质舒适、精神满足、无形价值——尤其值得强调者，个人福祉也包括所得分配——亦即，所得分配不均，会降低福利。只要个人主观认为有价值者，都包括于福祉。②福利经济学作为规范（normative）取径，认为每个人的福祉同等重要③，因而不会出现效用怪兽。

根据卡普洛和沙维尔定义的"公平"（fairness），公平只包括"无关个人福祉的考量"④；定义窄于一般论者的界定。

福利作为规范价值，考虑面广于效率，因为效率不考虑所得分配。⑤福利和效率都是全然结果导向（consequentialist）的论证框架，而多数的公平论述不是结果导向。⑥公平论述通常采取事后观点，而福利经济学、经济分析采取事前观点，两者的立法论、解释论主张不同，往往导因于前者忽略了其主张对当事人以外者的影响。⑦

但卡普洛和沙维尔也承认，因为福祉是主观的，如果人的偏好包括特定的公平价值——例如：宁愿牺牲大多数人的物质条件，也要保障少数人的某种权利，以实现某种公平——则此种公平价值也被包括在福利的考量中。但是，也如卡普洛和沙

---

① 值得强调者，目的 Z1 的成本效益与目的 Z2 的成本效益，必然牵涉到权重（weights）配置（例如建立基本权价值在个案中的优先级，将各种目的之重要性排序），因此当然是规范论证、价值取舍。但此种法律论证活动的规范性，并不意味着此种论证全无实然分析之空间。

② See Kaplow & Shavell, *supra* note 1 (p. 41), at 4.

③ See ibid. at 26, 445.

④ See ibid. at 4, 39.

⑤ See ibid. at 5, 37.

⑥ See ibid. at 5.

⑦ See ibid. at 48-49, 437.

维尔所强调,人偏好何种价值是实证问题,并非学者说了算。福利经济学只关心大众实际偏好的价值。①

即使法律学者、政策决定者以福利为最终唯一价值,区分效率和福利,并且集中分析效率,仍有重大实益:福利包括效率、所得分配、大众真正关心的其他价值。因为所得分配更适合以税制进行,税法以外的论者,可以专注于分析、寻找最有效率的法律规则、法律解释。②许多法律规则、法律解释的所得分配效果甚微,可被忽略;而当所得分配效果甚大时,以税制进行所得分配,其他绝大多数部门法规范提升效率,是增进社会福利的较佳方案。③

(2)一阶效率与二阶效率

"最适"(optimality)是经济学广泛运用的概念,和阿列克西的用法也不谋而合。只要所欲追求之目的大于一个,达成"最适化要求"就必然隐含着权衡(trade-off)或法律人惯称之利益衡量(也就是狭义的比例原则)④:即使法律人置单纯的金钱/预算花费于不顾,也常常必须权衡无法兼得之复数权利或多种可欲目的,而实践、保护任何目的(或权利)都必然有机会成本。实现某个目的,通常也会对其他目的之实现造成负面影响,或导致牺牲其他目的之负面效果⑤;此时就不得不比较实现目的所带来的效益及其所造成的机会成本。

最适化要求乃是"原则"的一般性特征,即便是效率以外的法律原则或价值,同样具有最适化要求的规范结构。因此,在追求公平正义等原则之最适实现时,若

---

① See Kaplow & Shavell, *supra* note 1 (p. 41), at 17—18, 21—23, 431—436.

② 此句论述,假设除了效率、所得分配外,大众不在乎其他价值。公平正义有时和效率得出同样结论,有时可以含括在所得分配中。但如果大众确实在乎不能包括于效率、所得分配以外的价值,则必须进一步探讨税法以外的法律规则,如何权衡效率与其他价值——此即下一节探讨之后设方法论要处理的问题。所得分配也被称为"分配正义"。参见颜厥安:《何谓正义?——一个初步的理论说明》,载社团法人台湾法学会编:《台湾法学新课题》(十),元照出版公司2014年版,第8—10页。

③ Kaplow & Shavell, *supra* note 1 (p. 41), at 460; Louis Kaplow, Steven Shavell, "Why the Legal System Is Less Efficient Than the Income Tax in Redistributing Income", 23 *J. Legal Stud*. 1994, p. 667; Louis Kaplow, Steven Shavell, "Should Legal Rules Favor the Poor? Clarifying the Role of Legal Rules and the Income Tax in Redistributing Income", 29 *J. Legal Stud*. 2000, p. 821. 类似见解参见苏永钦:《寻找新民法》,北京大学出版社2012年版。

④ 最适化要求蕴含了比例原则,乃是阿列克西原则理论的定理,阿列克西本人除了自承适当性与必要性原则表达了帕雷托最适的想法(Alexy, *supra* note 1 (p. 49), at 298),也运用了一些简单的经济学概念来刻画衡量的说理结构,详见 Alexy (Fn. 1, S. 49), S. 100 ff, 145 ff. 关于阿列克西比例原则理论的完整批评,参见 Yun-chen Chang & Xin Dai, "The Limited Usefulness of the Proportionality Principle", *ICON-international journal of constitutional law* (2021 forthcoming)。

⑤ 传统儒家思想中的"鱼与熊掌不得兼得""尔爱其羊、我爱其礼",同样反映了多重可欲目的之权衡必要。

碰到目的竞合而需进行衡量，仍不免以利益衡量方式来决定各目的所欲实现之程度。换言之，即使论者不考虑效率，只追求公平正义，在目的竞合时仍必须引入经济分析的核心思维方式。如果认为效率以外的法律原则或规范价值如公平正义，本来就内建了利益衡量的思维（例如采取效益论的正义观），则效率与公平正义之争，很大部分就只是语词之争、标签之争，而非实质分析方式的根本差异，这是因为最适化要求本来就是任何原则或价值的实现方式，而最适化要求无法避免作成本效益分析。

由此可以进一步区分一阶效率（Effizienz erster Ordnung）与二阶效率（Effizienz zweiter Ordnung）。所谓"一阶效率"乃是直接作为实质规范目的之效率。上文详论的"配置效益减去制度费用后净值最大者"，就是物权法中具体使用的一阶效率概念。在法律解释中以效率作为目的解释之规范目标，通常就是采用一阶效率之概念。二阶效率则是权衡解决目的（原则、价值、利益）冲突之效率考虑——亦即最适化或最大化实现一组可能相冲突之目的。①

请注意，在一阶层次，也就是作目的解释的层次，论者可以追求各种价值。法经济分析学者追求效率，其他学者重视所得分配、正义、公平等价值。这些价值都可以冠上一阶的前缀词，成为一阶效率、一阶正义、一阶公平、一阶所得分配。而当追求各种一阶价值产生冲突时——例如成全了一阶效率就会造成所得分配更不公——就产生目的竞合，而必须以二阶（或后设）方法得出最终的法律解释。后设层次追求的价值，可以是（但不必然是）上一节阐述的福利。准此，一阶效率和与其竞争的价值，都被化约为福利单位，而非其他价值蜕变为一阶效率。因此，在后设层次，论者可以采取卡普洛和沙维尔的核心框架，只考虑一阶效率和所得分配。也可以引用实证资料，证明人之偏好公平正义，因而考量一阶效率、所得分配、特定理解之公平正义。甚至也可以用非实证的方式，证立公平正义的价值，因而主张考量一阶效率、所得分配、公平正义。无论采取上述哪一种主张，都包括两种以上的价值，因此可能产生价值冲突；而解决价值冲突的方法，就是后设方法。在二阶层次，笔者主张以福利作为整合性的价值，更精确地说，是运用卡尔多希克斯标准来判断选择目的价值冲突之最适解决方案，追求福利（整体价值）之极大化。

笔者承袭自安娜·范·阿坎（Anne van Aaken）的"二阶效率"一词，也需要再加解释，以免在语义上使人陷于错误。二阶效率之所以是一种效率，有两层意

---

① 关于一阶效率与二阶效率的用语，来自于 van Aaken (Fn. 2, S. 7), S. 190 ff.

义：第一，在二阶层次追求福利极大化，而福利作为整体价值包括（但不限于）效率。第二，福利包括之多重价值发生冲突时，必须权衡。当权衡的方法是以福利[①]高低量度好处与坏处的大小，并选择净好处最大者，是卡尔多希克斯标准的展现，而此同为一阶效率所采。

在第二层意义上，法经济分析在一阶层次上的作用是在各部门法提出可以量度社会净财富的具体效率指标，并结合卡尔多希克斯标准，找出极大社会净财富的政策与法律解释。法经济分析在二阶层次上的作用是提出福利这个能包括各种一阶价值的概念，并结合卡尔多希克斯标准，找出极大社会净福利的政策与法律解释。虽然法经济分析的强项在一阶层次，因为二阶层次所要探讨的所得分配、其他公平正义价值，并非经济学方法所能完全涵盖；但各项实体价值的冲突权衡，仍可运用卡尔多希克斯效率标准作为解决之道。

论者若不赞成二阶效率，可能有几种替代方案：第一，赞成追求福利，但以不同于卡尔多希克斯之标准，选择福利极大的政策。第二，追求不同于福利的价值，但以卡尔多希克斯标准，选择该价值极大的政策。第三，追求不同于福利的价值，且以不同于卡尔多希克斯之标准，选择政策。第四，否认有后设方法之必要，因为法律永远只追求单一的一阶价值，或者有字典式偏好，所以没有权衡之必要。

此论点相当重要，且让笔者再梳理一次。在物权法经济分析的一阶层次，研究者观察现行法下的配置，估算其所产生的社会总利益（以金钱量度之财富），以及支撑此资源配置所需的制度成本。研究者必须思考，若维持现行资源配置，是否有制度成本更低的政策。到此，已经考虑了配置效率与生产效率。但是，研究者还要思索，如果采取现实可行的替代制度，是否会产生不同资源配置，以及替代制度的成本为何。当研究者面前有一个现行法、一个替代方案，两者的配置效率与制度成本都不同，应该如何取舍？物权法经济分析学者以价格为量度，以卡尔多希克斯标准，选择净财富最大的方案。[②] 此种净利益最大的方案，就是物权法经济分析学者支持的一阶效率方案。

接下来，研究者视野放大，使用其他规范理论得出其他一阶方案，如一阶所得分配方案、一阶公平方案、一阶正义方案……当各种一阶方案发生冲突，物权法经

[①] 一种替代量度方式，就是看两种竞争的价值，彼此如何互为消长，但不采取某种共通的量度单位：例如该采 X 方案，得了若干 A 价值，失了若干 B 价值；不该采 X 方案则反之。但有三种以上价值时，缺乏共通量度单位就会使比较十分困难。

[②] 如果补偿现行可行，物权法经济分析学者会选择同样的方案，但要求获益者补偿受害者（即使现行法是净利益较大的方案，都可以使相对于改用替代方案而获益者，负责补偿），使同样的方案变为符合帕雷托效率标准。

济分析学者以福利为依归，以卡尔多希克斯标准，选择净福利最大的方案——这是物权法经济分析学者支持的二阶效率方案。得出一阶效率方案，及得出二阶效率方案的分析步骤，都包括卡尔多希克斯标准。

无论是处理目的竞合或法律解释冲突的后设方法论，都可以采用卡尔多希克斯标准，已如上述。字典式偏好（lexicographic preferences），则是与卡尔多希克斯标准不同的后设方法，主张永远先把某价值追求到尽头，才开始追求别的、次要的价值。德国宪法学说中的"基本权价值序列"是一适例。前述不追求净值极大，而主张某种价值分配方式的方法论，也可以用于后设层次。何种后设方法在规范面较优，自然是另一个大战场。笔者的贡献，是指出二阶效率（即以卡尔多希克斯标准追求福利极大）可以作为后设方法的一种，而非主张其是唯一的一种。

（3）为何要区分一阶与二阶？

论述至此，读者或许要问：如果最终要使用福利作为价值，何苦区分一阶和二阶？为何不在一开始就使用福利分析，直接得出结论？

有数个原因。第一，最关键的原因，是福利分析非常困难。福利是包容多种价值的上位概念，本身还没有具体的操作步骤。直接以福利思考政策选择，意味着政策决定者知道某政策使某人民在一阶效率、所得分配、其他公平正义价值综合而言变高，某人民则变低。要如何不先作多个一阶分析，就知道二阶福利价值是高是低？难！打个比方，翻译工作者都知道翻译贵在信、雅、达。信、雅、达可以看成一阶价值，三者综合来看的二阶价值，姑且称为"好"。或许有下笔如有神的翻译者，可以永远一出手就是"好"翻译。但绝大多数翻译者，开始思考或落笔时，可能先选择信的翻译，然后再以雅、达为目标，反复修润文稿。而为求一字稳、耐得半宵寒时，就会感受到信、雅、达往往不能得兼，所以"好"的翻译必须在三者间权衡。翻译者往往要依据最信、最雅、最达的一阶目标，翻译出一个段落的三种版本，再来作二阶取舍。

又以物权法为例，假设立法者思考修正不动产所有权时效取得之规定（时效改为五天，已登记不动产也适用），很难直接使用福利为价值思考。比较可行的思考步骤，可能是先估计采取新法后，整体的制度成本若干，不动产配置效益为何；然后思考，修正后对人民（无论是否有不动产）的所得分配效果为何；也思考其他公平、正义价值的达成程度。对现行制度、修正草案作了完整、一步一步来的分析后，若犹认为不妥，则加入第三种、第四种可能方案（取得时效为例如两年、五年，适用之不动产可能限于房屋），再一步一步分析。

从另一个角度看，即使可以一步登天，直接追求福利极大化，仍不一定是政策辩论的最佳选择。当福利分析是一阶价值分析的综合，则分析者必须逐一揭露其一阶价值的思考步骤，供批评者、反对者检验。但当福利分析是直接融合了各种冲突价值，批评者、反对者较难具体挑剔思考错误之处。甚至，分析者自己的思维也因为没有被较具体的操作步骤规范，而犯下有意无意的错误。

第二，娴熟掌握各种一阶价值分析框架者甚少。笔者之一多次公开自承，只能进行效率分析的训练。无论是作学术研究或政策分析，某个政策选项的一阶效率分析、所得分配分析、其他公平正义分析，可能都是由不同学者完成。学者各尽其能，贡献"大教堂的一景"[①]；最后，由负担政治责任的政策决定者，综合各种一阶价值的好坏高低，选出其认为福利较优之政策以推行。

第三，因为福利分析困难，所以若无必要，毋须硬作。假若各种一阶价值的分析结果，得出一致之结论：某种替代政策比现行政策较优（效率提升、所得分配更平均、公平正义无碍），则无论采取何种方式综合得出福利结论，都会认为应该采用替代政策。关注困难议题的论者，往往会举出效率与所得分配背道而驰的事例。但并非所有议题都是"电车难题"。

第四，如上所论，如果接受卡普洛和沙维尔的论点[②]，则所得分配最有效、也最低成本的方式，是透过各种税制的设计，而非经由民法、行政管制内容之调整。准此，如果具体议题中没有效率、所得分配以外的其他价值需要追求，则税法学者可以专攻所得分配此种一阶价值，其他领域的学者则戮力于效率此种一阶价值。此种观点下，福利提升是以整个法律系统互相配合而达成，而非在每个部门法、每个具体议题，都要追求福利最大。

（4）以二阶效率思考目的竞合

法律解释与续造经常涉及目的或利益衡量，在传统方法论多有提及。[③] 本小节以物权法定主义为例，具体说明如何运用二阶效率的思维处理目的竞合问题。

制定之初，台湾地区"民法"第757条规定，"物权，除本法或其他法律有规定外，不得创设"，立法理由特别指出"……物权，有极强之效力，得对抗一般之人，若许其以契约或依习惯创设之，有害公益实甚，故不许创设……"。由此可知，民事财产法中最被标举的"私法自治"原则，在创设新物权类型时，与（内涵

---

① "大教堂的一景"的说法，来自 Guido Calabresi & A. Douglas Melamed, "Property Rules, Liability Rules, and Inalienability: One View of the Cathedral", 85 *Harv. L. Rev.* 1972, p. 1089。

② 反对其论点之论述，参见 Lee Anne Fennell & Richard H. Mcadams, "The Distributive Deficit in Law and Economics", 99 *Minn. L. Rev.* 2016, p. 1051; Daphna Lewinsohn-Zamir, "In Defense of Redistribution through Private Law", 91 *Minn. L. Rev.* 2006, p. 326。

③ 例如王泽鉴，同本书第5页脚注③，第282—287页；Larenz (Fn. 3, S. 6), S. 404 ff。

不明的)"公益"发生冲突,而1929年的立法者决定让前者退让。

到了2009年,第757条转而规定"物权除依法律或习惯外,不得创设"。立法者当初认为习惯创设物权有害公益实甚,现在则认为"为确保交易安全及以所有权之完全性为基础所建立之物权体系及其特性,物权法定主义仍有维持之必要,然为免过于僵化,妨碍社会之发展,若新物权秩序法律未及补充时,自应许习惯予以填补,故习惯形成之新物权,若明确合理,无违物权法定主意存立之旨趣,能依一定之公示方法予以公示者,法律应予承认,以促进社会之经济发展,并维护法秩序之安定"(第757条修正理由参照)。从修正理由推测,与"私法自治"原则冲突的规范目的是"交易安全",而立法者认为,在竞合之目的间取得平衡点的方式是承认明确合理、可以公示的习惯物权。

若法律解释者可以使用经济分析方法,找出净利益最高的习惯物权制度条件,就可以在维持一定交易安全的前提下,尽量扩大私法自治的范畴。换言之,若法律解释者对"明确合理""得以公示"采取宽松主观历史解释,则大量新物权类型的效力会被承认,私法自治范畴扩大,但交易安全受到威胁。反之,若采取非常严格的主观历史解释,则没有任何习惯被认为可以创设物权类型,交易安全无虞,但私法自治受到局限。折中是儒家文化提倡的取径,也是法学学术、实务界频繁采取的立场。但从经济分析观点,折中方案不当然是最大化(maximize)、最适化(optimize)的解决办法;有时,"不折中"的方案(数学、经济学称之为"角解"[corner solution])可能才是最佳方案。此前第757条就可以看成一个角解,完全牺牲私法自治,着重于公益、交易安全。

限于篇幅,也因为此问题的相关经济分析论述甚多①,本文不具体论述如何以经济分析方法取舍物权法定主义之目的竞合问题。本文所欲论述的重点是:其他的分析工具,并未提供目的竞合时的分析指引。不断折中并不当然让法律解释完成"最适化要求"的诫命。经济分析一以贯之的成本效益分析工具,则可以帮助法律解释者作清晰的推论。

---

① 请比较张永健,同本书第29页脚注③,第113—164页;苏永钦:《可登记财产利益的交易自由——从两岸民事法制的观点看物权法定原则松绑的界线》,载《南京大学法学评论》2010年第2期;苏永钦:《物权法定主义的再思考——从民事财产法的发展与经济观点分析》,载《经济论文丛刊》1991年第2期;苏永钦:《物权法定主义松动下的民事财产权体系》,载《寻找新民法》,元照出版公司2008年版,第103—160页;简资修:《物权外部性问题》,载《中研院法学期刊》2011年第8期;简资修:《物权是内部化而不是外部性》,载《交大法学》2014年第2期;张巍:《物权法定与物权自由的经济分析》,载《中国社会科学》2006年第4期;张巍:《物权法定的效率问题再思考》,载《中研院法学期刊》2013年第13期。

（5）二阶效率作为衡量方法不会使得效率变成唯一价值

本文以二阶效率作为权衡目的竞合的后设方法，和本文主张一阶效率不是法律唯一的价值并无冲突。以二阶效率解决目的冲突，不会排除其他价值。

兹以动产所有权善意取得为例：如王泽鉴教授所言，此问题"涉及二个民法上的基本利益或价值：一为所有权的保护，一为交易安全"。[①] 因为有此种目的冲突，台湾地区"民法"第948条到第951条反复在保护原占有人和受让人之间拉扯。如果由经济分析着手，则认为善意取得制度还应该增进一阶的配置效率，也就是保护较能利用系争物之人。[②] 传统民法方法论并不着眼于促进配置效率，但即令传统民法方法论不保护一阶效率，仍需处理目的冲突问题。二阶效率的思维，是认为所有权保护与交易安全都值得追求，但注定不可能同时完美追求两者，所以必须权衡。如果非常保护所有权，将大大有害交易安全，就应该不要这么保护所有权。反之，如果执着于保护交易安全到底，将使所有权保护丧失殆尽，就应该让交易安全稍稍退让。

二阶效率不是用以评价所有权的保护、交易安全两种目的是否正当，而是在既有法律解释方法面临多重目的竞合冲突时，权衡利弊得失，以做出最妥适的目的解释结论。此外，即使是一阶效率（资源分配与生产效率）的目的解释，也不会抹杀其他价值理论（公平、正义、自由、分配等）作为目的解释之正当性，而是提出效率观点作为可参酌的解释目的之一，亦即成为权衡天平上的一个砝码。进一步言之，二阶效率作为衡量方法，企图使相竞合之数个目的都能获得最佳实现，反而才是全盘考虑不同价值或目的之整全做法。用更白话的方法说，二阶效率是用最少的代价最大程度地实现一阶价值。

无论是一阶效率或二阶效率——至少是本文所主张者——都不主张要"不认真对待权利"（not taking rights seriously）。一阶效率有时是和权利论述彼此竞争的价值[③]，有时则可作为证成特定权利的理由[④]；而二阶效率是剖析保护一阶效率与保护权利的代价，并进行权衡。换言之，二阶效率以各种规范论述的歧异解释结论为前提。二阶效率可能因为保护某种权利的代价太过于惨烈（例如以另一个权利或以一阶效率为代价），而主张只给予极少保护，甚至不保护，但那是权衡的结论，而非

---

① 王泽鉴，同本书第5页脚注①，第597页。
② 参见张永健：《社科民法释义学》，新学林出版社2020年版，第235—238页。
③ 请注意，效率和公平正义的观点不总是得出不同的结论。本文所举的民法问题实例，刻意选择经济分析与传统方法获得同样结论者，即为适例。
④ 例如私有财产权的保护是为了达到整体经济资源的有效配置，参见 Alexy, "Individuelle Rechte und kollektive Güter", in: *Recht, Vernunft, Diskurs*, 1995, S. 232 (244 ff)。

自始（a priori）否定该权利的正当性。① 再就权利冲突之解决而言，以二阶效率作为衡量方法，追求相竞合权利之最适实现，反而才是最能有效兼顾的做法。

由此可知，即使论者不赞成本文所言，将一阶效率当成民法追求的其中一个目的，也不可能反对二阶效率的思维。多重目的之权衡，是民法学本来就有的思维工具，只是之前此种权衡没有以二阶效率的概念表述而已。②

那么，如果立法者明确采取反对效率的立场，效率是否还能作为后设方法？此处仍应区分一阶效率和二阶效率。从立法过程甚至法律文字，确实有可能看出立法者不在意一阶效率，而在乎其他价值的立法意图。此时，自然难以透过文义解释和历史解释引入一阶效率。然而，作为后设方法的是二阶效率，很难想象立法者会明示或暗示不接受二阶效率。

（四）经济分析与体系解释

1. 外部体系一致性的批评

然而，基于体系的批评是否（以及在多大范围内）能够成立，跟体系的概念与功能相关。如前所述，德国主流的法学方法论将"体系"区分为内部体系与外部体系。外部体系是由概念位阶所形成的体系，而运用经济分析的法律解释或法律续造，可能突破外部体系造成概念使用的不一致。例如前述关于台湾地区"民法"第373条"交付"的解释导致与第761条的"交付"概念不同；或者第787条之类推适用将使得债权人（如袋地之承租人或使用借贷人）亦得享有物权法上之邻地通行权，有违债物二分体制。③

不过，这种批评并不只针对经济分析，其实同样适用于传统法学方法的目的论证——亦即为了实现某个规范目的（即便不是效率）而可能影响外部体系的一致性。但当代以评价法学为主流的法学方法论，多不将概念一致性视为绝对的要求，例如王泽鉴教授即认为法律概念具有相对性，"法律体系上的地位，仅为解释法律的一项方法，并非绝对"。④

---

① 为强调权利保护的重要性，则在衡量权利与效率时，可以赋予权利的初步优先性（prima facie Vorrang），亦即在个案中主张增进效率凌驾权利保护者，必须负担极高的论证责任，关于此种解决方式，见 Alexy (Fn. 4, S. 57), S. 257 ff. 事实上，也有法律经济分析学者认为，为了保护某些极高价值的法益，也有可能以牺牲（一阶）效率为代价，见 Ott & Schäfer (Fn. 2, S. 7), S. 219。

② 例如，Möllers (Fn. 1, S. 9), S. 185 即指出，Kaldor-Hicks 效率可作为衡量的标准。

③ 彻底批评债物二分的看法，参见张永健：《债物二分的思维错误——德国民法概念体系检讨之二》，工作论文，2019年；张永健：《物权的关系本质——基于德国民法概念体系的检讨》，《中外法学》2020年第3期。

④ 王泽鉴，同本书第5页脚注③，第270页。

此一批评若要成立，仍需着眼于外部体系的功能：首先，概念形成的作用在于储藏价值共识，减轻思维的工作负担①；其次，由概念位阶所构成之外部体系，具有较高的可综览性，便利法官找法及用法，有助于提升裁判之可预见性与法安定性。②可以清楚看出，外部体系的功用仍可从效率观点来理解：法律概念的储藏价值功能，可以让适用法律者不必每次都重新进行价值衡量的工作，有助于降低决策成本；体系编纂的便利性，则能大幅减低法官寻找可适用法律过程中的搜寻成本。③

因此，真正的问题在于：经济效率取向的法律解释是否会阻碍外部体系发挥其作用？答案应该是否定的。将经济分析整合至文义、历史、目的解释当中，并未动摇到外部体系的基本结构（例如民法五编制与法律行为的抽象概念体系）。经济分析取向的解释，仍然是以构成外部体系基本要素的法律概念作为解释对象。

再者，经济分析取向的法律解释，具有补充外部体系的功能：

首先，即便概念具有储藏价值的功能，也非一劳永逸，从此毋需再考虑价值问题。由于情事变更或立法者的疏忽等种种因素，法律概念可能过分抽象化而有过度涵盖（overinclusive）的问题（例如上述第373条之"交付"与第106条之自己代理），也可能因过分具体化而有涵盖不足（underinclusive）的问题（例如上述第360条后半无法包括故意夸大质量的案型、第787条仅限于袋地所有权人而不及于使用人）。④此时若过分执着于概念使用的一致性，反而有碍于某些价值之贯彻或甚至有价值判断失衡之虞。上节例示以效率为目的之法律解释与法律续造以及解决目的竞合之效率考虑，正是用来调整概念涵盖范围过广或过狭，以最适化实现概念背后之价值的做法。

其次，并非所有法律概念都已完备地储藏价值。如前所述，许多具有语义开放结构的不确定法律概念，在适用时都还是必须进行一定的价值判断⑤，当这些价值

---

① 关于概念经济性（economy of concept）以及在物权问题之应用，参见张永健：《占有规范之法理分析》，载《台大法学论丛》，2013年第42卷特刊。
② 黄茂荣，同本书第5页脚注③，第84—94、697—698页；Aulis Aarnio, *Essays on the Doctrinal Study of Law* 177 (2011).
③ 关于外部体系的效率，可见苏永钦：《寻找新民法》，元照出版公司2008年版，第17—18页；熊秉元对法律概念与法教义学的功能以及其与社科法学关系的扼要说明，本文深表赞同："社科法学可以说是教义法学的基础，而教义法学可以说是社科法学的简写或速记"，教义法学使法律解释者可以不用每次适用法条都要追根究底，可以大幅降低思考与操作的成本，参见熊秉元：《正义的效益——一场法学与经济学的思辨之旅》，商周出版公司2015年版，第206—207页。
④ 关于概念之过度抽象化与过度具体化问题，可参见黄茂荣，同本书第5页脚注③，第97—128页。
⑤ 传统法学方法论的代表者拉伦茨将这种概念称为"类型"，见Larenz (Fn. 3, S. 6), S. 460 ff. 对于类型论的批评，请参考王鹏翔，同本书第14页脚注②，第32—41页。

判断涉及成本效益分析（例如上述之"偿金""需费过巨""可归责"等）时，引入经济分析的解释工具作为评价标准，才能真正充实这些概念的评价内涵。

2. 内部体系的批评：效率是外在价值吗？

目的解释是经济分析进入法学方法的主要管道，但来自于内部体系的批评则质疑效率作为规范目的之正当性。这个批评认为，法律适用、解释与续造之目的或评价标准，必须是内在于法律体系的价值或原则，但效率只是外在价值，而非法律体系的内在目的。①

从二阶效率的角度来看，如果法律原则的规范结构乃是最适化要求，则任何法律原则的适用都内建了效率的要素。但上述内部体系的批评，所质疑的是（一阶）效率本身是否有资格作为法律原则，亦即在法律解释或续造中诉诸效率作为规范目的之问题。②

针对内部体系的批评，首先必须指出，法律体系的"内在"价值或原则，其实是个需要厘清的概念。所谓"内在"原则，有几种可能的理解方式：

第一种是透过法律的明文规定，将某些价值或原则转化为实证法规范安置于法律体系当中。③ 典型的例子是德国基本法包含了民主、平等、自由、法治国与社会国等原则，或像公平交易法第1条规定，明白揭示维护交易秩序与消费者利益、确保自由与公平竞争等竞争法基本原则。但若是以这种方式来理解何谓"内在"原则，则除了公序良俗与诚信原则之外，多数民法典大概没有安置多少法律原则在其中。《中华人民共和国民法典》第9条"利于节约资源"之规定，被学者解释为"社会成本极小化"。④ 也有认为，《中华人民共和国民法典》第206条"社会主义市场经济"之规定，也可以解释为内含了效率的价值。⑤

当传统法学方法论谈及法律体系的内在价值或原则时，通常是以另一种方式来理解"内在"原则：所谓法律体系的内在原则，乃是从数个不同但有类似意旨的具体法律规定，所抽象归纳得出的一般性原则。例如从表见代理、善意取得、表见让

---

① 但请比较雷磊：《法教义学的基本立场》，载《中外法学》，2015年第1期。雷磊承继阿列克西关于法律体系开放性的看法，认为法教（释）义学同样不可避免引入社科知识与价值判断。

② 此项质疑，可见 Kramer (Fn. 3, S. 6), 255 ff。唯在此仍须区分普遍（global）与部门的（lokal）的法律原则：前者是适用于整体法律秩序的基本原则，后者则是在特定法领域中发挥指导作用的原则，Eidenmüller (Fn. 2, S. 7), S. 464. 为简化讨论，在此仅关注效率是否可作为民事财产法的法律原则。

③ 主张法律是人们所能达成的最低共识，但认为法教义学与价值判断必须二分，且外部的价值判断在一定条件下可以循着法教义学的连结点进入法律解释，参见许德风：《论法教义学与价值判断》，载《中外法学》2008年第2期。

④ 贺剑：《绿色原则与法经济学》，载《中国法学》2019年第2期。

⑤ 朱虎教授与笔者分享此种看法。

与等规定可归纳出一条共通原则:"为维护交易安全,必须保护第三人对由真正权利人或本人所造成之表见事实的信赖"①;或如前所述,从台湾地区"民法"第 190 条第 1 项与第 373 条之解释,可以得出"目标物之风险应由对目标物有事实上管领力之人来承担"的抽象原则。

这种从数个实证法规定抽象得出法律原则的方式,传统法学方法论常称之为"归纳法"(Induktion)。②但这是相当不准确的说法:所谓归纳法,乃是观察反复出现的相同现象以得到普遍性通则的方法(例如观察上百或上千只天鹅后归纳得出"所有的天鹅都是白的"),但法学方法论的"归纳法"则是由区区几个条文规定就可得出一般性的原则。再者,由归纳法得到之普遍通则具有经验上的否证可能性(只要找到一只黑天鹅,则"所有天鹅都是白的"这个陈述即被证伪),而一条法律原则即便常有反例,在某些个案中会与其他原则相冲突而必须退让,也不会因此就无效或失去其法律拘束力(例如虽然所有权保护有时胜过维护交易安全,也不会使得后者失去法律原则的地位)。③

姑且不论"归纳法"这个用语是否妥当,它其实只是用来发现或获得一般法律原则的一种启迪式(heuristic)方法;即便所谓"内在"原则乃是由归纳法所得到,但法学的"归纳法"本身并未说明:这些内在原则之规范性或合理性从何而来?它们与作为"归纳"基础的具体法律规定之间的关联为何?

传统法学方法论通常诉诸一些更抽象的原则或上位价值来回答第一个问题,亦即内在原则乃是某些上位价值的具体化,后者可以证成前者,所谓"内部体系"乃是由上位价值或原则的逐步具体化所形成之位阶秩序。④倘若如此,从这一点正可以论证,效率原则仍然是民法的"内在"价值或原则:大多数民事财产法原则都可视为效率原则之具体化,或可借由效率来说明其合理性何在。⑤

以信赖保护原则为例,为何信赖应予保护,黄茂荣教授认为:"因为以自己之行为引起他人善意之信赖者,倘他人因该信赖而有损害发生,该引起信赖者,比该信赖者较能防止该损害发生。"⑥这显然与优势风险承担理论相通:亦即引起信赖

---

① 黄茂荣,同本书第 5 页脚注③,第 745 页。
② Canaris, Die Feststellung von Lücken im Gesetz, 2. Aufl., 1983, S. 97 ff;黄茂荣,同本书第 5 页脚注③,第 655—656、681—683 页。
③ 拉伦茨亦承认将此种方式称为"归纳"会造成误解,参见 Larenz (Fn. 3, S. 6), S. 384 ff。关于法律原则的特性,则可参考 Alexy, "Zum Begriff des Rechtsprinzips", in: Recht, Vernunft, Diskurs, 1995, S. 177 (182ff)。
④ 黄茂荣,同本书第 5 页脚注③,第 724、753—754 页;Larenz & Canaris (Fn. 3, S. 21), S. 302 ff; Canaris (Fn. 3, S. 21), S. 46ff; Canaris (Fn. 2, S. 61), S. 106 ff.
⑤ Ott (Fn. 4, S. 38), S. 28 ff; Eidenmüller (Fn. 2, S. 7), S. 467 ff 称之为"同一性命题"(Identitätsthese)。
⑥ 黄茂荣,同本书第 5 页脚注③,第 745 页。

者通常能够以较低成本来防止或控制损害之发生。同样地，如前所述，为何目标物之风险应由对其有事实上管领力之人来承担，也可以由降低风险防范成本的观点来证成。

事实上，民法中的过失责任与危险责任等归责原则，均涉及损害风险的分配与损害预防的成本问题，基本上都可以诉诸效率原则予以证成①，也都是优势风险承担理论最能发挥之处，此在第三部分第一节讨论"可归责"的解释问题时已有详论。法律经济分析中知名之汉德公式（Learned Hand Formula）②，即透过比较加害人所需投入预防成本与被害人可能损失之价值，来判断侵权行为法之过失。汉德公式已为民法权威王泽鉴教授采纳为判断过失之考虑因素。③

危险责任属于损害与风险之分配或分散问题。依王泽鉴教授之见，危险责任之归责理由在于：一般而言，仅持有或经营具有危险之物品、设施或活动之人（或企业）能够控制危险，而因危险责任所生之损害赔偿，得经由商品服务之价格机能及保险制度予分散，是故依"享受利益者，应负担责任"之正义要求，课予其无过失责任。④本文之前曾指出：何以正义要求"享受利益者也需负担危险责任"，并不容易回答。但从优势风险承担理论可以合理地说明危险责任制度之意旨何在：危险来源之制造者，能够以较低成本来控制或分散危险，故令其负担责任，是减少危险发生之有效率方式。

即便不从优势风险承担理论着眼，从经济分析的观点来看，信赖保护原则亦与信息成本问题密切相关。盖若不对第三人之善意信赖予以保护，则其必将耗费更多信息成本，以查证与其交易之相对人究竟是否为真正权利人或有权代理人，从而有碍交易之迅速有效进行；因此，信赖保护之目的，乃是为了节省信息成本，亦即尽可能最小化交易成本以提升资源分配效率。⑤

至于物权法定原则，其主要理由也是降低信息成本⑥：物权自由会大大增加市场上交易者之信息成本，动产或不动产若带有各式内容之物权，就需要耗费更多时间去探知理解；理解物权习惯之诞生，关键亦在于信息成本。⑦同理，法安定性与明确性原则也与成本问题相关：法律的不安定或不明确，将导致信息成本或决策成

---

① Ott (Fn. 4, S. 38), S. 28 f; Schäfer & Ott (Fn. 2, S. 7), S. 181 ff.
② 中文文献，参见例如简资修：《过失责任作为私法自治之原则》，载《北大法律评论》2014年第1期。
③ 王泽鉴，同本书第22页脚注②，第337—340页。
④ 王泽鉴，同本书第22页脚注②，第15页；亦见黄茂荣，同本书第5页脚注③，第731—733页。
⑤ Ott (Fn. 4, S. 38), S. 28 f; Schäfer & Ott (Fn. 2, S. 7), S. 537 ff.
⑥ 张永健，同本书第29页脚注③，第118—121页。
⑦ 张永健，同本书第29页脚注③，第30—31页，深入讨论，详见该书第四、五章。

本的增加。①

　　作为民法核心基础的"私法自治"原则，同样建立在经济分析的理论基础之上：理性自利的行为人，在利伯维尔场中透过自愿交易，自主决定彼此间的私法关系，能使劳力与资本等资源分配效率最大化，乃是民法学与经济学的共通常识。②较有疑问者，为保护无行为能力与限制行为能力人（例如未成年人保护原则）是否构成效率原则之反例。

　　对无行为能力与限制行为能力人之保护，虽然限制了交易自由，但其并非与效率相对立，反而是有效率之民法制度的必要前提：法律行为之当事人必须有充分自主决定能力，才能真正确保交易有效率。当然，现行制度以年龄作为区分当事人是否具备完全行为能力之标准，在某些个案中可能减损效率，因为某些未成年人已具有充分的识别决定能力。然而，若行为能力之有无，完全系诸个别当事人之识别能力，反而会提升交易之风险与成本。这同样可以信息成本的角度来理解：进行交易的当事人需要简单明确的一般性标准来判断相对人之行为能力，倘若没有这样的标准，就需要花费不少信息成本去确定相对人是否的确具有行为能力，而以年龄为标准来区别行为能力之有无及其范围，正是有助于降低信息成本的一种制度设计方式。③相对地，在侵权法中就没有此种需要明确标准以降低交易成本的必要，故此可说明何以侵权行为系以识别能力（而非行为能力）之有无来判定责任能力。

　　以上略举数例说明，民事财产法的"内在"原则，其规范性或合理性大多可以归结至效率原则。本文并不反对以所谓"归纳法"作为发现法律原则的方式，但内部体系的重点在于，法律原则必须具有说明（explain）的面向与证成（justification）的作用：一项原则之所以是法律原则，并不仅仅由于它能够从具体法律规定所"归纳"得出，更在于它能够说明，既有的制度规定所欲达到之目的或所要发挥之功能为何，从而可以证成为何会有这样的制度设计或规定内容。④以效率作为民法基本原则之上位原则，有助于清楚掌握各项制度规定之目的与功能，强化内在原则的说明力道，同时也能为民事财产法之制度规定提出广泛且一贯的证成方式。⑤就此而

---

① Ott (Fn. 4, S. 38), S. 28.
② 王泽鉴，同本书第 19 页脚注①，第 268—270 页。
③ Ott (Fn. 4, S. 38), S. 29 f. 在侵权行为法中就没有此种需要明确标准以降低交易成本的必要，故这可以说明何以侵权行为系以识别能力之有无来判定责任能力。
④ 当然，这只是对于"法律原则"的理解方式之一，关于效率作为法律原则的几种理解方式，可参考 Lieth (Fn. 3, S. 7), S. 122 ff.
⑤ 强调目的与功能在体系化工作之重要性以及一贯性与统一性作为体系化的要求，可参见黄茂荣，同本书第 5 页脚注③，第 681—686 页。由此亦可看出，经济分析的体系概念能够补充评价法学不足之处：以拉伦茨为代表的方法论强调法律适用与续造不可避免涉及评价（Larenz & Canaris (Fn. 3, S. 21),

言，效率并非法律体系的外在价值，反而可以构成民法内部体系的统一性基础。①

(五) 经济分析作为后设方法

第三部分第一节举出数个例子说明经济分析式文义解释，是在文义开放结构的可能范围内，运用经济分析方法，作出促进效率之解释。此种情境下使用经济分析，应该争论较小。但诉诸经济效率之目的解释或法律续造，可能会得到与（诉诸日常语言意义的）文义解释不同的结果，或甚至必须作出逾越或违背文义之决定（例如目的性扩张与限缩）；此时即涉及关于解释方法运用及顺序之后设方法论问题。

如前所述，为什么要采取某个解释方法，仍然是结果导向的考虑——采取这个解释方法，能够达到某个好的结果，亦即实现某些高阶的价值、目的或原则。因此，后设方法论的说理，乃是后设目的或结果论证。解释方法的顺序问题，取决于解释方法的结果分析与高阶目的或价值的衡量。②如此一来，上述解决目的竞合冲突之二阶效率考虑，就会在后设方法论的层次再度登场。差别在于，前文探讨者乃"目的"冲突时的权衡问题，本节探讨者乃"法律解释方法"得出不同解释结论时的选择问题。

以通常认为之文义解释的初步优先性为例。一般认为，在语义论证足以确定结果的案件中，文意解释具有优先性，是为了确保法官受制定法拘束，以实现权力分立与民主原则的要求，并且能够提升法安定性与可预见性。但这同样可以从成本效

（接上页）S. 36 ff），但这些评价要素往往散见于各项法律原则，关于其如何证立，欠缺统一性的说明（此问题可见 Alexy (Fn. 5, S. 11), S. 22 ff）。而如本节所述，大多数的民法内在原则，均可透过效率原则来说明其合理性或正当性，而原则冲突的衡量亦可理解为二阶效率的思维，是故从经济分析观点来重新理解评价法学，更能强化评价之一贯性与提高方法之精确性。

① 唯须强调的是，同一套制度规定可以有不同的功能说明，侵权法的功能可以是填补损害，也可以是为了预防损害；即便同一项原则，也可以诉诸不同的上位价值来证成，例如保障言论自由之目的可以是为了促进个人自主实现，或是追求真理，或是健全民主程序。换言之，针对同一套法律制度规定，可以有多样化的（内部）体系建构方式。本文并非主张效率是唯一能够证成并说明民法体系内在价值与制度规定的上位原则，也不排除可以诉诸其他价值或理论来说明民法的制度规定并作为其内在原则之规范性基础。就理论层面而言，不同体系建构方式的优劣评断标准，除了一致性之外，即在于其说明的广泛性与证成的一贯性。经济分析的优势即在于其能够从抽象到具体的层面，一以贯之地说明、分析、批判大部分民事财产法规定或相关制度。与经济分析相竞逐之理论体系，至少也必须具有相等的广泛性与一贯性，方足以匹敌。若不采用经济分析，而采取其他替代理论，而后者难以具体明确地一贯操作，会增加新一代法律人学习成本、减少法律可预见性，也增加操作错误得到负面结果的风险。然而，如果一贯的理论总是得到错误的结果，一贯还有任何好处吗？在此，本文论证经济分析的效率价值是民法的一种重要价值，所以一贯使用经济分析不会总是得到错误结果。

② 关于后设方法作为各种解释方法之结果分析，以及传统方法论在此方面的欠缺不足，可见 Kirchner (Fn. 1, S. 8), S. 490 ff。

益的效率角度来理解：在法律不违宪的前提下，法院接受立法者的制定法所包含的价值与做法，自己不再重新进行价值权衡判断，直接依据法律文义作出决定，显然是比较能够节省劳力时间等成本的有效率论证方式。

以契约法为例，法院对任意规定的稳定文义解释，有助于当事人预先安排。即使对任意规定之文义解释某些时候可能很离谱，当事人仍可用特约改变之。就算当事人没有用事前特约改变之，当事后知道法院的稳定见解后，也可以尽快和解，以节省诉讼的劳费——这不但是私人成本，也是社会成本。就此而言，文义解释的优先性，至少有部分（虽非全部）的一阶效率意涵。换另一个角度说，文义解释的初步优先地位，来自于长期实践后，或理论推测下，合于经济效率的推测。

然而，在语义论证无法确定结果的情况下，亦即待解释之概念具有开放结构，或在文义范围内容许多种解释可能时，法安定性与权力分立原则的论证力道就减弱了：在这种情况下，法官无法单凭语意论据确定法律效果，甚至可能也不清楚立法者所预设的解决方案为何；若认为只要在文义范围内，即可各凭己意采取任一可能的解释选项，容易导致同案不同判，反而有害于法安定性与可预见性。

由此可见，文义解释与其他解释方法其实没有真正的冲突：在语义不确定的情况下，文义解释无法确定结果，引入其他解释方法正是为了精确化概念的意义内涵，以非恣意的方式来决定要采取哪一个解释选项；而不论引进何种解释方法（历史、体系或目的），都带有结果考虑的面向：如前所述，采取历史解释是以遵从立法者意旨的方式来实现权力分立原则的要求，采取目的解释则是为了达到利益与资源的公平分配或有效运用。换言之，在这种情况下，引进文义以外的解释方法未必损及法安定性与可预见性，但同时更能促进其他高阶价值或原则的实现；这显然也是运用前述"最适化要求"思维方式之适例。[①]

然而，第二部分第三节第五小节已指出，由于解释方法之多样性，以及各种解释方法本身就带有不确定性，引进文义以外之解释方法，仍然要面临（文义之外的）解释方法选择，以及法律解释的不确定性问题。如前所述，后设方法论的真正问题，不在于解释方法之间如何优先排序，而在于评价各个可能解释选项孰优孰劣。如果作为选择依据之评价标准足够明确，则因解释不确定性对法安定性或可预见性所造成之负面影响即可降到最低。但解释选择的明确评价标准为何，一直是传统法学方法论悬而未决的问题[②]；毋庸讳言，经济分析所提出之效率标准（尤其是

---

① 类似看法，可见 Kirchner (Fn. 1, S. 8), S. 502 f。关于宪法原则的最适化之详细阐述，亦见 van Aaken (Fn. 2, S. 7), S. 315 ff。

② Alexy (Fn. 5, S. 11), S. 19 ff; Larenz (Fn. 3, S. 6), S. 343 ff; 颜厥安，同本书第 17 页脚注④，第 156 页。

处理衡量问题的二阶效率判准），正可补充法教义学在后设方法的不足，作为选择法律解释的明确评价标准之一。

试以前述第 190 条"动物占有人"如何解释为例。王泽鉴教授曾经指出，过往学说至少有五种不同见解：或包括直接占有人、间接占有人、占有辅助人；或指直接占有人与间接占有人；或仅指直接占有人；或只包括直接占有人与占有辅助人；或仅指为自己利益而使用该动物之人。这些不同见解各自都可从文义、体系、目的等解释方法得出。至于该采何种解释，与其抽象讨论解释方法之适用顺序，毋宁如王泽鉴教授所言："关键问题在其判断标准。依本条但书规定……可知系以事实上管领力为判断标准。"① 但为何需以事实上管领力作为判断标准？借鉴前述限缩解释第 373 条"交付"之经济分析观点，此亦基于降低风险防范成本的考虑：对动物有事实上管领力者（直接占有人与占有辅助人），通常能够以较低成本来预防动物伤害他人之风险。准此，将"动物占有人"理解为直接占有人与占有辅助人，而不包括间接占有人，显然更能提升（资源分配）效率，而为较佳的解释选择。②

文义解释与其他论证形式之间真正会发生冲突之处，在于法律续造之许可性的问题。由于法律续造逾越或违反制定法的文义，故其必然偏离或推翻了语义论据所确定之结果。如前所述，这涉及支持文义解释之法安定性、可预见性与权力分立原则以及法律续造所要实现之目的（不论是否直接诉诸效率作为续造之规范目的）之间如何取舍衡量的问题。前者之比重在各个法领域有所不同。在刑法领域，法安定性和可预见性就非常重要，这表现在罪刑法定主义的要求之上，不允许法官造法类推适用入人于罪。但在民法领域，就未必如此。法律续造或许会带来某些出乎意外之结果，但未必总是不能接受。

以前述的几个例子而言，故意夸大质量之出卖人，本就可以料到买受人发现目标物原形之后会引来后续纠纷，类推适用第 360 条后半，课予其同样的损害赔偿责任，只是在吓阻其投机侥幸，不仅不会增加信息成本，反而有助于避免后续衍生之社会成本。邻地所有人，可能并不在乎谁是袋地所有人，谁是承租人，而只在乎利用袋地之人在何种条件下能通过其地，若因此受到损害又能请求多少偿金。在这些例子中，法安定性或可预见性之相对重要性较低，即使有负面影响，也相当轻

---

① 王泽鉴，同本书第 5 页脚注③，第 286 页（着重为笔者所加）。
② 关于动物占有人认定之经济分析，参见张永健，同本书第 59 页脚注①，第 855—856 页。关于第 190 条动物占有人如何解释之不同见解，亦请参考吴从周：《民事法学与法学方法》，一品文化出版社 2010 年版，第 99—112 页。

微①；但若不进行法律续造，其他价值或目的（提升资源分配效率、降低交易纠纷之社会成本等）将无法获得实现，由此举隅可见，在民法领域允许法律续造往往才是有效率的做法。②

对于法律适用者（如法官）而言，后设方法不可或缺，因为法律解释过程，始终都需面对有另一种决定的可能，亦即不同决定选项并存的问题：在文义范围内有多种解释可能时要选择哪一种？就算语义论据可以确定法律效果，也总是有逾越或违反文义之法律续造的可能，此时究竟是要因循文义解释，还是进行法律续造？

因此，后设方法论的核心工作就在于，面对不同选择可能性时，提出一套评价选择的程序或标准。经济分析以二阶效率判准作为后设方法，其实与传统的解释方法并不冲突，两者可视为一个整体工作的两阶段：在第一阶段，要考虑各种解释方法，尽可能找出可供选择的不同解释选项③；在第二阶段，则是评估这些选项会带来的结果，再进行成本效益分析以决定要采取哪一个选项，这个阶段大致包含以下几个步骤④：

首先是预测不同决定选项所可能导致的结果。如前所述，结果预测主要属于经验面向的实证研究工作；实证社会科学研究可用于估计不同的法律解释选项对行为人的可能影响。

其次则是结果评估的工作。每个可能的选项通常都有正面与负面的效果，故此处的工作主要是评估各个选项的机会成本：采取某个选项（解释或续造）会带来某种好处（实现某种价值或某个目的），但也可能因此放弃了采取其他选项所会带来的利益（或者会对其他价值或目的带来负面影响）。如前所述，运用二阶效率判准的成本效益分析，可以作出一定的比较排序，找出最适的决定选项。⑤

---

① 法安定性与可预见性固然是需要尽力实现之重要价值，但高的法律安定性、可预见性，不当然代表是最好的法律——偷窃者一律处死，非常容易预测，法律也很安定，却违背了法治国家的一些根本价值默认。由此极端之例可知，法安定性是正面的价值之一，但不是唯一的价值。

② 事实上，由于立法者制定法律时面对的是不确定的未来，因此制定法必然有不完备之处，面对立法者未能预见的案型，先透过司法的法律续造来处理，之后再由立法者修正制定法采纳之（例如物权编修正新增第 800 之 1 条的规定），有时反而是更能节省决策成本的方式。对当事人亦是如此，游说立法者所要耗费的成本，往往比寻求司法途径解决更高（当然，此处仍需考虑司法资源分配的问题，在此无法详论）。对此亦可参见 Kirchner (Fn. 1, S. 8), 506 ff。

③ 这其实也是阿列克西提出的一条重要法律论证规则："所有可能提出之属于法律解释方法的论证形式，都必须予以考虑"，Alexy (Fn. 5, S. 11), S. 306。

④ 关于这个两阶段工作，亦可参考 Kirchner & Koch (Fn. 3, S. 7), S. 122 ff。

⑤ 虽然目的权衡必然蕴含二阶效率的考虑，但本文并未宣称经济分析是唯一的后设方法。若以其他方法作为后设方法，则可能不评估解释选项的后果，或者以其他理论（例如社会学或人类学）评估与预测后果；再以其他方法的评价标准，决定最适的选项。但除非真的主张解释选项的后果评估不重要，否则经济分析或其他社会科学方法，必然要在预测和结果评估的工作中，扮演一定角色。准此，后设方法虽不当然由经济学所独占，但至少有部分是社会科学的。

最后，关于经济分析在法学方法之整合运用，有两点批评值得注意：

第一种批评认为，虽然效率是值得追求的法律目的，但实现效率是立法者而非司法者的工作。法官的工作是在立法者的拘束下适用解释法律，而非代替立法者作出政策决定。①

此一批评可分两个层次响应。首先，所谓"法官受立法者拘束"，指的主要是受制定法文义与立法者意思之拘束。但在文义模糊开放具有多种解释可能，立法者意思不明确或难以探知，乃至可能进行法律续造的情况，法官都不可避免会有一定程度的决策选择余地。在此，法律解释或续造的结果都会产生一项实证法所未明定的规范，从而解释论与立法论难以截然二分。若认为效率是值得追求的立法目标，则当法官居于补充立法者的地位，选择效率导向的法律解释或续造，似乎也无可厚非。

其次，立法者的政策决定往往要权衡多种价值，评估不同选项的机会成本。而在法律适用包含评价要素的前提下，法官适用解释法律，也经常必须解决目的冲突与进行价值衡量。如前所述，若要追求相竞合价值或目的整体之最适化实现，仍必须诉诸二阶效率的思维方式。就此而言，司法衡量与立法者的价值权衡，在方法上并无本质不同；其差别或许只在于前者有较大制度框架的局限，而后者价值选项范围更为广阔。

第二种批评则不反对法官运用经济分析进行法律解释与续造，而是指出实际上的困难：经济分析的运用需要一些事实层面的经验知识，包括结果预测与成本效益的估算（例如前述野生动物护栏案中，设置护栏的花费与年度事故损害总额为何）。即便法官能掌握效率判准，也可能欠缺相关经验知识，特别是在辩论主义的民事诉讼程序中，法官基本上受限于当事人所提之证据资料，而未必能依职权调查获得运用经济分析所需的经验数据。②

关于第二种批评，涉及经济分析与民事诉讼交错之议题，在此无法深论，仅能简要响应如下：本文同意在现行民事诉讼体系下，法官不应该径自调查证据以践行经济分析。但法官可公开其法律适用之心证。例如若当事人知晓法官将比较防范成本与损害机率乘以损失金额的高低，来判断被告是否有过失或可归责，则为求胜诉之当事人，将有诱因提出相关之事实资料，在法庭辩论后，供法官形成心证之参考。③

---

① 此一批评可见 Eidenmüller (Fn. 2, S. 7), S. 414 ff; Eslami, "Der Einfluss der Ökonomie auf die juristische Hermeneutik", in *Intra-und interdisziplinäre Einflüsse auf die Rechtsanwendung*, 2017, S. 77 (88 f)。

② 关于此一批评，见 Eslami, a. a. O, S. 90 f; Möllers (Fn. 1, S. 9), S. 184。

③ 当然，有此激励之前提于，预期胜诉所获得之效益大于举证之成本，若搜集事实数据之花费过高，自然无此激励，但这是诉讼成本效益分析的自然之理，并非法官运用经济分析所独有的问题。

四、经济分析作为立法论方法

（一）立法论方法——被传统法学方法忽略的面向

传统法学方法着重于法律解释的方法，这套方法可被司法与行政部门用来解释宪法、法律、行政命令；学者从事法教义学研究，是在解释疑义发生前或发生后，向司法部门与行政部门提供解释法令的建言。或许有论者认为，解释工作只是在寻找立法意旨，不容解释者额外纳入自己的价值，从而可以"逃避"价值取舍问题，经济分析背后默认的价值——经济效率——可以被法教义学拒绝于千里之外，因为追求经济效率并非立法目的之一。唯此种见解之不当，上文已有批评；德国法学方法论的主流，也同样强调法律解释中评价的重要性，只是多半不认为效率是法律体系的内在价值而已。

如前所述，法教义学的主要工作是对于有效法律规范的解释及体系化，并着重于依照现行法（de lege lata）应该如何解决法律问题，至于法律应该如何修正或制定的立法论（de lege ferenda），在传统法学中常居于次要地位。但正如佩岑尼克所指出："de lege lata 与 de lege ferenda 的区分不是截然的。法教义学追求关于现行法的知识，但在许多情况下，它也导致法律的改变。"① 在法律续造中，现行法的适用、解释与立法论问题之难以区分，早已是法学家的常识。例如台湾地区"民法"物权编修正时增订第 800 条之 1 的准用规定，即来自于学说与实务类推适用第 787 条的主张。再者，解释法律就是形塑或改变法律的既有内容，每个法律解释或续造的结果，其实都会产生一条实证法所未明文规定的规范（例如"买卖目标物之利益及危险，除契约另有订定外，自现实交付或简易交付时起，均由买受人承受负担""出卖人故意宣称目标物具有不存在之优点，买受人亦得请求不履行之损害赔偿"）；正是在这个意义上，解释论与立法论具有连贯性，无法截然二分。

不过，释义学脉络下的立法论（de lege ferenda），在范围层面上仍有别与释义学并列之立法学（Gesetzgebungslehre oder-theorie）。前者通常是在实定法的体系框架下，释义学者在微观层面，对于个别或部分法律规定应如何修改、制定所提出的建议（例如从效率观点提出修改动产所有权善意取得的制度设计）②；后者则是在宏

---

① Peczenik, *supra* note 1 (p. 12), at 4–5: "[T]he distinction between *de lege lata* and *de lege ferenda* is not clear-cut. Legal doctrine pursues a knowledge of existing law; yet in many cases it leads to a change of the law."

② 对此可见张永健：《社科民法释义学》，新学林出版社 2020 年版，第 251—278 页。

观层面，对部门法（从个别部门如物权法到民法整体）的体系化或再体系化以及法典化工作。① 本文关注的重点虽然是经济分析在立法论的运用（例如从增进效率、提供诱因、预测效果的观点，对某些现行法规定提出修改建议），但在宏观层面的立法学领域，由于受到制度性拘束更少，经济分析当更有施展余地。②

尽管传统方法论常会区分解释论与立法论，但关于立法论的"方法"为何，乃至有更宽视野的立法学架构为何，在中文世界都罕见深入讨论。③ 提出一个从微观到宏观，横跨两者的完整立法方法论，已超过本文所能处理的范围。本文的企图只在于论证，如果经济分析的思维可以透过目的或结果论证的架构整合成为法律解释与法律续造的方法，则在更重视结果取向与利益衡量的立法论领域，以效率作为评价标准，以人的行为模式预测立法效果的经济分析思维，将扮演更重要的方法论角色。以下仅简单勾勒经济分析如何运用于立法方法论。

（二）效率作为立法价值

德语世界的立法学先驱彼得·诺尔（Peter Noll）曾将立法论的核心问题表述为："法律应如何以内容最适之方式来制定？"（"Wie sollte Recht inhaltlich optimal gestaltet werden？"）④ 如前所述，"最适化"往往涉及相竞合之价值、目的或原则如何实现的问题。是以立法方法论中，必然有价值的权衡。曰"价值权衡"而不曰"价值选择"，是因为良善的立法本来应该考虑"所有"的价值后斟酌损益，而不是偏狭地考虑一、两个立法者自己在乎的少数价值。价值往往冲突，所以最终的立法往往为了实现某些价值而必须一定程度地牺牲其他价值，但这就是价值权衡——新法通过施行，有人获益、有人受害，有的权利被重视、有的权利被牺牲。这其实正是经济分析思维对立法方法论的第一个启示：所有的立法选择都有"机会成本"（opportunity costs），选择了 A 价值，就会牺牲 B 价值⑤；多实现 P 价值一点，就可能会少实现 Q 价值一点。本文第三部分探讨的后设方法，就是在处理法律解释中的价值权衡。

---

① 在德语世界，早在 20 世纪 70 年代初就开启了密集的立法学研究，请参见两本代表著作：Peter Noll, *Gesetzgebungslehre*, 1973; Jürgen Rödig (Hrsg.), *Studien zu einer Theorie der Gesetzgebung*, 1976。
② 德语文献中关于经济分析在立法论中的运用，可见 Eidenmüller (Fn. 2, S. 7), S. 414 ff; van Aaken (Fn. 2, S. 7), S. 156 ff. 苏永钦教授认为，民法典立法的六个实体方面的规则中，其中之一就是效率规则。参见苏永钦：《寻找新民法》（修订版），北京大学出版社 2012 年版，第 1—158 页。
③ 苏永钦教授针对民法典立法提出不少系统性看法，为中文文献中探讨立法学的重要例外，参见上注，第 245 页。
④ Noll (Fn. 1, S. 70), S. 25 f.
⑤ 关于立法过程中的利益衡量，可参见 Eidenmüller (Fn. 2, S. 7), S. 419 ff。

纵使价值不容易量化，价值不容易共量，但价值权衡始终存在。"权利岂能以金钱衡量？"的态度，漠视了立法时必然发生的价值权衡。即令认为人命无价，无法共量，在许多情况下，直觉也常认为应该救多人优于救少人。例如当山难与工厂火灾同时发生，且两者不可兼顾，若为了救出一名山友的搜救成本比救出十名工人的消防成本相同或更高时，我们会倾向于先救出十名工人（当然，严格来说，认为救多人优于救少人，就不是真的认为人命价值无限大；否则一个无限大，和多个无限大，都是无限大）。以各种环保法规为例，减少空气污染、水污染、土壤污染等都是为了增进健康、减少死亡，但每一种环保管制"救一命"的成本不一样。若认为救一命是一命，救越多命越好，则应该将资源投入在"救人CP值"最高的管制项目。换言之，国家税收有限，政策决定者必然要作"权利保护的权衡取舍"（rights-rights trade-off）。① 此种权衡的决策程序，就是成本效益分析。

　　经济分析思维对立法方法论的第二个启示，是揭示（一阶）经济效率作为其中一种（而非唯一）② 立法价值，与公平、正义等法律人珍视之价值同列。

　　效率可以用金钱价格作为"代理变量"（proxy）。③ 经济分析强调把饼（即福利）做大，而且不要浪费既有的饼。④ 即便认为如何分配饼的问题不属于经济学领域，而是公平、正义理论的范畴，但经济学可以更精准地预测重分配法律的效果。

---

① See Stephen Holmes & Cass R. Sunstein, *The Cost of Rights: Why Liberty Depends on Taxes* 126 (2000).

② See, e. g., Matthew D. Adler & Eric A. Posner, *New Foundations of Cost-Benefit Analysis* 6 (2006); Posner, *supra* note 1 (p. 10), at 34-35, 319; Richard A. Posner, *Frontiers of Legal Theory* 100 (2001). 关于效率作为立法目标，亦参见 Eidenmüller (Fn. 2, S. 7), S. 417 ff. 长期任教于哈佛法学院的两位经济分析巨擘史蒂文·沙维尔和路易斯·卡普洛，在其合著的堂皇大作《公平与福利》（*Fairness versus Welfare*）中，对比"公平、正义"与"福祉、效率"；主张当两者结论相同时，当然只需考虑后者；而当两者结论不同时，若抱持前者则长期而言会让"每个人"福祉降低，因而是不好的立场。参见 Louis Kaplow & Steven Shavell, *Fairness Versus Welfare* 4-5, 8 (2002). 桑本谦则主张，"公平和效率的冲突在绝大多数情况下是人们假想出来的……人们之所以认为A方案比B方案更公平，肯定是因为就实现某个具体的社会目标而言，前者比后者更加有效。定义公平不能独立于某个具体的社会目标以及某种可比较、可测度的标准。"参见桑本谦，同本书第17页脚注③"理论法学的迷雾"，第3页。本文所参考多数法经济学文献，则多半抱持比较折中的立场，认为效率很重要，但不是唯一重要的价值。

③ 一个不一定有代表性，但广为人知、引起争议的立场，是波斯纳法官用"财富极大"（wealth maximization）作为福利的代理变量。意思是，法官很难衡量抽象的福利，但较能掌握其判决所影响之社会财富，所以法官应该尽量关注在极大化财富。而"财富"不应被狭隘地理解为金钱，而是社会大众所珍视的有形、无形的东西。依波斯纳之见，财富极大，或法律经济学，与哲学上的功效主义/效用主义（utilitarianism）不尽相同。See Posner, *supra* note 2 (p. 71), at 96-98; Posner, *supra* note 1 (p. 10), at 34.

④ See Robert Cooter & Thomas Ulen, *Law and Economics* 4 (6 ed. 2012). ("Efficiency is always relevant to policymaking, because public officials never advocate wasting money.") 如同正文所论，同样要救人一命，花10元的A管制与花1000元的B管制之间，当然应该选择前者。

例如假设政策决定者有意加强对中低收入户之保护与扶助，应该要用累进所得税制为之，还是在每个具体的法律条文中都加上对弱势者的特殊保护？① 经济学可以预测各种不同手段的分配效果。②

有些增加效率的政策，会造成不平等或不正义；就如某些符合正义或平等的规范，会降低效率。经济分析式的立法方法论，强调不能完全忽略效率，并呼吁政策决定者重视效率与其他价值间的取舍。③ 以不动产登记为例，说明要综合考虑成本、效益、公平时立法者面对的永恒难题。首先，经济分析式的立法方法论强调，考虑采纳何种不动产登记制度④或动产担保交易的公示制度⑤时，配置效率（何种制度设计可以促进资源有效运用）与制度成本甚难谓不应纳入立法考虑。⑥ 再者，效率与公平的取舍，具体如下：（台湾地区以及德国目前使用的）权利登载制（registration），信息精准、效益高，但整体制度建置费用高昂，而且费用由全体纳税人承担，而非仅由土地登记制度之使用者自行付费维护。（美国大多数法域、法国目前使用的）契据登记制（recording），信息较为混杂、效益相对较低，但整体制度成本也低；而且交易当事人自己额外聘请专家补充官办登记信息之不足，成本没有外部化——使用者付费，较为公平，不至于让没有钱作土地交易的纳税人，补贴不断从事土地交易者。至于（现代国家兴起前，中世纪欧洲的）私人记录方式，成本最低但最不精确，完全没有外部成本，没有丝毫不公平。立法者在考虑建置何种登记制度时，应该评估未来民众的使用方式与频率、当时的信息科技水平等，务求登记制度产生的总利益至少要高于总成本。但同时也要考虑公平，以免利益由少数土地占有者享有，费用却由全民承担。

---

① 关于此问题的辩论，请比较 Louis Kaplow & Steven Shavell, "Why the Legal System Is Less Efficient Than the Income Tax in Redistributing Income", 23 *J. Legal Stud.* 667 (1994); Louis Kaplow & Steven Shavell, "Should Legal Rules Favor the Poor? Clarifying the Role of Legal Rules and the Income Tax in Redistributing Income", 29 *J. Legal Stud.* 821 (2000); Steven Shavell, *supra* note 1 (p. 10), at 647-60; Cooter, Ulen, *supra* note 4 (p. 71), at 7-8 and Lee Anne Fennell & Richard H. McAdams, "Introduction", in *Fairness in Law and Economics* xiii (Lee Anne Fennell, Richard H. McAdams eds., 2013); Lee Anne Fennell & Richard H. McAdams, "The Distributive Deficit in Law and Economics", 99 *Minn. L. Rev.* 1051 (2016); Daphna Lewinsohn-Zamir, "In Defense of Redistribution through Private Law", 91 *Minn. L. Rev.* 326 (2006).

② See Cooter, Ulen, *supra* note 4 (p. 71), at 4.

③ See generally Arthur M. Okun, *Equality and Efficiency: The Big Tradeoff* (1975).

④ See Benito Arruñada & Nuno Garoupa, "The Choice of Titling System in Land", 48 *J. L. & Econ.* 709 (2005).

⑤ 关于动产担保交易的公示制度之检讨，参见张永健：《物权的架构与风格——以不动产与动产抵押为例》，载《月旦法学杂志》2015 年第 241 期。

⑥ 关于配置效率与生产效率之定义与关系，参见张永健，同本书第 29 页脚注③，第 45—55 页。

(三)建立行为理论以选择管制手段

经济分析思维对立法方法论的第三个启示,是重申"徒法不足以自行",并提出人的"行为理论"(behavioral theory)[1],以说明何以"徒法不足以自行",并提出内建行为反应考虑的立法建议。

传统的新古典法经济分析强调人的理性自利面,并认为人会对法律规范作出反应(law as price)[2],因此强调激励(incentive)。[3]在"命令控制式"(command-and-control)的行为管制和"激励兼容"(incentive-compatible)的行为管制中偏好后者。[4]

而传统法经济学分析(常常被称为芝加哥学派的经济分析)的一个同门师兄弟,新制度经济学(New Institutional Economics),奠基于诺贝尔经济学奖得主罗纳德·科斯(Ronald Coase)[5]和道格拉斯·诺斯(Douglas North)[6]等人的研究,则强调"制度"(institution)的重要。在契约法与侵权法,新制度经济学倡议的手段是设置可以降低制度费用[7]的制度,以利当事人自行协商交易。

新兴结合认知心理学的"行为法经济学"(behavioral law and economics)[8]则凸显人容易犯错的一面。以凯斯·孙斯坦为首的"推力"(nudge)一派[9],化性格缺陷为推力,主张在政策中使用人常受到的偏见、捷思(heuristics),把一般人推

---

[1] 行为理论对于法教义学也相当重要。教义学与行为理论的结合方式,参见张永健,同本书第9页脚注④(基本立场)。

[2] See Nicholas Mercuro, Steven G. Medema, *Economics and the Law: From Posner to Post-Modernism* 104 (2 ed. 2006).

[3] See Richard A. Posner, *The Economics of Justice* 75 (1983). 对于法律作为诱因的批评,参见简资修:《法律作为合约安排》,载《交大法学》2015年第3期。

[4] 两者比较,参见叶俊荣:《全球环境议题——台湾观点》,巨流图书公司1999年版,第134页。

[5] See, e. g., Ronald H. Coase, "The Nature of the Firm", 4 *Economica* 386 (1937); Ronald H. Coase, "The Federal Communications Commission", 2 *J. L. & Econ.* 1 (1959); Ronald H. Coase, "The Problem of Social Cost", 3 *J. L. & Econ.* 1 (1960); Ronald H. Coase, *The Firm, the Market, and the Law* (1988); Ronald H. Coase, *Essays on Economics and Economists* (1994); Ronald H. Coase & Ning Wang, *How China Became Capitalist* (2012). 科斯是1991年诺贝尔经济学奖得主。

[6] See, e. g., Douglass C. North, *Institution, Institutional Change and Economic Performance* (1990). 诺斯是1993年诺贝尔经济学奖得主。

[7] 关于制度费用的概念以及与新制度经济学健将张五常思想的关联,参见张永健:《张五常〈经济解释〉对法律经济学方法论之启示》,载《交大法学》2015年第13期。张五常代表性的看法,参见张五常:《经济解释卷四:制度的选择》(神州增订版),中信出版社2014年版。

[8] See generally Christine Jolls et al., "A Behavioral Approach to Law and Economics", 50 *Stan. L. Rev.* 1471 (1998); Cass R. Sunstein, "Behavioral Law and Economics: A Progress Report", 1 *Am. L. & Econ. Rev.* 115 (1999); *Behavioral Law and Economics* (Cass R. Sunstein ed. 2000).

[9] See Richard H. Thaler & Cass R. Sunstein, *Nudge: Improving Decisions About Health, Wealth, and Happiness* (2008). 塞勒是2017年诺贝尔经济学奖得主。

往较好的状态（像是存较多的钱、签署器官捐赠卡等）。此派学者不讳言自己是"自由人式的家父长主义"（libertarian paternalism）。① 反对使用"推力"的行为法经济学学者②，也同样指出许多法律缺乏认知心理学思维，导致从公法到私法的管制失灵。③

法教义学缺乏人的行为理论，无法有系统地评估立法或修法对受法律规范者之影响；就此而言，和经济分析的各流派有关键不同。

以台湾地区"民法"举例而言，物权编被修正最多次的条文是第805条遗失物拾得人的报酬请求权，但修法都是在"紧急"响应社会新闻，而不是借由激励设计增加遗失物寻回率。从传统的法律经济分析理论出发，当其他条件一致，受领权人的报酬请求权越高，遗失物寻回率越高。④ 受领权人衡量的是独吞遗失物的完整利益、被抓包而遭侵占遗失物罪起诉的机率与刑度、报酬请求权高低、被表扬为"拾金不昧"的道德光环、当事人亲自道谢带来的愉悦感等。立法者唯一能改变的只有报酬请求权的高低与条件，而历来的修法是不断稀释报酬请求权。因此，遗失物寻回率理论上会降低，从而与应有之立法目的——提高遗失物寻回率——背道而驰。

此外，第808条与第809条的埋藏物发现同样需要注重激励设计。第808条本文让发现并占有者独得所有权，是鼓励探险，并让寻宝者寻找宝藏的成本与利益合一，诱发最适（optimal）的寻宝行为。第808条但书应该解释为物权法上的"预设任意规定"（default rule），允许所有人与发现人事前或事后自行约定分成比率，盖没有任何公平、正义或其他理论要求必须二一添作五。而之所以必须有此但书，可以解释为立法者担心如果只有第808条本文，该条又被误解为强制规定，则动产与不动产的所有人会一律禁止探险者在其物上寻宝。这降低了有价文物出土的机会。

至于第809条，则对有特殊价值之埋藏物，埋了一个特别法的伏笔。而依据

---

① See Cass R. Sunstein & Richard H. Thaler, "Libertarian Paternalism Is Not an Oxymoron", 70 *U. Chi. L. Rev.* 1159 (2003); Cass R. Sunstein, *Why Nudge?: The Politics of Libertarian Paternalism* (2014).

② See Ryan Bubb & Richard H. Pildes, "How Behavioral Economics Trims Its Sails and Why", 127 *Harv. L. Rev.* 1594 (2014); Avishalom Tor, "The Critical and Problematic Role of Bounded Rationality in Nudging", in *Nudging-Possibilities, Limitations and Applications in European Law and Economics* 3, 3–10 (Klaus Mathis, Avishalom Tor eds., 2016).

③ See, e. g., Oren Bar-Gill, *Seduction by Contract: Law, Economics, and Psychology in Consumer Markets* (2012).

④ 参见张永健:《动产时效取得——从国家时效取得私有动产案件，到制度兴革建议》，载《月旦法学杂志》2016年第255期。

台湾地区"文化资产保存法"第76条，发现古物者应通知所在地主管机关，采取维护措施，而同法第107条对于发现此等古物而未通报主管机关者，处10万元到100万元之罚款。发现者分文不得，还可能被罚款。所以两者存在棒子和萝卜的巨大差异；两者孰为较佳之政策，则需要对人性作更深入的考究。没有人的行为理论，辅以实证研究，结果会好，只是凑巧；若政策施行后发生天壤云泥的差异，也是刚好而已。

五、结论

在两岸，法律经济分析和法教义学在过去像是两条并行线，因此本文有扭转两者未来发展轨迹的尝试。正如德国法律经济学者克里斯蒂安·基什内尔（Christian Kirchner）在论及德国法学界接受经济分析之困难时曾经指出："如果想将法与经济整合到法律体系本身，就必须选择将其整合至法律解释方法，但在此会面临的问题是，外在价值无法被接受为解释过程的一部分。"[1] 本文已经阐述将经济分析整合至法学方法的具体做法，指出效率可以作为法律解释与法律续造的理由，并将其拓展至立法论方法；效率并非法律体系之"外在"价值，反而可构成诸多民法内在原则之共同基础。希望借由本文的论证，使法律经济分析与传统法律学者都能同意，经济分析并非只是经济学家的精巧模型，和现实世界的法律操作无关，而法律制定与解释不可能、更不应该在完全无视于经济规律的真空下发展。[2]

民法或任何法律的立法者，立法背后必有其所欲达成之目标。立法者可能有值得赞成之目标，但用错了文字来表达，或用错了管制手段；立法者可能考虑不够周全，忽略了重要的价值。当立法具体又周延时，教义学束缚了也帮助了所有法律解

---

[1] See Christian Kirchner, *supra* note 1 (p. 6), at 286 ("If one is interested in integrating law and economics into the legal system, one has to opt for the integration of law and economics into methods of legal interpretation. But here one is confronted with the problem that external values are not acceptable as part of the process of interpretation.").

[2] 数年前，曾展开"社科法学"（包括法经济学、法社会学、法实证研究等等交叉学科）和"法教义学"（即法释义学）的大辩论，详见"社科法学与法教义学对话会"，中南财经政法大学法学院，中国武汉，2014年5月31日至6月1日，会议概要参见https:// read01. com/JdaG8. html。前段时间，由台湾大学王文宇教授发起的在线"合金论坛"，再度辩论了法教义学与法经济学的关联，辩论纪要刊登于王文宇等：《笔谈：法教义学，历久弥新？》，载《北大法律评论》2016年第2期。

释者,降低自己思维成本、减少彼此沟通成本、增加对外的可预见性。[①] 社科法学诸如经济分析,可以退居二线。但当立法甚为抽象,又往往仍无法将所有事物类型一网打尽时,法律解释者机械地适用法令,或只是选择其中一种可能的解释,或只是单纯遵循前例,则不当然达到最佳状况。此时,以经济分析为代表的社科法学方法有助于发掘其他的解释可能性,并评估多种解释方式的成本效益。经济分析方法可以嵌入法教义学,提升论证质量,增进社会福祉。

[①] 同样指出法教义学的功能在于很大程度简化法律人在常规案件决策时的信息需求,参见例如苏力:《中国大陆法学研究格局的流变》,载简资修主编:《2014 两岸四地法律发展:法学研究与方法》(上册),"中央研究院"法律学研究所 2018 年版,第 193 页。

专题研讨 1·风险社会与责任伦理

风险与责任[*]

安东尼·吉登斯[**] 著

肖瑛[***] 译

我将从声明我的资格限制开始这个演讲。我不是律师，我的法律理论也非常有限。所以，我不能保证我下面说的内容能让尽可能多的听众感兴趣，更别说能给大家提供教益了。我谈论的大部分内容都是关于风险的，据我目前所知，风险在法律文本中尚未占据主导地位。关于责任，我会谈得少一些，它同法律平时关注的内容的关系更为紧密。但是，我将努力表明，风险和责任这两个观念事实上是密切关联的。

我的演讲从提出一个问题开始。我想问在座诸位，如下现象之间有何共同之处：疯牛病（BSE）、劳埃德保险协会（Lloyds）、尼克·莱森事件（Nick Leeson affair）、全球变暖、喝红酒、精子数量下降？所有这些都反映出我们今天生活的巨大变化。这些变化在很大程度上同科学和技术对我们的日常活动和物质环境的影响捆绑在一块儿。当然，现代世界被科技发明的影响所形塑的进程很久以前就开始了。但是，随着创新步伐的突飞猛进，各种新技术越来越多地进入我们生活的核

---

[*] 原文标题为"Risk and Responsibility"，载《现代法律评论》(*The Modern Law Review*) 1999年第62卷第1期。

[**] 安东尼·吉登斯（Anthony Giddens），英国社会学家。伦敦政治经济学院前院长（1997—2003），剑桥大学教授，中国社科院名誉院士。

[***] 肖瑛，上海大学社会学院教授、博士生导师，法学博士；《社会》杂志执行主编。

心；我们所感觉和体验的越来越多的东西被置于科学的聚光灯下。

这种情景并没有带来世界的确定性或者安全性的提升——在一些方面恰恰发生了相反的情况。就如卡尔·波普尔（Karl Popper）特别强调的，科学不能生产证据，也从来只能做接近于真理的工作。现代科学的奠基者们相信科学可以生产建基于牢固基础上的知识。波普尔则相反地认为科学建立在流沙之上。科学进步的第一原理是：即使人们最珍视的理论和信仰也通常是可以修改的。这样，科学就以一种内在的怀疑努力，卷入对各种知识宣称进行不断修改的过程。

科学的怀疑的、易变的性质长期以来隔离于更大的公众领域。只要科学和技术对日常生活的影响受到相对限制，这种隔离性就会继续存在。今天，我们所有人都定期地、惯例性地同科学创新特征发生联系。譬如，研究者们曾认为，喝红酒对健康会带来大体上有害的后果。但新近的研究表明，适量喝点红酒利大于弊。那明天的研究会得出什么结论呢？会不会说红酒即毒药？

我们不知道，也无从知道。但是，作为消费者，我们所有人又不得不以某种方式对这些不稳定且复杂的科学宣称和反诉框架做出反应。生活在英国的人们，该不该吃牛肉？谁能给出一个答案？其健康风险看起来是轻之又轻的。但是，从现在开始的五年、十年或者二十年内，至少还是存在爆发与疯牛病有关的疾病的可能性。

我们不知道，也无从知道。这同样适应于各种各样新的风险情境。以精子数量减少为例，一些科学研究发出了男性不育现象增多的权威报告，并将其症结追溯到环境毒素的作用上。但是，另外一些科学家争辩说不存在这种现象，更别说给这种说法以理由了。但是，我们也不缺乏下面这样的专家，要么断然否定存在地球变暖现象，要么认为地球变暖现象是由长时段的气候波动造成的，而非温室效应之产物。

劳埃德公司的保险市场目前看来已经走出了灾难性的金融麻烦，这些麻烦已经困扰了它很多年。这些麻烦曾被广泛描述为与同阶级紧密相关，即同其公司大名及其经纪人踌躇满志的前景展望密切关联。但事实上这些困境在根本上源于风险性质之变动。除了其他因素外，劳埃德遭受的打击来自于在石棉产品中发现的毒性以及一系列自然灾害——这些所谓的自然灾害可能压根儿不是"自然的"，而是全球气候变化影响下的产物。在过去大约十五年中，全世界每年发生的台风、飓风以及其他气候失常现象的数量都在上升。同其他较小的保险公司一样，劳埃德的金融能力任何时候都可能被那些由新的科学发现或技术变革带来的不可预见的消极后果摧残。

蒙蒂费奥利（Simon Sebag Montefiore）曾就尼克·莱森和巴林银行（Barings

Bank）的冒险活动做了非常有趣的解释。他提出，可以用两种不同的方式来解释巴林银行发生的事件（很像劳埃德银行的事件）。一方面，是阶级加衰败（class plus corruption）的解释。根据这一观点，巴林银行溃败是因为它执拗的上层阶级的管理同正在推展的全球经济秩序的诉求背道而驰。

蒙蒂费奥利对这一解释表示质疑。他指出，那些在金融系统外缘工作的人，特别是在未来市场——即复杂市场，在这里，交易会以向来没有发生并可能从来不会发生的价格突然变动——中工作的人同宇航员很相似。它们溢出了银行家和金融专家的领域——它们在没有救生索的情况下溢出。尼克·莱森是离所有坚固的基础越行越远，但大多数银行还能将自己固定在太空舱上。

蒙蒂费奥利以一个非常引人注目的短语来描述这一场景。他说尼克·莱森和其他同他一样的人"在秩序化世界的外缘行走，在现代技术的尚未开化的终极前沿行走"。换言之，他们被卷入到他们自己也没有理解的系统中，新兴的全球电子经济中的急遽变动是如此具有戏剧性。我想这种说法是正确的，但可以将这个讨论作进一步推进。不只是尼克·莱森和新的金融企业家这样的人生活在现代技术未曾开化的外缘，我们所有人现在都是这样。我想这一点是乌尔里希·贝克（Ulrich Beck）所谓的风险社会的必然特征。风险社会是一个我们日益生活在一个高科技前沿的社会，高科技前沿是一个没有人能彻底弄明白的领域，是一个产生多种可能未来的领域。风险社会的起源可以追溯到影响我们今天生活的两个根本转变。每一个转变都跟科学和技术日益提升的影响力联系在一起，虽然并不全然由科技变革决定。第一个转变可称为自然的终结，第二个转变可称为传统的终结。

自然的终结并不是说一个自然环境消失的世界，而是指到现在为止，物理世界中几乎不复存在未被人类干预的方面。自然之终结是在相对晚近时期才到来。当然，这个日期不可能得到精确界定，但我们毫无疑问可以大致测算自然终结何时发生。当人们从一种过去常有的对自然的焦虑转变到一系列新的担忧时，自然的终结就发生了。千百年来，人们一直忧心忡忡于自然会对我们做什么——地震、洪水、瘟疫、庄稼歉收，等等。但在一个特定的点上，大概是五十年前的某个点，我们停止了对这一问题的深刻担忧，转而更担忧我们对自然做的一切。这个转折是进入风险社会的一个主要标志。风险社会是一个生活在"后自然"中的社会。

但是，风险社会也是一个生活在后传统的社会。生活在传统终结之后，本质上就是生活在如下的世界中：生活不再是命中注定（fate）。对很多人而言——在各种现代社会中，这仍然是阶级划分的来源——生活的不同方面是由传统建立起来的，是一种命中注定。一个女人的命运就是生命中的主要时间都被置于家庭环境之中，生儿育女，相夫教子。男人的命运就是要外出打工，直到退休，然后在退休之后没多久不可规避地走向衰老。在贝克所说的个体化的进程中，我们不再生活于命中注定中。生活在后自然和后传统的社会同工业社会的早期形式确实有非常大的不同，工业社会是西方文化的核心知识传统得以发展的基础。

为分析何谓风险社会，我们需要作出一系列的区分。首先，我们必须区分风险与灾难（hazard）或危险（danger）。风险本身同灾难或危险不是一回事。风险社会从本质上讲并不比现存的各种社会秩序形式更危险或更冒险。在这个语境下，追溯"风险"概念的起源是有益的。生活在中世纪是有危险的，但那时没有风险概念，而且，事实上，在任何传统文化中都找不到风险概念。之所以如此，在于人们所经历的各种危险都是既定的。它们要么源于上帝，要么更简单地起于人们视为理所当然的某个世界。风险观念同人们的控制欲，特别是同控制未来的观念休戚相关。

观察很重要。"风险社会"观念可能暗示了一个变得更具危险性的世界，但这一点并不必然如此。相反，它是一个日益关注未来（以及安全）的社会，它产生出风险概念。有趣的是，风险概念最早被西方探险家使用，他们在横跨世界的旅途中冒险进入一片新的水域时使用这个概念。从探索地理空间起，慢慢转变到对时间的探索。风险这个词指涉一个我们既在探索又在寻找规范化和控制之路的世界。本质而言，既然"风险"也指规避不希望出现的结果的机会，那么它通常也有一种消极的含义。但是，从在面对有问题的未来时采取无畏的主动性这个角度看，风险通常又被赋予积极意义。无论是在探索领域和商业领域，还是在登山运动中，成功的冒险者都受到广泛尊重。

我们还要区分风险与灾难，并必须在两种类型的风险之间做出区别。工业社会出现后的第一个两百年是被"外部风险"（external risk）所支配。外部风险，用务实的术语表达，就是一个个风险事件，这些风险可能会（在一定程度上说从外部）出其不意地打击个人，但就人口整体而言，其发生是有规则的，并且规则到可以做出明确预测，从而适合采取保险措施。同工业社会的出现相适应的有两种类型的保险：私人保险公司和公共保险，后者是福利国家最关心的内容。

在1945年之后，福利国家成为左翼的工程，被视为取得社会正义和收入再分配的手段。但总体来说，这不是它的源起。它发展成为一个安全国家，一种防范风险的方式，在这里，集体保险比私人保险更不可或缺。同私人保险的早期形式相像，集体保险也是建立在对外部风险的推定的基础上。外部风险能够得到充分的测算，即能够画出精算表格并在此基础上决定怎样给人们投保。疾病、失能和失业被福利国家视为"命运中的意外事件",应该为人们提供集体保险。

一个与后自然和传统终结相伴而生的世界,其特征是从外部风险转向我所说的"人造风险"(manufactured risk)。人造风险是由人类发展进步特别是科学和技术进步所创造的风险。人造风险指各种新的风险环境,面对这类风险,历史很难给我们提供足够的应对经验。我们通常并不知道真正的风险是什么,更别说如何根据概率量表来对它们进行精确计算了。

人造风险正扩散到人类生活的大多数方面。它同科学和技术的一个侧面有关,但工业社会早期的理论家们总体上来说没有预见到这个侧面。科学和技术所创生的不确定性与它们解决的不确定性一样多。这些不确定性不能以进一步的科学进步这样的简单方式来"解决"。人造不确定直接干扰个人生活和社会生活,而不仅限于集体性风险场景。在一个人们不再能简单地依靠传统而在一个给定的情境范围内确定去做什么的世界中,人们要适应他们的关系和复杂情况,就不得不采取更为积极的和充满风险的行动。

风险社会的兴起产生了多个有趣的后果。这些后果关乎每一个对在英国和欧洲大陆的疯牛病讨论或者我在演讲开始提到的任何一个情节感兴趣的人。

随着人造风险的扩散——或者,如果你喜欢,也可以用贝克的表述,即随着我们越来越生活在一个风险社会中——就出现了因应对风险而产生的新风险(a new riskiness to risk)。各种新技术正在慢慢影响我们的生活,对处理事情的理所当然方式的无休无止的修正接踵而至。在这样的社会秩序中,未来变得日益令人着迷但同时也晦暗不明。通往这个未来的直接线索除了"未来剧本"(future scenarios)外,再难找到其他的了。

我们最近注意到切尔诺比利核灾难发生十周年纪念日。没有人知道,遭受切尔诺贝利核泄露影响的人数是数以百计还是成千上万。这些长时段的影响无论如何都很难跟踪,因为这些影响只要存在就可能扩散。我们几乎是在不停顿地置换环境和随之而来的生活模式。甚至许多显而易见是好的习惯或者发明也会变味——正如风险相反地通常被高估一样。以吸烟为例,在三十多年前,吸烟作为一种放松身心的方式而被医生推崇。当时没有人知道吸烟这颗定时炸弹正在引爆。疯牛病则可能有一个相反的结果,可能最终会证明疯牛病对人没有影响。新型风险的特征在于人们甚至在争论它们到底是否果真存在。

在风险社会中,有一种新的政治道德氛围,其特征就是在对扰乱民心者的谴责和对欲盖弥彰者的痛斥之间展开拉锯战。现在,大量的政治决定都与管理风险有关——风险不是起源于政治领域,但不得不通过政治手段来管理。任何人——政府官员、科学家，抑或非专业人士——只要严肃地对待某种既定的风险，就必须坦诚布公地论及它。它必须被广而告之，因为必须说服人们相信这种风险千真万确地存在——人们必须对此大惊小怪。但悖论的是，一旦这种大惊小怪被制造出来，而这个风险又被证明是最微不足道的，那么，那些涉嫌参与这个风险的宣传和制造大惊小怪的人就会被谴责为扰乱民心者。

我们可以从另一个方面来做假设：官方决定指出某风险并不很严重，就如英国政府处理疯牛病那样。在这种情形中，政府宣称：这件事我们已经得到科学家的支持；不存在严重风险；我们的日子可以照旧进行。但事情之发展走向了另外的方向。这样，政府理所当然会被批评为欲盖弥彰者。

悖论的是，扰乱民心对于降低我们所面对的风险可能是必不可少的——但如果真在这个方面"成功了"，那看起来就坐实了扰乱民心的罪行。艾滋病（AIDS）就是一个例子。假设政府和专家在防范不安全性行为的风险方面扮演公众角色，促成人们改变他们的性行为，艾滋病也没有如最初预测的那样广泛传播。那带来的反应很可能是：你们为什么要这样来恐吓我们？在风险社会中，这种政治两难现象乃是一种常态，还轻易找不到直面这一两难的可行路径。因为如我在前面指出的，甚至到底有没有风险这种问题看起来都是争执不下的难题。我们不能事先知道我们什么时候确实是在"扰乱民心"，什么时候不是这样。

风险社会的涌现不完全是关于灾难规避的，原因前面也已作过交代。从积极的角度看，风险社会就是一个机会扩张的社会。现在，显而易见的是，选择权是根据阶级和收入进行分配的。譬如，随着自然和传统对社会控制的放松，一些不能生育的女性可以通过购买新的生殖技术来怀孕生子，而其他的人就没有这种机会。我们知道，在某些去传统化的社会场景中，一些女性离婚后陷入贫困，而其他女性则比以前生活得更富裕。技术革新常常会扩大选择的范围；传统的消失也会带来如此效果。随着习惯性的做事方式成为问题，人们必须在许多曾经被视为理所当然的规范所统治的领域进行选择。吃就是一个例子：再也没有传统的日常饮食规定了。

风险社会的到来对于我们反思这个国家和其他地方的政治议程有着深刻的影响。人造风险的凸显预设了一种新政治，因为它预设了对各种价值的再定位以及对与追求这些价值相关的各种策略的再定位。甚至不再存在不要参考某一价值就能描述的风险。这一价值尽管通常会更为复杂，但可能只起着维护生命的作用。但当出现不同风险类型的冲突时，就会出现价值冲突，并直接导致一系列政治问题。

譬如，布莱尔（Tony Blair）用现代化（modernisation）一词来表示将英国带入日新月异的进程中。布莱尔是工党内的现代主义者的原型；但更为基本的是，他渴望对英国的各种制度进行现代化改造——现代化在这个国家的言外之意是：英国在很多关键方面已经落后于其他工业社会。现在，这就有点像蒙蒂费奥利提及的对巴林银行倒闭的第一个解释——执拗的旧制度丧失了同现代世界的关联。

跻身上议院的任何人都能看到现代化工程中的某些事物，因此也可以理解。但在风险社会中，现代化意味着完全不同的东西。风险社会就是走向自己确立的各种限制的对立面的工业社会，其中，那些限制以人造风险的形式出现。在这个意义上，现代化不能简单地等同于"更多的相同"(be more of the same)。

这里我们需要对简单现代化和反身性现代化做出区分。简单现代化是旧式的单线性现代化；相反，反身性现代化则意味着对现代秩序的各种限制和矛盾的适应。这些在与各种类型的社会运动相关联的诸新政治领域中表现得特别清楚。它们明显地出现在高速公路抗议中、争取动物权利的游行示威中，以及很多食品恐慌中。第二阶段的现代化——作为反身性现代化的现代化——看起来与第一阶段现代化不一样。我想，在我们国家要有政治讨论的机会，这可以让我们在这方面走到其他很多欧洲国家的前面。我很期待这一情况发生。反身性现代化就像更为一般意义上的风险，完全不只是一个消极的前景，而是为积极的政治参与提供了多种可能性。

我们今天同科学和技术的关系与工业社会早期的特征大不相同。在西方社会，两个多世纪以来，科学作为一种传统而发挥作用。科学知识被认为是克服传统的力量，而事实上它自身变成了理所当然的权威。它是某种被大多数人尊重的对象，但却处在他们的生活之外。外行人从专家那里"汲取"意见。科学和技术进入我们的生活越多，这种外部视角就越少。相比于过去，我们中的大多数人——包括政府当局和政治家——同科学和技术有也不得不有越来越多的对话或者参与关系。就是因为科学家之间频繁地发生意见不一致现象，特别是在人造风险场景中发生这种不一致，我们就不能简单地对科学家们创造出来的各种发现"照单全收"(accept)。现在，每一个人都认识到前面描述的科学本质上的怀疑主义特征。每当在决定吃什么、以什么食物为早餐、喝低咖啡因咖啡还是普通咖啡时，人们都是在相互冲突的情境中以及易变的科学和技术信息之间做决定。

找不到逃离这一情境的路——即使选择"装作无知"，我们还是被束缚在这一情境中。政治必须会为这种对话性参与提供一些制度化形式，因为目前它还只关注特定利益群体，而他们大多是在主要政治领域之外斗争。我们今天亦缺乏一种制度用以监控技术变化。如果已经建立起关于技术变化及其问题性后果的公共对话，或许我们已经阻止了疯牛病的泛滥。鲍威尔（Enoch Powell）明确指出，没有什么比技术变化更影响我们的生活了。他是正确的。但是，这类变化完全处在民主系统之外。更多的参与科学和技术的公共手段虽然并不能消除或者扰乱民心或者欲盖弥彰的两难,但却有助于我们减轻(mute)其带来的某些破坏性后果。

上述考虑同反思福利国家也有关联。福利国家是在自然还是自然、传统依然是传统的社会背景下建立起来的。譬如,这一点很明显地体现在1945年之后的福利国家的性别条款中,这一条款完全假设了"传统家庭"的连续性。它也很明显是依据国民医疗保健系统(National Health Service)的增长来设置的,这一服务制度是因应被理解为外部风险的疾病而建立的反应机制。

处在一个更积极地参与到医疗保健、身体、婚姻、性别和工作的世界即人造风险时代,意味着福利国家不再能够按照它基于1945年确立的方案而发展起来的模式持续发展。福利国家的危机不纯粹是财政上的,它是被新型风险支配的社会中的风险管理的危机。

这些观察所得同阶级分化也紧相关联。加尔布雷斯(J. K. Galbraith)所谓的"知足文化"(culture of contentment)有那么一点流星的样子:压根儿就没有知足文化。许多中产阶级和职业群体决定从公共福利计划中退出的理由之一同对风险管理的特定态度休戚相关。在风险社会中,中产阶级将自己从公众供应中撤离出来,他们的这一举动在一定意义上是正确的,因为这个供应只是适应于关于风险的不同阐释和情境。当人们对他们的生活有着更为积极的定位时,他们也就不得不更积极地定位风险管理,所以,那些能支付起风险管理费用的人们倾向于从现存的福利制度中退出就不足为怪了。

各种生态问题准确地体现了一个生活在后自然和后传统中的世界。在早期工业社会不见踪影的各种生活政治形式发展起来。不久以前抗议者还在对小牛犊在有限的人工条件下被转运到欧洲大陆而大惊小怪。他们的批评者称他们多愁善感。但根据疯牛病经验,每个人都能看到,这不仅仅是感情用事。抗议反映了一种感觉,即当食品的工业生产远离自然时会发生什么,或者说曾经是自然的食品生产意味着什么。在特定意义上,对动物权利的道德承诺是一种客观理智的政治。毕竟,即使在狭义的经济术语中考量,疯牛病危机也是一场灾难。据估算,英国经济为此付出了60亿英镑甚至可能更多的代价。

不能把风险社会与后现代主义混为一谈。后现代阐释认为政治已经终结:随着现代性的发生,政治权力直接失去了其意义。但随着人造风险的到来,现代性并没有消失;相反,还在持续的现代化中呈现出新的意义和精微之处。反身性现代化预设和生产政治。这种政治不完全是在议会范围之外展开的。社会运动和特殊利益群体不能提供议会政治所提供的东西,包括协调不同利益关系的手段、根据相互关系来实现不同风险之间的平衡。我讨论的这些主题都要求被更为直接地带入政治领域。一个能中肯地处理这些议题的政党将会在未来几年就会展开的各种政治冲突中占据一个最好的位置。

　　风险始终同安全性（security and safety）关联。它也时常与责任联系在一起。因此，当我们向一个被人造不确定性而非外部不确定性所支配的世界移动时，出现对责任性质的重新讨论这样的现象就不足为怪了。对"责任"（responsibility）概念的广泛使用也是新近发生的。尽管"负责任"（responsible）一词已经存在很长时间，但"责任"看起来只是到18世纪晚期才进入英语词典。这又是一个随着现代性的出现而出现的术语。就其在今天的使用情况看，"责任"是一个充满歧义或有多重内涵的有趣概念。在某种意义上，对一个事件负责的人也可以被说成是这个事件的制造者。这是"负责任"这个术语的原初意思，这个意思将这个概念同因果性或者施动者（agency）连接起来。责任的另一个意思是：如果他或她以一种符合伦理的或者对自己行为可以作出说明的（accountable）方式行动，我们就说这个人是负责任的。但是，责任也意味着义务（obligation）或者担当（liability），而这是同风险对立的最有趣的意思。

　　风险与责任的关系至少在抽象层面可以很轻易地确定。只有根据此前给出的理由而做决定时才存在风险。责任观念也预设了做决定。把责任概念带进来意味着一个人做出了一个有着各种可辨别后果的决定。

　　从外部风险向人造风险的转变造成了责任危机，因为风险、责任和决定之间的联系改变了。这是有着消极和积极特征的责任危机，同风险的消极方面和积极方面大致对应。考虑到人造风险的很多情境所内在的模棱两可的性质以及反身性，责任会轻易地被认为既非可归因的，亦非可承担的。这一点既适应于责任意味着限制风险的情况（如生态风险或健康风险），也适应于风险是一个激励原则（金融市场）的情况。

　　各种后果如下：

　　1. 贝克所谓的"有组织的不负责任"的涌现。这意味着存在各种人为制造的风险，在作为这些风险的主体的意义上，人和组织肯定是"负责任的"，但是没有人承担明确的责任。然后，各种各样的问题涌现了出来。谁来决定有毒产品是怎么样的，这些产品会制造出什么样的副作用，何种层面的风险是可接受的？在一个充斥着有争议的知识宣称和可能性的世界中，怎样来确定"充分证据"？如果一些损害要赔偿，或者要做一些维修，那谁来就赔偿和对未来的控制或者调控的适当形式做决定？

大部分关于风险和责任的"社会审讯"（social interrogation）是通过外部风险和简单现代化这面棱镜而发生的。譬如，确实存在这样一些人，他们基于过去的趋势，希望精算师能预测风险，并据此评估责任；也有这样一些人，他们设想一个人能简单地求助于专家获得解决办法。应对有组织的不负责任的情境看起来在法律、保险和政治领域变得越来越重要，但这一点很难做到精确化，因为人造风险的很多环境具有完全无法估量的特征。扰乱民心或欲盖弥彰的两难是这儿涉及的各种问题的根深蒂固性的直接表征。

2. 一些人提出，应对人造风险出现最有效的方式是通过选择"预警原则"（precautionary principle）来限制责任。预警原则这个术语好像最早出现在1980年代的德国，是在当时德国发生的生态讨论中涌现出来的。最简单地说，这个术语提出，尽管存在科学上的不确定性，还是需要在环境议题（以及由此推到其他风险形式）上采取行动。这样，在1980年代，在多个欧洲大陆国家，若干应对酸雨的项目得以建立。但在英国，缺乏确凿的证据来正当化自己在这方面以及其他污染问题上的不作为。但是，作为应对各种责任问题的手段，预警原则并不总是有用的，甚或连可应用性都不具备。"与自然同在"（staying close to nature）的戒律，或者限制而非拥抱创新的戒律，通常都不具备应用性。原因在于，从科学和技术进步以及其他形式的社会变化中获得的收益和危险的平衡是无法估量的。在支持科学创新或其他形式的变化方面，我们或许更需要的是勇敢而非小心翼翼。

虽说如此，但预警原则的各种修正版仍然是重新引入责任的重要路径。譬如，该原则的一个修正版是：生产商品的公司在这些商品投放市场或者使用相关的技术过程之前应该仔细考虑整个生产流程。这样，在布伦特·斯帕（Brent Spar）案例中，公司在第一步建造石油平台时就没有充分考虑到整个流程的最后一步，即有效且合理地安全处置。

3. 在很多风险场景中，各种人造风险情况改变了集体责任和个体责任之间的关系。尽管在很多情况中，个体是不能被认为有罪的，但这不同于在有组织的不负责任条件下的不可定罪性。在后种情形中，是通过外部风险或者被动风险这面棱镜来检视责任而得出的结果。例如我们可以考虑一下健康风险。很多人不是因他们自己的错而患病。但疾病的很大一部分同实际的生活方式和"被造环境"这一些更宏大的条件都有关系。但若设定这些环境中的责任整体上都是集体性的——无论是政府还是保险公司——就没有任何意义。就如努力降低吸烟率一样，对责任的这种积极假设变成了风险场景界定的一部分，并因此成为责任再分配的一部分。类似的情况适应于我们对子孙后代的责任。当大多数风险都是外部的时，这类责任就是相对有限的：自然在整体上是完整无缺的。现在，我们对后人的各种责任彻底地融入我们不得不采取的各种决定中，这些决定是我们改变自然的结果。

4. 上述思考同我们时代的主要政治议题之一即福利国家的未来有关系。所有国家的福利国家历史都很杂乱。福利国家在某些方面是作为抑制穷人的各种欲望和控制这些欲望的手段而涌现的——在政治权利方面也有其根源。但是，如前所述，最近几年，左派把福利国家当作是他们的专利。这样，围绕福利国家的讨论就在很大程度上聚焦于它在限制或者降低不平等方面扮演的角色。但是，福利国家更正确地是被看作集体风险管理的形式。法国思想家埃瓦尔德（Francois Ewald）在其作品中有力地提出：福利国家应被理解为一种"安全国家"或者"深谋远虑的国家"（provident state）的观念。福利国家被牢牢地同现代性的若干基本假设捆绑在一起：安全来自于人类对他们的物质和社会环境的更为有效的控制。

福利国家的危机通常呈现为财政危机。如果福利国家出了麻烦，是因为人们支付的税额不足以为福利制度提供充分的资金。这种说法有一定的有效性，但更富启发性的是将福利国家危机看作风险管理的危机。福利国家建立在外部风险或者被动风险的假设基础上。如果你失去了工作、生了病、失能或者没了家，福利国家就会过来保护你。福利制度现在必须面对大范围的人造风险，改变风险与责任的关系。现在出现了大量关于要把权利与责任挂钩的讨论，这一点也不值得大惊小怪。当个人对于他们所面对的风险不要承担任何责任时，无条件的权利看起来就是合适的，但在人造风险情境下，这一点就不再适应。

5. 在一个社会缺乏有效手段来处理有组织的不负责任的地方，其结果通常不会是没有一个人是有罪的。恰恰相反，人造不确定性的代价可能同"诉讼社会"（litiginous society）的涌现紧密勾连。在共同的"责任契约"破裂的地方，有罪就可能无处不在地弥漫。在这里，赔偿同因果关系已经彻底分离。比如，如果某人在我的花园小路上跌倒后受伤，我就得承担责任。

6. 责任主题必须与对风险的两个面向的关心整合在一起。人们常常在讨论风险的消极面向和积极面向，好像这两个面向是相互分离的一样。这种讨论转化为两大文献之间的分裂。一个显而易见的事实是：大多数研究环境风险的作者从未提及金融或者企业风险方面的文献，反之亦然。譬如，过去十年中出版了两本最负盛名的风险著作，一本是贝克（Ulrich Beck）的《风险社会》（*Risk Society*），一本是伯恩斯坦（Peter Bernstein）的《同诸神一较高低》（*Against the Gods*）。但这两本书压根儿就没有相互参考。

风险通常是一种积极的或激励性现象，这一事实同上文讨论的大多数的风险场景和责任关联,而不仅仅是同经济风险有关。这样,要创造一个更有效的福利国家,关键在于,在某些情境中,人们能够在心理上和物质上以一种"负责任"的方式来冒险(take risks)做可能失败的事情。个人完全迷恋于福利或者不愿意冒险进入劳动力市场,对于个人或更大的社会而言,都不是一个好结果。这一点同样适应于身陷功能障碍或者狂暴关系的人们。风险不仅仅同责任紧密联系,而且同主动性和新视野拓展相依相附。这就把我们带回到这个概念在中世纪后期的欧洲第一次出现时的那个起点上了。

责任和罪责这两个主题对于律师惯常的吸引力是不言而喻的。我希望我至少就如下问题给大家提供了一些启示:为什么法律理论家和法律从业者都应该关注风险的观念和现实。

责任、秩序伦理和集体能动性[*]

尼基尔·穆克吉　克里斯托夫·卢埃奇[**] 著

王婧[***] 译

张峰铭[****] 校

摘　要　那些在伦理商谈中援引道德责任概念的人似乎面临一个两难境地。显然，她们要么违反"控制原则"，该原则认为没有人可以被要求为超出自己控制范围的事情负责。或者她们不得不承认在许多情形下存在"责任真空"，这就意味着在这些情形中没有人需要对此负责。第一个选项似乎无法被证成，第二个选项使道德责任概念变得毫无用处。这种两难境地可以被认为暗示着从责任角度来思考道德问题是一种徒劳的伦理实践方式。在本文中，我们提供了一种希望能够恢复责任作为一种道德概念的解决方案，它将秩序伦理（一种主要关注社会制度结构的伦理）与最近发展的集体能动性理论相结合。

关键词[*****]　责任　秩序伦理　集体能动性　行动者

---

[*]　原文标题为"Responsibility, Order Ethics, and Group Agency"，载 *Archiv fuer Rechts-und Sozialphilosophie*, vol. 100, no. 2 (2014)。

[**]　尼基尔·穆克吉（Nikil Mukerji），德国路德维希-马克西米利安-慕尼黑大学研究员。克里斯托夫·卢埃奇（Christoph Lütge），德国慕尼黑工业大学教授。

[***]　王婧，中国政法大学法学理论专业2019级硕士研究生。

[****]　张峰铭，中国政法大学法学理论专业2017级博士研究生。

[*****]　原文无关键词，为阅读方便，译文关键词系译者所加。——译者注

一、引言

　　责任是社会商谈中广泛使用的一个概念。然而，责任概念是否真的为建构现代伦理问题提供了一个充分的概念仍然可以被质疑。这是为什么呢？大多数伦理学家都赞同所谓的"控制原则"[1]，该原则指出不应认为行为人需要对她们无法控制的因素负责。现在，当今最紧迫的伦理问题中的大部分（并不是全部）都是由于个人的互动选择所导致的，而不是受单个行为人所控制。那么，当将此类问题的责任归因于行为人个人时，这样的做法就违反了控制原则。对于那些认为从责任角度思考道德问题是伦理实践的好方法的人来说，这是一个令人失望的结果。如果我们想要贯彻控制原则，我们将无法追究任何个人的责任。这样看来，似乎任何责任概念都将面临令人沮丧的两难境地：当涉及我们当今时代最紧迫的伦理挑战时，它要么违反控制原则，要么导致"责任真空"[2]，即无法追究任何个人的责任。在前一种情形中，道德责任概念是无法被证成的；在后一种情形中，道德责任概念又显然是无用的。

　　在本文中，我们着眼于以一种能够恢复责任概念地位的解决方案来解决这个困境。这种解决方案是由研究秩序伦理学传统的哲学家们所提出的，而所谓秩序伦理学就是一种以社会制度结构（社会秩序）作为"主要评价重点"的伦理。[3] 我们由此得出的结论是，秩序伦理的责任承担可以解决这一难题，它可以实现控制原则并且避免责任真空的问题。但是，我们发现同样的困境会在不同层面上重现，并得出令人惊讶的结论：为了最终解决这一难题，秩序伦理学家们不得不在一个完全不同的哲学分支下为该论题进行辩论。她们认为：我们应当接受一个更丰富的社会本体论，并承认集体行动者的存在。这似乎不是一项容易的任务。集体能动性的观点显然违背了方法论个人主义。因为这似乎是一种超越个体的实存，所以我们觉得这是一种形而上学的古怪存在。然而，我们认为关于集体能动性理论的最新工作可以帮助解决这个问题。我们在吸收借鉴克里斯坦·李斯特（Christan List）和菲利普·佩蒂特（Philip Pettit）贡献的基础上对集体能动性进行了简要的解释，它并不是形而上可疑的，秩序伦理学家们可以毫不尴尬地接受它。

---

[1] Cf. Dana Nelkin, Moral Luck, in *The Stanford Encyclopedia of Philosophy*, ed. E. N. Zalta, 2008.

[2] "责任真空"观点借鉴于 Matthew Braham, Martin Van Hees, Responsibility Voids, *The Philosophical Quarterly* 61 (2011), 6–15。

[3] "主要评估焦点"观点借鉴于 Shelly Kagan, The Structure of Normative Ethics, *Philosophical Perspectives* 6 (1992), 223–242。

本文的其余部分结构如下：首先，我们详细阐述了我们称之为"责任困境"的问题；在此基础上，我们提出了秩序伦理的解决方案；在此之后，我们发现同样的困境会在不同层面上重现，那么为了解决这个问题，我们提出以集体能动性的概念来增强秩序伦理，并概述了这种观点，使之与方法论的个人主义相一致；最后一部分是总结和结论。

二、责任

我们如何确定一个人是否需要对其所实施的行为负责？康德（Kant）认为我们应当向自己提出以下问题：这个人在实施行为前如果知道该行为会使她被判处执行绞刑，她是否仍然会继续实施该行为？当且仅当对这个问题的回答为"是"时，她才应当被视为需要对自己的行为负责。[1]

康德（Kant）的"绞刑测试"提出了一个关于责任的重要观点。实际上，很显然没有人需要对超出她控制范围的因素负责。[2]这项原则适用于行动，当然也适用于由行动所产生的结果。一个人只需要对她实际所能够控制的结果负责[3]，让我们把这个观点称为"控制原则"。

那么，控制原则对责任归属施加了哪些限制？当然，当某个结果可以明确地归属于作为个体行动者的某人时（这意味着她的行为是导致这个结果发生的充分且必要条件），控制原则允许我们追究此人对该结果的责任。以一个对病人进行手术的外科医生为例：她的病人去世了，因为她的手术做得并不尽如人意。在这种情况下，这名外科医生显然需要对该病人的死亡负责，因为她本可以采取措施避免这种后果的发生。至少，这不会违背控制原则。[4]然而，当许多个人的行为决定了所谓

---

[1] Cf. Immanuel Kant, *Critik der practisctischen Vernunft*, 1788, 54.
[2] 值得注意的是，许多著名学者，尤其是伯纳德·威廉斯（Bernard Williams）和托马斯·内格尔（Tom Nagel），提出了一个不同的观点。他们认为，在某些情况下，可以根据个体行为者无法控制的因素来对其进行评估。参见 Cf. Bernard A. O. Williams, Moral Luck, in: *Moral Luck: Philosophical Papers 1973—1980*, 1981, 20-39; and Tom Nagel, *Mortal Questions*, 1991, 24-38。
[3] Cf. Markus Beckmann and Ingo Pies, Ordo-Responsibility-Conceptual Reflections towards a Semantic Innovation, in: *Corporate Citizenship, Contractarianism and Ethical Theory: On Philosophical Foundations of Business Ethics*, ed. J. Conill, C. Luetge and T. Schönwälder-Kuntze, 2008, 87-115.
[4] 注意，责任归属的适当性可能不仅取决于控制原则，可能会有其他独立的原因使我们认为某人对她所做或引起的某事负责是不合理的。跟随亚里士多德承认认知约束似乎是明智的，参见 cf. Aristotle, *Nicomachean Ethics*, ed. Roger Crisp, 2000/2004, 1110b。然而，这是一个我们应当搁置的问题。

的"多人问题"①的结果时,行为人是否对结果产生处于控制之中是不清楚的。可以肯定的是,即使在涉及多个行为人的情形下,也可以说某个行为人对结果具有一定程度的控制。如果一个人的行为对给定结果的产生是必要的,那么情况显然是这样的。例如,如果一个委员会需要全体一致通过才能达成一项决定,那么每一个委员会成员都可以控制某项决定是否达成。我们甚至可能倾向于认为,如果一个行为人的行为对结果的产生仅仅是充分的,而不是必要的,那么就可以将该行为人视为结果产生的控制者。例如,黑手党团伙的每个成员在某种意义上都可以控制他们逮捕的人是否被开枪打死。②然而,在某些互动情形下,个人的行为对结果的产生既不是必要的,也不是充分的。那么在这种情形下,这个人对结果的产生是无法控制的③,如果此时追究该行为人的责任将违反控制原则。

不幸的是,我们这个时代最紧迫的伦理问题中的大多数(并非全部)都是互动问题。而且,其中许多问题都属于后一种类型,在这种类型中每一个个体行为人的行为对问题来说既不是必要的也不是充分的。为了说明起见,请考虑全球变暖问题。正如我们所知,造成全球变暖的主要原因是我们大家都排放了大量的温室气体,最重要的是消耗了其生产涉及化石燃料燃烧的商品。然而,每个人的行为对全球变暖既不是必要的,也不是充分的。没有任何人能够独自造成全球变暖,同样也没有一个人能单独阻止它。④因此根据控制原则,我们不能将全球变暖问题归咎于个人。那么,谁需要对此负责呢?认为没有人需要对此负责是令人难以置信的。因为,显而易见,导致全球变暖的二氧化碳排放是人为原因。但是如果遵守控制原则(就像我们认为的那样),这似乎就是结论,即似乎存在"责任真空"。

---

① Dennis F. Thompson, Moral Responsibility of Public Officials: The Problem of Many Hands, *The American Political Science Review* 74 (1980), 905–916.

② 当然,行为人的行为对特定结果产生是必要的还是充分的没有形式上的差异("行为 A 对结果 O 的产生是必要的"在逻辑上等同于"行为非 A 对于结果非 O 的产生是充分的")。然而,这些情形可能存在规范上的不对称性差异。通常情况下,责任归因于不良结果。因此,我们可以区分给定个体的行为对不良结果产生是必要的和给定个体行为对不良结果产生是充分的情形。并且在这些不同情形中我们的评估可能也会有所不同。

③ 控制的问题似乎与因果关系的问题不同。在一些主要被运用于法学研究中的因果关系解释中,一个人可以被看作是引起争端的人,即使她的行为对该结果既不是必要的也不是充分的,参见 cf. Richard W. Wright, Causation in Tort Law, *California Law Review* 73 (1985), 1735–1828. 在所谓的因果性测试中,如果一个单独的行为是这个结果的一个共同充分条件集的必要元素,那么这个行为就是事件的原因。在这个测试中,有可能说一个特定的人(共同)引起了一个事件,但她没有控制,因为她没有控制该事件所需的其他条件。

④ Cf. Walter Sinnott-Armstrong, It's not my Fault: Global Warming and Individual Moral Obligations, in: *Perspectives on Climate Change: Science, Economics, Politics, Ethics*, ed. W. Sinnott-Armstrong and R. B Howarth, 2005, 285–307.

总而言之，似乎任何责任概念在互动问题上都面临以下困境：它要么违反了控制原则，在那种情形下它是武断且不合理的；或者它遵守了控制原则，然后由于它无法将责任归咎于任何人，最终导致"责任真空"。在后一种情形中，责任概念是无用的。

在我们继续前进之前可以尝试的一种快速解决方案是，每个人都对全球变暖负有**共同责任**，因为我们每个人都向大气中排放了二氧化碳，而这也正是造成全球变暖的原因。这种观点似乎没有造成责任真空，因为我们每个人承担的共同责任加起来，使得我们所有人集体对这个问题承担全部责任。显然，这也没有违反控制原则，因为我们每个人都可以控制自己的二氧化碳排放量。然而，这种做法是行不通的，共同责任显然违反了控制原则。我们假定有一个叫保罗的人整天只是坐着冥想，他做到了几乎不排放二氧化碳，此外他还种植绿色植物来中和自己排放的少量二氧化碳。在这种情形下，保罗当然不能被视为对全球变暖负有责任——甚至不能被视为负有部分责任。但是如果我们所有人都要对全球变暖承担共同责任，那么保罗似乎也要对此负责。或许我们可以修改这个提案，使其更有意义，更加可行。如果我们认为每个人都对全球变暖负有责任，而这责任与他们的二氧化碳排放量成比例，那么这种做法如何呢？在那种情形下，保罗将不会被视为对全球变暖负有责任，但我们其他人仍将需要对全球变暖承担责任（并且责任程度不同）。然而，这种方法也不起作用，它同样也违反了控制原则。我们再假定存在一个人叫索尔的人，他尽可能多地排放了大量二氧化碳。如果由于其他人都大幅削减能源消耗，全球变暖最终没有发生，那么索尔也不需要对全球变暖承担责任，因为没有人需要对尚未发生的事情承担责任。如果每个人仍然像他们之前那样继续排放二氧化碳，最终全球变暖发生了，那么索尔就需要对全球变暖承担很大份额的责任。这也违反了控制原则，因为全球变暖是否发生取决于他人的行为，索尔自己无法控制。因此，无法通过采用共同责任概念来解决责任困境。[①]

三、秩序伦理

最近，许多伦理学家提出以秩序伦理为基础来解决责任问题。在下文中，我们将考虑他们的方法并研究他们对责任困境的解决方案。

在开始时，引入一个"主要评价焦点"的概念是有用的，伦理理论的主要评价

---

① Cf. Peter French, *Individual and Collective Responsibility*, 1998, 25. See also Smiley.

焦点是该理论重点关注的对象。例如传统伦理理论集中于对行为人品格的评价，其他一些理论则侧重于根据行为的内在性质或其后果对行为进行道德评价。相反，秩序伦理，顾名思义，是一种关注社会秩序的伦理。^① 许多当代伦理学家强调了社会秩序及其构成制度的重要性，约翰·罗尔斯（John Rawls）的正义理论就试图阐明支配一个完全公正社会的基本制度结构的基本原则，这也许是秩序伦理理论最著名的例子。^②

由于秩序伦理可以通过其主要评价焦点来区分，因此原则上它可以与各种道德哲学思想流派相兼容。例如秩序伦理学家可能持有关于社会秩序的神圣命令理论。或者，她可能是一名功利主义者，认为正确的秩序是给所有人带来最多快乐的秩序。然而，秩序伦理的大多数倡导者对伦理规范采取了一种契约论的方法。^③ 他们认为，我们可以通过一个契约论的思想试验来洞察正确的社会秩序。我们应当设想一种"原初状态"，在这种状态下社会各方经过协商，一致选择此后规范其社会交往的社会秩序。不同形式的契约论（其细节在此不涉及）可以通过描述原初状态的方式来区分。一种跟随詹姆斯·布坎南（James Buchanan）的契约论传统从当前状态出发。^④ 它询问在当前情况下可以采取哪些措施来改善所有人的生活。将此思想与对社会秩序的主要关注相结合，人们将获得一种伦理方法，这种方法询问需要引入或更改哪些制度规则以使每个人都得到改善。

大多数这种类型的契约论秩序伦理的支持者已经在所谓的伦理"执行问题"上投入了大量的精力。^⑤ 他们认为，伦理理论过于关注我们应当做什么，而通常忽略了如何确保行为人履行特定的道德义务。他们对执行问题的回答是，应该通过让不道德行为付出高昂代价或奖励道德行为等方式，激励道德行为主体按照道德规范行事。在他们看来，激励措施应当被纳入社会制度中，以此来规范人们的行为。

这种秩序伦理方法的一个特有特点是，它并不像许多以行为为中心的伦理理论那样，将社会、经济或环境问题归因于不道德的、自私自利的个人恶意。^⑥ 相反，

---

① Cf. Christoph Luetge, *What Holds a Society Together? Oder Ethics vs. Moal Surplus*, 2014.
② Cf. John Rawls, *A Theory of Justice*, 1971/1999.
③ Cf. James M. Buchanan, *The Limits of Liberty: between Anarchy and Leviathan*, 1975; Christoph Luetge, Fundamentals of Order Ethics: Law, Business Ethics, and the Financial Crisis, *ARSP Beihefte* 130 (2012); Rawls (note 12).
④ Cf. Buchanan (note 13), 101.
⑤ Cf. Nikil Mukerji and Christoph Schumacher, How to Have your Cake and Eat it Too: Resolving the Efficiency-Equity Trade-off in Minimum Wage Legislation, *The Journal of Interdisciplinary Economics* 19 (2008), 317.
⑥ Cf. Christoph Luetge, Economic Ethics, Business Ethics and the Idea of Mutual Advantages, *Business Ethics: A European Review* 14 (2005), 115.

由于它的主要评价焦点是社会秩序，因此将此类问题归因于社会秩序的缺陷。同时，它建议修改社会制度中现有的关于责任的制度结构，从而鼓励每个人按照个人立场所要求的方式行事。

说了这么多，我们可以从秩序伦理的角度来解决责任问题，并解释秩序伦理如何使我们避免传统责任观念所陷入的困境。在我们刚刚阐述的秩序伦理图景中，道德的系统性落脚点是社会秩序。因此，在导致问题的社会秩序中互动的主体并不被认为需要对互动的糟糕结果负责，秩序伦理并不违反控制原则。然而，它也并不会因此造成责任真空，个人不对自己的互动结果负责的事实并不意味着没有人需要对此负责。互动的后果归属于这些互动发生的社会秩序。那么，显然，那些对社会秩序负责的人也要对它所导致的后果负责。现在，在民主制度中个人自己制定规则。因此，即使不能认为他们对互动的直接后果负有责任，但也可以将他们视为对互动所发生的社会秩序和导致的糟糕后果承担间接责任。

克里斯托夫·卢埃奇（Christoph Luetge）提出了以下分类方案，该分类方案中包含了三种责任。① 在某些情形下，要求个人对其行为的后果负责是适当的，这至少在他们的行为对该行为产生的不良后果是必要的情形下是成立的。在交往互动环境中，个体无法控制其行为的后果，因为它们部分地由他人决定，因此个体可能会承担两种责任。一方面，他们可能对社会秩序承担"监管责任"，也就是说，他们可以被认为必须在道德上努力做出对所有人都有利的变革。同时，他们可能还承担着"商谈责任"。在我们看来，后者是前者的后备补充。在某些情况下，仅凭一个人是不可能影响社会秩序的，因为在民主社会中，监管变革不能由一个人单独进行，而是需要与其他人的合作。现在其他人可能不相信必须要进行变革，他们可能还不了解社会秩序会产生不良影响。在这种情况下，那些真正明白这一点的人有责任将这一事实公之于众，并就改革社会秩序的必要性与其他人进行沟通和解释。

让我们再次以全球变暖为例来说明秩序伦理学方法，对该问题的现实化描述将使我们偏离正轨。因此，让我们做一些假设，诚然，这些假设是粗略理想化和过分简化的，但应该足以说明秩序伦理方法是如何起作用的。假设，与我们实际生活的复杂的全球政治秩序不同，地球上只有一个国家，一个自下而上的民主制度，每个政治决策都由全体公民一致投票做出。我们称这个国家为格洛巴尼亚（Globania）。现在，在某种程度上令人难以置信的是，假设格洛巴尼亚的每个公民目前消耗的能量是相等的，让我们进一步（甚至更难以置信地）假设，这一数额可以明确地归属于个人。由于所有公民都消耗其当前数量的能源量，导致格洛巴尼亚（Globania）

---

① Cf. Luetge (note 13), 18-19.

的温度升高。于是必须将二氧化碳排放总量削减50%，以确保全球变暖维持在所有人都能接受的范围内。因此，每个人都应该同意，将二氧化碳排放量减少50%是一个可取的目标。现在，就秩序伦理而言，没有任何一个公民可以被认为单独对实现目标负有责任，因为，毫无疑问的是，每个公民仅凭自己的力量是无法实现这一些目标的。但是，由于每个公民都可以参与到民主进程中来，因此每个公民都应被视为对社会秩序的变革负责，这要求每个人都有法律义务将其二氧化碳排放量减少50%。（此外，可以允许排放证书的交易，以取得有效率的结果。）如果并非格洛巴尼亚（Globania）的所有公民都知道全球变暖的事实以及控制方法，那么监管变革可能变得困难，甚至是不可能的，因为他们无法获得所有人的支持。在这种情形下，商谈责任就开始起作用了。那些明白人均排放量减少50%就能解决问题的人，有责任与所有人进行交流讨论，直到所有人都同意的监管解决方案得以实施。

四、集体能动性

现在，让我们批判性地评估责任困境的秩序伦理解决方案。事实上，秩序伦理似乎可以成功地解决这一问题，它可以解释如何在实现控制原则的同时防止责任真空。在秩序伦理中，个体并不对他们的互动所产生的影响负责，因为他们无法控制这些影响。但是，这并不会导致责任空缺，因为人们被认为对他们互动的社会秩序和互动产生的不良后果负有监管责任。但是很明显，这并不是最终的解决方案。正如我们现在要解释的那样，两难困境再次浮出水面。

显然，每个个体行动者都无法单独控制社会秩序的模样。在独裁专政中这是可能的，但是在像我们这样的民主社会中是不可能的。无论我们每一个人如何努力地试图改变社会秩序，如果我们的同胞不相互配合，那么我们也将无能为力。因此，控制原则不仅排除了个人对互动结果的责任，它还排除了个人对社会秩序的责任。为了实现控制原则，秩序伦理学家必须承认没有人对社会秩序负有个人责任，这又导致了责任真空。因此，秩序伦理似乎又面临着同样的困境，尽管是在不同的层面上。

但不要那么快下结论。我们在上面提到过，如果在由于他人不合作而使个人无法有效地致力于改革社会秩序的情形下，那么她就有了"商谈责任"。她应该沟通并解释监管改革的必要性，直到其他人最终被说服并在制度变革方面进行合作。但是，这个后备解决方案也不起作用。当然，我们并不想说话语责任这一概念是无用的。事实上，我们认为情况恰恰相反。我们只是想指出，商谈责任并不能最终解决这里正在讨论的具体困境。原因不难理解，一个人不能承担与他人交流沟通的责任。毕竟，交流沟通是一种合作风险。如果在一个人的商谈尝试中，其他人选择不合作，那么就不会出现商谈。因此，个人无法控制商谈是否发生，要求其对商谈负责将再次违背控制原则。① 在我们看来，秩序伦理学家解决责任困境的唯一途径是接受更丰富的社会本体论。它们必须考虑到集体行动者的存在，这些行动者能够在组成他们的成员之上承担责任。

很容易看到集体行动者的想法是如何解决我们的困境的。再次考虑监管责任的问题。我们在上面指出过，根据控制原则，任何个人都不能单独承担监管责任，因为她不能作为个人来控制是否进行制度变革。对于这个复杂问题，这种传统的秩序伦理的回答是把这个问题推到另一个层面，诉诸商谈责任。我们提议的基于集体责任概念的解决方案是这样说的：个人对社会秩序或商谈不承担责任。但是，这并不会导致责任真空，因为即使该群体中没有任何单一成员作为个人被认为负有责任，个体所形成的集体也可以承担责任。②

乍看之下，我们引入的集体责任概念可能与我们在上文中拒绝的共同责任概念相似，但二者并不一样。集体责任是一种由集体承担的责任，而共同责任是一种由个人承担的责任。这种重要的差异使遵守控制原则并同时避免责任真空成为可能。公民集体被视为对社会秩序负有责任，这并不违反控制原则，因为作为一个整体的集体可以控制其成员互动的社会秩序。而且这不会造成责任真空，因为并非是没有人负责的情形。这个集体是作为一个整体而存在。因此，鉴于这一发现，我们认为应当以集体能动性的概念来增强秩序伦理。我们相信，由此产生的规范伦理方法，将使我们能够比普通的秩序伦理更有效地解决当代社会问题。

诚然，我们的解决方案听起来很有问题，因为集体能动性的想法显然违背了方法论的个人主义。因此在下文中，我们将试图解释如何以一种与方法论个人主义相兼容的方式，将一个集体视为一个自治和负责任的行为主体。这样做时，我们将借鉴克里斯坦·李斯特和菲利普·佩蒂特最近对集体能动性的说明。③ 鉴于本文的篇幅有限，我们将不得不只作一些粗略的评论，尽管如此，我们仍希望这些评论足以

---

① 可能有人反对称个体需要承担商谈的共同责任。假定个体对社会商谈的贡献对于这种商谈的发生既不必要也不充分，我们上面关于共同责任的论述能够适用于此处。该假定在一对一的环境中是不合理的，但是在一个大社会中是非常合理的。

② 然而，我们并不认为个体责任和集体责任是相互排斥的，它们当然可以共存。

③ Cf. Christian List and Philip Pettit, *Group Agency*, 2011.

提出要点。

首先，什么是方法论个人主义？它粗略地要求我们根据个体行动者的贡献及其动机来解释社会现象，并且不引用任何超个体实体。[①] 从这种观点来看，谈论"集体行动者"似乎是一种隐喻的指代个体总和的简写方式。[②] 为什么？行动者被定义为一个具有自己的信念和欲望，并有能力基于两者对世界进行干预的实体。在方法论的个人主义中，一个集体的信念和欲望必须完全基于其个体的信念和欲望。这样看来，一个集体似乎没有自己的欲望和信念，因此，不能被视为一个自治的行动者。然而，这种推理是有缺陷的，它假设了集体态度直接来源于个体态度，即它假设了每一个集体的态度都可以简化为一定的个体态度构型。但无论是对信念还是欲望而言，事实都不是如此。要明白这一点，让我们来研究一下集体态度是如何从个体态度衍生而来的。

集体态度是根据聚合规则从个体态度中衍生而来的。例如一致同意规则表明，当且仅当群体所有成员都欲求（相信）p 时，该集体才欲求（相信）世界与命题 p 相匹配。多数规则标明，当且仅当群体多数成员欲求（相信）p 时，该集体才希望（相信）世界与命题 p 相匹配。正如社会选择理论和判断聚合理论所阐明的那样，这些聚合规则中的某些不能用于推导"基于命题的"集体态度。李斯特和佩蒂特的以下两个示例清楚地说明了这一点。

在第一个示例中，一群议员们正在考虑一个预算提案，而该提案目前正处于赤字状态。议员 1、2、3 考虑是否应该采取措施平衡预算，他们知道，这意味着增加税收或削减开支。他们有以下偏好：

	增加税收？	削减开支？	收支平衡？
议员 1	偏好	反感	偏好
议员 2	反感	偏好	偏好
议员 3	反感	反感	反感
多数意见	反感	反感	偏好

请注意，每一位议员都有其作为个体的一贯偏好。但是，在这种个体偏好的配

[①] Cf., e. g. F. A. Hayek, Scientism and the Study of Society, *Economica* 9 (1942), 267-291; Joseph Schumpeter, On the Concept of Social Value, *The Quarterly Journal of Economics* 23 (1909), 213-232; J. W. N. Watkins, The Principle of Methodological Individualism, *The British Journal for the Philosophy of Science* 3 (1952), 186-189.

[②] This view was held, e. g., by John Austin, Thomas Hobbes and in recent times by Anthony Quinton, cf. John Austin, R. Campbell, and S. Austin, *Lectures on Jurisprudence: or, The Philosophy of Positive Law*. vol. 1, 1869; Thomas Hobbes, *Leviathan*, 1651; Anthony Quinton, Social Objects, *Proceedings of the Aristotelian Society, New Series* 76 (1975—76), 1-27.

置下，当使用多数决定规则聚合时，该集体的偏好与个体偏好并不一致。如果这个集体的偏好是由多数决定的，那么这个集体更喜欢没有赤字的预算，这意味着要么增加税收，要么削减开支。但它也倾向于不提高税收，不削减支出，这与总体偏好是不一致的。当然，这并不意味着集体不能基于其成员的偏好形成偏好。他们可以。但是，正如我们上文所述，它们不能以一种直截了当的和"命题明示的"（proposition-wise）方式这样做。他们必须以整体的方式来做到这一点，这意味着"集体对特定命题的态度通常不能成为个体对特定命题态度的函数"。该集体在预算是否应该平衡这一问题上的偏好，必须根据成员们在增税和削减开支方面的立场来决定。或者，支持平衡预算的多数派必须被视为是固定的，这意味着该集体必须在增税或削减开支方面采取一种立场，而这种立场不能反映两种情况下的多数观点。

正如李斯特和佩蒂特的第二个（巧合地）与全球变暖有关的示例所表明的那样，类似的问题也发生在信念的聚合上。他们介绍了一个由三个人组成的政府间气候变化专门委员会，每个成员都对许多相关问题抱有信念：首先是当前的排放量是否超过给定的阈值；第二个问题是，如果排放量超过此阈值，温度是否会升高；第三是温度实际上是否真的会升高。

	排放量超过给定的阈值？	如果排放量超过此阈值，温度是否会升高？	温度实际上是否真的会升高？
个体1	是	是	是
个体2	是	否	否
个体3	否	是	否
多数意见	是	是	否

多数人认为排放量超过给定的阈值，且如果排放量超过此阈值，温度会上升。但是，多数人认为温度将不会实际上真的升高。总体而言，这是不一致的，为了解决不一致的问题，集体必须采取不同的聚合方法。它不能以命题的方式聚合其成员的态度，它要么必须根据其成员对第三种命题的态度来确定其对第三种命题的态度。在这种情况下，它不能对前两个命题采取多数意见。或者，它可以基于对第一和第二命题的多数意见来确定对第三命题的态度。在这种情况下，它将不得不拒绝对第三种命题的多数态度。

正如这两个例子所表明的那样，集体可以形成信念和欲望，尽管它们依附于个体成员的输入，但在很大程度上却独立于这些输入。为了表明集体行动者本身可以成为行为人，最后要表明的是，他们可以基于他们的自主信念和欲望来干预世界。

这很容易做到。行动者的集体由行动者组成，而且行动者能够行动。所以具有自主欲望和信念的行动者集体可以通过其成员来行动。

那么，让我们得出结论：秩序伦理学家用集体能动性的概念来增强其责任概念似乎并不荒谬，而且增强的秩序伦理解释为责任的困境提出了非常合理的解决方案。

五、结论

最后，让我们一起总结并得出结论。在本文中我们指出，显然，任何责任概念都面临两难困境。当涉及我们这个时代最紧迫的伦理问题时，它要么导致责任真空，要么违反了控制原则。大规模的伦理问题是互动的问题，在这些问题中没有个体行动者能够自己单独控制结果，而是由诸个体行动者共同决定结果。因此根据控制原则，任何人都不应对诸如由于许多人的互动而引起的全球变暖等问题负责。但是，这显然导致责任真空，意味着没有人被视为负责任。这样看来，我们似乎在拒绝控制原则或造成责任真空之间面临选择，但这两种选择似乎同样都没有吸引力：前者导致了道德上的武断结论，后者使得责任概念作为规范性概念变得毫无用处。在下一步中，我们提出了解决这一难题的秩序伦理解决方案。在秩序伦理中，不应将个人视为对其互动的结果负有责任。然而，这并没有造成责任真空，因为道德问题归属于社会秩序，而反过来个人又对社会秩序负有责任。然而，正如我们所看到的，这不是最终的解决方案，只是把问题推到了另一个层面。显然，没有个人能够单独控制社会秩序。为了解决这个问题，我们认为秩序伦理学家应采用集体能动性的概念。他们应主张，该集体应被视为是一个自治的行动者，对其成员互动的社会秩序负有责任。如果用这一集体能动性思想加以补充，秩序伦理实际上可以解决责任的困境。由于集体能动性的概念似乎违反了方法论上的个人主义，因此我们的主张看起来似乎是一种超个体实体的形而上学理论。但是在上一节中我们解释了事实并非如此，因为可以通过与方法论个人主义兼容的方式解释自治集体行动者的存在。

总之，对我们的主张加以限定是非常重要的。我们认为，从原则上说，一种通过集体能动性的概念得到增强的秩序伦理是可以解决责任困境的，但我们并不认为这是唯一的解决方案，也并没有认为它在实践中的每一种情形下都能发挥作用。在实践中很可能仍然存在许多责任困境，无法按照我们所倡导的方法来解决。原因是显而易见的：我们草绘的解决方案要求存在一个可以视为自治行动者的集体，我们已经表明某些集体可以被视为自治行动者，但这并不意味着所有集体都可以被视为自治行动者。也许有一些互动问题使我们的解决方案望而却步，因为相关个体组成的集体不符合成为自治行动者的要求。那么，我们的主张仍然是开放的，这就意味着哪些情形可以用我们的方法加以解决尚待研究确定，而这是进一步研究秩序伦理传统不得不解决的问题。

最后，请允许我们提请注意伦理学中的方法论问题。如果我们的论证成立，那就表明，至少在某些时候，伦理理论的规范合理性取决于完全不同的哲学分支中的主张。在我们的案例中，秩序伦理的责任概念的规范合理性取决于集体行动者存在的社会本体论主张。在我们看来，这是一个令人惊讶的结论，与道德哲学的主流观点不符。约翰·罗尔斯在关于伦理学的方法论的著名文章中主张道德理论的独立性，认为"意义理论和认识论，形而上学和心灵哲学的理论通常对伦理学的贡献很小"，并且"过度关注这些主题下的问题可能妨碍和阻挡了前进的道路"。[1] 如果我们的观点是正确的，那就表明，道德哲学家们至少有时应该忽略罗尔斯的观点，而把目光投向他们学科的传统范围之外。[2]

---

[1] John Rawls, The Independence of Moral Theory, *Proceedings and Adresses of the American Philosophical Association* 48 (1974—1975), 6.

[2] 我们要感谢马修·布拉汉姆（Matthew Braham）、多米尼克·海斯（Dominik Heiss）、约翰娜（Johanna Jauernig）、马丁·范海斯（Martin Van Hees）和迈克尔·冯·格伦德尔（Michael von Grundherr）的慷慨评论。

社会主义中国语境下的专政与紧急状态

——何以区别？如何实践？

杨海舟[*]

摘 要 专政和紧急状态是一对形似且纠缠不清的词汇，前者多用于政治性的话语体系之下，后者则多限定于法律语境当中。但政治和法律的密不可分，使得二者在某种程度上有了交汇和交融的余地，也为它们的比较创造了理论上的空间。在社会主义中国的语境之下，专政在语义上由政治所生发，其主体是人民，处理的目标对象是敌对分子，专政也多游离于法律之外且会限制基本权利，同时，它的状态持续时间较长。紧急状态这一词汇则经法律而规制，其主体是国家，解决的目标对象是紧急事件，紧急状态亦备受法制之约束更不可侵犯基本权利；另外，其状态持续时间也较专政更为短暂。

关键词 社会主义 专政 紧急状态 语义分析

一、问题的提出

专政既是一个具有悠久历史意蕴的词汇，亦是我国宪法中的现实概念，对于专

---

[*] 杨海舟，武汉大学法学院博士研究生。

政的解读，人们首先联想到的便是压迫、斗争①，之所以如此，是因为专政一词从产生到近现代，经历了由褒义到中性再到贬义的历史过程②，这也使得其与另一个紧密相关的语词，即法律上的紧急状态，出现瓜葛不清的情形，这一情形导致了实际中的诸多问题。按照我国宪法的设定，当今的中国，整个国家的性质依旧限定在人民民主专政的社会主义范畴之中，专政乃是社会的基本形式和惯常状态，而根据《中华人民共和国突发事件应对法》的叙述③，紧急状态则是例外情状，但正如前文所提及的情形那样，法律上的规定并未使民众对两者的区分了然于心，专政与紧急状态的天然相似之处以及我国对专政的强调，往往造成一些不明就里的人们生出这样的困惑甚至误解，那就是中国是否仍旧处于某种紧张的环境之下？此外，国家的中心工作是否依然放置于阶级斗争之上？故此，对于专政和紧急状态关系厘定的工作，就显得尤为重要。

这一工作具有理论和实践的双重意义。在理论上，通过这两个词汇的比较分析，为我们从不同视角中去观察与考证二者明确的内涵提供了相应的场景。而概念是观念的表述，同时又会去反向审视观念，因此对概念的澄清，一方面有助于人们在语词上更加清晰地区分专政及紧急状态，防止思想上的混淆和曲解；另一方面还可以让当前的社会观念发生一定的转变，去正视专政的存在，而非因其中所含有的暴力因素，便选择规避对它的讨论，使宪法的理论预设成为具文。

在实践上，专政和紧急状态标志着两种不同的社会状况，对它们词义的梳理，可以为不同情态中社会运行的具体操作模式订立框架；其一有助于保持社会的稳定；其二是能够在面对迥异的社会状态时，采取相应合适的策略，避免因社会状态的判断不清，处断方法不恰当，而陷入混乱的境地当中。即在深入揭示其主体、对象、实践方式等相关内容的基础上，明确两种状态在学理上的分工，各司其职，充分应对复杂的现实环境。

---

① 即便如此，美国学者罗斯托也仍然认为，专政（dictatorship）一词不应该让人感到惶恐，因为专政的历史含义完全是宪法性的。参见罗斯托：《宪法专政：现代民主国家中的危机政府》，孟涛译，华夏出版社2005年版，第18页。故而专政的实施完全可以与我国的依法治国、依宪治国有相统一与融合之处，这也为本文的讨论留有了余地。

② 关于专政一词的历史流变，郑成良教授曾作了详细的分析，参见郑成良：《专政的源流及其与法治国家的关系》，载《交大法学》2014年第4期。

③ 参见《中华人民共和国突发事件应对法》总则。

二、语义分析

对于专政和紧急状态关系的厘清，必然要先从其基本语义出发，因为一切概念的立体结构和现实运转都是根植于其原初定义的。本部分将从它们各自语词的界说、形式等方面着手开展研究，从而为下文对二者结构上的深入研讨作出铺垫。

（一）社会主义维度①中的专政意旨

"专政"一词起源于古罗马时期，刚开始时代表着享有独裁专断权力的执政官，后来进入到马克思的学术话语体系之中，被用在了对于阶级斗争的表述之上，并随着新文化运动的兴起，和马克思主义一起传入中国，为中国共产党人所继受过来。在西语当中，专政所对应的词汇是 dictatorship，其具体含义有两种，一种是 "The office or dignity of a dictator"②，表征着掌权者（独裁者）的办公处或其尊严；另一种则是 "Absolute authority in any sphere"③，这一层面上的词义更加接近于政治法律生活中专政的意义，亦即在某一领域中绝对的权力和权威。从这一词项中可以看出，专政象征一种权威、标准、标杆，在该领域中的任何事物都要以其为基础、服从于它，同时，它还是绝对的、不容置疑的④，这种权力纵使发生了错误，也应当保持遵守，以捍卫其权威性。

社会主义语境中的专政指涉的则主要是无产阶级专政⑤或者人民民主专政。所谓的无产阶级专政，是"马克思主义中的传统术语，其中暗含着这样的意思：将由人民的多数建立起一种专政。对于马克思来说，所有的统治都是阶级统治。资本主义统治时期是'资本家的专政'，无产阶级的统治是'无产阶级专政'而与以往专政形式的不同之处在于，无产阶级的统治是第一次由大多数人实行的专政，因此也被马克思称为'正在赢得民主的胜利'"。⑥但马克思本人并未对专政给出较为详尽的解释，倒是列宁对此作出了相对准确的诠释："专政是直接凭借暴力而不受任何

---

① 本文指称的"社会主义"及其所属问题均是在社会主义中国的框架范围内予以探讨。
② The Oxford English Dictionary, Volume IV, Oxford: Clarendon Press, 1989, p. 625.
③ 同上。
④ 可见于这一用法：DRYDEN (J), This is that perpetual dictatorship which is exercised by Lucretius, though often in wrong. 参见同上。
⑤ 在统治与被统治视野中的专政，可以被用作为一种阶级斗争的工具。参见罗斯托:《宪法专政：现代民主国家中的危机政府》，第 36 页。
⑥ 参见戴维·米勒、韦农·波格丹诺主编:《布莱克维尔政治学百科全书》，邓正来译，中国政法大学出版社 2002 年版，第 214 页。

法律约束的政权。无产阶级的革命专政是由无产阶级对资产阶级采用暴力手段来获得和维持的政权,是不受任何法律约束的政权。"① 另外对于相同语境下的人民民主专政,毛泽东同志则在《论人民民主专政》中进行了这样的阐述:"中国人民在几十年中积累起来的一切经验,都叫我们实行人民民主专政,或曰人民民主独裁,总之是一样,就是剥夺反动派的发言权,只让人民有发言权。"② 根据以上论述可以得出,由一般的定义出发,专政意味着独断、专行,而马克思主义理论家们一以贯之地沿用了这种普遍性的内涵,并进一步推动了社会主义中专政概念的发展,但在这里必然会遇到两方面的问题:一是民主与专政交融并存的问题;二是人民作为一个集体性概念,如何与"独裁"相勾连。关于第一个问题,在人民民主专政这一语词结构中,实际上是有两个指向性的,民主专政并不是一个独立的复合词组,而是"人民民主"和"人民专政"——也就是说在人民内部实践民主、对人民的外部(敌对势力)实行专政,并非民主与专政同时指向于同一事物;针对第二个问题,列宁早已讲述得非常清楚,正如他在《无产阶级革命和叛徒考茨基》中所提到的,考茨基"说了明明不符合历史真相的谎话,说专政意味着个人独裁。这在语法上也是不正确的,因为实行专政的可能是一小群人,也可能是寡头,也可能是一个阶级等等"。③ 因此人民作为多数群体的"独裁"在理据上是可行的。

概括起来,专政应当具备以下几个特征:

1.暴力性。专政一词在某种程度上,表达着暴力的要求——因为强制和压迫的匮乏,会导致专政无法施行下去;但这样的暴力不是通俗意义上无端的暴力,特别是社会主义的专政,往往是因循人民的正当性诉求。毛泽东同志曾明确表示,对"地主阶级和官僚资产阶级以及代表这些阶级的国民党反动派及其帮凶们实行专政,实行独裁,压迫这些人,只允许他们规规矩矩,不许他们乱说乱动,如要乱说乱动,立即予以取缔,予以制裁"。④ 由之可见,专政必然伴随着暴力性的强制,但社会主义专政的暴力,乃是为了防止敌对势力的破坏,保障全体人民的福祉,不受法律的约束。这一特征包含有两层逻辑:第一层逻辑上的不受法律约束,是指它本身游离在既定法律之外,可以自行创设和废除法律;第二层逻辑上的意思是,在需要使用专政处理的问题上,不是从法权的视角中去审视和对待另一方(敌对势力),不受自己当前制定法的约束,也不将另一方纳入法律调整的范围内,而是运用更加直接和粗暴的方法调控对方的行为。

---

① 列宁:《无产阶级革命和叛徒考茨基》,人民出版社 1964 年版,第 9 页。
② 毛泽东:《论人民民主专政》,人民出版社 1960 年版,第 9 页。
③ 列宁:前引书,第 8 页。
④ 毛泽东:《论人民民主专政》,人民出版社 1960 年版,第 9 页。

2. 独断性。专政标志着独断、专断的权力与资格。这种独断主要体现在对外部的态度上，自身的事务由自己作主，外部势力不得干涉本国内政。

3. 多数人统治。社会主义的专政一定是内含着多数人统治这一准则的，它追求的是一国之内大多数良善民众的幸福生活，并将多数人的意愿上升为国家意志、国家行为，这点也使得社会主义的专政与资本主义专政明显区分开来——资产阶级专政只能代表少数资本家的呼声，而无产阶级专政是国内占大多数的民众在实行统治。

经由上述内容总结归纳，社会主义中的专政反映了无产阶级掌权下的国家状态，是国家和社会的一项治理手段与机制，并通过该手段的实施去凸显人民的主体性及社会主义的国家性质。

（二）紧急状态的概念解析

紧急状态在一般的政治社会意义上，所指称的是"国家依法宣布的一种非常的政治状态。在全国或部分地区的安全或社会秩序因面临战争、动乱或自然灾害而受到严重威胁或破坏时，可以宣布处于紧急状态。通常由国家元首按照宪法的规定宣布"。[1] 我国并没有出台专门的《紧急状态法》，因此政治法律意义上的紧急状态内涵可以参照《中华人民共和国突发事件应对法》，其中的突发事件与紧急状态所指称的内容大体相同，该法规定，"突发事件，是指突然发生，造成或者可能造成严重社会危害，需要采取应急处置措施予以应对的自然灾害、事故灾难、公共卫生事件和社会安全事件"。[2]

就紧急状态而言，它在现实中主要体现有四个要素：

1. 面对的是"安全事件"。紧急状态所要处理和应对的对象，在性质上是涉及"安全"的，包括对人民生命、财产可能造成的威胁，而不是指一般性的重大事件。这些事件的产生，来源于自然的不可抗力（例如山洪、水涝）、人为的事故（例如大范围的交通障碍）和其他恶性行为（例如恐怖主义行为）。

2. 牵涉的是"公共"安全。紧急状态的发生，一定是基于具有公共性的安全事件，而不是某一个体的安危。对个人的侵害，无论其严重程度以及受侵害人的身份职位如何，都不能被称作是公共安全事件，也就是要该类事件在影响范围上达到一定的广度，或是波及相当数量的人群。

3. 紧迫性和严重性。紧急状态的开启必须是确有严重且难以弥补的后果发生；或者具备可能发生严重后果的紧迫性。这种紧迫的程度要求政府部门立刻作出回

---

[1] 辞海编辑委员会主编：《辞海》，上海辞书出版社 2010 年版，第 1959 页。
[2] 《中华人民共和国突发事件应对法》，第 3 条。

应①,否则便会产生极为糟糕的结果与损失,这些后果通常伴有对人数众多的群众生命安全的侵害,或者数额较大的财产损失。"如果通过日常手段或者说通过普通对抗措施就可以恢复社会秩序,则不能称为紧急状态。"②

4. 紧急事件发生的可能性。紧急状态所面对的事件,既可以是已经发生的严重事件,也可以是可能发生的类似事件,亦即"紧急状态的诱因的存在,不论是来自刑事犯罪行为,还是出于不可抗力的意外事件"。③譬如在人群密集的区域发现炸弹,虽然还未造成民众的现实伤亡,但同样允许被纳入到紧急状态的范畴之内。

结合上文可以发现,紧急状态这一概念的意义,被寓于相关法律文件当中,它反映了一种危急的社会状态,并且被设置成国家用来处理危害社会安全重大事件的一个媒介——只有经由这种状态的宣布,国家才能采取非常的手段和措施加以应对。因此本文认为,在政治法律架构中的紧急状态,超越了一般意义上的社会状态,而是由法律所设定的、经过法律调整的和被法律化了的社会治理机制,国家通过这一机制去处理关乎社会安危的紧急事宜。

与专政的基本语义相比较,二者有着不少共通之处:比如它们面临的都是非常紧急的社会情况,或者危害较大的反动势力;都会带有激进式处断的色彩。但二者也只是"形似",究其本质的形态结构(主体、对象和实践方式),则是完全不一样的,文章将在以下部分着重予以剖析。

三、关涉主体

专政和紧急状态的关涉主体,既是二者各自机制的主要实施者,还规定着作为一种现实社会状态的专政与紧急状态的根本性质,同时也主导着这两种状态的走向和具体发展情况——正是关涉主体的差异造成了它们在本质上的分流。

(一)社会主义制度下的专政

1. 从无产阶级专政到人民民主专政

"人民民主专政是中国特色的无产阶级专政。"④言下之意,人民民主专政是中

---

① 突发事件发生后,《中华人民共和国突发事件应对法》第7条规定,发生地县级人民政府应当立即采取措施控制事态发展。其中的"立即"展现了事态的紧迫程度。
② 参见莫纪宏、徐高:《紧急状态法学》,中国人民公安大学出版社1992年版,第87页。
③ 同上,第95页。
④ 王伟光:《谈谈民主、国家、阶级和专政》,社会科学文献出版社2014年版,第94页。

国的共产党人领导人民群众开辟的一条符合中国国情、具有中国特色的专政道路，使中国的专政不囿于马克思主义的书本教条当中，能够结合中国的现实被加以良好地运用。与此同时，它又是无产阶级专政的一种形式，因而其虽然是新颖的、被"中国化"了的，但并没有脱离社会主义的基本立场。

由无产阶级专政到人民民主专政，经历了一段较长的过程。在苏区时期，《中华苏维埃共和国宪法大纲》就曾明确表述："中国〔华〕苏维埃共和国根本法（宪法）的任务，在于保证苏维埃区域工农民主专政的政权和达到它在全中国的胜利。"① 这里提及了工人和农民的民主专政，第一次在法律文件中将民主与专政置于一处进行使用，比普遍意义上的无产阶级专政更进了一步。而后毛泽东同志《论人民民主专政》的发表，则标志着人民民主专政的成熟化和理论化。②

"无产阶级专政是建立在消灭了阶级对阶级的压迫基础上的，阶级矛盾和阶级斗争不是主要矛盾的社会主义制度条件下的新型国家。"③ 我国正处在这样的历史阶段之中，社会上早已不存在一个剥削阶级，故而也就没有了剥削与被剥削的关系，民众之间的差异不再是阶级差异，只是社会分工不同，与之对应的必然是历史上那种激烈的阶级矛盾和阶级对抗的消亡。同时，国家早就将工作重心转移到经济建设上来，我们的所有党政工作都是为了提高人民生活水平、改善民生。在这样的形势之下，虽然无产阶级专政和人民民主专政都可以表达出社会主义的意蕴，但很显然人民民主专政的直接使用显得更为适恰———一是充分彰显了中国特色，二是淡化了阶级斗争的色彩，能很好地反映我国当下的现实国情（紧抓经济建设，构建和谐社会）。

2. 缘何是人民

人民民主专政的运用，实质上就已经确立了专政的主体，从中可以明显地看出，专政的主体是人民，但如果继续深究，为何要将无产阶级进一步表述为人民，而不是其他，则会变成一个值得思考的问题。笔者认为，人民主体地位的明确基于两方面的因素，一是马克思主义的传统和立场，二是国家建设的目标。

我国一切工作的指导思想是马克思主义，而马克思主义者所努力奋斗的任务乃是建立这样一种社会——"社会的每一个成员都能完全自由地发展和发挥它的全部力量，并且不会因此而损害这个社会的基本条件"。④ 也就是说，作为马克思主义

---

① 中央档案馆编：《中共中央文件选集》第七册，中共中央党校出版社1991年版，第772页。
② 参见靳书君、李永杰：《"无产阶级专政"概念中国化考证与疏义》，载《党史研究与教学》2019年第2期。
③ 王伟光：前引书，第93页。
④ 中共中央马克思恩格斯列宁斯大林编译局编译：《共产党宣言》附录，人民出版社2018年版，第69页。

追随者的共产党人，其所要建立的社会是为社会当中所有人服务的，而人民一词具有相当程度的广泛性，正是这一传统的生动表现。除了指导思想，人民作为主体，更重要的是有着现实物质性的要求，即我们国家建设的目标是社会主义国家，鉴于这一目标的设立，就必须将人民置于首要地位。主体决定性质，只有人民成为主体才表征着无产阶级的掌权，并昭示着社会主义的国家性质，同时与代表少数人利益的资产阶级专政，抑或其他形式的专政相区分开来。另外，一个国家的执政党是不是领导人民、是不是服务人民，也是政权性质更深层次的体现。在这点上，作为中国唯一和长期执政党的中国共产党，表现出了足够的诚意：首先是在中国共产党的领导下，国家的一切权力属于人民被写入了宪法条文[①]，不过共产党人的脚步并不仅限于此，因为在资产阶级专政的国家，类似全体人民掌握国家权力的内容，同样被规定进了相关的政治或法律文件中[②]；为了防止《宪法》耽于纸面之上，在中国共产党的推动之下，建构了人民代表大会这样一套制度，充分保障了全体人民可以通过切实途径去行使国家权力。可以说，只要中国坚持社会主义，就要坚持以人民为主体的专政，脱离了人民的专政，是失去社会主义底色的专政，是无法行得通的。

（二）国家统辖下的应急管理

1. 国家决定紧急状态的起止

紧急状态这一机制的实施主体是国家，这首先体现在由国家最高行政机关对紧急状态作出界定和划分，《突发事件应对法》里明确规定，"按照社会危害程度、影响范围等因素，自然灾害、事故灾难、公共卫生事件分为特别重大、重大、较大和一般四级。法律、行政法规或者国务院另有规定的，从其规定"。[③]

这一法律规定包含有两层意义：一是国家掌握有宣布紧急状态的权力，即确定当前的社会状态是否可以被认定为紧急状态；二是国家政府部门需要对此时的社会状态达致何种程度的危险作出具体划分。就第一点而言，表明了国家在紧急状态的发生过程中，始终处于主导地位，既可以决定这一状态的开始，又控制着何时让它终止的权力。而从第二点来看，国家不仅享有决定紧急状态是否发生和结束的权力，对于紧急状态级别的划分，更暗含着国家与政府对于紧急状态的具体过程同样具有管控效力，进一步说，国家对紧急状态的权力不是局限于宣告，而是在这一状

---

① 参见《中华人民共和国宪法》，第 2 条。
② 例如法国《人权宣言》就声称，每一个公民皆有权亲自或由其代表去参与法律的制定。参见《人权宣言》，第 6 条。
③ 《中华人民共和国突发事件应对法》，第 3 条。

态中,将其"触角"延伸到每一个治理的细节,从始至终都有着主导性的权力,因此它不是一个形式主体,而是一个具备全方位掌控力的真实主体。

2. 国家统一领导下的紧急状态

紧急状态里的一切事务需要由国家统一领导,这种领导囊括了事前和事中的阶段。事前的领导主要体现在,"国家建立重大突发事件风险评估体系,对可能发生的突发事件进行综合性评估,减少重大突发事件的发生,最大限度地减轻重大突发事件的影响"。① 这就要求国家要在紧急事件发生之前就做好预防工作和布置好一系列的应对措施,以避免紧急事件发生时猝不及防,造成严重损失。事中的领导又包含有两方面的内容,一是国家(中央部门)的统一安排和调动,二是在国家内部的分级、分区域领导。国家的整体领导主要是由"国家建立有效的社会动员机制,增强全民的公共安全和防范风险的意识,提高全社会的避险救助能力"。② 同时,"国务院在总理领导下研究、决定和部署特别重大突发事件的应对工作;根据实际需要,设立国家突发事件应急指挥机构,负责突发事件应对工作;必要时,国务院可以派出工作组指导有关工作"。③ 分级、分区域领导则是出于紧急状态的地域性考量,"县级人民政府对本行政区域内突发事件的应对工作负责;涉及两个以上行政区域的,由有关行政区域共同的上一级人民政府负责,或者由各有关行政区域的上一级人民政府共同负责。突发事件发生后,发生地县级人民政府应当立即采取措施控制事态发展,组织开展应急救援和处置工作,并立即向上一级人民政府报告,必要时可以越级上报。突发事件发生地县级人民政府不能消除或者不能有效控制突发事件引起的严重社会危害的,应当及时向上级人民政府报告。上级人民政府应当及时采取措施,统一领导应急处置工作"。④

紧急状态的主体与专政的主体相比,有一定的共通之处,例如二者都是实质主体,而非一个仅仅对某种状态行使宣告权的"虚位"主体。不过它们之间更多的还是差异:专政的主体指称的是一群"人",紧急状态的主体不是独立的人,而是国家(机构);同时专政的主体是由国家建立的目标所确定的,并决定着国家的性质,紧急状态的主体则是通过国家的法律文件所规定的,来源和根植于现行法律之内;最重要的是,专政是一经相关主体掌权便已开始进入到这样的状态中,无需专门程序予以宣告,而紧急状态必须由主体按法定程序宣告方可启动。

---

① 《中华人民共和国突发事件应对法》,第5条。
② 同上,第6条。
③ 同上,第8条。
④ 同上,第7条。

四、目标对象

目标对象是引发某种社会状态的人或事件，也是有关社会治理机制需要应对和处理的问题及其制造者，因而也是该状态中主体的行为或权力施加的目标。专政和紧急状态作为两种不同性质的社会状态与治理形式，其所要面临的具体问题自然也是不尽相同的。

（一）破坏社会主义建设的敌对分子

关于社会主义专政要求打击的对象，毛泽东同志在《论人民民主专政》中已然给出了清晰的回答，"对于人民内部，则实行民主制度，人民有言论、集会结社等项的自由权。选举权，只给人民，不给反动派。这两方面，对人民内部的民主方面和对反动派的专政方面。互相结合起来，就是人民民主专政"。[①]简言之，专政的对象可以统一概括为反动派。但随之而来的问题是，毛泽东的《论人民民主专政》创作于新民主主义革命时期，新中国成立的前夕，在历经岁月的变迁之后，其对象是否发生了变化。实际上，邓小平早在20世纪70年代末的时候，就已然注意到了这一问题，他强调"我们必须看到，在社会主义社会，仍然有反革命分子，有敌特分子，有各种破坏社会主义秩序的刑事犯罪分子和其他坏分子，有贪污盗窃、投机倒把的新剥削分子，并且这种现象在长时期内不可能完全消灭。同他们的斗争不同于过去历史上阶级对阶级的斗争（他们不可能形成一个公开的完整的阶级），但仍然是一种特殊形式的阶级斗争，或者说是历史上的阶级斗争在社会主义条件下的特殊形式的遗留。对于这一切反社会主义的分子仍然必须实行专政"。[②]这一论断在现在仍具有现实意义，也就是说，在改革开放后，在以经济建设为中心的今天，依旧不可避免地存在反动势力、破坏社会主义建设的敌对分子，其是专政要处理的对象。不过笔者认为，就一般的犯罪分子和反动分子之间，还是需要进行一定的区分，不能将普通的犯罪分子也一概扩大为专政的对象。从"破坏社会主义建设的敌对分子"这一语词结构中能够看出，只有满足了三个条件才可以成为专政对象。

首先，要有严重的破坏行为。任何人或组织，必须要有"破坏"行动才能变成专政的对象。"它们明确威胁着国家的存在和民主的存在，政府因此有正当理由诉

[①] 毛泽东：《论人民民主专政》，人民出版社1960年版，第9页。
[②] 邓小平：《邓小平文选》（第二卷），人民出版社1994年版，第169页。

诸专政性的制度和权力"。① 这类行为包含了两方面内容：语言行为以及身体行为。在当今的中国，不乏通过网络媒介大肆散布颠覆性的、歪曲客观事实的某些煽动性言论，借此丑化、攻击党和政府的坏分子；同时，还有不少人并不止步于言语上的恣意抹黑，某些动乱分子"身体力行"地做着各种打砸抢的举动，公然挑衅国家的基本国策，他们"以暴力反叛的形式抵制法律执行，或者执意非法地攫取该权威，或者甚至完全破坏它"②，这些人都属于专政应当予以打击的对象。

其次，要有强烈的目的性。必须以破坏"社会主义"建设为目标的人，才会是专政的对象。在新时代的中国，和谐与发展是党和政府的主要命题，虽然有敌对势力的存在，但整体形势是向好的。严格把控专政对象的范围、将通常的犯罪和破坏社会主义的行为相区别，可以防止专政"扩大化"造成不必要的紧张局面。普通的犯罪虽然对社会主义建设有着客观的破坏性，但大多是出于私利，为了自己的欲求（属于人民内部矛盾），而敌对分子则是单纯地想要推翻社会主义制度、否定党的领导，出发点的不同决定了只能对后者实施专政制裁。

最后，专政对象是敌对"分子"。亦即一系列意图的实行和操作，必须是由具体的人或者组织完成的，专政所面对的对象，一定是"人"。重大自然灾害或其他非人为灾害，即使确对社会主义建设造成了阻碍，但都属于不可抗力，不能成为专政的对象。

（二）突发事件或紧急事件

紧急状态机制的触发，一般而言来自于突发事件或者紧急事件，二者大体相同，这些事件既可能是人为因素造成的，也可能是自然因素造成的。紧急事件是指"突然发生、具有不确定性、需要响应主体立即做出反应并得到有效控制的危害性事件"。③ 而突发事件的定义，上文已经给出，此处不再赘述④，虽然它们在概念上有一定的差别，但在构成要素上是相同的，都需要具备以下几个要件。

第一，事件发生的突然性。突发或紧急的事件在发生节点上一定是突然的，换言之，是人们很难准确预测到的，因此也难以作出较好的防备。就自然灾害类事件来看，其爆发肯定是随机的和无法控制的，即便在事发前监测到些许征兆，也不能认定它是否必然发生，更不可能通过人为干预去阻止它的发生。另外，纵使是有意

---

① 罗斯托：《宪法专政：现代民主国家中的危机政府》，孟涛译，华夏出版社 2005 年版，第 19 页。
② 同上。
③ 朱力：《突发事件的概念、要素与类型》，载《南京社会科学》2007 年第 11 期。
④ 参见《中华人民共和国突发事件应对法》，第 2 条。

图、有预谋的人为事件,其发起者往往也是进行突然袭击,从而造成一种群体性的恐惧效应,破坏社会安全感,以达到制造混乱的目的。

第二,事件的社会危害性。它们"威胁到人民生命财产之安全;阻止了国家权力机关之正常运作;影响人们之间依法活动;必须采取特殊的对抗措施才能恢复秩序"。[①] 这其中又涉及两层含义,一种是说该类事件在发生之后,会产生极大的危害,是"具有负面性质的事件,而不是中性的事件。在宏观上会给社会,中观上会给社区、组织,微观上会给家庭、个人带来一定程度的损失,这种损失包括物质层面的人力、物力、财力甚至生命的损失,精神层面会给社会秩序与人们心理造成伤害"。[②] 另一种是指这些恶性事件的爆发虽然被扼杀在萌芽状态,但为了阻止它的进一步扩散,调动了大量资源进行排查,并且导致了民众的恐慌情绪,这对社会的安定来讲,同样是具有危害性的。

第三,事件制造者的不确定性。此处的不确定性不是指事件发生之后难以确定其制造者,而是在事前很难明确,这一点也是与突然性要件相联系的。在自然灾害方面,例如地震、海啸等自然现象,虽然人类科技已经能够对它们做出监测,但在准确预测时间、地点等内容上还存在很大困难,只能尽量在房屋抗震指数的增强、群众防震意识的提高上做好相应的工作。而在人为事件方面,也较难确认什么人会进行破坏行动,虽说可以列出重点关注的潜在犯罪人群,但这之中依然存在极大的不确定因素,唯一可以采取的防范措施就是加强治安戒备。

由此可见,在目标对象上,专政和紧急状态有着极为巨大的差别:专政所要制裁的是一群人,紧急状态则既会处理由人引起的事件,也会牵涉由自然现象造成的灾祸;并且引发专政机制运行的人都具有强烈的破坏性图谋,而紧急状态中除了部分行为人有相关的意思表示之外,自然灾难都是无关乎主观性的。此外,在时间上紧急状态要求及时应对相关状况,立即采取措施解决,以便迅速恢复到正常的社会秩序当中,并且可以短期见效。专政与之迥异,在对敌对势力的斗争上,许多时候会呈现出长期性和复杂性的特点,很少能够毕其功于一役。

五、实践方式

除了静态结构方面的差异分辨,专政和紧急状态在实践维度上,也彰显出了不

[①] 莫纪宏、徐高:《紧急状态法学》,中国人民公安大学出版社 1992 年版,第 88 页。
[②] 朱力:《突发事件的概念、要素与类型》,载《南京社会科学》2007 年第 11 期。

同的实践架构,这主要体现在它们与法律的关系、对基本权利的限制以及持续时间上的不同。

(一)专政及紧急状态与法律的关系

专政和紧急状态在与法律之关系上是大相径庭的。社会主义的专政作为一种无产阶级掌权的现实状态,不是产生于当前法律的要求,这一状态自无产阶级推翻资产阶级统治、掌握国家政权时便已开始,因此是一种事实状态,而非规范状态。与此同时,在达致这一社会状态后,还要创设属于无产阶级的法律,并促成一种真正意义上的民主,列宁强调"只有无产阶级专政才能使人类摆脱资本的压迫,彻底认清资产阶级民主这种富人的民主是谎言、欺骗和伪善,才能实行穷人的民主,也就是使工人和贫苦农民事实上享受到民主的好处,而现在(甚至在最民主的—资产阶级的—共和制度下)大多数劳动者事实上是享受不到民主的这些好处的"。① 在这里,专政是起点(在法律之前),法律是媒介,并最终实现普惠全民的、实质意义上的民主。另外,当专政作为一种具体的社会治理机制时,也可以超脱自身所订立的法律,对破坏社会主义的敌对分子进行惩戒。

紧急状态的来源及实施扎根于法律之中,它的发生和界定都要根据法律而行。这主要体现在两方面:一是紧急状态由法律加以确认;二是在其实践过程中,依旧需要遵循一些最基本的法律原则。在第一点上,紧急状态在有些国家会被规定在宪法当中②,在其他部分国家则有紧急状态类法律进行明确,可以说如果没有法律的明文规定,便不存在紧急状态这样一种法律化的社会治理机制;同时,在确立紧急状态这一机制后,即使允许采用一些较为极端的紧急措施,这种行动也是在事先就得到法律授权的,并未超越法律的范围。在第二点上,紧急措施的实行应当以某些法律原则为界,"虽然紧急状态发生之后,无法通过常规的法律进行应对,但这不能成为紧急权力恣意妄为的理由,更不能成为在应对紧急状态的过程中规避法律甚至违背法律精神和原则的理由"③,例如对人权的尊重,"在紧急状态下无论情势多么危急,采取克减人权的措施也不能触及人的尊严的基本标准,这是人之为人的最后防线"。④

---

① 中共中央马克思恩格斯列宁斯大林著作编译局编译:《列宁全集》(第三十五卷),人民出版社1985年版,第385页。
② 有关国外具体立法内容可参见徐高、莫纪宏编:《外国紧急状态法律制度》,法律出版社1994年版,第233—302页。
③ 参见王安鹏:《我国宪法上的紧急状态条款研究》,北京大学出版社2014版,第178页。
④ 李卫海:《紧急状态下的人权克减研究》,中国法制出版社2007年版,第122页。

（二）对基本权利的限制

在专政这一处理机制的运作上，往往是不考虑目标对象的基本权利的，列宁在《国家消亡的经济基础》中论述道："无产阶级专政，即被压迫者先锋队组织成为统治阶级来镇压压迫者，不能仅仅只是扩大民主。除了把民主制度大规模地扩大，使它第一次成为穷人的、人民的而不是富人的民主制度之外，无产阶级专政还要对压迫者、剥削者、资本家采取一系列剥夺自由的措施。为了使人类从雇佣奴隶制下面解放出来，我们必须镇压这些人，必须用强力粉碎他们的反抗，——显然，凡是实行镇压和使用暴力的地方，也就没有自由，没有民主。"① 很明显，专政的实践操作是通过暴力压迫来剥夺剥削者的自由，虽然今日的中国已没有独立的剥削阶级，但在对待敌对分子的方式上，仍旧是一样的。由"剥夺自由"可以解读出，在对敌对势力的处理上，要彻底剥夺他们的基本法律权利，不能同他们讲民主、谈自由，对这些人是一种全面的压迫，而不是予以简单的法律制裁，从法律上取缔他们的自由权。②

反观紧急状态，则与专政大不一样，其在实施的过程中要时刻提防对公民基本权利的侵害，尽量避免对基本权利的限制。台湾学者黄俊杰认为，"纵然在紧急状态中，也应对人民之基本权利予以尊重，若为达到防卫措施之目的，亦仅得对人民之基本权利依宪法所明定者予以暂时之限制，并且，必须注意到比例原则之适用，也就是，不可以恣意及过度限制人民之基本权利"。③ 他的观点表达出了两层要义：一是在紧急状态之中，为了实现消除紧急情势的目标，恢复正常社会秩序，可以对公民基本权利进行一定的限制，这是有其正当性和现实必要性的；二是这样的限制必须是有法律依据的，不是随意的和任性的，其"实施强度应当与紧急状态所表现出的总体危害程度或态势相适应，不能为了单纯应对紧急状态而过度损害公民的基本权利或其他正常的社会秩序、公共利益或其他利益主体的利益"。④ 且值得注意的是，紧急状态下对基本权利的介入，在程度上也仅仅只能囿于"限制"，而不能直接剥夺。

---

① 中共中央马克思恩格斯列宁斯大林著作编译局编译：《列宁全集》（第三十五卷），第84—85页。
② 在美国，宪法专政所针对的也是公民自由和经济自由的缩减，政府认为有必要限制公民的自由言论权、和平集会权、住宅不可侵犯权、免服兵役权甚至还包括罢免公民代表的权利。参见罗斯托：《宪法专政：现代民主国家中的危机政府》，孟涛译，华夏出版社2005年版，第318页。这也是专政的一种本质体现。
③ 黄俊杰：《法治国家之国家紧急权》，元照出版有限公司2001年版，第146页。
④ 王安鹏：《我国宪法上的紧急状态条款研究》，北京大学出版社2014年版，第180页。

（三）持续时间

作为社会状态而存在的专政和紧急状态，在持续时间上也是略显不同的。从持续时间来看，专政可以划分为三种类型："1. 作为应急性措施的专政。仅仅是在国家非常时期化解危机的临时性举措。2. 过渡性专政。一般出现在社会基本制度开始转型的大革命时期。3. 常态性的体制化专政。它是一种完全固化了的体制化专政。"[①] 社会主义的专政，尤其是我国的人民民主专政，应当属于第三种形态，即一种长时间持续的专政状态。不过需要明晰的是，虽然历史上一些法西斯国家也会展现出第三种类型的专政状态，但因为其主体不是人民，也不会与民主相搭配、在人民内部实行民主，因此这样的专政只是在时间的表现形式上与社会主义的专政有些许相似之处，但在本质上却是截然不同的。人民民主专政早已被写进宪法，这也意味着其不仅限于一种事实状态，同时也具备了法律的某些规范属性，并且将长时期延续下去。

紧急状态与专政相异，它始终是正常社会状态之外的一种"例外"，通常不会成为社会的普遍形式。[②] 参考相关立法目的，以《中华人民共和国突发事件应对法》为例，其条文就明确指出："为了预防和减少突发事件的发生，控制、减轻和消除突发事件引起的严重社会危害，规范突发事件应对活动，保护人民生命财产安全，维护国家安全、公共安全、环境安全和社会秩序，制定本法。"[③] 从中可以看出，国家必须尽量避免这种状况的发生，即使万不得已出现了类似情势，也要及时加以控制，迅速消除这样的紧急状态，因此整个状态的持续时间就不会太长。

六、结语

本文对专政与紧急状态做了语义的平面化梳理和自身结构的立体化对照，力求全方位地对二者进行比较，从中可以发现，专政及紧急状态既有相似与重叠之处，更有布局和功能上的差异，故而对它们的理解与使用不可随意混淆，应该依据现实社会情态加以区分和运用。

---

① 参见郑成良：《专政的源流及其与法治国家的关系》，载《交大法学》2014 年第 4 期。
② 20 世纪 80 年代，虽然曾有多个国家，例如阿根廷、哥伦比亚均宣称本国长期处于紧急状态，然而本文认为，这只是一种政治名义上的宣告，并非是严格和典型意义上的法律设计。相关调查资料转引自孟涛：《紧急权力法及其理论的演变》，《法学研究》2012 年第 1 期。
③ 《中华人民共和国突发事件应对法》，第 1 条。

另外，经过全文的讨论，主要可以起到以下三个方面的作用：

第一，明确专政与紧急状态的主体不一样，专政的主体是人民，不是国家，所以在专政实施过程中，人民是占据主导地位的，由人民对敌对分子进行镇压，而不是国家和政府自上到下地管理人民。同时，中国的大多数民众都是拥护社会主义的人民中的一分子，故此自己就是专政主体的一部分，进而无需恐惧于专政所具有的压迫性，这有助于缓解普通民众对专政这一语词天然的紧张情绪，转变"谈专政变色"的社会情形。

第二，专政和紧急状态各有千秋，在国家和社会生活中都有自己需要扮演的角色与完成的任务（一个负责与外部敌对势力的矛盾，一个负责人民内部矛盾），因此不能耽于专政之名，直接架空法律，而是应当坚持全面依法治国不改变；更不能由于法治的践行便放弃专政。

第三，最重要的是，在坚持专政的基础上，还要使专政的实行更有方向感，即专政的存在是为了呵护人民的民主。邓小平指出："没有民主就没有社会主义，就没有社会主义的现代化。"[①] 同时，"没有无产阶级专政，我们就不可能保卫从而也不可能建设社会主义"。[②] 对于某些存在不稳定因素的地区，一旦产生非紧急状态所能描述和掌控的情况，就务必要采用专政的手段予以遏制，例如剥夺那些破坏分子的选举和言论等权利，因为这不是将其纳入法律范畴之内加以约束就可以解决的。民主的逻辑实际上已经包含在了整个专政的逻辑当中，没有专政，人民的民主便无从保障，只会造成动乱。因而对于坚持人民民主专政，我们要抱有理直气壮的态度。

综上所述，对专政和紧急状态的细致辨析，具有非常深刻的意义和现实的指导作用，不过二者的关系是深邃而复杂的，亦仍有颇多值得挖掘之处，故而依旧需要我们在日后的工作中继续加深相关研究。

---

① 邓小平：《邓小平文选》（第二卷），第168页。
② 同上，第169页。

专题研讨 2·凯尔森及其多元理论

汉斯·凯尔森与阿道夫·朱利叶斯·梅克尔著作中的法律位阶理论*

托马斯·奥莱科夫斯基**著

吴国邦***译

在奥地利,"法律秩序的层级构造理论"(hierarchical structure of the legal order)——也就是德语上的"Lehre vom Stufenbau der Rechtsordnung"——往往被归入基础知识的范畴,因为法学生们总是在第一学期就学习了这一理论。不过,由于教学的方式非常简化,该理论在创制初期所具生的创新特质并无法真正为学生们所知。④ 但无论怎样,该理论都属于奥地利科学共同体的常识性认知。这一评价不仅能够得到汉斯·凯尔森(Hans Kelsen)纯粹法理论(在奥地利非常流行,且其热度将持续下去)拥趸的赞同,即便是纯粹法理论的批评者,也很难否定它(上述评价)的正确性。

---

* 本文由雷蒙·皮尔斯(Ramon Pils)翻译成英文。该文首发于 Müßig Ulrike (ed.), 2018, Reconsidering Constitutional Formation II: Decisive Constitutional Normativity, Springer International。向英文译者、缪斯格(Müßig)教授、施普林格出版社致以诚挚的谢意,同时感谢你们授权本文在中国发表。

** 托马斯·奥莱科夫斯基(Thomas Olechowski),维也纳大学奥地利与欧洲法律史全职教授;兼任奥地利科学院院士、法律史学委员会主任,奥地利法律史学会会长,奥地利凯尔森研究所所长等。

*** 吴国邦,维也纳大学博士研究生,《法理》杂志学术秘书。

① See f. e. Kneihs et al., Einführung, p. 21f; Thaler, Grundlagen, p. 29.

不久前，有一种论调称"法律秩序的层级构造理论是维也纳法理学派（Vienna School of Legal Theory）最重要的成就，它的唯一要素也确实拥有坚实的基础，而不是什么脆弱的理论幻想"。① 人们往往不记得层级构造理论并非是由汉斯·凯尔森提出的。事实上，凯尔森原本打算将层级构造理论解决的核心问题，即法律规范的形成和废止，作为非法学问题从其法学理论中剔除。② 他的学生阿道夫·朱利叶斯·梅克尔（Adolf Julius Merkl）于 1918 年率先提出了这方面的想法③，并因此对凯尔森的"纯粹法理论"（Pure Theory of Law）作出了重要贡献，梅克尔甚至被凯尔森"冠以"该理论的联合缔造者之称。④ 不过，为了把层级构造理论与纯粹法理论中的其他观点相联系，并将其以一种富有技巧的方式整合到凯尔森定理中，凯尔森仍付出了巨大努力，以至于后来的读者几乎不会想到层级构造理论在最开始并非凯尔森理论的一部分。⑤

从以上内容可以推知，即便在当下，我们经常会把它放置在那些更为精细化的理论作业之外加以讲授，但要完全理解这一理论，则必须在凯尔森"纯粹法理论"的背景下加以阐述。下面将作简要介绍。

"纯粹法理论"的优势在于区分了"是"与"应是"：当我们说"存在的某种状态"时，我们所表达的意思完全不同于"应有的某种状态"。前者是对实际情况的陈述；而后者是规范秩序，是规范。⑥ 诚然，规范的内容通常对应于实际情况，因此"应该"发生的事情"确实"发生了。但这是一种"经验（推定）的-历史的-心理学的路径"（material-historical-psychological approach）。从逻辑的角度来看，这两者间并无联系。⑦

因此，从作为事实的权力关系中推导出规范的有效性几乎是不可能的。如果有个匪徒对我说："把钱拿出来！"并且，因为我不愿服从，他使用了暴力。不难发现，我们无法依据目的性和手段，就匪徒与税务官进行实质性区分。因为税务官也想要我的钱，并且为了收取这些钱他们也可能在必要时采取强制行动。可是税务官的命令却被视为一种规范，它与匪徒的命令大不相同。在主观意志背后，存在着客

---

① Koller, Stufenbau, p. 106.
② Kelsen, Hauptprobleme, pp. 543-547.
③ Merkl, Rechtsantlitz. 梅克尔在《导论》（Prolegomena）中给出了该理论的"经典"版本。
④ Kelsen, Merkl, p. 313. "Stufenbau"概念的历史发展请参见 Borowski, Stufenbau, pp. 124-131。
⑤ 参见凯尔森（Kelsen）《纯粹法理论》中对凯尔森理论的总结以及"动态法"（The dynamic aspect of law）的相关章节，第 193—278 页。
⑥ Kelsen, Pure Theory, pp. 5-6.
⑦ Kelsen, Hauptprobleme, p. 87.

观的"应是"。① 我们如何解释这一现象？或者说，规范有效性的依据是什么？

根据"纯粹法理论"，规范有效性的依据只能是另一个规范。在上述案例中，正是另一个规范授予了税务官创制规范的权力。② 在具体案例中，这一规范可以是法院的裁定，要求对某人的财产进行民事强制执行。但这仅仅是将问题转移到了有效性的依据上。现在的问题似乎是：法院裁定的有效性依据是什么？如果这里所涉及的法院位于欧洲大陆的"法治国家"（Rechtsstaat），则它将适用成文法。而为成文法的律例典章提供有效性的则是作为国家最高规范的宪法。③ "最高"一词隐含了某种空间概念，在这一空间内，"层级结构"是理想选择；国家的整体法律秩序表现为一种层级结构，宪法处于最高层次。

问题显然还未终局，因为宪法的有效性也必然来自另一个规范，例如先前的宪法，但也只有在先前的宪法包含了与宪法修订有关的规范且这些规范得到实际应用时，才能发挥此用。④ 如果新宪法产生于改革之中，那么至少就国内法而言，我们已经暂时走到了末路。在此，我仅想作一点提示，即事实上，凯尔森的另一位学生阿尔弗雷德·韦德罗斯（Alfred Verdroß）曾强烈主张，一些国际法规范为国内法的有效性提供了依据。⑤ 可以说，他将"层级结构"拓展至国际法的范畴。凯尔森本人也认为这是解决问题的办法之一⑥，笔者同样同意韦德罗斯的观点。我们没必要就此赘述。本文仅关注国内法，宪法在国内法中确实作为实证法的最高层级而存在。下一层是议会立法（statutes），再下一层是政府法令（ordinances）和行政法规（administrative regulations），然后是法院判决（court decisions）和个别行政行为（individual administrative acts）等。⑦

我刚才描述的"层级结构"是一种典型结构，但它不是唯一可能的结构。各层级的实际顺位也许并不会按照法律理论的指示而排布，反倒可能以实证法为准据。⑧ 这就是我在前文中申明"如果这里所涉及的法院位于欧洲大陆的'法治国家'"这一条件的原因所在。譬如，普通法系国家法院的裁判依据可能不是成文法，而是判例。又如，法西斯独裁的法院可能不会根据成文法而是根据独裁者意志

---

① Kelsen, Pure Theory, p. 8.
② Ibid., p. 193.
③ Merkl, Prolegomena, p. 282.
④ Kelsen, Pure Theory, p. 200.
⑤ Verdross, Einheit, p. 134.
⑥ Kelsen, Pure Theory, p. 336.
⑦ Merkl, Prolegomena, p. 259.
⑧ Ibid., p. 273.

最为关键的是，我们需要认识到，法律能够规范己身的创制行为，这是法律的一个特性。① 高度发达的法律秩序不仅会囊括那些能够对共同体生活（living together of people）产生直接影响的具体规则，还会指涉那些授权特定机构创制规则的规则。规则的详细程度、层级构造的复杂程度，完全取决于规则各自所处的法律秩序。不过总有一个最高层级，它至少需要释明何者有权制定法律。即便我们将该规范化约为最简单的形式，例如"国王的意志是最高法律"（regis voluntas suprema lex）②，它也至少需要一个较低层级的规范来就（最高）规范发布者的意志作更为具体的表述。（某一法律秩序中具体指涉的）规范是议会立法、法院判决还是行政行为，某一行政行为是否需要基于相应议会立法而被作出，甚至于法院判决与行政行为之间是否会出现分歧——所有这些都是实证法的问题，可能在不同国家存在着不同答案。③ 无论如何，都存在着一个"最低层级"，即规范的实际执行，就像我曾提到的法警将被执行人公寓中的手提电脑拿在手中并离去的行为。它并非规范，而是法律上的相关事实。④

在最高层级（宪法）和最低层级（规范的实际执行）之间，还存在着其他规范，此类规范根据更高层级的规范制定，也为制定更低层级的规范提供了先决条件。最高层级是绝对的法律制定层级，最低层级是绝对的法律适用层级，而中间的层级（用梅克尔的名言来说）具有"两面性"：既是法律适用（从更高层级的角度来说）也是法律制定（从更低层级的角度来说）。⑤

从一个层级到另一个层级的法律制定过程，被梅克尔描述为渐进的个别化（individualisation）和具体化（concretion）过程⑥：一般规范逐渐发展为个别规范；开始时，这种规范适用于无数的客观事实，然后适用于大量事实，再然后仅适用于少数事实，最后只适用于一种事实。例如宪法只规定了联邦议会有权制定私法；私法规定，离婚后，孩子应与最适合抚养他（她）的一方共同生活；法官最终需要作出判决，小皮特应该由他的父亲或者母亲来抚养。在这一过程中，新层级的创建，部分

---

① Kelsen, Staatsgerichtsbarkeit, p. 2; Merkl, Prolegomena, p. 281; Kelsen, Pure Theory, p. 221; Vašek, Unabänderliches Verfassungsrecht, p. 10.

② Merkl, Prolegomena, p. 252.

③ Kelsen, Staatsgerichtsbarkeit, p. 2.

④ Merkl, Rechtskraft, p. 2010; Merkl, Prolegomena, p. 260; Koller, Stufenbau, p. 109. See Borowski, Stufenbau, p. 137f. 他认为不可能构建两步式的法律秩序，所以在最高层级和最低层级之间至少还会存在一个位阶。

⑤ Merkl, Das doppelte Rechtsantlitz, p. 10.

⑥ Merkl, Prolegomena, p. 283; see also Kelsen, Staatsgerichtsbarkeit, p. 3.

被表征为观念行为（act of thought），部分被表征为意志行为（act of will）[1]：在观念行为中，立法者需要理解宪法的意涵，法官需要理解议会立法的内涵。可以说，这些较高层级的规范，仅是就"法律后果"作了比较笼统的规定，或者说，是为法律适用提供了一种"外部框架"（outer frame）。通常来看，这种框架存在多种变体：有权制定私法的立法者可能会说离婚是非法的，或者无论如何，离婚后孩子都应该随母亲生活；可立法者却找到了另一种解决方案，即必须由法官来判决孩子该由哪方抚养——这便是立法者的意志行为。然而，这并不意味着较高层级规范所提供的"外部框架"为法官确定了"唯一解"，他可以支持孩子的父亲，也可以支持孩子的母亲，只要他认为这是针对孩子利益所作的最佳选择。

在这一点上，我想对"纯粹法理论"附带的解释理论作一点评论[2]：众所周知，"纯粹法理论"的最高原则是要"净化"（purify）法学研究中的所有非法学元素。它的规定性在于，只有前文提到的"观念行为"，即较高层级法律所提供的框架的定义，才构成法律知识（legal scholarship）。对学术型法律人（例如学院派）以及实践型法律专业人士而言都是如此。另一方面，框架的内容，即作出具体判决的意志行为，并不构成法律知识，而是一种需要遵循法外标准的判断行为（act of judgment）。[3] 在"纯粹法理论"的语境中，这是一种"政治"行为（political act），但不是政党政治意义上的"政治"行为。无论怎样，这种所谓的政治行为使得法学在距离彼岸一步之隔处戛然而止；因为与法官的需求不同，学术问题通常不是只有"唯一解"。

现在让我们回到层级构造。规范在层级结构中位于哪一层级不取决于其内容，而取决于其表现形式：宪法条款——一般议会立法（simple statute）——政府法令——法院判决或个别行政行为（正式的行政决定）。在此应强调的是，法院判决与个别行政行为处于同一层级，即低于一般议会立法与政府法令。在这方面，层级结构理论与传统的分权理论是相对立的。传统分权理论认为立法、行政和司法是并立的，没有层级区分，但层级结构理论则很容易导向议会立法（立法权）优先的解释。[4] 这就将我们引入了本次议题的核心：就如同宪法优先的观念那般，议会立法的优先性同样可以借由层级构造理论加以理解。

因此，宪法所处的法律位阶，执行着为一般议会立法提供效力理据的功能。[5]

---

[1] Merkl, Rechtskraft, p. 219.

[2] Kelsen, Pure Theory, pp. 348–356.

[3] Ibid., p. 351.

[4] Merkl, Prolegomena, p. 285.

[5] Kelsen, Staatsgerichtsbarkeit, p. 7.

这种功能又包含了两种面向：一种关涉立法程序，另一种则指向法律内容。① 宪法中可能会规定谁可以启动立法程序、投票所需的议会出席人数、法案通过后由谁来签发等程序性事项。宪法中当然也会包含实质性条款，只不过，有些内容并不必然成为法律。其中一个例子就是宪法关于联邦政府权限分配的规定，相关条款可能会掣肘联邦议会或各州议会就某些特定事项颁布法律。不过，也恰恰是因为有些条款并未写入一般议会立法，尤其是那些涉及基本权利和自由的规定，而是作为宪法的有机组成部分存在，它们才能起到限制立法者权力的效果；譬如，这些条款可能禁止立法者过分限制言论自由、歧视妇女或保留死刑等。

　　这个例子尤其清楚地表明了，我们所观照的是形式意义上的宪法，而不是实质意义上的宪法②：如果议会仅颁布了一条"人皆享有言论自由"的一般性立法，而紧接着另一项一般议会立法要求对报纸和其他媒体进行审查，那么，从法律位阶上看，前者显然无法约束后者。只有在宪法上保障言论自由，并且确保在法律秩序的层级构造中，宪法处于议会立法的上一层级，言论自由条款才可能真正对媒体审查起到限制作用。但是，这也意味着：如果引入审查机制的议会立法本身也以某一宪法条款为效力依据，则禁止审查的宪法保障可能不会产生预期效果，因为使审查机制生效和禁止其产生效力的规范位于同一层级。③

　　请再次注意，为阐明上述理论所举出的例示都应被加以具体法域的语境限制。笔者在本文中选择的例示便符合奥地利法律秩序的实态。在德国，言论自由是由《基本法》（Basic Law）第5条加以保障的。而该条款至少在某种程度上，是由《基本法》第79条"永恒条款"（eternity clause）进行保护的。"永恒条款"规定了《基本法》第1—20条"基本原则"（fundamental principles）永远不得更改。④ 在本文中，我们倒无需深入探究这些"基本原则"到底是什么或者在德意志联邦共和国宪法修正案可能对言论自由作出哪些限制。但是，我们应当注意到，似乎有两种类型的宪法在德国并存：受永恒条款约束的宪法和其他宪法。这必然意味着，即使在宪法内部也存在着不同层级，而第79条正是塔尖上的那颗明珠。在奥地利，与"永恒条款"相类似的是联邦宪法中的"结构性原则"（structural principle）。这一映射关系由法律理论家们归纳自《联邦宪法》（Federal Constitutional Act）第44条；其规定，对宪法中有关民主、共和、联邦或其他基本原则的根本性改变（fundamental

---

① Kelsen, Staatsgerichtsbarkeit, p. 8.
② Ibid., p. 7; Kelsen, Pure Theory, p. 222.
③ Ibid., 35.
④ See Dreier, Grenzen, p. 265ff, with further references; Vašek, Unabänderliches Verfassungsrecht, p. 30.

change），需要国会三分之二多数表决通过和全民公决。需要引起我们注意的是，即便程序复杂，这种所谓的"根本性改变"却还具备理论可能性，在德国则完全是"死路一条"。①

但是，如果一项议会立法的通过程序有悖于宪法所规定的程序，或者其内容是宪法所禁止的，意味着什么呢？由于宪法规定了议会立法有效性的先决条件，答案必定是，任何对先决条件的违悖，无论其背离程度大小，都会导向相应议会立法无法发生法律强制力的后果，也即，该议会立法是无效的（null and void）。②美国最高法院（US Supreme Court）的"马伯里诉麦迪逊案"（*Marbury vs. Madison*）中便出现了类似的合宪性争议。在该案中，法院的最终结论是，该争议法案因违宪而无效。③

只有宪法明确禁止法院对议会立法进行司法审查或者至少禁止对议会立法内容进行审查时，这一情况才会有所不同。此类禁令存在于19世纪和20世纪的许多宪法中，其结果似乎是，即便当时的法官发现议会立法明显违宪，也不得不继续适用。④但确实如此吗？

我们应牢记法律秩序层级结构的重要性：这座阶梯式金字塔能够将相应法域内的所有法律行为链接至更高层级的法律行为，而且，它们最终将被追溯至宪法。宪法是所有国家法的源头，它为法律秩序的统一性（unity）提供保障，形象地说：它表达了国家意志。违宪的议会立法表现出三大特征：它不容于法律秩序的阶层构造；它无法从宪法中获得己身的有效性；它并不反映国家意志。

但如果宪法说："我希望你适用该法律，至于其内容是否与我的其他规定相一致，不是你需要考虑的事情"，如果这是宪法的意志，则可能出现明显"违宪"的议会立法应当有效的情形。因为在这种情况下，判定相应议会立法无效，才是真正的违宪。

还有一个例子，如果宪法规定保障言论自由，而有一部议会立法引入了审查机制，那么该立法是违宪的，且因此无效。可如果宪法还规定了法官不得对规定审查机制的议会立法进行司法审查，则又可能导出该议会立法合宪且有效的结论。此时的疑问便在于：言论自由的宪法保障在何种程度上仍具意义？答案令人沮丧：对一

---

① See now the sharp-witted analysis by Vašek, Unabänderliches Verfassungsrecht.
② Kelsen, Staatsgerichtsbarkeit, p. 15; Merkl, Rechtskraft, p. 292.
③ Urofsky and Finkelman, Documents No. 46.
④ See for example article 7 of the Austrian Staatsgrundgesetz über die richterliche Gewalt, 21st December 1867, Reichsgesetzblatt No. 144.

般立法者（simple legislator）而言，这项由宪法保障的权利没有任何意义，因为它无法对立法行为产生羁束。换句话说，在法律秩序的层级构造中，言论自由的宪法保障条款不在审查机制之上，而是与之处在同一位阶。质言之，如果"法官无权实施司法审查"，宪法与一般议会立法的区隔就会变得模糊，甚至不复存在。

这正是汉斯·凯尔森宪法法院（constitutional court）概念的出发点：只要法院有权对议会立法的合宪性进行审查，就可以在法律秩序的层级构造中引入特殊层级的形式宪法。① 宪法法院仅对议会立法制定时是否符合宪法规定的先决条件进行审查。如果宪法为一般立法者提供了多种选择，且立法者作出了其中一种合法选择，则宪法法院不得对该选择加以批评；它所审查的并非立法者选择了什么，而是该选择是否仍在宪法的框架内。它所扮演的角色与高等法院（a court of higher instance）并无不同，后者在对一审法院（the court of first instance）的判决进行审查时，只能决定该判决在法律上是否正确，而不能评判其是否过于宽大或过于苛刻，或者评价其是否公平。②

奥地利的宪法法院司法审查模式与美国不同，其独特之处在于审查权全部集中于一点，除宪法法院外的其他法院都不能进行司法审查；它们只能请求在这方面具有垄断地位的宪法法院对议会立法合宪性进行审查。③ 如果审查结果是该立法不符合宪法，则其将被废止。这意味着，其判决具有"构成性功能"（constitutive effect）；在某项议会立法被宣布无效之前，其并不会失去效力。也就是说，相应议会立法在被宣布无效前只是可废止的（annullable），或者换言之，它并非绝对无效，而是相对无效。④

如何从层级构造上理解这一规定呢？废止只是对曾经存在的事物作出的一种选择。这意味着，在废除这些违宪议会立法之前，它们仍然是有效的。这也与禁止其他法院自行进行司法审查的规定相符。因此，正如刚才所解释的那样，宪法确实包含了一种一般性的许可（sanction），一项议会立法只要具备了法律的外观，即使它在别处存在缺陷，也至少拥有暂时的效力。对于这种现象，梅克尔创造了"Fehlerkalkül"一词，意思是宪法考虑到了议会立法存在缺陷的情形，并且提供了缺陷法案由特别法院（special court）予以废止的制度可能性。⑤

---

① Kelsen, Staatsgerichtsbarkeit, p. 48.
② Kelsen, Wer soll der Hüter der Verfassung sein?, p. 71.
③ Olechowski, Constitutional Justice, p. 87.
④ Kelsen, Staatsgerichtsbarkeit, p. 15.
⑤ Merkl, Rechtskraft, p. 293; Merkl, Prolegomena, p. 293; Borowski, Stufenbau, p. 151.

由此，我们进入了最后一个要点，我将层级结构运用在了两个不同方面[①]：一方面，它展示了整个法律秩序是如何由具有上下位关系（a relation of super-and sub-ordination）的规范构成的，即一个规范的有效性来源于另一个规范的有效性；另一方面，层级结构也为议会立法的废止提供了理论基础，上位法可以"消灭"下位法。必须明确的是，从法律制约（legal conditionality）层面理解的层级构造与从（法律创制）权力降阶（derogatory power）层面理解的层级构造不一定完全相同[②]：某一宪法条款即使是在某一一般议会立法出台之后制定的，也即其未能一开始就成为该议会立法的先决条件，同样能够成为废除某一一般议会立法的依据。相反的例子则是议会议事规则（the parliamentary rules of procedure），议事规则通常处于一般议会立法的下位或最多处于平级，但它却能够成为一般议会立法甚至是宪法条款制定的先决条件。因此，我们需要与梅克尔一样区分两个"层级结构"，即法律制约意义上的层级构造与权力降阶意义上的层级构造。只不过，在这两种层级结构中，宪法都会处在最高层级。

---

① Merkl, Prolegomena, p. 278.
② Merkl, Prolegomena, p. 278; Koller, Stufenbau, p. 112 对此提出了批判。

纯粹性命题[*]

斯坦利·L.鲍尔森 著

孙嘉奇[**] 译

摘 要 汉斯·凯尔森的纯粹性命题是纯粹法理论中的基本方法论原则。事实上,可以毫不夸张地说,凯尔森法律理论中几乎所有特有的东西都源于纯粹性命题,包括凯尔森的规范主义或非自然主义主张,以及他与法律科学(领域)中各种二元论的论战。在审视了凯尔森作品中有关纯粹性的术语渊源及纯粹性的哲学与语境源头后,我阐述了凯尔森在这些问题上的立场。

关键词[***] 纯粹性命题 反二元论 规范主义 非自然主义 法律科学

---

[*] 本文原载于 *Ratio Juris*, vol. 31, no. 3 (September 2018), pp. 276-306。作者为美国圣路易斯华盛顿大学法学院加德纳讲席教授、德国基尔大学法学院教授。对于文章提出的建议和批评,我要感谢卡斯滕·贝克(Carsten Bäcker)、安德里亚斯·芬克(Andreas Funke)、豪尔赫·卡默霍夫(Jorg Kammerhofer)、休伯特·罗特鲁特纳(Hubert Rottleuthner)、简·西克曼(Jan Sieckmann)和肯尼斯·温斯顿(Kenneth Winston)。热那亚的同事也对其中一些材料的早期草稿提出了建议和批评;我还要感谢皮亚鲁易·吉亚索尼(Pierluigi Chiassoni)、里卡多·瓜斯蒂尼(Riccardo Guastini)、吉万尼·巴蒂斯塔·拉提(Giovanni Battista Ratti)和玛利亚·克里斯蒂娜·雷丹多(Maria Cristina Redondo)。我还要感谢邦妮·利切夫斯基·鲍尔森(Bonnie Litschewski Paulson),她给了许多我明智的建议。最后,我要一如既往地感谢罗伯特·阿列克西(Robert Alexy)的盛情款待和愉快的交流。

[**] 孙嘉奇,山东大学(威海)法学院2018级法律(法学)硕士研究生,主要研究方向为法学理论。

[***] 原文无关键词,为阅读方便,译文关键词系译者所加。——译者注

一、介绍

我们说:"纯洁如飘雪",清净、脱俗、未受污染。康德在他的《纯粹理性批判》中,认为认知"如果不与任何外来事物相混合,就当得起'纯粹'(pure)①之名"。②《纯粹法理论》(*Pure Theory of Law*)的作者汉斯·凯尔森(Hans Kelsen)引用歌德(Goethe)的一句话强调了纯粹性(purity)在其理论当中的重要性,这句话出现在其《宪法与政治理论》(*Constitutional and Political Theory*)一书的扉页上:"在艺术和科学中,以及在行为和行动中,一切都取决于纯粹地(purely)对事物进行理解,并按照它们的本性来对待它们。"

从古典主义或新康德主义时期③的凯尔森开始,纯粹性就是其理论中心。这塑造了他法律理论中坚持和所意欲排斥的相关观念。

为什么需要纯粹性呢?凯尔森认为,法律理论中的传统观点——那些以心理学和自然主义为基础的观点,以及那些以道德、神学和政治为基础的观点——扭曲了我们对法律的理解。消除这些扭曲需要一种纯粹性命题(purity thesis)。这样做的风险很高,凯尔森引用了他在法学(jurisprudence)领域中所厌恶(bête noire)的心理主义学者——格奥尔格·耶利内克(Georg Jellinek)④——的观点。耶利内克"法律理论性质彻底的心理学取向"的观点⑤剥夺了规范或"应然"的意义。如果

---

① 本文中有诸多包含"纯粹"的词汇,含义与使用语境各有不同,为保证文本统一性,便于读者理解与区分,译者将采取如下译法:1. 将"pure"译为"纯粹"或"纯粹(的)";2. 将"purely"译为"纯粹(地)"(当其后所修饰的是形容词时,如"purely epistemological sense"译为"纯粹认识论意义",省略"地");3. 将"purity"译为"纯粹性";4. 将"purification"译为"净化";5. 将"pure theory"译为"纯粹理论";6. 将"purity thesis"译为"纯粹性命题";7. 将"Pure Theory of Law"译为"纯粹法理论"或"《纯粹法理论》"。——译者注

② Immanuel Kant, *Critique of Pure Reason* (1st ed. 1781), Trans. N. Kemp Smith, London: Macmillan, 1929, p. 59, A11.

③ 关于凯尔森法律理论发展阶段的分期,参见,例如 G. N. Dias, *Rechtspositivismus und Rechtstheorie*, Tübingen: Mohr Siebeck, 2005; S. L. Paulson, "Four Phases in Hans Kelsen's Legal Theory? Reflections on a Periodization", 18 (1) Oxford Journal of Legal Studies: 153–166 (1998); S. L. Paulson, "Metamorphosis in Hans Kelsen's Legal Philosophy", 80 (5) Modern Law Review: 860–894 (2017a). 对于此分期的质疑,参见 P. Chiassoni, Wiener Realism, In "Kelsen Revisited: New Essays on the Pure Theory of Law", Ed. L. Duarte d'Almeida, J. Gardner and L. Green, Oxford: Hart, 2013, pp. 131–162。

④ 延斯·凯尔斯滕(Jens Kersten)在他关于耶利内克的权威论文中提到了凯尔森的"反接受"(anti-reception),可参见 J. Kersten, *Georg Jellinek und die klassische Staatslehre*, Tübingen: Mohr Siebeck, 2000, S. 170。

⑤ H. Kelsen, *Der soziologische und der juristische Staatsbegriff*, Tübingen: J. C. B. Mohr, 1922a, S. 119. 心理主义在耶利内克的早期作品中是比较明显的,例如可参见 G. Jellinek, *Die rechtliche Natur*

是这样的话，凯尔森继续说，

断言某件事在法律上是被允许的，某件事在法律上是被禁止的，这是我的，那是你的，X 有权利这么做，Y 有义务这么做，等等，这些都没有意义（meaning）。简而言之，每天都有成千上万条体现法律内容的陈述失去其重要性（significance）。①

凯尔森所做的一切都是为了接下来能一举击溃传统法律实证主义的观念。

自然法理论也好不到哪里去。在某种程度上，凯尔森甚至把它等同于无政府主义。他写道："每一种自然法理论，如果坚持纯粹自然法的理念，必定是理想的无政府主义；无政府主义——从最早的基督教到现代马克思主义——本质上是自然法理论。"②

凯尔森认为强制是"法律的基本属性"③，（其将使法律）演变成一种强制秩序或体系，而强制正是自然法理论所缺乏的。因此，自然法理论是一种无政府主义，它代表了法律的缺失。此外，凯尔森认为，如果"更高的道德秩序"被视为法律的基础，那么法律科学将"毫无痕迹地消失在伦理学中"，法律将成为道德秩序的一部分。④简而言之，传统的法律实证主义及自然法理论，都没有按照歌德所述那样"纯粹地、符合其本性地"理解其对象——法律。

那么，凯尔森对传统理论大规模"讨伐"的立场能得到捍卫吗？如果此二立场（传统的法律实证主义与自然法理论）中的关键论述是矛盾的——例如在一立场中宣称确定法律效力不必考虑道德因素，同时，在另一立场中否定这一主张——那么这两个立场将一齐排除所有理论可能性。⑤但凯尔森的看法不同。他认为，表面上

（接上页）*der Staatenverträge*, Vienna: Alfred Hölder, 1880, S. 16–17; G. Jellinek, *Allgemeine Staatslehre*, 3rd ed. Berlin: O. Häring, 1914, S. 337–360, 及批注 22（即本书第 143 页脚注⑤）的引述。

① H. Kelsen, *Introduction to the Problems of Legal Theory*, Trans. B. Litschewski Paulson and S. L. Paulson, Oxford: Clarendon, 1992, §16 Rn. 33. (Quotations from the first edition of Kelsen's *Pure Theory of Law* [1934] are drawn, with one exception, from this translation.) H. Kelsen, *Reine Rechtslehre*, 2nd ed. Vienna: Franz Deuticke, 1960, §26 Rn110.

② H. Kelsen, *Die philosophischen Grundlagen der Naturrechtslehre und des Rechtspositivismus*, Charlottenburg: Pan-Verlag Rolf Heise, 1928, §2Rn. 10. 有关无政府主义与凯尔森的文献见 L. Vinx, *Hans Kelsen's Pure Theory of Law*, Oxford: Oxford University Press, 2007, pp. 50–56。

③ H. Kelsen, *Die philosophischen Grundlagen der Naturrechtslehre und des Rechtspositivismus*, Charlottenburg: Pan-Verlag Rolf Heise, 1928, §2Rn. 9. 凯尔森认为强制是法律的一种基本属性的观点受到了肖尔（Schauer）的挑战，可参见 F. Schauer, *The Force of Law*, Cambridge, MA: Harvard University Press, 2015, p. 36, 43。

④ H. Kelsen, *Der soziologische und der juristische Staatsbegriff*, Tübingen: J. C. B. Mohr, 1922a, S. 353; H. Kelsen, *Hans Kelsen Werke. Vol. 2, Veröffentlichte Schriften 1911*, Ed. M. Jestaedt, Tübingen: Mohr Siebeck, 2008, S. 481–482.

⑤ 当然，这两种并置的主张也是我们较为熟悉的。在阿列克西的作品中，它们被称为"实证主义"与"非实证主义"。参见，例如 R. Alexy, "On the Concept and the Nature of Law", 21 (3) Ratio Juris, pp. 284–290 (2008a)。

的矛盾不过是（看似矛盾的）对立而已。因为非自然主义法律实证主义与我们熟悉的自然主义法律实证主义（naturalistic legal positivism）[1]在性质上有所不同，所以，他提出的论断似乎是合理的。换言之，凯尔森区分了三种截然不同的法律理论，使他有依据宣称，虽然自然主义法律实证主义和自然法理论都是错误的，但它们并没有穷尽所有理论可能性。它们间是对立的关系。

然而，如果凯尔森抹除了所有对事实和价值的诉求，那么他将如何论证自己的观点呢？最终，他在康德先验哲学中找到了自己需要的依凭，使他的法律理论在抛弃事实与价值的情况下仍得以成立。

就像我说的那样，凯尔森毫不含糊地主张纯粹性命题是纯粹法理论的"基本方法论"。本文以下各节的主题均体现了这种不同寻常（uncommon reach）的纯粹性。

在第二节中，我将讨论凯尔森作品中纯粹性的术语渊源。尽管在早期的作品中也发现了有关"纯粹性"的表述，但正式作为理论出现是在1920年发表的一篇论文的副标题中，在那篇论文中，他首次将自己的理论命名为"纯粹法理论"。纯粹性命题[2]代表了凯尔森在"两条战线"上的立场，他在"两条战线"[3]上展开了斗争，一方面反对因果科学，包括自然主义法律实证主义，另一方面反对自然法理论。

在第三节中，我将讨论凯尔森纯粹性命题的来源，并区分哲学和语境渊源。在哲学渊源中，康德无疑是最重要的。在各种语境渊源中，我请大家注意德国19

---

[1] 凯尔森将卡尔·施密特（Carl Schmitt）的法律理论看作是自然主义的另一种诠释。参见 S. L. Paulson, "Hans Kelsen and Carl Schmitt: Growing Discord, Culminating in the 'Guardian' Controversy of 1931", in *The Oxford Handbook of Carl Schmitt*, Ed. J. Meierhenrich and O. Simons, New York: Oxford University Press, 2016, pp. 510-546. 现今仍为自然主义法律理论辩解的论述是莱特，参见 B. Leiter, *Naturalizing Jurisprudence*, Oxford: Oxford University Press, 2007。更早的论证来自于瑞典法律理论家卡尔·奥利维克罗纳（Karl Olivecrona），参见 K. Olivecrona, *Gesetz und Staat*, Trans. E. Blauert, Copenhagen: Ejnar Munksgaard, 1940。

[2] 约瑟夫·拉兹（Joseph Raz）在其书中以温和的姿态展示了纯粹性命题，参见 J. Raz, "The Purity of the Pure Theory", in *The Authority of Law,* 2nd ed, Oxford: Oxford University Press, 2009b, pp. 293-205。尽管如此，如果把纯粹性命题应用到拉兹早期关于凯尔森的论文上，我们很难摆脱这样一种印象，即受益于凯尔森的拉兹"正当性规范"理论其实违反了纯粹性命题。对拉兹论凯尔森的批判，参见 S. L. Paulson, "A 'Justified Normativity' Thesis in Hans Kelsen's Pure Theory of Law? Rejoinders to Robert Alexy and Joseph Raz", in *Institutionalized Reason: The Jurisprudence of Robert Alexy*, Ed. M. Klatt, Oxford: Oxford University Press, 2012, pp. 66-71; P. Langford, I. Bryan and J. McGarry, "Conclusion: Positive Law and the Kelsenian Project", in *Kelsenian Legal Science and the Nature of Law*, Ed. P. Langford, I. Bryan, and J. McGarry, Dordrecht: Springer, 2017, pp. 313-318; T. Gutmann, "Kelsens Begriff normativer Begründung", in *Hans Kelsens Politische Philosophie*, Ed. E. Özmen, Tübingen: Mohr Siebeck, 2017, S. 58-61。

[3] 我从德莱尔（Dreier）的文献中借鉴了"两条战线"的比喻，参见 H. Dreier, *Rechtslehre, Staatssoziologie und Demokratietheorie bei Hans Kelsen*, 2nd ed, Baden-Baden: Nomos, 1990, S. 27。

世纪末（fin-de-siècle）① 两位杰出的法学家：格奥尔格·耶利内克（Georg Jellinek, 1851—1911）和保罗·拉班德（Paul Laband, 1838—1918）。如凯尔森所阐述的那样，认知方法调和论（methodological syncretism）② 的概念来自于耶利内克。在凯尔森的早期论文《公法理论中的主要问题》（*Main Problems in Public Law*, 1911）中，他已经试图将认知方法调和论视为方法论不当杂糅的罪魁祸首。在后期的著作中，他在回应法律理论家们（包括耶利内克）的质疑时反复提到这一主题。就拉班德而言，他捍卫的是与凯尔森的纯粹性命题别无二致的学说，但拉班德完善其学说的决心与凯尔森捍卫纯粹性命题的决心根本无法相提并论。

在第四节中，我将重点讨论凯尔森在与法律科学诸二元论③ 做斗争时对纯粹性的诉求。为了回应发端于权利主题的二元论，凯尔森梳理了两段历史发展进程：渊源于美国和法国大革命的自然权利和零星承继自罗马法、与作为19世纪德国重要法律科学的潘德克顿法学派，这两者的更长足演进。在第一种语境中，他把纯粹性命题作为一种拒绝"自然法的权利概念……以及二元论"的方式④，凯尔森认为，这将是一个自然法与实证法并存的体系。在第二种语境中，他用纯粹性命题对潘德克顿法学"权利作为独立法律体系（legal system）"的观点进行了回应。不过，在凯尔森看来，所有二元论中最臭名昭著的是法律和国家之间的二元论。他认为，从法律科学的如此立场理解国家的概念，是彻头彻尾的自然主义式论调，所以必须将这种错误的观念扔进理论谬误的废纸堆。为了应对各种二元论，凯尔森既采用了归并策略，又采取了消除策略。例如他通过将主观权利⑤ 并入客观法来解决潘德克顿法学提出的问题，也就是说，没有客观法就没有主观权利。他通过简单地"消除"国家来解决法律-国家的二元模式。凯尔森的这一举动似乎是可疑的，甚至可以说是令人愤慨的，但他的真正意思似乎是，与国家有关的应该被理解为是与法律⑥ 有关的。

---

① fin-de-siècle 尤指艺术、文化、道德具有19世纪末期特征的、19世纪末的。——译者注
② Syncretism 来自希腊语"synkretismos"或英语"combination"。
③ 关于凯尔森法律科学中对二元论运用范围的探讨，参见 A. Somek, *The Legal Relation: Legal Theory after Legal Positivism*, Cambridge: Cambridge University Press, 2017, p. 16。
④ H. Kelsen, *Das Problem der Souveränität*, Tübingen: J. C. B. Mohr, 1920, S. 45-46. H. Kelsen, *Hans Kelsen Werke*, Vol. 4, Veroffentlichte Schriften 1918—1920, Ed. M. Jestaedt, Tübingen: Mohr Siebeck, 2013, S. 315.
⑤ 在德语中，人们需要在主观权利一词中加上形容词"主观"修饰"权"，以区分个人权利（ein Recht）与法（das Recht）。我在本文中某些地方——这里和下面的第四节——保留了这个形容词，作为强调凯尔森"主观权利和客观法并置"的观点。关于这种并置，恩里科·帕塔罗（Enrico Pattaro）在其2005年一篇文献中的第336—340页中作出了非常有趣的评论，参见 E. Pattaro, "The Law and the Right: A Reappraisal of the Reality That Ought to Be", Vol. 1 of *A Treatise of Legal Philosophy and General Jurisprudence*, Dordrecht: Springer, 2005, pp. 336-340。
⑥ 见下文第四节的解释。

在第五节中，我将对凯尔森文章中出现的"异常"进行简单介绍：几乎在同一时间，法律以实然（Sein）和应然（Sollen），以"是"和"应当"的形式出现，哪怕这对范畴在逻辑上彼此排斥①。

然而，表面的反常，其实是凯尔森的一种"修辞手法"，因为他认识到两组"是"与"应当"或"实然"与"应然"之分。根据这些区分，法律要么是实然，要么是应然，这里并无武断之处。法律作为"实然"的面向是从分离原则的视角反映的法律的状态；法律作为"应然"的面向是从事实-价值二分的视角反映的法律的状态。因此，实然与应然，"是"与"应当"的区分是模棱两可的。凯尔森对事实-价值区分的解读与休谟和康德相似。而且，尽管他对分离原则的其中一种解读与英语世界的法律实证主义存有共同点，但其另一种解读则指向与后者截然不同的观点。凯尔森的"是"-"应当"或实然-应然的区分不仅揭示了纯粹性命题的适用范围，也揭示了其法律理论的界限。

二、凯尔森著作中有关纯粹性的表述

在早期的作品中，凯尔森最著名的提及纯粹法理论的表述是："纯粹法理论，尤其是从社会-心理的和政治的因素中提纯的理论"，这在他的论文《主权问题和国际法理论》（*The Problem of Sovereignty and the Theory of International Law*）的序言中可以找到。那篇文章的副标题是"对纯粹法理论的贡献"（*Contribution to a Pure Theory of Law*），这彰显了"纯粹性"于凯尔森理论中最具代表性的地位。尽管凯尔森在 1916 年基本完成了《主权问题》（*The Problem of Sovereignty*）的手稿，但他在 1920 年的春天，也就是该书出版的那一年，才为它写了前言。在前言中，凯尔森学理性地（doctrinally）建构了纯粹性（Purity）。

纯粹性规定了"认知必须恪守的限度，而这些限度，特别是对于法律科学来说，是非常逼仄的（narrow）"。②正如凯尔森在《主要问题》（*Main Problems*, 1911）中所论述的那样，纯粹性设定的限制具有双重约束，一方面，它排除了社会学和心理学的解释，另一方面，它也排除了道德、神学和政治所谓的正当理由。

---

① H. Kelsen, *Die philosophischen Grundlagen der Naturrechtslehre und des Rechtspositivismus*, Charlottenburg: Pan-Verlag Rolf Heise, 1928, § 3Rn10.
② H. Kelsen, *Das Problem der Souveränität*, Tübingen: J. C. B. Mohr, 1920, v. H. Kelsen, 2013. *Hans Kelsen Werke. Vol. 4, Veroffentliche Schriften 1918—1920*, Ed. M. Jestaedt, Tübingen: Mohr Siebeck, 2013, S. 266.

在这两种（被排除的）可能解读中，法律效力基础的问题与法律无涉。这个问题要么涉及合法行为的动机，是一个心理学-社会学问题，要么涉及道德正当性，需要在伦理学领域找到一席之地。

在《主权问题》的序言中，凯尔森探讨了这一主题，略带讽刺地提出了对一些法学家专业能力的看法：

> 对于那些自认为是"法学家"的人来说，这些狭隘的限制（narrow limits）是最糟糕的，因为他们被要求了解几乎所有的事情，他们习惯用法律论证来处理心理学和社会学的问题，以及满足政治的要求。在人们的意识里，法学家早已变成了诡辩家，这是法学家超越自身能力限制而带来的副产品。

法学家能力的界限由纯粹性划定。

早在 1912 年出版的《法律社会学》（On the Sociology of Law）中，凯尔森就曾提到过"纯粹性"，就是他在文中提到的"法律理论的完全净化"。他对法律社会学——这一由赫尔曼·康托洛维茨（Hermann Kantorowicz, 1911）所开辟并捍卫的新兴领域——表明了自己的立场。凯尔森写道，参与法律社会学性质论争的理论家分为两类，一类是从事"适当的法律理论"研究的理论家，另一类是从事社会学研究的理论家：

> 第一类理论家意在严格地把适当的法律理论从社会学中分离出来。因为两种方法的融合存在着严重的概念混乱、无望的破坏和弄虚作假的弊端，所以从社会学因素中挣脱出来的法律理论能得到彻底的净化。①

对法律理论进行彻底的净化，需要防止规范方法与社会学方法的结合。后者是凯尔森对康托洛维茨立场的解释中的一种经验方法。凯尔森认为，合并的结果只能是两个领域的覆亡。1912 年，凯尔森用强有力的言辞表明，其对纯粹性的承诺是深刻的，而且这是在他的作品中很早就已经开始贯彻的。

凯尔森不仅在《主权问题》的前言中，而且在正文内容里也提到了纯粹性。例如他认为传统法律科学（legal science）中的渊源（source）概念不够纯粹：

> 在法律科学内部，规范性领域中最具理论性的莫过于我们不能再熟悉的"渊源"概念。然而，这一概念在这里并没有展现出其纯粹性的特点，相反，它通常被心理学和社会学因素所掩盖。②

---

① H. Kelsen, "Zur Soziologie des Rechtes", *Archiv für Sozialwissenschaft und Sozialpolitik*, 34 (1912), S. 601; H. Kelsen, *Hans Kelsen Werke, Vol. 3, Veroffentlichte Schriften 1911—1917*, Ed. M. Jestaedt, Tübingen: Mohr Siebeck, 2010, S. 78.

② H. Kelsen, *Das Problem der Souveränität*, Tübingen: J. C. B. Mohr, 1920, S. 105; H. Kelsen, *Hans Kelsen Werke, Vol. 4, Veroffentlichte Schriften 1918—1920*, Ed. M. Jestaedt, Tübingen: Mohr Siebeck, 2013, S. 369.

凯尔森在这里关注的重点是单一向度内的不纯粹性，即因为掺杂了心理学和社会学而产生的不纯粹性。后来，在《主要问题》第二版（1923）的序言中，他提出了双重向度的不纯粹性：

与我后来的所有作品一样，《主要问题》的目标是建立一个纯粹法理论，也就是实证法理论。从一开始，在这首部论著中，我就在两个向度努力确保理论的纯粹性，或者说法律作为科学认知对象的独立性。保证理论的纯粹性是为了防止其受所谓社会学的侵扰，也即，使用因果的、科学的方法把法律视作自然现实的一部分。同时，该理论也与自然法理论相悖，因为自然法理论忽视了实证法理论所特有的基本指涉物，将法律理论从实证法规范的领域中引入到伦理政治预设的领域当中。①

这两个方向，社会学——或者更普遍地说，因果科学——和自然法理论是凯尔森斗争的两条战线。

在《纯粹法理论》（*Pure Theory of Law*）的第一版（1934）中，纯粹性和法律认知的主题就占主导地位，这种风格无论是在古典时期的凯尔森身上还是新康德主义时期的凯尔森身上都很明显。

纯粹法理论所以自命为"纯粹"，则在于其唯求认知法律，而将不属其认知对象者皆摒除在外。换言之，纯粹理论（Pure Theory）欲使法律科学免受一切异质因素之干扰，此乃本理论在方法论（Methodologie）上之根本原则。②

在《纯粹法理论》第一版的前言中，凯尔森反思了多年来人们对他的纯粹法理论的接受情况。在 1934 年③艰难的政治环境下，他向诱惑让步，引证了一个对人

---

① H. Kelsen, "New Foreword to the Second Printing of Main Problems in the Theory of Public Law", in *Normativity and Norms: Critical Perspectives on Kelsenian Themes*, Ed. S. L. Paulson and B. Litschewski Paulson, Oxford: Clarendon (1st ed. 1923; quotations are from the English edition.), 1988a, pp. 3-4, 及 1923 年初版序言（Vorrede）第 5 页。

② H. Kelsen, *Introduction to the Problems of Legal Theory*, Trans. B. Litschewski Paulson and S. L. Paulson, Oxford: Clarendon (Quotations from the first edition of Kelsen's *Pure Theory of Law* [1934] are drawn, with one exception, from this translation.), 1992, § 1, p. 7.
为便于读者理解，就原文所引汉斯·凯尔森之语，译者参照了中译本《纯粹法理论》中张书友老师的译法，略有改动。就此可参见汉斯·凯尔森：《纯粹法理论》，张书友译，中国法制出版社 2008 年版，第 37—38 页。——译者注

③ 1934 年在日内瓦写作的凯尔森敏锐地意识到欧洲政治环境的艰难。恩格尔贝特·陶尔斐斯（Engelbert Dollfuß）一生中的大部分时间都在奥地利度过，他深受奥特马尔·施潘（Othmar Spann）的社会与经济学理论的影响，倡导建立等级制国家（Ständestaat）。1932 年 5 月 20 日成为总理后，他开始摧毁民主秩序。基督教社会党（Christian-Social Party）罢免了凯尔森在奥地利宪法法院的职位，1930 年他离开奥地利到科隆担任教授。1933 年 4 月 7 日，纳粹颁布了臭名昭著的"恢复专业公务员制度法"，旨在解雇那些有犹太血统或"在政治上不可靠"的公务员。有关凯尔森自己的描述，参见 H. Kelsen, Autobiographie, In Kelsen 2007 (Kelsen's autobiography of 1947 is first published here), 1947, S. 77-80。

（ad hominem）的论据。它表现为纯粹性：

有人说，纯粹法理论不能满足其自身的基本方法论要求，仅仅是某种政治价值的表现。但是是哪种政治价值呢？法西斯主义者宣称，纯粹理论站在民主自由主义一边，而自由主义者或社会民主主义者则将其视为法西斯主义的开拓者。共产党人把纯粹理论当作资本主义国家主义的意识形态，而民族主义者和资本家有时把它当作布尔什维克主义，有时又把它当作隐蔽的无政府主义。有人向我们承诺，纯粹理论与天主教经院哲学有关，也有人认为它具有新教政治和法律理论的特性。甚至有人想给它贴上无神论的标签。总而言之，纯粹法理论被怀疑存在于每一种政治信仰中。没有什么能比这更能证明它的纯粹性了。①

后来，在1953年的一篇重要论文中，凯尔森用预设（postulates）②来论证纯粹性。在这里，他仍旧以熟悉的方式处理了此理论的两个方面。他写道，一般来说，因果科学，尤其是社会科学，会使用因果术语提供解释，只要这项事业能做到与法律科学相分离就并无大碍。正如凯尔森所说，这种分离产生了"最重要的一种预设，即建构了作为科学的法律理论纯粹性"。③这个纯粹性预设排除了因果科学。凯尔森用同样的方式——纯粹性预设——解决了另一个问题，即"法律科学与法律政策相分离"的问题。这种分离，与法律科学一道被理解为"对实证法的认知"，是"保证法律理论纯粹性的第二个预设"。④简而言之，这种纯粹性预设排除了价值对法律理论的侵扰。

在凯尔森的理论中，纯粹性预设的语言表明纯粹性在凯尔森的法律理论中具有公理（axiom）性质的地位，这是不容置疑的出发点。但这本身是一种误导，因为仅仅通过命令（fiat）引入纯粹性是一种乞题（question-begging）。这些预设——凯尔森在1953年的论文中的术语——只有在能够被合理的论据所支持时，才能对他的理论提供帮助。在摒弃了传统的对事实和价值的诉求之后，他需要一个康德式的

恩格尔贝特·陶尔斐斯（Engelbert Dollfuß）为法西斯组织奥地利祖国阵线（Vaterländische Front）的党派领袖；奥特马尔·施潘（Othmar Spann）为原教旨法西斯主义（protofascist）经济学家。——译者注

① H. Kelsen, *Introduction to the Problems of Legal Theory*, Trans. B. Litschewski Paulson and S. L. Paulson, Oxford: Clarendon (Quotations from the first edition of *Kelsen's Pure Theory of Law* [1934] are drawn, with one exception, from this translation), 1992, p. 3, Foreword.

② H. Kelsen, "Was ist die Reine Rechtslehre?" in *Demokratie und Rechtsstaat: Festgabe zum 60, Geburtstag von Zaccaria Giacometti*, Zurich: Polygraphischer Verlag, 1953b, S. 147, 152.

③ 同上，S. 147。

④ 同上，S. 152。

论据来支持纯粹性命题。当他写道"纯粹性能够使一切'科学'成为可能"时①，这种想法呼之欲出。

在《纯粹法理论》的第二版（1960）中，凯尔森多次提到纯粹性命题，内容也为我们所熟知。以下是具有代表性的内容：

法律科学方法的"纯粹性"既因未能将法律科学与自然科学分开而受到威胁，又（事实上更是如此）由于未能将法律科学与伦理学分开或没有足够明确地将其二者分开而受到威胁。也就是说，无法在法律与道德之间划出明确的界限②。

因此，"纯粹性命题"为法律科学提出了双重约束：其一，将法律科学从因果科学中分离出来；其二，将法律科学从价值领域中分离出来。在1923年出版的《主要问题》第二版前言中，凯尔森谈到了"两个向度"，三十年后，他又提到这两个预设。

三、纯粹性的哲学渊源和语境渊源

正如一开始所指出的，康德无疑是凯尔森纯粹性命题最重要的哲学来源。康德在一篇题为《目的论原理》（*Teleological Principles*）的文章中写道，纯粹的事物"不依赖于任何经验"。③ 凯尔森将法律科学限定于现象界，排除了康德在本体世界④ 中

---

① H. Kelsen, 1920, *Das Problem der Souveränität*, Tübingen: J. C. B. Mohr, 1920, v. H. Kelsen, 2013, *Hans Kelsen Werke. Vol. 4, Veroffentlichte Schriften 1918—1920*, Ed. M. Jestaedt, Tübingen: Mohr Siebeck, 2013, S. 266.

② H. Kelsen, *Reine Rechtslehre*, 2nd ed. Vienna: Franz Deuticke, 1960, § 7 Rn. 61.

③ I. Kant, "On the Use of Teleological Principles in Philosophy", Trans. G. Zöller, in *Anthropology, History, and Education*, Ed. G. Zöller and R. B. Louden, 192-218, Cambridge: Cambridge University Press (1st ed. 1788), 2007, p. 218.

④ 关于本体，参见 I. Kant, *Critique of Pure Reason*, Trans. N. Kemp Smith, London: Macmillan (1st ed. 1781), 1929, A 286-268, B 342-345. 关于康德的实践哲学，参见 I. Kant, *Critique of Practical Reason*, Trans. W. S. Pluhar, Indianapolis and Cambridge: Hackett (1st ed. 1788), 2002, pp. 42-50。凯尔森断然否定了康德的实践哲学："对于像康德这样深深扎根于基督教的人来说，于形而上学中彻底解放无疑是不可能的。这一点在他的实践哲学中表现得最明显，因为正是在这里，基督教教义的形而上学二元论思想侵入了康德的整个体系，而他本身也在他的理论哲学中激烈地反对过这种二元论。在这一点上，康德放弃了他的先验方法，这是批判唯心主义中一个经常被注意到的矛盾。康德的先验哲学注定要为实证主义的法律和政治哲学提供特别的基础，但作为一个法哲学家，他自己仍然深陷自然法则理论的泥潭。事实上，他的《道德形而上学奠基》（*Metaphysics of Morals*）可以被认为是古典自然法理论最接近完美的表达，因为它是在17和18世纪由新教发展而来的。"就此，可参见 H. Kelsen, *Die philosophischen Grundlagen der Naturrechtslehre und des Rechtspositivismus*, Charlottenburg: Pan-Verlag Rolf Heise, 1928, § 40 Rn. 76。

发现的实践哲学，因此康德的《纯粹理性批判》（Critique of Pure Reason）是凯尔森最重要的哲学来源也就不足为奇了。① 阿道夫·朱利叶斯·梅克尔（Adolf Julius Merkl）是凯尔森在维也纳法理学派中最有天赋的同事，对凯尔森的著作有着深刻的了解。他在提到这篇文章时写道，康德是凯尔森在智识上真正的导师。② 凯尔森不仅遵循康德的"第一批判"③，还将其视为关于纯粹性④ 名副其实的宝库。

在语境渊源的论题下，耶利内克无疑是最重要的人物。凯尔森借鉴了耶利内克的作品，但更重要的是，他也对其作品提出严厉的批评。受到凯尔森对耶利内克二元论持续批评的提示，我在将第四节中对它们进行详细的讨论。这里我关注的是耶利内克的方法调和论（methodological syncretism）以及凯尔森对它的批判性承继。

耶利内克将方法调和论概念作为一种手段，以检讨他口中的国家的"双重面向"（two sides of the state）理论，即将自然（或经验）面向和规范面向所代表的方法进行合并或融合。他写道：

如果一个人已经理解了法学家的概念世界和包含自然进程与事件的客观世界之间的一般区别，那么就不能把后者的认知方法转移到前者。在科学领域，方法调和论是我们这个时代的罪恶之一。

凯尔森运用方法调和论的学说，明确支持耶利内克的应用。特别是，凯尔森对德国法律科学中国家的意志必须在心理学上被理解的观点提出了异议。他写道，这相当于"耶利内克所批评的那种方法调和论"。⑤ 如果做不到将作为法律概念的国家意志与其心理学的对应概念加以区分，那就意味着是不同领域的不当结合。

---

① 一些研究凯尔森的学者认为，新康德主义马堡学派的领军人物赫尔曼·科亨（Hermann Cohen 1842—1918）是凯尔森最重要的哲学来源——或者，无论如何，是最重要的哲学来源之一。但这种争论本身是有问题的，参见 S. L. Paulson, "A Role for Hermann Cohen in Hans Kelsen's Pure Theory of Law?" in *Rechtsstaatliches Strafrecht. Festschrift für Ulfrid Neumann zum 70. Geburtstag*, Heidelberg: C. F. Müller, 2017c, 283-294。

② A. J. Merkl, Zum 80. Geburtstag Hans Kelsens, Reine Rechtslehre und Moral Ordnung, Österreichische Zeitschrift für öffentliches Recht, 11 (1961), S. 294.

③ "第一批判"为《纯粹理性批判》。《纯粹理性批判》推翻了旧形而上学的统治，是哲学史上的"哥白尼革命"。这部书常被称作康德的"第一批判"，并与其后的《实践理性批判》和《判断力批判》并称为康德的"三大批判"。——译者注
参见 H. Kelsen, *Rechtswissenschaft und Recht*, Zeitschrift für öffentliches Recht 2 (1922b), S. 103-104, 179, 181, 183, 210-211 等。

④ 作为一种衡量标准，康德论文的索引中列出了大约 700 个纯粹的、纯粹地等之类的表述。参见 G. Martin, *Sachindex zu Kants Kritik der reinen Vernunft*, Berlin: de Gruyter, 1967, S. 232-234。

⑤ H. Kelsen, *Hauptprobleme der Staatsrechtslehre*, Tübingen: J. C. B. Mohr, 1911a, S. 184; H. Kelsen, *Hans Kelsen Werke Vol. 2, Veröffentlichte Schriften 1911*, Ed. M. Jestaedt, Tübingen: Mohr Siebeck, 2008, S. 294-296.

凯尔森处理在亚历山大·霍尔德·冯·菲尔内克（Alexander Hold von Ferneck[①]，1875—1955）的著作中发现的方法调和论时，也运用了耶利内克的理论。菲尔内克就此在后来与凯尔森[②]进行了激烈的理论交锋。在《主要问题》（1911）中，凯尔森写道：

> 霍尔德·冯·菲尔内克对法律义务的构建，特别是他试图解决在缺乏强制的情况下其义务概念不适用的矛盾时……只能用他的方法调和论来解释，这种方法调和论使他罔顾物质社会学和形式法学之间的适当界限。[③]

凯尔森对法律理论家的批评借助于方法调和论[④]，这预示着他在学说术语上保持了纯粹性。具有讽刺意味的是，无论如何，从凯尔森的立场来看，耶利内克自己也成了他和凯尔森以方法调和论名义谴责的错误牺牲品。尽管如此，耶利内克仍是一个直言不讳的心理主义的支持者，也就是说，他的"双重面向"与凯尔森并不相像，他是在心理上——或者如评论家所说"在心理学上"——完成了重述。[⑤]

保罗·拉班德是凯尔森纯粹性命题的另一个语境渊源。在20世纪末期的德国法学界，拉班德被认为是杰出的公法学者，曾有人这样评价他："在拉班德之后，公法领域的每个人都不过是站在了他的肩膀上而已。"[⑥] 在这里，拉班德是一个有趣的语境渊源，因为他秉持捍卫法律科学的态度与凯尔森的纯粹性命题（所主张的）很相似。

[①] 参见 A. Hold von Ferneck, *Die Rechtswidrigkeit*, Jena: Gustav Fischer, 1903, S. 164-174, 206-207, 371。

[②] 参见 A. Hold von Ferneck, *Der Staat als Übermensch: Zugleich eine Auseinandersetzung mit der Rechtslehre Kelsens*, Jena: Gustav Fischer, 1926; H. Kelsen, *Der Staat als Übermensch: Eine Erwiderung*, Vienna: Springer, 1926b; A. Hold von Ferneck, *Ein Kampf ums Recht: Entgegnung auf Kelsens Schrift "Der Staat als Übermensch"*, Jena: Gustav Fischer, 1927. 关于霍尔德·冯·菲尔内克作为凯尔森的批评者，参见 A-J. Korb, *Kelsens Kritiker*, Tübingen: Mohr Siebeck, 2010, S. 51-55, 92-106, 203-205。

[③] H. Kelsen, *Hauptprobleme der Staatsrechtslehre*, Tübingen: J. C. B. Mohr, 1911a, S. 341; H. Kelsen, *Hans Kelsen Werke. Vol. 2, Veröffentlichte Schriften 1911*, Ed. M. Jestaedt, Tübingen: Mohr Siebeck, 2008, S. 468.

[④] 凯尔森运用方法调和论式的语言，批判了霍尔德·冯·菲尔内克，也批判了欧根·埃利希（Eugen Ehrlich）。

[⑤] 例如耶利内克写道："在事实的有意识或无意识的理性中寻找其规范性力量的基础完全是错误的。" 事实可以在以后被合理化，但是它的规范意义则在于我们的本性中所固定的性质，根据这个性质，已经被付诸实践的事物在生理上和心理上比新事物更容易复制，就此可参见 G. Jellinek, *Allgemeine Staatslehre*, 3rd ed, Berlin: O. Häring, 1914, S. 338。我不确定巴尔托什·布罗热克（Bartosz Brożek）是否会同意，但是他的理论给我的印象是，耶利内克的事实性规范力量与布罗热克仿造其建构的规范重建的先导论相去甚远。参见 B. Brożek, *Rule-Following: From Imitation to the Normative Mind*, Krakow: Copernicus Center Press, 2013。

[⑥] P. Zorn, "Die Entwicklung der Staatsrechtswissenschaft seit 1866", *Jahrbuch des öffentlichen Rechtsder Gegenwart*, 1 (1907), S. 72.

拉班德杰出的职业生涯并非始于公法领域。1864年，他被哥尼斯堡的法学院聘用，两年后，他机缘巧合地转向了公法方向。因为这一领域的教员人手不足，只能由拉班德来补缺。尽管他声称在刚开始讲课的时候对公法没有特别的兴趣[①]，但一旦扎根于这一领域，他的追求就是不屈不挠的。拉班德的分析天赋被运用到公法领域，并在一篇有关普鲁士预算争议（Prussian budget Laband 1870）的长篇论文中得到展示。1876年，拉班德《国家法》（*Staatsrecht*）的第一卷出版了，此书之后曾经被再版过五次，这是他在这一领域取得卓越成就的代表著作。我在此引用了第二版中的著名前言。

给定实证法教义学的科学任务在于建构法律制度（legal institutions），将个别的法律规范追溯到更一般的概念，反过来，导出这些概念后果。这是一个纯粹的逻辑思维活动。要完成这项任务，除了逻辑之外别无他法。为此目的，没有什么可以替代逻辑。所有历史的、政治的和哲学的考虑——不管它们本身可能多么有价值——对于具体的法教义来说都是无关紧要的，因为它们常常是缺乏法律建构的伪装。[②]

拉班德没有在这么多的文字中引入一个纯粹性命题，但他在行文中设置的理论约束有同样的效果。

拉班德并没有被包括与其同时代的奥托·冯·基尔克（Otto von Gierke, 1841—1921）在内的批评者们忽视，在一篇长篇论文中，基尔克[③]提到了拉班德的《国家法》第二版的前言，他半开玩笑地写道："首先，法律与政治的明确分离是真正公法理论的首要任务之一。"基尔克接着嘲讽道，在一篇关于公法的论文中回避政治，与撰写"纯粹客观、中立的历史学论文"成功的前景大致相同。

拉班德早已做好了让步的准备，以回应理论家们对他《国家法》第一版的批评。他在第二版的前言中写道："我清楚地知道，以逻辑处理法律问题的排他优势将会导向有害的偏见，甚至在某些方面恶化我们的科学。"[④]尽管拉班德的话语出现在著名的引言中，但它们几乎未被注意。

魏玛时期，政治-宪法之争中的主要学者认为凯尔森是在遵循拉班德等人的"逻辑实证主义"。例如赫尔曼·黑勒（Hermann Heller, 1891—1933）写道：

[①] 参见 P. Laband, "Erinnerungen" (1918), Ed. W. Bruck, In vol. 1 of *Abhandlungen, Beiträge, Reden und Rezensionen*, By P. Laband, Leipzig: Zentralantiquariat der DDR, 1980, S. 62.

[②] P. Laband, *Das Staatsrecht des deutschen Reiches*, 2nd ed, Tübingen: J. C. B. Mohr, 1888, xi.

[③] O. von Gierke, "Labands Staatsrecht und die deutsche Rechtswissenschaft", *Schmollers Jahrbuch für Gesetzgebung, Verwaltung und Volkswirthschaft*, 7 (1883), S. 1105.

[④] P. Laband, *Das Staatsrecht des deutschen Reiches*, 2nd ed, Tübingen: J. C. B. Mohr, 1888, xi.

谁要是把文化科学的认知对象从原则上理解为仅仅是"方法的产物",在公法理论中,他也必须坚持逻辑−法律方法相对于国家的历史−经验现实的优位,把国家分解成概念关系。同样,凯尔森也只是在继续逻辑实证主义(logistischer Positivismus)的观点,这与那些受新康德主义影响的思想家们,保罗·拉班德、鲁道夫·施塔姆勒(Rudolf Stammler)和尤利乌斯·宾德尔(Julius Binder)无二。①

在同一篇论文中,黑勒②认为,凯尔森与"拉班德主义"(Labandism)密不可分:"纯粹法理论是逻辑法律实证主义的继承者,但这种理论来得太晚,它是拉班德主义的必然结果,与社会学和价值思考都势同水火。"

几年后,在给雷纳托·特雷维斯(Renato Treves, 1907—1992)的一封信中,凯尔森回应了他对拉班德主义的指控。与基尔克批评拉班德关于公法与政治"完全分离"的观点相反,凯尔森的批评则直指拉班德未能遵守这种分离:

有些人认为纯粹法理论只不过是"拉班德主义"的显现,这种说法尤其荒谬,因为拉班德在将实证法与政治分离开方面完全失败。事实上,拉班德的公法理论是一种君主制原则的意识形态。③

这可能是凯尔森关于拉班德的最终结论,但拉班德曾在早些时候口头上说过(lip service)类似于耶利内克国家的"双重面向"④的观点,当然,那也与凯尔森的理论背道而驰。耶利内克的理论反映了他认为国家既是自然主义又是规范性的,既是社会创造(gesellschaftliches Gebilde)又是法律制度的二元论观点。⑤ 这显然被纯粹性命题排除在外。凯尔森对此予以毫不留情的坚决反对。⑥ 他不仅拒绝耶利内克的观点,即国家既是自然主义的又是规范性的,他还坚称两者都不是,而是像他

---

① 黑勒声称拉班德受到新康德主义的影响是毫无根据的。
② H. Heller, "Die Krisis der Staaatslehre", *Archiv des öffentlichen Rechts*, 55 (1926), S. 300.
③ H. Kelsen, The Pure Theory of Law, "Labandism", and Neo-Kantianism: A Letter to Renato Treves, in *Normativity and Norms: Critical Perspectives on Kelsenian Themes*, Ed. S. L. Paulson and B. Litschewski Paulson, Oxford: Clarendon (1st ed. 1934; an English translation of Kelsen's letter is first published here), 1998b, p. 170.
④ 例如 P. Laband, "Review of Theorie des französischen Verwaltungsrechts" (Strasbourg, 1886), By O. Mayer, *Archiv für öffentliches Recht*, 2 (1887), S. 151. 我要感谢延斯·凯尔斯滕,参见 J. Kersten, *Georg Jellinek und die klassische Staatslehre*, Tübingen: Mohr Siebeck, 2000, 63n. 213。
⑤ G. Jellinek, *Allgemeine Staatslehre*, 3rd ed, Berlin: O. Häring, 1914, S. 11.
⑥ 关于凯尔森对国家"双重面向"的观点,参见 H. Kelsen, *Hauptprobleme der Staatsrechtslehre*, Tübingen: J. C. B. Mohr, 1911a, S. 406, 434; H. Kelsen, *Hans Kelsen Werke, Vol. 2, Veröffentlichte Schriften 1911*, Ed. M. Jestaedt, Tübingen: Mohr Siebeck, 2008, S. 542, 573. 可以肯定的是,在早期的研究中,凯尔森(不自知的?)赞同某种近似于国家"双重面向"的观点。见上引文献。然而,他后来对这一观点进行了严厉的批评,揭穿了这种其早期曾认可的谎言。见下文第四节。

提出的同一性命题（identity thesis）所倡导的那样——国家与法律是相同的。①

我在这里提到的第一种二元论是耶利内克的自然权利二元论，它与实证法并存。第二种二元论是关于民法上的潘德克顿法学流派，它的代表观点认为主观权利是独立于客观法律而存在的。最后，我又回到耶利内克，介绍了他将国家概念进行二元化的努力。对待这三种论调，凯尔森的批评中或明或暗地都透露了纯粹性命题。

由于格奥尔格·耶利内克是这部分的核心人物，所以我将首先简要介绍这位杰出的公法学者和法律理论家。

四、纯粹性命题与三种二元论

格奥尔格·耶利内克1851年出生于莱比锡，在维也纳长大。② 他回到莱比锡，在大学里学习哲学，他直言不讳地表达了对德国哲学的热情，并把奥地利哲学描绘成一片荒漠。③ 然而，在他的父亲——一位维也纳著名的拉比④（rabbi）——的鼓励下，耶利内克着手撰写一篇法律方面的授课资格论文（Habilitationsschrift）。此项研究成果于1878年发表，题为《法律、不法和惩罚的社会伦理意义》（The Socio-Ethical Significance of Law, Crime, and Punishment）。

从现实角度看，这篇论文是失败的，因为维也纳法学院拒绝了它。然而，从耶利内克的理论发展来看，这篇论文则意味着一个转折点。耶利内克那时正在研究法律理论中的问题，法律取代了哲学，成为他的激情所在。此外，1878年的这篇论文反映了耶利内克对社会学探究的兴趣日益浓厚。（所以）那时他研究刑法中的惩罚问题，会从当时的社会条件出发来评价违法者的行为。简而言之，他认为犯罪是

---

① 凯尔森的同一性命题（identity thesis）只有从法律科学的立场出发，以其特有的法律规范认识来处理国家，才具有可解性。见下文第四节，与 O. Lepsius, *Die gegensatzaufhebende Begriffsbildung*, Munich: C. H. Beck, 1994, S. 159-161 中的有益讨论。

② 参见 K. Kempter, *Die Jellineks 1820—1955*, Düsseldorf: Droste, 1998, 这是有关三代耶利内克人丰富而有益的研究。

③ "当时，奥地利大学以哲学的名义教授的东西，或多或少是教会认可的教义。这对任何敢于表达独立思想的人无疑都是一场灾难" 参见 G. Jellinek, "Die deutsche Philosophie in Österreich", *Im neuen Reich*, 4 (1874), S. 329。

④ 拉比（Rabbi），有时也写为辣彼，是犹太人中的一个特别阶层，是老师也是智者的象征，指接受过正规犹太教育，系统学习过《塔纳赫》《塔木德》等犹太教（Judaism）经典，担任犹太人社团或犹太教教会精神领袖或在犹太经学院中传授犹太教教义者，主要为有学问的学者。——译者注

一种"社会产物"。①

耶利内克的第二篇资格论文《违法的分类》(*The Classification of Legal Wrongs*)于1879年②成功发表,耶利内克成为维也纳大学的一名无薪讲师(Privatdozent)。③整个19世纪80年代,耶利内克非常高产,他发表了两篇重量级论文以及大量的文章和评论。第一篇论文名为《国家关系理论》(*Relations between the States*)④反映了他对国际公法的日益关注。第二篇名为《成文法与规约》(*Statute and Regulation*)⑤,阐述了议会与行政的关系。另外,在耶利内克的专著《奥地利宪法法院》(*A Constitutional Court for Austria*)⑥中最著名的预言之一,在35年后成立的奥地利联邦宪法法院上得到验证。⑦

这些贡献在学术界广受好评,但是耶利内克在维也纳争取一个全职教授(ordentlicher Professor)的努力却无疾而终。1890年的夏季学期,他终于在巴塞尔大学担任教授职务,同年晚些时候,他接受了海德堡大学的邀请,并在那里度过了自己的余生。除了其他工作,包括对个人权利领域的开拓性贡献外,耶利内克还在海德堡完成了他的巨著《宪法与政治理论》(*Constitutional and Political Theory*)。⑧这部著作很快便成为该领域的标杆,它标志着耶利内克非同凡响的职业生涯的顶峰。

凯尔森提出的第一种二元论来自于自然权利或人权。耶利内克自然是他的主要目标。

---

① G. Jellinek, *Die sozialethische Bedeutung von Recht, Unrecht und Strafe*, Vienna: Alfred Hölder, 1878, S. 80.

② G. Jellinek, "Die Klassifikation des Unrechts" (1879), In vol. 1 of *Ausgewählte Schriften und Reden*, Ed. W. Jellinek, Berlin: O. Häring, 1911, S. 76-150.

③ 在德国的大学,教师的职业生涯要从无薪讲师(Privatdozent)开始,这与在美国从助教(Instructor)开始相同。根据教授会组织的考核,无薪讲师得到讲课的权利(Venia legendi)。虽然在德国从事学术工作需要通过国家考试,但担任一所大学的教师的关键只取决于这所大学本身,不受该大学教学人员以外的国家或政府官员的管辖。因此,无薪讲师与教授不同,他不是国家任命的,因而没有工资。他讲课的收入,仅仅是听他课的学生交的听课费。他有讲课的权利,但没有任何义务。就此,可参见赫尔曼·外尔:《德国的大学和科学》,袁钧译,载《科学文化评论》2004年第2期。——译者注

④ G. Jellinek, *Die Lehre von den Staatenverbindungen*, Vienna: Alfred Hölder, 1882.

⑤ G. Jellinek, *Gesetz und Verordnung*, Freiburg: J. C. B. Mohr, 1887.

⑥ G. Jellinek, *Ein Verfassungsgerichtshof für Österreich*, Vienna: Alfred Hölder, 1885.

⑦ 多年以后,凯尔森回忆说,他在1920年10月制定的奥地利联邦宪法中关于集中宪法审查的规定是他在这项工作"最重要的"内容,就此可参见 H. Kelsen, Archivaufnahme, *In Hans Kelsen zum Gedenken*, Ed. Hans Kelsen-Institut, Vienna: Manz, 1974, S. 50; 或一般的,参见 T. Öhlinger, "The Genesis of the Austrian Model of Constitutional Review of Legislation", 16 *Ratio Juris* 2, 206-222 (2003)。

⑧ G. Jellinek, *Allgemeine Staatslehre*, 3rd ed, Berlin: O. Häring, 1914.

（一）自然权利/人权-实证法二元论

从一开始，我们就关注启蒙运动。众所周知，"自然权利"（ius naturale）一词可以追溯到中世纪晚期。如詹姆斯·格里芬（James Griffin）所言，

> 18世纪，随着美国和法国的革命，此概念走出了图书馆，进入了街垒。法国人把它的名称从"自然权利"改为"人权"，从而标志着这个概念的世俗化。①

这一观点在18世纪末的一份重要文件《弗吉尼亚权利宣言》（*Virginia Declaration of Rights*）中得到了正式的表述：

> 所有人都是生来同样自由与独立的，并享有某些天赋权利，当他们进入社会状态时，他们不能凭任何契约剥夺其后裔的这些权利；也就是说，以获取与拥有财产、追求和享有幸福与安全为手段享受生活与自由。②

耶利内克在他的几部著作中贯彻了这一观点，包括《主观公法权利体系》（*System of Individual Rights in Public Law*）③和《人权与公民权利宣言》（*The Declaration of Human Rights and Civil Rights*）④，耶利内克捍卫的论点是，基本权利或人权首先可以追溯到美国殖民地对宗教自由的追求⑤，在《人权与公民权利宣言》一书中

---

① J. Griffin, *On Human Rights*, Oxford: Oxford University Press, 2008, p. 1. 从18世纪革命及其对权利的影响的大量文献中，我只参考了两项有关格里芬（Griffin）有价值的研究：J. Waldron, *Nonsense upon Stilts*, London: Methuen, 1987 与 W. A. Edmundson, *An Introduction to Rights*, Cambridge: Cambridge University Press, 2004 两者都包含有丰富的历史资料。

② 《弗吉尼亚权利宣言》，1776年6月12日；这里引用第1节。《独立宣言》主要由乔治·梅森（George Mason, 1725—1792）撰写，是美国第一部提及包括生命、自由和财产在内的固有权利的文件。关于《独立宣言》（以及弗吉尼亚州的相关文件）的标准参考文献是K. M. Rowland, "The Life of George Mason", 1 vols, New York and London: G. P. Putnam's Sons, 1892, pp. 228-266, 433-441。近期的评论参见，例如 J. H. Hutson, "The Bill of Rights and the American Revolutionary Experience", in *A Culture of Rights*, Ed. M. J. Lacey and K. Haakonssen, Cambridge: Cambridge University Press, 1991, pp. 74-80。

③ G. Jellinek, *System der subjektiven öffentlichen Recht*, Tübingen: J. C. B. Mohr, 1892.

④ G. Jellinek, *Die Erklärung der Menschen-und Bürgerrechte*, Leipzig: Duncker & Humblot, 1895. 英文版可参见 G. Jellinek, *The Declaration of the Rights of Man and of Citizens*, Trans. M. Farrand, New York: Henry Holt, 1901; G. Jellinek, *Die Erklärung der Menschen-und Bürgerrechte*, 2nd ed, Leipzig: Duncker & Humblot, 1904。

⑤ 另参见 M. Stolleis, "Georg Jellineks Beitrag zur Entwicklung der Menschen-und Bürgerrechte", in *Georg Jellinek-Beiträge zu Leben und Werk*, Ed. S. L. Paulson and M. Schulte, Tübingen: Mohr Siebeck, 2000。

他用了几个章节的篇幅讲述了《弗吉尼亚宣言》。

耶利内克在他的专著《宪法与政治理论》①中也提到了权利的问题，凯尔森引述了他的这些观点：

> 格奥尔格·耶利内克认为，人"有自己的权利，他们拥有的权利不应被剥夺，这不是由于主权国家的恩典，不是作为国家的代表，而是由于承认这些权利，并作为权利的承担者，作为个人，他们拥有自己的权利，对这种权利的否认完全超出了国家的权力范围"。②

用霍菲尔德（Hohfeld）的话来说，耶利内克关于国家不能剥夺人的权利的观点被理解为国家干预的豁免，即这是国家不能干预的领域③，宗教自由使人免受国家对宗教信仰的干涉。

不出所料，凯尔森对耶利内克的说法持否定态度。在凯尔森看来，耶利内克的主张被"自然法"玷污了：

> 自然法中关于对抗国家或其制度的权利概念，即所谓的天赋自然权利。这种源自国家以外其他秩序的权利，必须连同其衍生的二元论一并被坚决否定。这种二元论给法律认知带来了不可消解的冲突，是法律体系的内在矛盾。④

---

① G. Jellinek, *Allgemeine Staatslehre*, 3rd ed, Berlin: O. Häring, 1914.

② H. Kelsen, *Das Problem der Souveränität*, Tübingen: J. C. B. Mohr, 1920, S. 45; H. Kelsen, *Hans Kelsen Werke. Vol. 4, Veroffentlichte Schriften 1918—1920*, Ed. M. Jestaedt, Tübingen, Mohr Siebeck, 2013, S. 315; 引述自 G. Jellinek, *Allgemeine Staatslehre*, 3rd ed, Berlin: O. Häring, 1914, S. 483。着重号系凯尔森所加。

③ W. N. Hohfeld, *Fundamental Legal Conceptions*, Ed. W. Wheeler Cook, New Haven: Yale University Press, 1919, 或可参见 R. Alexy, *A Theory of Constitutional Rights*, Trans. J. Rivers, Oxford: Oxford University Press, 2002a, pp. 132–138；A. Halpin, *Rights and Law: Analysis and Theory*, Oxford: Hart, 1997, pp. 27–48, 57–60 的重述。

④ H. Kelsen, *Das Problem der Souveränität*, Tübingen: J. C. B. Mohr, 1920, S. 45–46; H. Kelsen, *Hans Kelsen Werke. Vol. 4, Veroffentlichte Schriften 1918—1920*, Ed. M. Jestaedt, Tübingen: Mohr Siebeck, 2013, S. 315; 凯尔森默认耶利内克主张自然法理论，这引出了耶利内克在自然法上的立场问题。重要的是，他是作为一名历史学家的身份来"报道"（reporting）这一领域的发展，而不是作为一个呼吁自然法的人，为这个或那个自然法理论辩护。参见 G. Jellinek, *Die Erklärung der Menschen-und Bürgerrechte*, Leipzig: Duncker & Humblot, 1895, S. 42–48; G. Jellinek, *Review of Recht, Naturrecht, positives Recht* (Freiburg, 1901), By V. Cathrein, Deutsche Literaturzeitung 23 (1902), S. 628. G. Jellinek, *Die Erklärung der Menschen-und Bürgerrechte*, 2nd ed, Leipzig: Duncker & Humblot, 1904, S. 46–49; G. Jellinek, *Allgemeine Staatslehre*, 3rd ed, Berlin: O. Häring, 1914, S. 85、158、207–217、270、326–330、345–352、412–413、497、513–531；等等。不过，在某些时候，似乎相当清楚的是，耶利内克准备公开表示，自然法并不是一种可行的学说。例如 G. Jellinek, *Allgemeine Staatslehre*, 3rd ed, Berlin: O. Häring, 1914, S. 345, 349–352。感谢安德里亚斯·冯克（Andreas Funke）对这个问题的有益讨论。

这里，凯尔森的"不可解决的冲突"是基于这样一种观点，即作为凯尔森法律科学重要组成部分的法律认知不能与自然认知相结合。在非常早期的作品中，凯尔森并不是很系统地考虑过（toys with）一个想法，即在法律科学之外，还要接触其他各种规范科学，包括伦理学、逻辑学、语法学和美学。① 然而，他并没有进一步将相应的认知种类归于这些规范科学。事实上，在他后期的许多作品中，也没有就此问题表达些什么，哪怕是承认上述这些都是有各自的认知方法的规范科学。② 特别是，他经常将自然法视为一种意识形态而不予考虑。一种意识形态，就其本身而言，相当于一种信仰体系，一系列事实的串联，而适用于自然事实的认知种类是自然认知。这是凯尔森一般将其归类为自然科学的认知种类。③

考虑到耶利内克立场中固有的"伴生二元论"，导致其观点是一种与法律观点并存的自然的或"政治历史"的观点。根据耶利内克的说法，两者都在法律科学领域中作业。但凯尔森认为，这是对"是"与"应当"区分的公然违反，自然认知反映了自然科学的"是"，法律认知反映了法律科学的"应当"。因此，正如凯尔森所说，耶利内克二元论呈现出一种"法律认知不可解决的冲突，是法律体系内在的矛盾"。④

尽管凯尔森对自然法持直言不讳的批评态度，但他认为从认知种类不相容的角度来阐述他的观点是合适的。但他是否有理由将耶利内克的观点视为真正的认知方法，是我下面将要讨论的一个问题。

凯尔森批判的下一个二元论就是潘德克顿民法体系。

（二）主观权利-客观法二元论

从一开始，凯尔森就坚定地为客观法辩护。在他早期的论文《主要问题》的纲

---

① H. Kelsen, *Hauptprobleme der Staatsrechtslehre*, Tübingen: J. C. B. Mohr, 1911a, S. 4, 6; H. Kelsen, *Hans Kelsen Werke. Vol. 2, Veröffentlichte Schriften 1911*, Ed. M. Jestaedt, Tübingen: Mohr Siebeck, 2008, S. 81, 84. 究竟什么是规范科学，尤其是规范法律科学，应该如何理解，仍然是一个谜。如 E. Bulygin, *Essays in Legal Philosophy*, Ed. C. Bernal et al., Oxford: Oxford University Press, 2015, pp. 241-243; R. Guastini, "Normativism or the Normative Theory of Legal Science: Some Epistemological Problems", in *Normativity and Norms: Critical Perspectives on Kelsenian Themes*, Ed. S. L. Paulson and B. Litschewski Paulson, Oxford: Clarendon, 1998, 317-330; M. Jestaedt, *Das mag in der Theorie richtig sein...*, Tübingen: Mohr Siebeck, 2006; J. Sieckmann, "Kelsen on Natural Law and Legal Science", in *Kelsenian Legal Science and the Nature of Law*, Ed. P. Langford, I. Bryan and J. McGarry, Dordrecht: Springer, 2017, S. 260-264。

② 几乎所有凯尔森的作品都有例外，例如 H. Kelsen, *Reine Rechtslehre*, 2nd ed, Vienna: Franz Deuticke, 1960, § 7 Rn. 60. 我非常感谢乔治·卡莫霍夫（Jorg Kammerhofer）的推荐。

③ 参见例如 H. Kelsen, *Allgemeine Staatslehre*, Berlin: Julius Springer, 1925, § 20 (b) Rn. 105.

④ 请参见批注 33（即本书第 149 页脚注④）的引文。

领性论述中，他写道：

> 法律规范是被理解为命令还是假言判断的问题，是法律规范的理想语言形式问题，或者说，是客观法的本质问题。①

凯尔森对法律规范的"理想语言形式"的关注，最终形成了纯粹法理论的基本形态，即授权（empowerment），这种理论形态排除了他种干扰，确保了客观法的优先性。②凯尔森纲领性论述的另一个维度是他对客观法的辩护——"客观法的本质"——及反对主观权利倡导者的主张，这其中的代表就是潘德克顿法学派，他们认为主观权利是一套独立的法律体系。③

在我谈到潘德克顿学派和凯尔森的回答之前，最好先从关于主观权利和客观法的定义开始：

> 我们的术语"Recht"和同样的"ius"在客观意义上是指法律规范和制度，也就是说，法律体系及其要素，在主观意义上是指法律体系授予个人的权力，即"授权"。④

这种陈述被视为对"罗马法行为"的美化，从拉丁时代开始，"采取行动"，或更确切地说，在法律意义上，通过提起民事诉讼来采取行动。法律体系授权个人采取行动。⑤

---

① H. Kelsen, *Hauptprobleme der Staatsrechtslehre*, Tübingen: J. C. B. Mohr, 1911a, S. 237; H. Kelsen, *Hans Kelsen Werke. Vol. 2, Veröffentlichte Schriften 1911*, Ed. M. Jestaedt, Tübingen: Mohr Siebeck, 2008, S. 353.

② 在 S. L. Paulson, "A 'Justified Normativity' Thesis in Hans Kelsen's Pure Theory of Law? Rejoinders to Robert Alexy and Joseph Raz", In *Institutionalized Reason: The Jurisprudence of Robert Alexy*, Ed. M. Klatt, Oxford: Oxford University Press, 2012, pp. 78-85 和 S. L. Paulson, "The Makings of a Radical Norm Theory", In *Rechtsphilosophie und Grundrechtstheorie: Robert Alexys System*, Ed. M. Borowski, S. L. Paulson and J.-R. Sieckmann, Tübingen: Mohr Siebeck, 2017b, S. 589-630 两篇论文中，我试图将客观法和授权作为基本的法律形态结合起来，后者是凯尔森在20世纪30年代取得的理论进展。关于授权，请参见 A. Somek, "Ermächtigung und Verpflichtung", In *Hans Kelsen. Staatsrechtslehrer und Rechtstheoretiker des 20. Jahrhunderts*, Ed. S. L. Paulson and M. Stolleis, Tübingen: Mohr Siebeck, 2005, S. 58-79 的宝贵贡献。

③ H. Coing, "Zur Geschichte des Begriffs 'Subjektives Recht'", In *Zur Geschichte des Privatrechtssystems*, Frankfurt: Klostermann, 1962, S. 29-55; H. Mohnhaupt, "Privileg, Gesetz, Vertrag, Konzession: Subjektives Recht und Formen der Rechtserteilung zwischen Gnade und Anspruch", In *Das Recht und seine historischen Grundlagen. Festschrift für Elmar Wadle zum 70. Geburtstag*. Ed. T. J. Chiusi, T. Gergen and H. Jung, Berlin: Duncker & Humblot, 2008, S. 627-642.

④ M. Kaser, *Römisches Privatrecht*, 2nd ed, Munich and Berlin: C. H. Beck, 1962, S. 20.

⑤ 参见 F. Schulz, *Classical Roman Law*, Oxford: Clarendon, 1951, S. 24-26 等，我已在上面做了标记。

潘德克顿法学是对《学说汇纂》（或摘要）并入 1900 年《德国民法典》之前的一段时间内的研究与解释，"在《德国民法典》中，潘德克顿法学构筑的概念世界成为法律"。① 事实上，法学家们认为法典中的每个章节都被依次注入了潘德克顿法学的内容。②

潘德克顿法学产生了主观权利与客观法的二元论。凯尔森引用了潘德克顿主义者海因里希·德恩堡（Heinrich Dernburg, 1829—1907）的话，清晰地描述了这种二元论：

> 从历史上看，在政治秩序形成之前，主观权利就已经存在了很长一段时间。它们的产生是基于个人的人格，基于这些个人首先能够为自己和自己的财产赢得的相应尊重，然后才能行使这种权利。只有通过抽象的方式，对现存主观权利进行思考才逐渐获取法律体系的概念。因此，将主观意义上的权利视为客观意义上的法律的产物本身就不符合历史，也不正确。法律体系保障和塑造了主观权利，但它并不是权利的创造者。③

在两个版本的《纯粹法理论》中，凯尔森的尖锐反驳几乎没有给论者留下任何腾挪空间。

一般法律理论认为，它所研究的对象，即法律，不仅具有客观意义，而且具有主观意义，这就在它的基础上建立了一个矛盾统一体，即客观法律与主观权利的二元论。因为一般法律理论因此宣称法律——作为客观的法律——是规范，是一套规范复合体，一个体系，同时又宣称法律——作为主观的权利——是利益或意志，是与客观的法律完全不同的东西。因此这两个矛盾的概念根本无法统一到任何一般概念之下。即使在客观法与主观权利之间建立某种联系，也无法消除这一矛盾……从原始功能上讲，客观法与主观权利的二元论在逻辑上和时间上都体现了主观权利先

---

① P. Koschaker, *Europa und das römische Recht*, 4th printing, Munich: C. H. Beck (1st ed. 1947), 1966, S. 293.
② 参见 S. Meder, *Rechtsgeschichte*, 5th ed, Cologne: Böhlau, 2014, S. 16。
③ H. Dernburg, System des Römischen Rechts, der Pandekten. 8th ed. Pt. I., Ed. P. Sokolowski, Berlin: H. W. Müller, 1911, S. 65. 转引自 H. Kelsen, *Introduction to the Problems of Legal Theory*, Trans. B. Litschewski Paulson and S. L. Paulson, Oxford: Clarendon（引自凯尔森《纯粹法理论》[1934] 第一版的内容，除一例外，其他均引自本译本），1992, § 19Rn. 39; H. Kelsen, *Reine Rechtslehre*, 2nd ed, Vienna: Franz Deuticke, 1960, § 29 (a) Rn. 135. 在这里的引述中，最后一句话是我对凯尔森从德恩堡处引述的补充。有关其他来自德恩堡处的参考文献与引述，参见 H. Kelsen, *Allgemeine Rechtslehre im Lichte materialistischer Geschichtsauffassung. Archiv für Sozialwissenschaft und Sozialpolitik*, 66 (1931), S. 448, 510; 与 H. Kelsen, *Reine Rechtslehre*, 2nd ed, Vienna: Franz Deuticke, 1960, § 29a Rn. 165n。

于客观法的思想。①

这里的"矛盾"来自于不可能将独立存在的主观权利主体纳入客观法律之下。但为什么这是不可能的呢？凯尔森的解释立基于他对主观权利的"利益或意志"的描述。19世纪最著名的主观权利解释的支持者，就利益而言，是鲁道夫·冯·耶林（Rudolf von Jhering, 1818—1892）；就意志而言，是伯恩哈德·温德沙伊德（Bernhard Windscheid, 1817—1892）②。通过将权利建立在事实的基础上，他们的理论被纯粹性命题摧毁。

有必要在这里提醒各位注意。凯尔森并不是说主观权利可以简单地被抛弃。在1926年的一篇论文中，他进行了谨慎的讨论，这与上面引用的两个版本的《纯粹法理论》中的夸张语言形成了鲜明的对比。凯尔森在论文中明确指出，他反对的是一个自我包含的主观权利领域，用德恩堡的话来说，在法律体系出现之前，这个领域"存在了很长一段时间"。凯尔森认为，德恩堡的立场是"将主观法绝对化，与作为客观法体系的国家对立，两种体系之间的冲突通过承认主观法的优先权源于自然法而予以化解，但这时一种绝对化的倾向就会显现出来"。③凯尔森的观点是，主观权利当然是存在的，但并不是独立于客观法之外的，而是存在于实证法体系之内的。

凯尔森在谈到主观法主体的时间优先权的主张时，明确指出持这种观点的理论家大多是潘德克顿法学者，他们通过诉诸自然法理论证成主观法的优先性。而且德恩堡对自然法的诉求与他们对人格权和财产权的诉求是一致的。④然而，凯尔森在两个版本的《纯粹法理论》中的论证，尽管直接指向德恩堡，却全然不顾自然法。相反，凯尔森通过转向19世纪的法学标准，从利益或意志方面理解权利，最终重新定义了主观权利。

为什么发生了转变呢？毕竟，凯尔森的纯粹性命题直接否定了自然法。凯尔

---

① H. Kelsen, *Introduction to the Problems of Legal Theory*, Trans. B. Litschewski Paulson and S. L. Paulson, Oxford: Clarendon（引自凯尔森《纯粹法理论》[1934]第一版的内容，除一例外，其他均引自本译本），1992, § 19Rn. 38; H. Kelsen, *Reine Rechtslehre*, 2nd ed, Vienna: Franz Deuticke, 1960, § 29 (a) Rn. 135中我强调的重点。

② 在早期的专著《主要问题》中，凯尔森详细论述了温德沙伊德和耶林的观点。见H. Kelsen, *Hauptprobleme der Staatsrechtslehre*, Tübingen: J. C. B. Mohr. Kelsen, 1911a.其中关于温德沙伊德的内容见第121—129页，关于耶林的内容见第567—593页；H. Kelsen, *Hans Kelsen Werke. Vol. 2, Veröffentlichte Schriften* 1911, Ed. M. Jestaedt, Tübingen: Mohr Siebeck, 2008, 223-231, 720-749。

③ H. Kelsen, "Staatsform als Rechtsform", Zeitschrift für öffentliches Recht, 5 (1926a), S. 84.

④ 参见批注39（即本书第152页脚注③）的引文。

森在他的许多著作中根本不信任自然法理论,认为自然法只是将事实串联起来①,这一说法在两个版本的《纯粹法理论》的论述中均有所反映。凯尔森直接给出他对主观权利的解释,由利益或意志所代表的一系列事实,最终击溃了自然法。他认为用这种方式进行解释比用自然法的方法论进行解释更有说服力。而且,他所引证的论点确实涉及上述那些分别代表利益和意志的杰出人物,如耶林与温德沙伊德。

(三)法律-国家二元论

现在我要讲第三种,也是最后一种二元论,法律和国家的二元论,对凯尔森来说,这是他在德国法律科学(legal science)中遇到的最"臭名昭著"(notorious)的二元论。耶利内克对此种二元论的辩护与他的国家的"双重面向"②很相似。

首先我将阐述耶利内克的论证,然后是凯尔森的回答,接着是对凯尔森的批评。正如我在下面阐释的那样,耶利内克和凯尔森各自的理论抱负完全不同,这在某种程度上削弱了凯尔森的论证力度。

耶利内克写道:

---

① 也许凯尔森对自然法的否定最具戏剧性的陈述是关于"戈耳工赤裸裸的力量",正如凯尔森所说:"自然法的问题是实在法背后的永恒问题。我担心,一个仍在寻求答案的人,既找不到形而上学的绝对真理,也找不到自然法的绝对正义。就像一个不闭上眼睛就揭开面纱的人将面对戈耳工赤裸力量的空洞凝视一般。"就此,参见 H. Kelsen, "Aussprache über die vorhergehenden Berichte", In *Veröffentlichungen der Vereinigungder Deutschen Staatsrechtlehrer*, 3 (1927), S. 54–55. A. Carrino, "Reflections on Legal Science, Law, and Power", In *Normativity and Norms: Critical Perspectives on Kelsenian Themes*, Ed. S. L. Paulson and B. Litschewski Paulson, Oxford: Clarendon, 1998, S. 509. A. Somek, *The Legal Relation: Legal Theory after Legal Positivism*, Cambridge: Cambridge University Press, 2017, 33 n. 49.

荷马(Homer)在《伊利亚特》中只论及一个戈耳工,就是墨杜萨:她的头颅被嵌在宙斯的神盾埃癸斯(Aegis)之中,又一说是镶嵌在雅典娜的神盾之中。在《奥德赛》中,这个戈耳工被描绘成一个地底妖怪。戈耳工三姐妹的头像常被艺术家用在象征性的徽章、建筑的装饰物甚至雅典的钱币上,也曾用于士兵的盾牌上。传说中敌人看了盾牌上的墨杜萨的脸就会变成石像,故在军事行动上起到威吓震慑的作用。——译者注

② 下面的引用只是耶利内克对国家"双重面向"的众多表述之一。其他的参见 G. Jellinek, *Allgemeine Staatslehre*, 3rd ed, Berlin: O. Häring, 1914, S. 10–12, 41–42, 63, 141, 274, 288, 288 n. 1. 耶利内克可能是第一个提出国家"双重面向"的人,但在他前辈的著作中发现了近似的说法。参见 J. Kersten, *Georg Jellinek und die klassische Staatslehre*, Tübingen: Mohr Siebeck, 2000, S. 34, 50–57, 63–66; C. Schönberger, *Das Parlament im Anstaltsstaat*, Frankfurt a. M.: Vittorio Klostermann. Schulz, F. 1951, *Classical Roman Law*, Oxford: Clarendon, 1997, S. 216–220. 关于国家"双重面向",也可以参见 H-J. Koch, 1977, "Rationale Rekonstruktion und Kritik der dokumentierten Methodendiskussion im Staatsrecht", In *Seminar: Die juristische Methode im Staatsrecht*, Frankfurt: Suhrkamp, 1977, S. 63–81, 145–147 (nn.); O. Lepsius, 2004, "Die Zwei-Seiten Lehre des Staates", In *Die normative Kraft des Faktischen*, Ed. A. Anter, 63–88, Baden-Baden: Nomos, 2004.

第一种观点（Betrachtungsweise）认为国家是一种社会现象。它专注于真实的现象——主观现象和客观现象——是它们构成了国家的具体生活。这通常被称为有关国家的历史与政治观点。这种观点以国家的历史，国家的形成、发展和灭亡等理论作为基础，也研究国家的社会前提和影响，以及国家的各个要素及其内部联系。第二种观点针对的是国家的法律方面。法律具有双重性质，一方面作为实际的法律实践，是塑造一个民族具体文化生活的社会力量之一，另一方面又需要被转化成行为的规范。后一种意义上的法律不属于实然领域（des Seienden），而是属于应然领域（des Seinsollenden）。它由一些概念和命题组成，这些概念和命题不是用来认识现实的，而是用来评价现实的。[①]

国家，是一个单一的概念，可以从两个不同的角度来理解，这代表着国家的"双重面向"。作为一种社会现象，国家是历史-政治的映射；国家还有其"法律面向"。耶利内克将他的讨论自国家转向法律，从规范的角度理解国家的法律面向，这有点像他的"法的双重性质"的一部分，即法律中"应该存在什么"。

凯尔森拒绝接受耶利内克的立场。他更为重要的论点，包括他的前提，可以用四个前提和一个结论来阐述。

首先，凯尔森指出，从两个不同的角度来看，应当将国家视为一个单一的对象：

耶利内克以及几乎与他同时代的诸近代公法理论，都是从这样一种观念出发的，即将国家视作单一或者同一客体看待的，它有时被当作社会学与社会理论的客体，有时又被当作法律科学的客体，像这样的就是公法理论。[②]

总而言之，国家作为对象，除了在某种观点或另一种观点下作为客体起作用外，几乎没有什么变化。凯尔森在他的回答中，皆旨在表明耶利内克的说法完全是错误的。

其次，凯尔森诉诸其认知理论，根据这一理论，有两种不同的认知类型：法律规范性认知（juridico-normative method of cognition）和自然认知，它们对应着各自不同的认知对象。凯尔森认为，在法律世界中发现的对象，无论是法律规范[③]，还

[①] G. Jellinek, *Allgemeine Staatslehre*, 3rd ed, Berlin: O. Häring, 1914, S. 137-138.

[②] H. Kelsen, *Der soziologische und der juristische Staatsbegriff*, Tübingen: J. C. B. Mohr, 1922a, S. 115.

[③] 参见 H. Kelsen, *Théorie pure du droit,* Trans. H. Thévenaz, Boudry-Neuchâtel: Éditions de la Baconnière, 1953a, S. 53.（该书是凯尔森对1934年版的修订和扩充，很少有人引用，甚至不为人知，实际上该书是凯尔森《纯粹法理论》的第二版）见下文批注53（即本书第159页脚注②）中的引文。

是法律体系本身①,都可以通过法律规范性认知方法来获得。在自然世界中发现的物体是通过自然的认知方法来获得的。②

诚然,在康德的认识论里,法律科学作为对法律的认知,和所有的认知一样,具有构成性的特征,因此,可以把它理解为一个有意义的整体来"创造"它的对象。③

第三,凯尔森认为,如果一种认知方法 A 将一个认知对象确定为 A 所指向的对象,那么就没有理由诉诸其他的认知方法,比如同样将认知对象确定为 B 认知方法。凯尔森在这里直指耶利内克的立场,说道:"主要视角的不同会导致指向对象的不同。"④对于凯尔森来说,一个不同的视角,就是一个不同的认知方法。

第四,凯尔森运用他著名的"同一性命题"来论证,当法律规范性认知方法决定了所认知的对象时,那么这个对象只能以法律规范性的身份出现。也就是说,在这种情况下,认知对象是作为一种法律体系出现的。

规范性-法律的认知不受意识形态的影响,也不受形而上学和神秘主义的影响,只有将国家理解为法律体系,才真正能把握国家的本质。因为相同的强制行为能够区分这两种体系,也因为一个社会共同体不可能由两个不同的体系构成。因此,国家是一个法律体系。⑤

---

① 参见 H. Kelsen, *Allgemeine Staatslehre*, Berlin: Julius Springer, 1925, § 15 (e) Rn. 74。

② 可以肯定的是,这一论断的提出彰显了凯尔森准备在多大程度上追随康德。具体来说,他是准备超越康德在"第一批判"先验感性论中对法律的界定,还是准备超越在先验分析中与康德的范畴学说相对应的法律,以达致康德纯粹原则之要求(包括"经验类比")。在早期的作品中,弗里茨·桑德尔(Fritz Sander)似乎走了很远,参见 F. Sander, Die transzendentale Methode der Rechtsphilosophie und der Begriff des Rechts, Zeitschrift für öffentliches Recht 1 (1919/1920) S. 468-507。但凯尔森在给桑德尔的回应中,自始至终都挥舞着警示的旗帜。参见 H. Kelsen, "Rechtswissenschaft und Recht", *Zeitschrift für öffentliches Recht*, 2(1922b) S. 103-235。常规论述参见 S. L. Paulson, "The Great Puzzle: Kelsen's Basic Norm", In *Kelsen Revisited: New Essays on the Pure Theory of Law*, Ed. L. Duarte d'Almeida, J. Gardner, and L. Green, Oxford: Hart, 2013b, pp. 43-61。关于桑德尔(Sander),参见 C. Kletzer, "Fritz Sander", In *Der Kreis um Hans Kelsen*, Ed. R. Walter, C. Jabloner and K. Zeleny, Vienna: Manz, 2008, S. 445-70。

③ H. Kelsen, *Reine Rechtslehre*, 2nd ed., Vienna: Franz Deuticke, 1960, § 16 Rn. 74.

④ H. Kelsen, *Der soziologische und der juristische Staatsbegriff*, Tübingen: J. C. B. Mohr, 1922a, S. 116; G. Jellinek, *System der subjektiven öffentlichen Recht*, Tübingen: J. C. B. Mohr, 1892. S. 13-14。

⑤ H. Kelsen, *Introduction to the Problems of Legal Theory*, Trans. B. Litschewski Paulson and S. L. Paulson, Oxford: Clarendon(引自凯尔森《纯粹法理论》[1934] 第一版的内容,除一例外,其他均引自本译本), 1992, § 48 (a) Rn. 99; 凯尔森的同一性命题(identity thesis)在他的早期作品中就很突出。参见例如, H. Kelsen, *Über Staatsunrecht. Grünhuts Zeitschrift für das Privat-und Öffentliche Recht der Gegenwart* 40 (1914), S. 113; H. Kelsen, *Hans Kelsen Werke. Vol. 3, Veroffentlichte Schriften 1911—1917*, Ed. M. Jestaedt, Tübingen: Mohr Siebeck, 2010, S. 531; H, Kelsen, *Das Problem der Souveränität*, Tübingen: J. C. B. Mohr, 1920, iii, S. 9-10, 22, 27-31; H. Kelsen, *Hans Kelsen Werke. Vol. 4,*

凯尔森的结论是，国家作为一种法律体系，由法律的认知方法构成，不可能同时也是耶利内克历史-政治国家那样的"社会现象"。在这里，凯尔森提出了他的第三个前提：由一种认知方法构成的客体与由另一种认知方法构成的客体有"主要不同"。因此，国家不能有"双重面向"。要么它是一种法律体系——像凯尔森的同一性命题倡导的那样——要么是一种由自然认知构成的社会现象。在后一种情况下，国家确实作为国家存在于自然世界中，但这个世界与法律科学的"观念领域"完全不同。所以，国家只有一重面向。

凯尔森在他的论文《国家的社会学与法学概念》(*The Sociological and the Legal Concept of the State*)[①]中引用了耶利内克的观点。[②] 凯尔森和耶利内克的法律理论有表面的相似之处，例如他们都谈到了观念性（Ideality）。凯尔森写道，国家"最终被证明是一种观念秩序，一种规范体系，因此是一种观念（Idealität），而不是一种现实（Realität）"。[③] 耶利内克似乎也同意这一点，他写道"作为规范的法律不是现实的，而是观念的"。[④]

观念性在哲学传统中涵盖了相当多的内容[⑤]，仅仅比较凯尔森与耶利内克的理论是片面与肤浅的。而且，凯尔森和耶利内克观点之间的差异也很大，这些差异阻碍了凯尔森对耶利内克作出令人信服的回应。凯尔森把耶利内克的观点等同于他自己的认知方法，从后者那里得到了论证前者的有力工具。然而，凯尔森的将二者等

（接上页）*Veroffentlichte Schriften 1918—1920*, Ed. M. Jestaedt, Tübingen: Mohr Siebeck, 2013. S. 264, 280, 242-243, 298-301. 关于凯尔森的同一性命题（identity thesis），另请参见 A. Somek, "Stateless Law: Kelsen's Conception and Its Limits", 26 (4) *Oxford Journal of Legal Studies*, 753-774 (2006); M. Troper, Kelsen, "Weber and the Problem of the State", In *The Reconstruction of the Juridico-Political*, Ed. I. Bryan, P. Langford, and J. McGarry, London and New York: Routledge, 2016, p. 110-121。

① 作者在此将 "The Sociological and the Legal Concept of the State" 译为《国家的社会学与法学概念》，还有一种译法为赵真老师所译的《社会学与法学的国家概念》，就此可参见赵真：《没有国家的国家理论——读〈社会学与法学的国家概念〉》，载《政法论坛》2012 年第 3 期。——译者注

② H. Kelsen, *Der soziologische und der juristische Staatsbegriff*, Tübingen: J. C. B. Mohr, 1922a.

③ H. Kelsen, *Das Problem der Souveränität*, Tübingen: J. C. B. Mohr, 1920, S. 11; H. Kelsen, *Hans Kelsen Werke. Vol. 4, Veroffentlichte Schriften 1918—1920*, Ed. M. Jestaedt. Tübingen: Mohr Siebeck, 2013. S. 282.

④ G. Jellinek, *Allgemeine Staatslehre und Politik*, Ed. A. Funke and S. Ziemann, Tübingen: Mohr Siebeck, 2016, S. 7.

⑤ 杰出的费希特学者甘特·佐勒（Gunter Zoller）在最近的一本专著中对此进行了翔实的论述。参见 G. Zöller, *Res Publica: Plato's Republic in Classical German Philosophy*, Hong Kong: Chinese University Press, 2015. 主要文献参见例如 1921 年的新康德主义马堡学派保罗·纳托尔卜（Paul Natorp）的论著，英文译本可参见 P. Natorp, *Plato's Theory of Ideas: An Introduction to Idealism*, Trans. V. Politis and J. Connolly, Sankt Augustin: Academia (German orig. Natorp 1921), 2004。另外，对保罗·纳托尔卜论文的有益的英文介绍，参见 V. Politis, "An Introduction to Paul Natorp's Plato's Theory of Ideas", In *Natorp* 2004, pp. 9-43。

置的做法是非常值得怀疑的，因为耶利内克的观点与凯尔森的认知方法完全不同，这一点我会在下面解释。另一个批评是关于凯尔森的法律规范性认知方法究竟从何而来的问题。在文献中，凯尔森在这个问题上似乎不受约束，但这种对其理论的"放纵"是缺乏根据的。法律规范性认知方法不能简单地存在于事物的本质当中。凯尔森需要一套论证支持他关于自然认知之外的第二种认知的论点，但是这唯一有效的论证——完整的（sound）康德式的先验论证——也是乏力的。我对这两种批评依次进行了论述，特别是第一种批评。①

耶利内克的观点指向国家。他的意思是，我们对国家的理解一方面应在历史-政治视角下进行；而在转向"法律面向"后，应采纳其"国家具有规范性"的观点进行补充。耶利内克的诸观点间有一个共同之处，那就是它们都针对一个独立存在的国家。正如他所说："同一个物体可以产生大量不同种类的认知。"②

相比之下，凯尔森的观点截然不同。凯尔森并没有从国家——国家即法律体系——脱离认知方法而存在的状态开始。③相反，就像他论证的第二个前提一样，方法是对象的构成要素。把认知方法应用于一种对象之前，一切存在的东西都是一种待确定为对象的基底（substratum）。④一旦确定，构成对象就固定下来了。也就

---

① 在其他地方，我曾详细论述过后一种批评。例如 S. L. Paulson, "A 'Justified Normativity' Thesis in Hans Kelsen's Pure Theory of Law? Rejoinders to Robert Alexy and Joseph Raz", In *Institutionalized Reason: The Jurisprudence of Robert Alexy*, Ed. M. Klatt, Oxford: Oxford University Press, 2012, pp. 71–78, 85–92, 102–111; S. L. Paulson, "The Great Puzzle: Kelsen's Basic Norm", In *Kelsen Revisited: New Essays on the Pure Theory of Law*, Ed. L. Duarte d'Almeida, J. Gardner, and L. Green, Oxford: Hart, 2013b, pp. 43–61; S. L. Paulson, "Das regulative Prinzip als Rettung der Reinen Rechtslehre Hans Kelsens?" In *Wissenschaftsphilosophie im Neukantianismus*, Ed. C. Krijnen and K. W. Zeidler, Würzburg: Königshausen & Neumann, 2014, S. 259–288; S. L. Paulson, "Metamorphosis in Hans Kelsen's Legal Philosophy", 80 (5) *Modern Law Review*, 870–885 (2017a). 参见 C. Krijnen, "Vernunft als Geltungsgrund des Rechts: Kelsen im Spiegel kantischer Transzendentalphilosophie", In *Hans Kelsens Politische Philosophie*, Ed. E. Özmen, Tübingen: Mohr Siebeck, 2017, S. 79–92。

② G. Jellinek, *System der subjektiven öffentlichen Recht*, Tübingen: J. C. B. Mohr, 1892, S. 13.

③ 关于凯尔森作品的新康德主义维度以及在耶利内克理论中没有任何明确相似之处的论述，参见 J. Kersten, *Georg Jellinek und die klassische Staatslehre*, Tübingen: Mohr Siebeck, 2000, S. 55, 145, 147–148 的凌厉评论。有关新康德主义与耶利内克关系中和、翔实的论述也见于 H. Boldt, Staat, "Recht und Politik bei Georg Jellinek", In *Die normative Kraft des Faktischen*, Ed. A. Anter, Baden-Baden: Nomos, 2004, S. 15–16n。

④ 基底（The substratum），凯尔森的"与模式无关的基底"（modally indifferent substrate）最为人们所熟知。参见 H. Kelsen, *Allgemeine Theorie der Normen*, Ed. K. Ringhofer and R. Walter, Vienna: Manz, 1979; H. Kelsen, *General Theory of Norms*, Trans. M. Hartney, Oxford: Oxford University Press, 1991, chap. 57, § IX。然而，对我来说，凯尔森早期作品中"与模式无关的基底"更为有趣。后期与其早期古典时期或新康德主义时期的观点截然不同，甚至完全是另一码事：请参见 S. L. Paulson, Hans Kelsen and Carl Schmitt: Growing Discord, Culminating in the "Guardian" Controversy of 1931, In *The Oxford Handbook of Carl Schmitt*, Ed. J. Meierhenrich and O. Simons, New York: Oxford University Press, 2016, 514–515。

是说，以这种方式构成的国家法律体系，不可能在以后成为一个自然建构的国家。相比之下，对耶利内克来说，国家的存在与我们如何理解国家无关。这种观点和认知方法的根本区别使我联想到第二种批评。

从凯尔森独特的康德主义立场来看，个别规范（individual norm）产生于立法者和法官的意志行为。① 可以说，他们的行为是通过康德式的过滤（filter）形成了法律规范。凯尔森这样描述康德的过滤理论：

> 毫无疑问，人们可以把在法律体系框架内创造和适用的规范看作只有在它们得到法律科学承认后才具有法律规范的性质。这门科学的作用是把法律规范的客观意义归结于某些特定的行为，而且这并不妨碍我们指出，法律规范是法律科学的对象，或法律是一套规范体系。这个定义与康德的理论是完全一致的，康德的理论认为，认识创造了它的对象，因为我们在这里所说的是认识论的创造，而非立法者创造法律那样的人为意志创造。相似的，作为因果科学研究对象的自然现象，也是由因果科学在纯粹认识论意义上创造出来的。②

当然，只有当康德过滤理论能够被康德先验论证支撑时，才站得住脚，适用于任何一门长期存在的学科（这里指的是法律科学）的先验论证，这是有关选择的问题。论证的前提是，而且必须如此，除非通过先验论证的方式进行，否则没有别的选择。

这个问题可以用先验论证的逻辑简目来说明：

1. 给定 P。
2. P 只有在 Q（先验前提）的条件下才是可能的。

（接上页）本文将 substratum 一词的译为"基底"，是参照了邓晓芒先生的译法，就此可参见康德：《纯粹理性批判》，邓晓芒译，杨祖陶校，人民出版社 2004 年版。——译者注

① 意志行为和法律规范之间的根本区别——这两者在凯尔森的法律理论中都扮演着重要角色——在 J. Kammerhofer, "Hans Kelsen in Today's International Legal Scholarship", In *International Legal Positivism in a Post-Modern World*, Ed. J. Kammerhofer and J. d'Aspremont, Cambridge: Cambridge University Press, 2014, p. 101, 113 中得到了明确的阐述。

② H. Kelsen, *Théorie pure du droit*, Trans. H. Thévenaz, Boudry-Neuchâtel: Éditions de la Baconnière, 1953a, S. 53-54.（本文由安妮·柯林斯和邦妮·利切夫斯基·鲍尔森翻译）参见 H. Kelsen, *Reine Rechtslehre*, 2nd ed, Vienna: Franz Deuticke, 1960, §16Rn. 74, 其中他提供了康德过滤理论的另一种表述。我所提到的在凯尔森在过去十年的或新康德主义时期经典著作中的康德式过滤理论，不应该被理解为"过滤"理论首先出现的意思。早在 1922 年，人们就在凯尔森的著作中发现了它，尽管它的形式显然还不成熟。参见 H. Kelsen, "Rechtswissenschaft und Recht", *Zeitschrift für öffentliches Recht*, 2 (1922a), S. 180, 182。

3. 因此，Q（先验结论）。①

在第一个前提中，P 代表此处给定的命题，"法律体系的事实"，在第二个前提和结论中，Q 代表预设的法律范畴。② 从被给定的命题出发，理论将"回溯"到先验范畴，如果没有先验范畴，被给定的命题将不可能成立。一个关键性的前提被给定，新康德主义理论称之为"科学事实"。③ 那么，我们的任务就是在先验范畴中，通过证明 P 包含 Q 而论证 P 的可能性。如果能找到先验论证的替代品，那么上述论证的第二个前提就是错误的，即论证不可靠。在现有的学科中，总会有其他的选择。再谨慎一点说，不能排除存有另一种选择的可能性。

正如我在引言中所提到的，凯尔森将他的法律理论描述为两个"是"-"应当"或者实然-应然的区分④，即事实-价值区分，以及与其相对应的"分离原

---

① 通过添加琐碎的前提（称其为前提 1a），这个论证被正式地证明是有效的，其效果是，如果 P 是给定的，就像在前提 1 中一样，那么 P 是可能的。

② 我认为，在凯尔森的法律范畴中，归责（imputation）是最为重要的，但这一问题仍有争议。参见 R. Alexy, "Hans Kelsens Begriff des relativen Apriori", In *Neukantianismus und Rechtsphilosophie*, Ed. R. Alexy et al., Baden-Baden: Nomos, 2002b, S. 179-202; C. Heidemann, "Der Begriff der Zurechnung bei Hans Kelsen", In *Hans Kelsen: Staatsrechtslehrerund Rechtstheoretiker des 20. Jahrhunderts*, Ed. S. L. Paulson and M. Stolleis, Tübingen: Mohr Siebeck, 2005, S. 17-34; S. L. Paulson, "A 'Justified Normativity' Thesis in Hans Kelsen's Pure Theory of Law? Rejoinders to Robert Alexy and Joseph Raz", In *Institutionalized Reason: The Jurisprudence of Robert Alexy*, Ed. M. Klatt, Oxford: Oxford University Press, 2012, pp. 102-111; P. Langford and I. Bryan, "Hans Kelsen's Concept of Normative Imputation", 26 (1) *Ratio Juris*, 85-110 (2013). 里奥尼德·皮塔麦（Leonid Pitamic）对归责理论进行了解释，参见 L. Pitamic, "Denkökonomische Voraussetzungen der Rechtswissenschaft", *Österreichische Zeitschrift für öffentliches Recht*, 3 (1917), S. 365-366, 援引自 M. Pavčnik, "Methodological Clarity or the Substantial Purity of Law? Notes on the Discussionbetween Kelsen and Pitamic", 27 (2) *Ratio Juris*, 178 (2014).

③ "如果我不把认识当作意识的形式和方式，而是把它当作一个在科学中已经确立了的事实，一个在一定的基础上继续确立起来的事实，那么，这种考察就不再指向一个主观的事实；相反，它指向了这样一个事实：无论自我标榜到何种程度，它都是客观地给予的基于原则的事实。换句话说，研究的对象不是认识的过程和工具，而是认识的结果，即科学本身。于是就出现了一个显而易见的问题：科学的这一事实的确定性来自于哪些前提？"参见 H. Cohen, *Das Princip der Infinitesimal-Methode und seine Geschichte*, Berlin: Ferd. Dmmler, 1883, S. 5。原文对此进行了强调。关于科学的事实，请比较 H. Kelsen, *Reine Rechtslehre*, 1st ed, Leipzig and Vienna: Deuticke, 1934, § 16 Rn34-5: "一种规范性法律理论的可能性和必要性，在数千年以来法律科学变迁的事实中就能表现出来，它以教义法学作为工具，认为只要有法律就足够了，为那些关心法律的人提供智力需求上的服务。"

④ 一般来说，除了凯尔森自己使用的地方外，我没有对实然（Sein）和应然（Sollen）使用引号。一方面，这些表达在德语中相当于"是"和"应当"。另一方面，这些表达也被用作范畴的名称，即 Sein（自然世界）范畴和 Sollen（规范世界）范畴。凯尔森在这里说的不是"Sein"这个词的范畴，也不是"Sollen"这个词的范畴。

则"。① 纯粹性命题支配着他对这些区分的理解。在对分离原则的某些论述中,凯尔森赞同英语世界法律哲学中有关"是"与"应当"的区分②,而在另一些论述中,他不赞同。在最后一节中,我将讨论与这两个区分相关的问题。

五、凯尔森的"是"-"应当"或实然-应然区分

第一,我将对凯尔森的事实-价值区分做一个简短的考察;第二,我将对凯尔森的分离原则(separability principle)的进行阐释;第三,也是最后一点,就像在引言中提到的,凯尔森纯粹法理论是,除传统的法律实证主义和自然法理论外的,第三种可能。在这里,我的任务是论证凯尔森的法律理论代表了一种法律实证主义,但它在性质上与传统的以事实为基础的法律实证主义不同,是一种独特的法律实证主义,它需要两个区分:"是"-"应当"或实然-应然。经考察之后,我们可以发现,传统法律实证主义与自然法理论之间以及其特有的理论内容并非矛盾关系,而是对立关系。③

(一) 事实-价值区分

通常,事实与价值的区分不能仅从特定领域的角度来理解——比如自然科学事实与道德价值相区分。相反,这种区分应该被理解得更为普遍,类似于推理规则。哲学家和社会学家格奥尔格·齐美尔(Georg Simmel)是这样说的:"如果要从逻辑上证明某件事应当是这样的,那么它只能通过把它追溯到另一个'应当',一个假定为确定的'应当'来证明。"④

---

① 在这里,"可分离性"(separability)比"分离"(separation)更合适,参见 M. H. Kramer, *In Defense of Legal Positivism*, Oxford: Oxford University Press, 1999, p. 2, 114; L. Green, "Positivism and the Inseparability of Law and Morals", 83 (4) *New York University Law Review*, 1036 (2008); 关于可分离性的两种解读,参见 A. Somek, "The Spirit of Legal Positivism", 12 (2) *German Law Journal*, 732-735 (2011)。

② 参见,例如 J. Gardner, "Legal Positivism: 5 1/2 Myths", 46 (1) *The American Journal of Jurisprudence*, 199-227 (2001); L. Green, "Positivism and the Inseparability of Law and Morals", 83 (4) *New York University Law Review*, 1035-1058 (2008); M. H. Kramer, "On the Separability of Law and Morality", 17 (2) *Canadian Journal of Law and Jurisprudence*, 315-335 (2004)。

③ 对立关系亦称反对关系。在逻辑学中,反对关系和矛盾关系都属于不相容关系,或叫全异关系,但是二者是有区别的。矛盾关系是指对立的两种情况,没有第三种情况存在,非此即彼,非彼即此。反对关系是指在对立的两种情况之外,还存在其他情况,非此不一定彼,非彼不一定此。——译者注

④ G. Simmel, *Einleitung in die Moralwissenschaft. Vol. 1*, Berlin: Hertz, 1892, S. 12. 转引自 H. Kelsen, *Hauptprobleme der Staatsrechtslehre*, Tübingen: J. C. B. Mohr, 1911a, S. 8; H. Kelsen, *Hans Kelsen*

同样，新康德主义海德堡学派①的代表人物古斯塔夫·拉德布鲁赫（Gustav Radbruch）在其专著《法哲学》（Legal Philosophy）中写道："'应然'规范（Sollenssatze）只能通过其他'应然'规范来建立和证明。正因为如此，最终的'应然'规范是不言自明、无法证明的。"②

而最著名的事实-价值的区分源于大卫·休谟（David Hume）：

> 在我所遇到的每一个道德学体系中，我一向注意到，作者在一个时期中是照平常的推理方式进行的……可是突然之间，我却大吃一惊地发现，我所遇到的不再是命题中通常的"是"与"不是"等连系词，而是没有一个命题不是由一个"应当"或一个"不应当"联系起来的。这个变化虽是不知不觉的，却是有极其重大的关系的。因为这个应当或不应当既然表示一种新的关系或肯定，所以就必需加以论述和说明；同时对于这种似乎完全不可思议的事情，即这个新关系如何能由完全不同的另外一些关系推出来的，也应当举出理由加以说明。③

总而言之，齐美尔、拉德布鲁赫和休谟都提出了一个原则，即"应当"不可能从"是"衍生出来。

凯尔森也对"是"和"应当"作出了明确的区分："从逻辑上讲，追问一个具体的'应然'的'为什么'只能得出'应当'，正如追问一个'实然'的'为什

（接上页）*Werke. Vol. 2, Veröffentlichte Schriften 1911*, Ed. M. Jestaedt, Tübingen: Mohr Siebeck, 2008, S. 87; H. Kelsen, *Über Grenzen zwischen juristischer und soziologischer Methode*, Tübingen: J. C. B. Mohr, 1911b, S. 7; H. Kelsen, *Hans Kelsen Werke. Vol. 3, Veroffentlichte Schriften 1911—1917*, Ed. M. Jestaedt, Tübingen: Mohr Siebeck, 2010, S. 28.

① 海德堡学派即"弗莱堡学派"，是形成于19世纪末20世纪初，与马堡学派遥相对应的新康德主义主要派别之一。因该派主要代表文德尔班、李凯尔特等人后期都转到了海德堡大学，海德堡取代弗莱堡成为该派活动中心，故名。弗莱堡学派在从右的方面批判康德的"自在之物"概念上和马堡学派基本一致。海德堡学派更重对文化历史问题进行哲学的彻底钻研。由于海德堡和弗莱堡都坐落在和法国、瑞士接壤的德国西南部的巴登州，故又称"德国西南学派"或"巴登学派"。——译者注

② G. Radbruch, Rechtsphilosophie. Leipzig: Quelle & Meyer, 1932, § 2Rn. 8. G. Radbruch, 1950, "Legal Philosophy", In *The Legal Philosophies of Lask, Radbruch, and Dabin*, Trans. K. Wilk, Cambridge, MA: Harvard University Press, 1950, § 2 Rn. 55.

③ D. Hume, *A Treatise of Human Nature (1739—40)*, 2nd ed. of the edition by L. A. Selby-Bigge, Ed. P. H. Nidditch, Oxford: Clarendon, 1978, bk III, pt, 1, sec. i, 469.（为便于读者理解，就原文所引大卫·休谟之语，译者参照了中译本《人性论》中关文运先生的译法，略有改动。就此可参见休谟：《人性论》（下册），关文运译，商务印书馆1980年版，第509—510页。——译者注）

么'只能得到一个'是'的答案一样。"①

凯尔森明确指出,这两个范畴间的推论——以指示性的"是"和情态助动词"应当"为标志——是在不同的轨道上进行的。然而,他对阻止从"是"转变为"应当"规则的关注,要少于对非还原性原则的关注,即在法律修辞领域,"应当"不能被还原为"是"。简而言之,这就是凯尔森的非自然主义立场。

凯尔森在理论上设置的羁束可以通过事实与价值的关系重置,即划定一块彼此区隔的特殊领域来理解。因此,按照事实-价值区分原则重置的实然与应然,分别指向与事实的联结及有效的实在法规范。在凯尔森的笔下,事实与价值之间的区分避免了将应然领域中的有效法律规范还原为实然自然世界中的事实。

另一个"是"与"应当"的区分是我们所熟悉的,首先来自于 H. L. A. 哈特（H. L. A. Hart）。在提到杰里米·边沁（Jeremy Bentham）和约翰·奥斯丁（John Austin）的贡献时,哈特区分了"法律本来的样子和它应当有的样子"。

（二）对分离原则的理解以及凯尔森的立场

奇怪的是,分离原则由哈特引介给现代读者时陷入了困境。有些人认为,分离原则代表了一个抽象的、无条件的命题,大意是法律和道德之间没有必要的联系。约翰·加德纳（John Gardner）写道：

> 这一命题是荒谬的,没有任何著名的法哲学家赞同这种说法。假如法律和道德有必要的相似之处的话（无论相似的方式为何）,法律和道德终归存在必然的联系。它们当然如此。即使没有别的什么相似之处,它们也必然都包含某些有效规范。②

在加德纳之后,有一种"相似"关系是必然的观点促使马修·克莱默（Mat-

---

① H. Kelsen, *Hauptprobleme der Staatsrechtslehre*, Tübingen: J. C. B. Mohr, 1911a, S. 8; H. Kelsen, *Hans Kelsen Werke. Vol. 2, Veröffentlichte Schriften 1911*, Ed. M. Jestaedt, Tübingen: Mohr Siebeck, 2008, S. 87; H. Kelsen, *Über Grenzen zwischen juristischer und soziologischer Methode*, Tübingen: J. C. B. Mohr, 1911b, S. 6–7; H. Kelsen, *Hans Kelsen Werke. Vol. 3, Veröffentliche Schriften 1911—1917*, Ed. M. Jestaedt, Tübingen: Mohr Siebeck, 2010, S. 28. 我已经在凯尔森的引文中添加了引号；同样地,上面来自齐美尔和拉德布鲁赫的引文也是如此。

② J. Gardner, "Legal Positivism: 5 1/2 Myths", 46 (1) *The American Journal of Jurisprudence*, 223 (2001).（为便于读者理解,就原文所引约翰·加德纳之语,译者参照了中译文《法律实证主义：五个半误解》中雷磊老师的译法,略有改动。就此可参见约翰·伽德纳：《法律实证主义：五个半误解》,雷磊译,载郑永流主编：《法哲学与法社会学论丛》（第十二期）,北京大学出版社 2008 年版,第 246 页。——译者注）

thew Kramer)① 用一种"归谬法"的论证来反驳:"加德纳的论证将支持道德与任何其他事物之间存在必然联系的预设。例如,道德和木星的相似之处在于它们都不是蛋奶馅饼。"

加德纳往一个方向走——法律和道德之间没有必要的联系。克莱默的举动则是反方向的——遵守"奥卡姆剃刀原则"②,拒绝不必要联系的增加。这两种说法都正确地表明,有些事情偏离了轨道。加德纳把这次偏离归咎于哈特,克莱默则声称加德纳才是罪魁祸首。

恢复分离原则准确含义的第一步是把"没有必然联系"这一抽象的、无条件的主张作为对这一原则的解释放在一边。接着就可以对此原则意在达到的目的进行讨论了。正如许多理论家所强调的那样,分离原则的主要目的在于解决法律效力问题上的作用。③

在凯尔森的论证中,分离原则的两种不同表述提供了截然不同的观点。第一,因为它涉及法律效力的标准,所以分离原则中包含有一项消极表述:

1. 法律效力的标准具有非道德性质

凯尔森显然赞成分离原则这样的表述。例如他写道,"不能因为法律规范的内容与某种预设的实质性价值,如道德价值,不符为由,就对其有效性提出质疑"。④

分离原则的第二项内容是关乎法律效力标准的积极表述:

2. 法律效力的标准是指向社会事实的

在这里,凯尔森与英语世界的法律实证主义者们分道扬镳。他的法律理论不是

---

① M. H. Kramer, "On the Separability of Law and Morality", 17 (2) *Canadian Journal of Law and Jurisprudence*, 315–316 (2004).

② 奥卡姆剃刀定律(Occam's Razor, Ockham's Razor)又称"奥康的剃刀",它是由14世纪英格兰的逻辑学家、圣方济各会修士奥卡姆的威廉(William of Occam,约1285—1349年)提出。这个原理称为"如无必要,勿增实体",即"简单有效原理"。正如他在《箴言书注》2卷15题说"切勿浪费较多东西去做,用较少的东西,同样可以做好的事情"。——译者注

③ 参见例如 J. Gardner, "Legal Positivism: 5 1/2 Myths", 46 (1) *The American Journal of Jurisprudence*, 199–202 (2001); R. Alexy, "An Answer to Joseph Raz", In *Laws, Rights and Discourse: The Legal Philosophy of RobertAlexy*, Ed. G. Pavlakos, Oxford: Hart, 2008b, p. 43; G. J. Postema, *Legal Philosophy in the Twentieth Century: The Common Law World. Vol. 11 of A Treatise of Legal Philosophy and General Jurisprudence*, Ed. E. Pattaro and C. Roversi, Dordrecht: Springer, 2011, p. 271. 实际上,加德纳在《法律实证主义:五个半误解》写道:"法律实证主义不是关于法律本质的整体性理论(a whole theory of law's nature)。它是有关法律效力的命题。"参见 J. Gardner, "Legal Positivism: 5 1/2 Myths", 46 (1) *The American Journal of Jurisprudence*, 210 (2001).

④ H. Kelsen, *Introduction to the Problems of Legal Theory*, Trans. B. Litschewski Paulson and S. L. Paulson, Oxford: Clarendon, 1992, § 28 Rn. 56; 或可参见 H. Kelsen, 1960, *Reine Rechtslehre*, 2nd ed, Vienna: Franz Deuticke, 1960, § 34 (c) Rn. 201.

基于事实的，所以他不会承认分离原则的第二项表述。原因在于，凯尔森是新康德主义者，支持康德的过滤理论，凯尔森写道，规范在法律体系中的创制和适用应当以法律科学的认知为前提。①

法律规范经过康德理论的过滤，成为了一个自治领域。凯尔森就这一点，"理论或者其他相同的事物具有纯粹性，法律作为科学认知的对象具有独立性（Selbständigkeit）"，表达得很清楚。②因此，法律是自主的。在自治领域内发现的法律体系是法律认知的对象。只要我们赞同凯尔森的立场，讨论自治领域内的法律，第二项法律效力标准肯定就不适用于纯粹法理论。③

（三）凯尔森的法律理论在概念上与法律实证主义截然不同

我又回到了传统的法律实证主义和自然法理论并列的问题，它们是否能够穷尽所有可能性。如果是，那么这就证明了凯尔森的法律理论在概念上是一种截然不同的法律实证主义，它是前述两种传统理论所不能含括的第三种类型。

实证主义和非实证主义，"是"与"应当"之间的简单区分，支持了具有穷尽性的主张。为了说明这一主张，他们为"是"与"应当"提供了使其具有法律效力的语境义（contextual definitions），我在导言中也列出了这类陈述。④因此，这些陈述是矛盾的，它们只是为了证明穷尽性的主张而提出的。

然而，简单的实证主义和非实证主义的区分并没有考虑到凯尔森的法律理论与传统或自然主义法律实证主义是不同的，即：凯尔森的法律理论是非自然主义的。要理解凯尔森法律理论，需要理解两个"是"－"应当"或实然（Sein）－应然（Sollen）的区分，以取代我们熟悉的实证主义和非实证主义的区分。每一种凯尔森式的"是"－"应当"的区分都对应于下表中的一种情况：一种反映了法律与事实的关系，另一种反映了法律与道德的关系。这两种复杂关系产生的组合可能产生四种法律理论，如表中所示。

---

① 参见批注 53（即本书第 159 页脚注②）的引文。

② H. Kelsen, 1998a. "New Foreword to the Second Printing of Main Problems in the Theory of Public Law", In *Normativity and Norms: Critical Perspectives on Kelsenian Themes*, Ed. S. L. Paulson and B. Litschewski Paulson, 3-22, Oxford: Clarendon (1st ed. 1923; quotations are from the Englishedition), 1998a, S. 3; 1923 年原版序言第 v 页。

③ 参见 L. Kähler, "Kelsen and the Problems of the Social Fact Thesis", In *Kelsenian Legal Science and the Nature of Law*, Ed. P. Langford, I. Bryan, and J. McGarry, Dordrecht: Springer, 2017, pp. 23-42。中对此进行的有益讨论。

④ 参见批注 6（即本书第 134 页脚注⑤）中的引文。

法（法律）& 道德 \ 法（法律）& 事实	规范原则① （法律与事实的可分离性）	还原原则 （法律与事实的不可分离性）
道德原则 （法律与道德的不可分离性）	自然法理论	开放②
分离原则 （法律与道德的可分离性）	凯尔森的纯粹法理论	以事实为基础的法律实证主义

最后，我只简要地谈一个仍悬而未决的内容。在凯尔森的观念中，法律规范③和法律组织（法人，包括公司、自治市、民族国家等），代表着法律规范的集群，它们存在于一个观念的、非自然主义的范畴，即应然范畴，与实然范畴、自然主义世界并不相同。而且，这一观念范畴不能跟康德的理性世界或本体世界混淆，即他的实践哲学的世界。因为凯尔森并不承认康德的任何实践哲学④，他的观念范畴、应然范畴是在现象世界中发现的⑤，支配应然范畴的概念机制是从康德"第一批判"中的先验感性论和先验分析论中提取的。纯粹性命题是这些区分和其他更多区分的核心。

---

① 使用"规范"一词是方便的，因为它是该领域的通用用语，即使关于其含义的观点有很大的不同；请参见例如 D. Enoch, "Reason-Giving and the Law", In vol. 1 of *Oxford Studies in Philosophy of Law*, Ed. L. Green and B. Leiter, Oxford: Oxford University Press, 2011, pp. 1–38. 开篇几页所阐述的观点。将凯尔森的法律理论区分为规范主义，即非自然主义，是很有用的，因为——至少在一些文献资料中——"规范性"与凯尔森的理论是有误导性的。关于这个问题，请参见 T. Gutmann, "Kelsens Begriff normativer Begründung", In *Hans Kelsens Politische Philosophie*, Ed. E. Özmen, Tübingen: Mohr Siebeck, 2017, S. 51–77.

② 各种类型的法律理论在这里都是可能成立的。

③ P. Koller, "On the Nature of Norms", 27 (2) *Ratio Juris*, 155–175 (2014) 对规范的概念进行了有益的讨论，在文中他特别提到了哈特和凯尔森，还对凯尔森进行了严厉的批评。

④ 参见批注 15（即本书第 141 页脚注④）的引述。

⑤ 凯尔森与新康德主义中的西南德意志学派的学者有同样的观点，他无论如何最初都受该学派的主要人物威廉·文德尔班（Wilhelm Windelband）的影响。关于凯尔森法律理论的新康德主义维度，参见 S. L. Paulson, "Das regulative Prinzip als Rettung der Reinen Rechtslehre Hans Kelsens?" In *Wissenschaftsphilosophie im Neukantianismus*, Ed. C. Krijnen and K. W. Zeidler, Würzburg: Königshausen & Neumann, 2014, S. 259–288; S. L. Paulson, 2017c. "A Role for Hermann Cohen in Hans Kelsen's Pure Theory of Law?" In *Rechtsstaatliches Strafrecht. Festschrift für Ulfrid Neumann zum 70. Geburtstag*, Heidelberg: C. F. Müller, 2017c, S. 283–294.

特色栏目·人工智能与计算法学

人工智能与法律、逻辑和论证型式[*]

亨利·帕肯[**] 著

朱赫夫[***] 译

摘 要 本文从论证型式的角度回顾了人工智能与法律的研究历史。起初对逻辑的观察是：虽然它也能很好地适应不确定、模糊与分歧的法律推理，但对于论证型式之分类而言，它还是太过抽象了。因此，需要补充一种论证型式方法。这种方法对论证之区分，不是根据逻辑而是根据其内容。特别是根据论证的各种要素起到的作用。也有人认为，许多人工智能与法律的研究实际上采用了论证型式的方法，虽然其通常之表现并不如此。最后，讨论了论证型式方法及其在人工智能与法律中的应用，并从图尔敏的论证图示中汲取了一些经验教训。

关键词 论证型式 法律推理 可废止推理 非单调逻辑 令状

一、简介

在人工智能和法律的早期研究中，人们有时会就逻辑是否适合于法律推理建

---

[*] 本文译自 Henry Prakken, "AI & Law, Logic and Argument Schemes", *Argumentation* 19, 2005, pp. 303-320。感谢帕肯教授的授权与帮助，在此鸣谢。

[**] 亨利·帕肯（Henry Prakken），荷兰乌得勒支大学信息与计算科学系（Department of Information and Computing Sciences, Utrecht University）、格罗宁根大学法学院（Faculty of Law, University of Groningen）教授。

[***] 朱赫夫，中国政法大学法学理论博士研究生。

模，展开激烈的辩论。有人认为，逻辑无法应付法律的模糊性、不确定性和对抗性。① 现在我们知道，这种批评是不合理的，逻辑方法运用于冲突结论的论证也是可能的。例如对于不同层次的、可能的冲突规则，非单调逻辑的技术可以进行建模②，甚至还能为先例推理的各层次建模。③ 然而，即便使用了这些现代技术，逻辑方法仍然有一些局限性，需要补充其他的要素。要点在于，逻辑推理所使用的概念太过抽象。推理的逻辑有效性完全取决于推理中某些结构词的意义，如连接词（和，或，如果，不是，……）和量词（全部，一些，大部分，……）。然而，即便是某些句子无法区分这些成分，它依然能很好地在论证中扮演不同的角色。可能是图尔敏首先强调了这一点④，在他著名的论证图示中，他将主张区分为两种：受到令状（warrant）支撑的数据（data），与以反驳（rebuttal）限制的例外（exception）。

也许比图尔敏的图示更重要的，是他的总体性观察：不同要素在论辩中可以起到不同的作用，这导致了评价论证的不同标准。

考虑以下句子举的例子：

荷兰男人都很高。

所有电子邮件地址都是私人数据。

从逻辑的角度来看，这两句话都具有普遍量化的含义。然而，从认识论的角度来看，它们显然是不同的。第一句是关于某一类动物的经验陈述，第二句是解释某一法律概念的法律规则。反对第一句与反对第二句，所用的方法是不同的。对第一句话的攻击主要采用经验观察（昨天我看到一个矮个的荷兰男人）或诉诸于经验方法论（你的样本有偏差）；相反的，攻击第二句经常会指向法源（相关法规）、合法机构（荷兰最高院另有意见）、原则或政策（将电子邮件视为私人数据，将允许使用《隐私保护法》以对抗垃圾邮件）。有时基于经验陈述的论证也会诉诸

---

① Berman, D. H, and Hafner, C. D.: 1987, "Indeterminacy: A Challenge to Logic-Based Models of Legal Reasoning", in *Yearbook of Law, Computers and Technology*, Butterworths, London, Vol. 3, pp. 1-35.

② 概述参见 Prakken, H. and Sartor, G.: 2002, "The Role of Logic in Computational Models of Legal Argument: A Critical Survey", in A. Kakas and F. Sadri (eds.), *Computational Logic: Logic Programming and Beyond. Essays in Honour of Robert A. Kowalski*, Part II. Springer Lecture Notes in Computer Science 2048, Berlin, pp. 342-380。

③ 如 Prakken, H. and Sartor, G.: 1998, "Modelling Reasoning with Precedents in a Formal Dialogue Game", *Artificial Intelligence and Law* 6, pp. 231-287; Prakken, H.: 2002, "An Exercise in Formalising Teleological Case-Based Reasoning", *Artificial Intelligence and Law* 10, pp. 113-133。

④ Toulmin, S. E.: 1958, *The Uses of Argument*, Cambridge University Press, Cambridge.

来源。("你从哪儿听说荷兰男人很高的?""亨利说的,他是荷兰人,他可以知道的。""但亨利经常说谎。")然而,即便是这都是经验陈述,第一类与第二类也有明显的区别。

比较:

荷兰男人通常喜欢足球。
证人通常说真话。

这两句话都是经验性概括,但第二句是更具有普遍性。因为它表达了知识的来源,而第一句却没有。因为这个区别,攻击第二句的方法并不适用于攻击第一句。如,攻击第二句可以采用:证人有偏见或证人的感官失能。当然,在针对第一句的辩驳也会涉及来源,也会被问及概括的来源。但是其句子本身并不能表达知识的来源。

以上这些例子的要点是,句子在论证之中并不只取决于逻辑形式,而且还有其他的因素,诸如认识论或语用性质。逻辑的有效性的抽象定义(演绎或非单调)难以解决以上的问题,因此应当采取"论证型式"方法加以补充。在图尔敏那里,这种方法可以识别各种元素在论证中的不同作用,从而引出场域依赖(field-dependent)的有效论证的概念。原因是不同类型的论证其前提具有不同的严格检查方式。因为不同的场域有其特定的论证型式,对于衡量论证的标准取决于不同的场域。

论证理论是唯一明确地研究论证型式(或"论证方案")概念的领域。但是,在本文中,我认为许多人工智能与法律的研究[①],实际上也采用了论证型式的方法,并谨记了图尔敏的一些主要观点。我这样做并不是要对人工智能与法律研究进行全面的概述,我更愿意从人工智能与法律的文献中选择一些例子来说明论证型式的方法。在第 2 节,我将在论证理论中阐述论证型式的概念;在第 3 节,介绍论证型式是如何被形式化,并运用于常识论证的人工智能模型中;在第 4 节,我将简述法律问题解决的主要阶段,如事实认定、规则解释和法律适用;在随后的部分(第 5—7 节),讨论三个阶段中使用的一些主要论证型式以及为这些方案建模的人工智能与法律计划;在第 8 节,我将讨论论证型式之于法律推理的局限性;在第 9 节,讨论在人工智能与法律领域中的这些工作为何可被视为图尔敏的研究工作的发展,以此作为总结。

---

① Gordon, T. F.: 2003, Artificial Intelligence Models of Legal Argumentation, *Tutorial notes Ninth International Conference on Artificial Intelligence and Law*, Edinburgh, UK.

二、论证型式

在这一部分中，我将在论证理论（argumentation theory）中，阐述论证型式方法的主要思想。论证型式这一概念，是现在论证理论中的核心主题之一。最近的概述参见加森（Garssen）。① 道格拉斯·沃尔顿（Douglas Walton）对论证型式的研究作出了重要贡献。正如他所设想的那样，论证型式在技术上具有推理规则的形式。考虑下例，该方案是"认识点论证"（agument from the position to know）的认知推理（epistemic reasoning）。②

W 说 p，
W 处于认识 p 的位置，
因此（推测），p。

（请注意，这与我在简述中举的例子"证人通常说真话"有相似之处。实际上，两者是型式与例子的关系）或者从"后果论证"（arguments from consequences）的实践推理中考虑一下型式③：

如果 A 产生了，那么好的（坏的）后果将会（可能是合理的）发生。
因此，应该（不）产生 A。

我在简介中举的例子"所有电子邮件地址都是私人数据"，可以转化为一个从良好后果出发的论证：

如果《荷兰数据保护法》中的"私人数据"一词被解释为包括电子邮件地址，然后反垃圾邮件的法律措施是可能的也是好的。
因此，《荷兰数据保护法》中的"私人数据"一词应解释为包括电子邮件地址。

---

① Garssen, B.: 2001, "Argument Schemes", in F. H. van Eemeren (ed.), *Crucial Concepts in Argumentation Theory*, Amsterdam University Press, Amsterdam, pp. 81-99.
② Walton, D. N.: 1996, *Argumentation Schemes for Presumptive Reasoning*, Erlbaum, Mahwah, N. J, pp. 61-63.
③ Ibid., pp. 75-77.

论证型式不是按其逻辑形式分类的，而是按其内容分类的。许多论证型式实际上表达了认识原则（如认识点的型式）或实践推理原则（如后果推理的型式）。因此，不同的领域可能具有不同原则所组成的集合。论证型式则附带了一系列必须回答的关键问题，以评估在特定案件中的应用是可以被允许的。其中一些问题与前提的可接受性有关，例如"W是否认识p？"或者"使用法律手段对付垃圾邮件的真的很好吗？"然而，其他问题则指向该计划可能不适用的例外情况，如"W是否真诚？"或者"有没有更好的方法以产生这些好的结果？"显然，提出此类关键问题可能会使论证型式被废止，因为对此类关键问题的否定回答实际上是反论，例如"W不真诚，因为他是嫌疑犯的亲属，而且嫌疑犯的亲属往往倾向于保护嫌疑犯"。论证型式可废止的另一个原因是：它可能会因同一或其他的型式之应用冲突而发生矛盾。例如同一形式中的后果推理，正面例子可以被负面例子所攻击，如"将电子邮件地址解释为个人数据也会产生不良后果，这导致法律系统将讼累不堪。因此'私人资料'一词不应解释为包括电子邮件地址"。或者一个处于认识点的人（比如证人）可能说嫌疑人在犯罪现场，而另一个可能说嫌疑人不在犯罪现场。或者证人证言可以用另一个型式的论证来反驳，例如使用照片证据。

以上我所说的论证型式都是根据其内容分类的。然而，从逻辑的角度看，可以通过在前提和结论之间添加连接，作为条件前提，从而将之转化为逻辑推理规则的实例。正如刚才所解释的，大多数论证型式都是可废止的，因此条件也具有可废止的性质。例如认识点型式可以转化为：

W 说 p，
W 处于认识 p 的位置，
能认识的人通常说真话，
因此（推定），p。

而后果推理的型式可以转化为：

如果 A 产生了，那么好的（坏的）后果将（可能是合理的）发生。
如果 A 产生（可能合理）会导致好的（坏的）后果，
在其他条件相同的情况下，应该（不）产生，
因此（推定）应该（不）产生 A。

因此，这两种方案都成为可废止分离规则（the defeasible modus ponens rule，也可译为可废止肯定前件规则）的一个实例，该实例由许多非单调逻辑系统组成的①：

P，
如果 P 则通常 Q，
因此（推定），Q。

这一型式是可以被攻击的，如声称对于上述规则（如果 P 则通常 Q）存在一个例外（例如 P&R 和如果 P&R 然后通常 -Q）。而事实上这样的逻辑重构的论证型式是可能的，不应被认为意味着论证型式这一概念没有意义。关键是上面的两个论证型式，都是可废止分离规则的推理型式之实例化。每种型式都有其典型的关键性测试（critical testing），因而值得独立研究，而不是仅仅作为抽象推理型式的例子。

三、论证型式推理的形式框架

现在我要简要概述，一个用论证型式进行推理建模的形式框架。它特别借鉴了我和其他人的工作：基于论证取向的非单调推理方法。还将体现我在简介中所作的说明，即（新的）逻辑工具可以处理不确定性、分歧和例外情况。本节概述的论证型式的逻辑说明是由帕肯等人首次提出的。②维赫雅（Verheij）在他的"Deflog"逻辑的背景下独立地提出了一个类似的描述③，并在之后发展了它。④

论证型式为反论（counterarguments）留出了空间，这一事实自然地指向一种基于论证的方法，即用这些型式进行推理的形式化。为此，所谓的可废止论证逻辑在原则上是非常合适的。这种逻辑是在人工智能中发展起来的，目的是将常识推理

---

① 概述参见 Horty, J. F.: 2001, "Nonmonotonic Logic", in L. Goble (ed.), *The Backwell Guide to Philosophical Logic*, Blackwell Publishers, Oxford, pp. 336-361.

② Prakken, H., Reed, C. and Walton, D. N.: 2003, "Argumentation Schemes and Generalisations in Reasoning about Evidence", in *Proceedings of the Ninth International Conference of Artificial Intelligence and Law*, ACM Press, New York, pp. 32-41.

③ Verheij, B.: 2001, "Legal Decision Making as Dialectical Theory Construction with Argumentation Schemes" (research abstract), in *Proceedings of the Eighth International Conference of Artificial Intelligence and Law*, ACM Press, New York, pp. 225-226.

④ Verheij, B.: 2003, "Dialectical Argumentation with Argumentation Schemes: An Approach to Legal Logic", *Artificial Intelligence and Law* 11, pp. 167-195.

形式化。① 并且它们在人工智能与法律研究中很受欢迎，符合法律论证的对抗本质，因此可以用来形式化。② 本质而言，这种逻辑将论证定义为演绎树（trees of deductive）和/或可废止推理（比如演绎或可废止分离规则）。它们允许攻击论证的可废止推理步骤（例如通过声称规则有例外，来攻击可废止分离规则）。这些成果，与哲学家和人工智能研究者约翰·波洛克的工作尤其相关。③ 因为他根据认识论和实践推理的一般原则，对可废止推理规则进行了分类。他称他的可废止推理规则为初显性（prima facie）。其原因之一是感知原则：

  对 p 内容的感知，是相信 p 的一个初显性理由。

  如同在所有逻辑系统中一样，在波洛克的系统中，一个论证可以通过否定它的一个前提而受到攻击（事实上，这里我忽略了一些技术的复杂性）。另外，波洛克允许用两种方式来攻击论证：一种是反论（rebut），通过相反的结论进行论证；另一种是底切（undercut），通过证明初显性的理由不适用于所给定境况。直观而言，底切的攻击并不认为所攻击的结论是错误的，只是认为这种结论没有得到充分的前提支持。请注意，图尔敏的反驳的概念，实际上是与波洛克的底切概念相对应的。为底切举一个例子，如果有人感知到一个物体是红色的，那么感知原理的底切就是：这个物体是被红光照亮的。法律背景下举一个底切的例子，考虑以下论证：嫌疑犯在谋杀发生时就在谋杀现场，因为证人约翰在那里看到了嫌疑犯（在知觉上应用初显理由，注意，这一理由只有在第一个论证是认识点（position-to-know）论证时，才是可以使用的。如约翰看到这一场景，是因为约翰说他看到了）。这一论证底切可以为：那里太暗了，所以约翰不可能做出可信的辨认（应

---

① 概述见 Prakken, H. and Vreeswijk, G. A. W.: 2002, "Logics for Defeasible Argumentation", in D. Gabbay and F. Guenthner (eds.), *Handbook of Philosophical Logic*, Kluwer Academic Publishers, Dordrecht/Boston/London, second edition, Vol. 4, pp. 219-318。

② See Gordon, T. F.: 1995, *The Pleadings Game: An Artificial Intelligence Model of Procedural Justice*, Kluwer Academic Publishers, Dordrecht/Boston/London; Prakken, H. and Sartor, G.: 1996, "A Dialectical Model of Assessing Conflicting Arguments in Legal Reasoning", *Artificial Intelligence and Law* 4, pp. 331-368; Prakken, H. and Sartor, G.: 1998, "Modelling Reasoning with Precedents in a Formal Dialogue Game", *Artificial Intelligence and Law* 6, pp. 231-287; Bench-Capon, T. J. M.: 2003, "Persuasion in Practical Argument Using Value-based Argumentation Frameworks", *Journal of Logic and Computation* 13, pp. 429-448; Verheij, B.: 2003, "Dialectical Argumentation with Argumentation Schemes: An Approach to Legal Logic", *Artificial Intelligence and Law* 11, pp. 167-195.

③ Pollock, J. L.: 1995, *Cognitive Carpentry. A Blueprint for How to Build a Person*, MIT Press, Cambridge, MA.

用了感知方案的底切）。

波洛克的系统与论证型式方法有怎样的联系？从本质上讲，论证型式可以被形式化为初显性理由。相反结论的方案应用可以被视为反驳；而在例外情况下，对关键性问题的否定答案则对应为底切者（undercutters）。论证可以被击败，这就说明了论证型式的可废止（图尔敏在"反驳"的概念中承认这一点），由于每一种型式都有自己的底切，因此底切的概念允许使用场域依赖的标准来进行评估。

这并不是关于型式基础逻辑的全部内容。当一系列相互冲突的论证给出时，还得决定是否某些论证更有力。这分两步完成。首先，当论证相冲突时，可以用标准来进行比较，看看何者比其他更强。例如，如果有两个正面的后果论证相互矛盾，人们（其他条件相同）更倾向于支持被认为有更重要后果的论证（例如在我们的例子中，人们可能更倾向保护法律系统免受过多诉累，而不是打击垃圾邮件的价值）；其次，当冲突论证之间的所有相对强度的关系被确定时，论证的论辩地位被明确，以确定有效推论的可废止性。这里的一个重要现象是复位（reinstatement）：假设论证 B 比论证 A 强，但 B 本身受到更强的论证 C 的攻击；在这种情况下，C 可以恢复 A 的地位。再次考虑基于两个冲突证言的推理（称他们为约翰和鲍勃）。即使我们更喜欢鲍勃的证词，比如说，他是个成年人，而约翰是个孩子。但使用鲍勃证词的论点可能会被第三个论证 C 所削弱：鲍勃的证词是不可靠的，因为他有强烈的理由憎恨嫌疑犯。

一种直观的方法来定义论证的可废止有效性，是采取支持和反对之间的争论博弈的形式。开始博弈时，支持者先提出待争论之论证，然后参与者轮流攻击之前的论证。反对者的目标是和支持者一样有力，而支持者的目标是比其他参与者都有力。当你的对手用尽了行动，那么你就胜利了。现在，如果支持者有个必胜策略（在博弈论意义上），以论证 A 作为博弈的开始，那么 A 就是可废止有效的，也就是说，他可以让对手无论怎么行动都无用。现在，如果支持者在一个以 A 开头的游戏中有一个获胜的策略（在博弈论意义上），那么一个论点 A 可废止是有效的，也就是说，如果他能让对手不管怎么玩都会用尽行动。

综上所述，论证基础逻辑将论证视为树林中的一棵树：各个论证组成一片树林，而论述通过推理规则相连接。而论证的论辩地位，则是通过形成一棵论辩树来决定的，它包含了为这个论证进行论证博弈所有的可能方式。如果支持者可以这样在论辩树选择他的论证，从而他总是以他自己论证的一片叶子作为结束，那么这个论证就是可废止有效的。

四、法律问题解决概述

现在让我们更仔细地研究一下法律推理,以确定其中使用的一些主要论证型式。(本节中的分析并非原创性的,只是作为进一步讨论的基础)我将从必须适用于案件事实的法定规则这种现象入手。一种典型的法律规则的形式是:

如果符合要件,那么产生法律后果。

现在考虑以下(完全真实的)案件:

首先,有人声称,乌得勒支大学(Utrecht University)将所有学生的邮件地址都提供给了当地的警方,且未经学生们的许可。警方是为了开展针对自行车盗窃的专项行动(在荷兰大学城中很常见的刑事犯罪),他们给所有的学生都发送了一封信,警告他们购买被盗自行车是犯罪行为。该人士还声称,这种行为是不允许的。因为当时学校搜集学生信息是为了进行管理,且这是尊重学生的(而警方是规训学生),而现在警方之目标与搜集时的目标并不一致。现在,如果要对此案提起诉讼,那么至少要回答四个问题。

第一个问题是:这些事件是否真的发生了。这是一个证据问题。它将根据可行的"感性材料"(sense data)来决定,比如,警察的信以及进一步的文件证据(例如警察给学校董事会的请求信)和/或证人证词(例如警方声称他们从学校获得了学生的地址)。

假设根据这些证据,法院确信这些事件确实发生了。然后第二步必须做的是:将这些事实对应于法条的要件之下。即是说解释规则适用的条件,以决定它是否包含由"感性材料"所证明的事件。众所周知的问题是,由于规则要件的模糊性或文本开放性,导致并不存在明确的判断标准。这是人工智能与法律领域,关于法律论证研究的重点问题。

假设现在法院已经裁定,事实证明这确实是符合规则要件的,即是说,基于防止自行车被盗的理由与大学管理无关。接下来还有两个问题需要回答。第三个问题是:该规则是否是合法的。即规则是否是合法的法律渊源。这个问题必须被独立回答,而与案件本身的事实无关。要回答最后一个问题,即规则是否必须适用于所争讼之案件,或是否存在规则不适用的情况(例如规则适用冲突,或应用规则将明显不公正或不合理)。或许大学可以这样辩称:这对学生和员工的负面影响如此之小，而乌得勒支的自行车盗窃问题又如此之严重，且没有其他措施有效，因此在本案中适用此规则是不合理的。也许大学甚至还可以举出一个先例，在类似的案例中，此规则被搁置了。

综上所述，法律规则的适用（至少）包括四个步骤：证明声称适用规则之事实已然发生（证据）；决定已证明之事实可以涵摄入法条之要件之下（分类/解释）；决定适用规则是有效的法律（规则合法）；决定该规则应当被适用（规则应用）。

应该指出的是，这四个步骤之过程一般不是循序渐进的。例如决定待证明之选择事实，不仅取决于可用之证据，也取决于已证可能适用于事实之法律规则。如果在以上的案例中，一个大学生认为，与其以违反隐私起诉校方，不如起诉其违约。那么她就会选择不同之事实进行证明，比如：合同存在，从而选择搜集不同的证据。重新解释事实以符合某种规则，这种过程的建模，现在已被人工智能法律研究证明难度过高了。[1] 现在让我们更仔细考量一下四个步骤中的每一个，讨论一些涉及的主要论证型式，以及一些对这些型式的人工智能和法律的建模。

五、证据推理方案

直到 2003 年在爱丁堡召开的人工智能与法律会议（ICAIL-2003）之前，证据推理一直是人工智能与法律研究中被忽视的领域。一个例外是路托姆斯基（Lutomski），他在温哥华的 ICAIL-1989 上就提出了在证据推理中论证型式方法的早期运用。[2] 他的系统提出的本意是协助律师处理就业歧视领域的统计证据，但据我所知这并未在实践中使用。他的系统储存了一些典型论证、基于图尔敏结构的数据，以及一些关键的类型问题（例如"是否收集了所有且仅收集了相关数据？"）。

在 ICAIL-2003 上，就有相当多的论文论及证据推理的主题了。其中之一是我与克里斯·里德（Chris Reed）和道格拉斯·沃尔顿（Douglas Walton）的论文，其发展了一个明确的证据推理的论证型式分析，做了一些初步的工作。[3] 这

---

[1] See Branting, L. K.: 2003, "An Agenda for Empirical Research in AI and Law", in *Workshop Notes of the ICAIL-2003 Workshop on Evaluation of Legal Reasoning and Problem-Solving Systems*, Edinburgh, UK, pp. 28-35.

[2] Lutomski, L. S.: 1989, "The Design of an Attorney's Statistical Consultant", in *Proceedings of the Second International Conference of Artificial Intelligence and Law*, ACM Press, New York, pp. 224-233.

[3] Prakken, H., Reed, C. and Walton, D. N.: 2003, "Argumentation Schemes and Generalisations in Reasoning about Evidence", in *Proceedings of the Ninth International Conference of Artificial Intelligence and Law*, ACM Press, New York, pp. 32-41.

项工作是在贝克斯（Bex）等人和笔者的研究的基础上，进一步发展的。[①] 在本节中，我将简单小结这项工作。

基本的想法是将波洛克的初显性理由框架（见第三节）中，证据的论证型式加以形式化；并将附属于型式的那些关键性问题，视为底切反驳者（undercutting defeaters）的箭头。将一些波洛克自己的理由，直接应用于证据推理，比如第三节中讨论的那些知觉原则与基于记忆、归纳与统计三段论的原则。后一原则是波洛克可废止分离规则的概率版本。我用一个没有数字的版本来解释它：

"c 是一个 F" 与 "F 通常是 G"，是 "c 是 G" 的初显性理由。

这一原则推动了经验归纳推理。主要的底切是通过举出相对于通常而言的例外，以对子属性（subproperty）进行反驳：

"c 是一个 F&H" 和 "F&H 通常不是 G 的情况"，是对统计三段论的底切。

例如使用"荷兰男人通常喜欢足球"的论证，可能会被使用"拥有博士学位的荷兰男人通常不喜欢足球"的论证所底切。将这两个通常观念运用于本文作者身上，则会导致一个被反驳的论证：虽然没有任何相反的论证可以成立，亨利喜欢足球却成立。

此外，贝克斯等人讨论了应用于证人证词（本质上是认识点的论证型式的变体）、专家证词（此方案的另一变体）和现时存续的论证型式。现时存续是证据推理的一个重要方面。它是运用这一理由进行论证的：事实 F 在 T1 时间时是真的，如果没有证据证明在 T1 时间至 T2 时间直接事实 F 变假，那么事实 F 在 T2 时间时仍然为真。例如在民事案件中，证明一个人拥有合法权利（如所有权）的通常方式，是证明该权利是被创设的（如通过出售加交付）。然后，另一方通常必须证明后来终止权利的事件。本人还讨论了几种攻击经验归纳法的方式，[②] 这些方式不适用于对子属性的反驳，而是攻击归纳法的来源（例如"常识"或"科学"）。贝克斯等采用帕肯等的方法至卡达（Kadane）和肖姆（Schum）重建著名的萨科（Sac-

---

① Bex, F. J., Prakken, H., Reed, C. and Walton, D. N.: 2003, "Towards a Formal Account of Reasoning about Evidence: Argumentation Schemes and Generalizations", *Artificial Intelligence and Law* 11, 125-165; Prakken, H.: 2004, "Analysing Reasoning about Evidence with Formal Models of Argumentation", *Law, Probability & Risk* 3, pp. 33-50.

② Prakken, H.: 2004, "Analysing Reasoning about Evidence with Formal Models of Argumentation", *Law, Probability & Risk* 3, pp. 33-50.

co）和凡西提（Vanzetti）案（即他们的图表 4）的一小部分。① 这一重建所产生的论证，原来是基于波洛克的记忆、知觉、现时存续的理由、统计三段论以及"认识点"型式被重建为统计三段论的一个实例（见上文第 2 节的结尾）。对抗论证中（counterarguments）不算反驳的，都可以被视为型式的底切者。

这项工作仍处于初步阶段。未来的一个研究方向是尝试将实务律师在诉讼中使用的型式加以形式化。对于普通法地区，此类方案存在着很多有趣的来源，如审判宣传手册。② 大体上，此手册（含蓄地）遵循论证型式方法，列出了典型的证据论证和攻击它们的类型方法。另一个有价值的研究方向是在基于知识的系统中，获取关于证人证词可靠性的可用知识。③

六、规则适用型式

将法律规则适用于事实也许是解决法律问题的核心因素。哈格（Hage）和维赫雅在其"基于理由的逻辑"（reason-based logic）的应用中，给出了迄今为止在人工智能与法律研究中最详尽的法律规则适用的说明。④ 他们的核心主张是法律规则的适用，所涉及的远不止是分离规则（无论是否可废止）。他们对规则应用的描述可以简单概括如下：首先，必须确定规则的要件是否得到满足（解释问题）。如果这一障碍被清除（另见第 7 节），再应确认该规则是否合法（例如宣称其是合法的法源）。然后，再决定在所给出的案件中该法是否不适用（如《荷兰数据保护法》不适用于警察）。若法律适用，则最终确定规则是否可以适用（即没有冲突的规则或原则适用）。有趣的是，虽然哈格和维赫雅认为法律规则是可以被法律原则所阻

---

① Bex, F. J., Prakken, H., Reed, C. and Walton, D. N.: 2003, "Towards a Formal Account of Reasoning about Evidence: Argumentation Schemes and Generalizations", *Artificial Intelligence and Law* 11, pp. 125-165; Prakken, H., Reed, C. and Walton, D. N.: 2003, "Argumentation Schemes and Generalisations in Reasoning about Evidence", in *Proceedings of the Ninth International Conference of Artificial Intelligence and Law*, ACM Press, New York, pp. 32-41; Kadane, J. B. and Schum, D. A.: 1996, *A Probabilistic Analysis of the Sacco and Vanzetti Evidence*, John Wiley & Sons, New York.

② Bergman, P.: 1997, *Trial Advocacy in a Nutshell*, 3rd edition, West Publishing Co, St. Paul, MN.

③ See Bromby, M. C. and Hall, M. J. J.: 2002, "The Development and Rapid Evaluation of the Knowledge model of ADVOKATE: An Advisory System to Assess the Credibility of Eyewitness Testimony", in T. J. M. Bench-Capon, A. Daskalopulu and R. G. F. Winkels (eds.), *Legal Knowledge and Information Systems*, JURIX 2002: The Fifteenth Annual Conference, Amsterdam, IOS Press, pp. 143-152.

④ Hage, J. C.: 1997, *Reasoning with Rules. An Essay on Legal Reasoning and its Underlying Logic*, Kluwer Academic Publishers, Dordrecht/Boston/London; Verheij, B.: 1996, *Rules, Reasons, Arguments. Formal Studies of Argumentation and Defeat*, Doctoral Dissertation University of Maastricht, the Netherlands.

止的,但斯卡拉克(Skalak)和里斯兰(Rissland)的CABARET系统中[1],只允许引用不适用规则的先例来阻止规则的适用(另见第8节)。CABARET的方法是基于加德纳的观点[2],即如果一项法律原则或价值可以证成架空一项规则,这通常在一个先例中已经发生了。

哈格和维赫雅以及其他人都展示了关于这些问题的论证是如何在非单调逻辑中被形式化的。[3]此外,这些技术可以模拟这样一个事实:即在法律实践中,法律规则的有效性和适用性通常是被推定有效的。只有在其不成立的论证中,这项推定才能被推翻。技术细节已超出了本文的范围,但有的评论认为,他们实际上是将图尔敏的反驳之概念加以发展并形式化了。[4]就目前而言,主要结论是规则适用的论证型式,涉及不同的步骤每一步都可以被模式化攻击。

七、基于先例的推理方案

在前一节中,我简要地提到在大多数人工智能与法律研究中,都关注法律论证的建模涉及的那些法律概念的解释。这是一个非常困难的研究问题,因为在案件事实的具体性质和法律概念的抽象性质之间往往存在巨大的鸿沟。这至少在两个方面引起了法律上的不确定性。

第一个方面是存在相互冲突的解释规则(例如基于法律专家的意见、对自然语言的常识性解释或先例之理由)。例如一位法官(或法学家)可能会说,电子邮件地址永远是私人数据,因为当与计算机的 IP 地址相结合时,就能可以识别具体用户;但另一位法官或法律学者就可能会辩称,电子邮件地址不是私人数据,因为邮件地址的左侧并不类似于使用者的名字。这些只是简单的"如果-则"(if-then)规则,任何来自于非单调逻辑的适当技术都可以用来形式化这些规则。[5]这基本上是

---

[1] Skalak, D. B. and Rissland, E. L.: 1992, "Arguments and cases: an inevitable intertwining", *Artificial Intelligence and Law* 1, pp. 3-44.

[2] Gardner, A. von der Lieth.: 1987, *An Artificial Intelligence Approach to Legal Reasoning*, MIT Press, Cambridge, MA.

[3] Gordon, T. F.: 1995, *The Pleadings Game: An Artificial Intelligence Model of Procedural Justice*, Kluwer Academic Publishers, Dordrecht/Boston/London; Prakken, H. and Sartor, G.: 1996, "A dialectical model of assessing conflicting arguments in legal reasoning", *Artificial Intelligence and Law* 4, pp. 331-368.

[4] 以上各种技术的概述参见 Prakken, H. and Sartor, G.: 2002, "The role of logic in computational models of legal argument: a critical survey", in A. Kakas and F. Sadri (eds.), *Computational Logic: Logic Programming and Beyond. Essays in Honour of Robert A. Kowalski*, Part II. Springer Lecture Notes in Computer Science 2048, Berlin, pp. 342-380.

[5] Ibid.

加德纳采取的方法。① 她（实施的）系统，查询合同是否是通过要约和承诺产生的，存储了来自法律专家、常识和判例法的可能相互冲突的解释规则。并以分离规则的方式使用这些规则，使用优先机制使得先例规则优先于冲突的专家观点或常识规则。

然而，有时解释一个法律概念并不是简单地制定或选择一个适当的解释规则。有时这一切是在特定情况下进行衡量并选择后果，而衡量要考虑到一系列不同程度的因素。一个著名的人工智能和法律的例子，是 HYPO 对美国以先例为基础的商业秘密法领域的先例建模。② 然而，这种现象并不局限于普通法地区。例如荷兰《数据保护法》，它在界定不可调和的、重复使用私人数据这一概念时，规定了"至少"有五个必须考虑的因素，也没有说在个案中该如何组合。

- 重复使用的目标与收集数据的原始目标之间具有相似性；
- 所涉数据之性质；
- 重复使用数据对所涉人员产生之后果；
- 获取数据的方式；
- 采取适当措施保护数据所涉人员隐私的程度。

在这种"基于因素"的领域中，新案件中的判决通常是参照过去的判决，即遵从先例。然而如阿什莉（Ashley）所示，先例的基本原理往往不直接适用于新的案件。因为不同的案件往往有一系列不同的因素与价值。因此，必须经常调整理论以适应新的情况。一个经典的做法是指出先例与本案之间的相似之处，并论证因为这些相似之处，本案也作出的相似决定。攻击这种观点的两种典型方法是：首先，指出先例与本案之间的不同之处；其次，指出反例，即至少有一个先例与本案相似，结果却相反。以上这些方案（或更多）都可以在 HYPO 系统中建模的。有趣的是，HYPO 在某一案件（见上文第 3 节）中，在原告和被告之间的论辩博弈中使用了这种基于先例的论证。事实上，这样由 HYPO 产生的质询最多有三步之长（原告-被告-原告），但没有阻止对任意长度质询的概括。因此，HYPO 说明了基于先例的论证型式的推理，是可以被建模为一个逻辑论证博弈的。

HYPO 系统已经有 15 年的历史了，很多研究都是从它开始的。之后的研究主

---

① Gardner, A. von der Lieth.: 1987, *An Artificial Intelligence Approach to Legal Reasoning*, MIT Press, Cambridge, MA.

② Ashley, K. D.: 1990, *Modeling Legal Argument: Reasoning with Cases and Hypotheticals*, MIT Press, Cambridge, MA.

要是丰富代表先例的 HYPO 型式以及利用添加附随表意以组成各种新的论证与反驳。虽然 HYPO 只是区分了亲原告和亲被告的因素集和一个简单的决定（原告胜诉或被告胜诉），但在 CATO 系统中，可以定义更多的层次和更少的抽象因素。[1] 例如区别可以被降低，只要说在更抽象的层次上，案件仍然相似。现在以《荷兰隐私法》为例，一个案例是警察向学生寄出的警告信，而另一个案例是大学向学生与教职工发出的募捐信。这两个案件可以在事实层面进行区分，但也可以降低区别：只要说这两者都是关于公共事务的单次信件。其他人试图用某种方式来展现案件判决所代表的先进或有危害的价值观[2]，从而产生了新的目的论证方案的模型，这些方案与沃尔顿（Walton）的结果论证方案有关。在帕肯的进路中[3]，可以强调先例和本案之间的差异，在本案中遵循先例不会产生与先例结果相同的价值。

八、论证型式方法的局限性

在对人工智能与法律研究进行简要概述的基础上，我们发现，对法律论证建模的论证型式方法是对纯逻辑方法的有益补充。特别是论证型式方法可以为论证中的多种陈述中的不同角色进行建模，而因此允许为衡量论证建立不同的标准。我们也看到许多人工智能与法律研究实际上采用了论证型式的方法，虽然它通常不是这样提出的。

也许在这一点上，读者的印象是，建模法律推理所要做的就是：建模相关的论证型式和相关重要问题并在逻辑论证博弈中使用它们（如第 3 节所述）。然而，这将是法律推理的一个严重简化，很多在人工智能和法律领域的有趣工作，都超越了这种简单的方法。

例如 CABARET 为了特定的辩证目的[4]，定义了使用组合规则与基于先例之型

---

[1] Aleven, V.: 1997, *Teaching Case Based Argumentation Through an Example and Models*, PhD Thesis, The University of Pittsburgh.

[2] Prakken, H.: 2002, "An exercise in formalising teleological case-based reasoning", *Artificial Intelligence and Law* 10, pp. 113-133; Bench-Capon, T. J. M. and Sartor, G.: 2003, "A model of legal reasoning with cases incorporating theories and values", *Artificial Intelligence* 150, pp. 97-143; Atkinson, K., Bench-Capon, T. J. M. and McBurney, P.: 2005, "Arguing about cases as practical reasoning", in *Proceedings of the Tenth International Conference of Artificial Intelligence and Law*, ACM Press, New York, pp. 35-44.

[3] Prakken, H.: 2002, "An exercise in formalising teleological case-based reasoning", *Artificial Intelligence and Law* 10, pp. 113-133.

[4] Skalak, D. B. and Rissland, E. L.: 1992, "Arguments and cases: an inevitable intertwining", *Artificial Intelligence and Law* 1, pp. 3-44.

式的技术与策略，如确认或否定规则。但是 CABARET 实际上定义了辩论博弈的理性策略。部分的 HYPO 和 CATO 系统之机制是，解释在先运用材料在后。比如 CATO 仍然使用 HYPO 的简单案件代替型式，但是 CATO 的阶层因素可以用来制作不同的论证。通过阶层因素提出从因素至决定的不同"路径"，以说明为什么案件是按照此种方式产生的。路易（Loui）和诺曼（Norman）进一步发展了重述先例的思想①，他们用五种方法重述对手的论证（基于先例的），揭示新的攻击点以便更好地攻击对手。一种方法是辩称，在先例的结果是基于在两个相互冲突的论证之间进行选择的。而在本案中，之前胜诉的论证不再适用，因为在新的案件中其中一个要件缺失。因此，在先例中被否决的论证现在应该占上风。最后，本奇-卡朋（Bench-Capon）和萨托尔（Sartor）通过为解释某一系列先例决策的理论建模，解决了理论形成的问题。② 所有这些都是非常重要的工作，但它超出了论证型式的方法。要么它提供了建立论证的材料③，或者它定义了如何进行论证博弈的策略和技术。④

九、人工智能与法律和图尔敏

最后，来讨论点有意思的：为何这么多人工智能与法律的工作，都是遵守图尔敏的观察？⑤ 首先，读者可能会想，为什么人工智能与法律的工作，没有更直接地利用图尔敏的论证型式。这里和图尔敏对自己 1958 年作品的反思是相关的。在第二版的前言中，他表达了自己的惊讶，竟然有那么多的人认为他在 1958 年的观点是建构论证理论。实际上，这并非他本意，他意在批判那种认为所有论证都可以采取演绎的观点。⑥ 所以就不应惊讶，为什么图尔敏在后续研究中修改了自己的最初

---

① Loui, R. P. and Norman, J.: 1995, "Rationales and argument moves", *Artificial Intelligence and Law* 3, pp. 159-189.
② Bench-Capon, T. J. M. and Sartor, G.: 2003, "A model of legal reasoning with cases incorporating theories and values", *Artificial Intelligence* 150, pp. 97-143.
③ Loui, R. P. and Norman, J.: 1995, "Rationales and argument moves", *Artificial Intelligence and Law* 3, pp. 159-189; Bench-Capon, T. J. M. and Sartor, G.: 2003, "A model of legal reasoning with cases incorporating theories and values", *Artificial Intelligence* 150, pp. 97-143.
④ Loui, R. P. and Norman, J.: 1995, "Rationales and argument moves", *Artificial Intelligence and Law* 3, pp. 159-189.
⑤ Toulmin, S. E.: 1958, *The Uses of Argument*, Cambridge University Press, Cambridge.
⑥ Toulmin, S. E.: 2003, *The Uses of Argument*, Cambridge University Press, Cambridge, 2nd edition.

的论证型式，并使型式的分类更加精细。因此，在人工智能研究中，一般是将图尔敏之教训记于心，这比将他的型式直接运用于研究更有意义。

在我看来，人工智能与法律的研究，已经把图尔敏的三个教训记在心上。首先，图尔敏强调论证的前提可以有不同的作用。我们看到，在人工智能与法律的研究中，已经确定了很多论证型式的前提有模式化作用；其次，图尔敏认为日常的论证是可废止的，因此他提出了反驳这一概念。在此之前，非单调逻辑领域已经有过多次的争论，并将图尔敏图示形式化并进一步发展，第三节中论证型式之推理已证明了这一点；最后，图尔敏强调评价论据的标准是场域依赖的。他最初的论证型式使用了不同的令状作为背景支撑（Backing）。第3节的叙述说明，如果逻辑允许不同的论证型式形式化，而每个型式都有自己的一组典型前提，那么在形式逻辑系统（无论是否单调逻辑）中捕捉相似的区别是可能的。然后，通过识别某一领域中所采用的型式，并制定与这些型式的关键问题相对应的底切模式，来捕捉场域依赖的标准。由于不同的场域会有其典型的论证型式，因此每个场域的论证评估标准都会有所不同。

最后，虽然在人工智能与法律领域，已经用更精细的分析取代了图尔敏最初的论证型式。但现在的工作仍完全是建立在图尔敏的挑战精神之上的，即建立适用于日常论证的有效推理。令人兴奋的是，人工智能与法律的研究，已经证明这些工作确实是可形式化和可计算的。

鸣　谢

我参加了在墨西哥城举办的"国际比较法律文化与制度大会"（2004年2月9日至14日），在"人工智能与法律"环节中，介绍了本文的早期版本。我非常感谢特里弗·本奇-卡朋（Trevor Bench-Capon）和托马斯·戈登（Thomas Gordon）关于本文的启发性讨论。

智慧司法中算法公开的尝试

王志成[*]

摘　要　随着智慧司法建设的推进，算法黑箱问题引发众多关注，公开算法的呼声也日益强烈。其原因一方面在于算法所能发挥的核心作用，另一方面在于算法不明或使司法公正蒙上阴影。基于智慧司法的应用与建设现状，算法公开应当考虑到算法成本、产权限制、可读性等因素，这些因素也是检验公开方案的标准。在众多可能的公开对象中，法院或许是相对于政府而言更佳的选择。而公开方式的选择则需要根据智能审判设备在裁判中所扮演的角色而定，低智能类的程序的算法出于成本与效率的考虑，可以进行事后定期的测试；司法设备越智能化则越需要进行事前的审批，固定交付时的算法方案，与欲检测时的算法比对，以此来查验算法。

关键词　智慧司法　算法　算法黑箱　算法公开　人工智能

自人工智能（Artificial Intelligence）的理念与技术被提出以来，虽历经不足百年，沉浮不断[①]，却引发了社会的深刻发展与变革。从最初的图灵测试到现今的类人、类脑功能[②]，人工智能已经部分地从计算机场景中脱离，依托互联网、大数据

---

[*] 王志成，山东大学（威海）法学院2018级法学理论硕士研究生。
[①] 腾讯研究院等：《人工智能》，中国人民出版社2017年版，第1页。
[②] 斯图尔特·罗素、彼得·诺文：《人工智能——一种现代方法》，姜哲等译，人民邮电出版社2010年版，第4页。

实现独立运行。无论是简单的人机互动聊天,如 Siri、天猫精灵,还是专业性的辅助机器、机器人,如 AI 医生、AI 法官,人工智能已经使各行各业由浅入深地享受着技术红利。人工智能与法学联姻的时间较晚[①],一开始也只是利用智能技术实现类案的检索与量刑的辅助,但因智能技术类人思维功能的部分实现,催生出了智能法官。我国智慧司法的建设虽起步较晚,但技术在司法领域的应用深度和广度却已经居于全球首位,这可从搜狗公司研发的智能法官、北京法院的"睿法官"、上海法院的"206 系统"、杭州的互联网法院等中窥见一斑。

我国学者对于人工智能的研究从 20 世纪末开始,在数量上,在近三年论文数量上远远超过之前论文总数,这与"智慧法院"成为国家发展战略有关。在内容上,目前学界对于人工智能的研究大多从部门法的视角出发,研究人工智能法律地位[②]、犯罪问题[③]、作品归属问题等[④],也有学者跳脱部门法关注其现实应用[⑤]及其伦理规制等。[⑥]这些研究都是对具体问题的关切,却缺乏对于该技术内部法律问题——算法的法律规制的探讨。[⑦]人工智能之所以取得如此辉煌成就,核心之处在于算法的开发与推演(本文语境下的算法,仅为智慧司法机器或设备中运行的算法,非任何领域内的算法)。其作用与研究形成巨大反差。本文将立足于人工智能在现今司法领域内应用的现状与现有认识,在论述算法公开的重要性的基础上,分析可能存在的算法公开中需要考量的因素,尝试提出通过公开算法的可行方案。

---

① 布鲁斯·布坎南与托马斯·黑德里克在 20 世纪 70 年代共同发表的《关于人工智能和法律推理若干问题的考察》论文中,首次系统地提出使用人工智能技术进行法律推理,被认为是人工智能与法学交叉首次交叉的标志。(See Bruce G. Buchanan, Thomas E. Headrick, "Some Speculation about Artificial Intelligence and Legal Reasoning", *Stanford Law Review*, vol. 23, no.1 (1970), pp. 40-62;转引自周尚君、伍茜:《人工智能司法决策的可能与限度》,载《华东政法大学学报》2019 年第 1 期)而我国,1981 年钱学森教授也曾提出智能与法学交叉的设想。(参见张保生:《人工智能法律系统的法理学思考》,载《法学评论》2001 年第 5 期)
② 叶明、朱静洁:《理性本位视野下智能机器人民事法律地位的认定》,载《河北法学》2019 年第 6 期。
③ 刘宪权:《人工智能时代刑法中行为的内涵新解》,载《中国刑事法杂志》2019 年第 4 期。
④ 曹博:《人工智能生成物的智力财产属性辨析》,载《比较法研究》2019 年第 4 期。
⑤ 孙光宁:《案例指导与人工智能结合的前景》,载《法律方法》2018 年第 3 期。
⑥ 马长山:《人工智能的社会风险及其法律规制》,载《法律科学》(西北政法大学学报)2018 年第 6 期;季卫东:《人工智能开发的理念、法律以及政策》,载《东方法学》2019 年第 5 期。
⑦ 蒋舸:《作为算法的法律》,载《清华法学》2019 年第 1 期;许可:《人工智能的算法黑箱与数据正义》,载《社会科学报》2018 年 3 月 29 日第 6 版;姜野:《算法的规训与规训的算法:人工智能时代算法的法律规制》,载《河北法学》2018 年第 12 期。

一、缘何执迷于算法公开

正如雅各布·布克哈特指出，"在科学领域内，我们只能精通有限的范围"。[①] 由于存在计算机领域的专业性壁垒，法学人很少具备该领域的专业素养，因而也就出现了人工智能理解上的许多难题。但这却丝毫并未减轻法学人对于人工智能问题研究的热情。在论及人工智能在司法领域内所带来的种种便利与效率的同时，大多论文都不忘提出对于算法黑箱的隐忧，但这些论述往往一带而过，鲜有专门论述。为何法学人在不懂算法的情况下，依然会执迷于探头探脑地试图进入计算机领域的"虎穴"，表达通过算法公开破除算法黑箱的强烈愿望？

对这一问题的关切，根源于算法在智慧司法中所发挥的重要功能的认识。法学的思维亦是以概念为基础的思维，始于概念。[②] 算法，即"在有限的步骤内求解某一问题的一组规划……它运用公式或代数/逻辑步骤计算或解决一个已知的作业"。[③] "在程序设计中，一个算法包含处理目的、输入输出数据的格式说明、变量的意义及设定、程序的处理过程等。算法兼有文字说明的功能及程序演绎过程。"通俗来说，算法就是一系列指令，例如，如果头疼可由疾病或过度劳累造成，那么我们就应该吃药，可以用后图表示。由于所要处理的问题或对象的不同，算法分为不同的种类，莫衷一是，认知上开放，技术上也在不断发展出新的算法。具体到智慧司法领域，对于智能的工具而言，算法意味着得出结果的过程，不同智能层级的机器或设备搭载运行的算法也并不相同。这些算法本身的特性或处理的对象的不同，决定了其在裁判过程中所扮演的角色不同，因而也在一定程度上影响着最终的公开算法的设计。

有学者指出，智能司法软件中的算法相当于或就是法律。这其实是一种误解。算法并非代码，也并非是程序，用计算机领域的行话来说，算法是解决问题的步骤，而程序是对算法的具体的演绎，在这意义上说，算法是程序的灵魂，程序＝算法＋程序结构。从某种角度上讲，法律无疑具有算法的属性，这是源于法律的规则的属性。两者虽具有很多的相似之处，但两者的区别是根本性的。从运行过程来看，经当事人口述，输入案件事实，AI法官或智能软件运行自身的算法，得出判决，输出结果，算法在这一过程中本质上是得出结果的过程，即如下图所运行的

[①] 阿图尔·考夫曼：《法律哲学》，刘幸义等译，法律出版社2011年版，第1页。
[②] 转引自吴从周：《从概念法学到利益法学》，台湾大学法律研究所博士论文，2003年，第188页。
[③] 蔡自兴主编：《人工智能辞典》，化学工业出版社2007年版，第254页。

步骤,难以得出智能设备中内置的算法就是法律这一结论。因而归根结底两者不可简单地画上等号。①对智慧司法所应用的技术而言,算法承载着法律,是智慧司法的过程或程序,"法律上有罪或无罪、有罪或无罪归结的效力在于符合了正确的程序。程序的目标是确定真实"。②"算法是人工智能的核心"③,对于得出最后的司法答案来说,算法对于智慧司法建设的地位不言而喻。

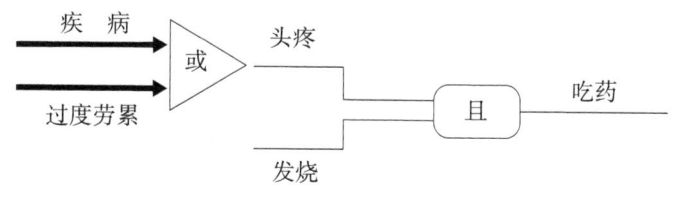

图 1 生病吃药简易算法

对通过公开算法而破解算法黑箱的热衷的另一个原因,在于对算法黑箱"黑"的隐忧。黑,相对于"白",亦即"无法明了",在实践中表现为:深度学习时大家都知道怎么用,用了之后效果会提升,但无法知晓其原理。④在智慧司法机器或软件中,体现为一种不透明,对于结果的得出无从知晓。⑤对这一问题解决的殷切希望是人们对于司法公开、公正的追求在人工智能设备上的反映。黑箱的存在,或会成为污垢存纳之处。一般认为,算法问题会表现为算法歧视、"杀熟"等不公正对待。算法歧视,通常具有三种来源:(1)算法设计、开发者;(2)数据;(3)深度学习。⑥这里的算法设计、开发者的理解,应当采广义,既包括算法的设计、开发的程序员,也包含算法的设计、开发的商业公司。人本身所具有的不公正的认识与看法,会被带入算法之中,比如性别、财富等方面的偏见。这在国外已经出现了实例。⑦企业所具有的对于经济理性的追求,极有可能在算法中预设于己有利的代码片段,当本公司涉诉时,会予以偏宥。在财富收入、地域等方面,或许会出现一些不公正评判,比如倾向性保护本地域的企业、产业、个人,倾向性保护对于本地经济发展作出重大贡献的纳税大户等。此外,由于数据不全面,也可能会出现不公。

---

① 蒋舸:《作为算法的法律》,载《清华法学》2019 年第 1 期。
② 转引自韦恩·莫里森:《法理学——从古希腊到后现代》,李桂林等译,武汉大学出版社 2003 年版,第 269 页。
③ 余来文等:《智能革命:人工智能、万物互联与数据应用》,经济管理出版社 2017 年版,第 79 页。
④ M. Özman, *Opening the Black Box of Innovation Networks*, *Strategic Management of Innovation Networks*, Cambridge University Press, 2017, pp. 1-2.
⑤ 许可:《人工智能的算法黑箱与数据正义》,载《社会科学报》2018 年 3 月 29 日第 6 版。
⑥ 参见刘培、池忠军:《算法歧视的伦理反思》,载《自然辩证法通讯》2019 年第 10 期。
⑦ 刘培、池忠军:《算法歧视的伦理反思》,载《自然辩证法通讯》2019 年第 10 期。

目前司法领域智慧设备深入学习的能力依然较弱,至今未出现具体实例,但随着其学习能力的提高,或许会产生一种机器或技术本身自生的偏见,从而对某些、某类当事人误判。对法院或智能设备来说,案件可能只是今天的业务量或一次算法运行,但对当事人来说,却是权利的维护或减损,正因如此,美国最杰出、最有声望的法官之一伦尼特·汉德才会说"恐惧诉讼甚于死亡和纳税"。[①] 拉姆也曾表示:"一份裁定对一个人影响的程度之深是多么可怕啊!他可能宣布一个人是正常人或者是疯子;它可能确认某些特征,或者是将某些特征抹去;它可能让一名囚犯获得自由,或者是将自由变成奴役;它可能延续一名犯人的生涯,或者是结束他的生命。"[②] 鉴于司法裁判对于人民权利影响的深刻,加之智慧司法建设的不断推进,以后智能设备将更多地应用于司法审判,因而,对于算法公开的呼声日益高涨,也不难理解。

二、算法公开应当考量的因素

出于算法在智慧司法裁判中所发挥的重要作用以及对公正追求的考虑,算法黑箱被法学界备受关注的现象具有合理性。然而,尽管呼声不断,算法公开问题依然未得到实质性解决,不禁令人怀疑,算法公开的实现到底是法学人的职责还是计算机人的使命,这是否只是法学人的一厢情愿,算法公开是否具有现实的可行性。算法实现由"黑"转"白",唯一的方式就在于公开并审查所研制的算法。而在现今的产权保护模式、技术发展状况以及社会发展阶段等情形下,实现算法公开,应当将以下因素纳入考量范围。

(一)成本

由于专业性的限制,法院所使用的智能设备皆来自商业公司。市场经济下的公司,具有追逐经济利益的直接理性,服务的根本目的在于获取经济利益。计算机领域内的商业公司,盈利的能力取决于自身的研发能力。算法公开的成本,不仅包括算法起初研发、维护的成本,还包括公开算法后失去的市场、先发市场优势等可得利益,更重要的或许是专业市场内技术话语权的丧失。如果公开的对象、公开方式

[①] 德沃金:《法律帝国》,许杨勇译,上海三联书店2016年版,第1页。
[②] 杰罗姆·弗兰克:《初审法院——美国司法中的神话与现实》,赵承寿译,中国政法大学出版社2007年版,第122页。

不当,将使得技术公司的这些成本沉没。

一个运行良好的程序,其研发过程可分为设计、编码以及测试,核心就在于算法的编写。算法是由代码组成的,算法的实现依赖于代码的创造性组合。现代生活的日益复杂,增加了代码编写的难度,编写代码就相当于将行为数字化、序列化、编码化,储存在芯片中,当下达相应的指令时,内部算法运行,从而完成相应的操作。而这一看似简单的对应过程,需要耗费程序员巨大的心血。[①] 今年上半年报道出来的程序员"996ICU"工作时间制度,着实让人惊叹程序员工作的艰辛,也可以看出如BAT类互联网公司取得巨大成功的背后是程序员的努力。[②] 据不完全统计,华为公司源代码竟达1000多亿行[③];这数量庞大的代码也耗费了公司巨大的成本。算法的基本要求之一就是运行确切、可行,因而商业公司在算法上的投入不仅包括编写算法的成本,还包括算法维护的成本。像华为拥有如此海量的算法库,内部的监管就是一个很大的问题。尽管现今有相应的软件开发以及辅助设计软件,但总有一些算法出现的问题仍然是这些软件检测不出来的,那时的维护则需要投入许多人力、物力。这也是当今世界技术发展已经十分迅捷的情况下,手机、电脑的操作系统的数量寥寥无几的原因。

如果直接要求商业公司公开自己历经数十年、耗费公司巨大投入编写的算法,则意味着其他公司可以在不需要任何投入的情况下获得运行良好的算法,这不仅有违市场经济的精神,而且无疑是对原初研发公司的巨大打击,同时也是对创新的抑制。我国现有的产权制度无法很好地提供保护公开算法的公司的方式,即使是专门保护创新的专利制度,也还是需要在公示期内予以公示,仍会导致泄露。因而商业公司大多会采取商业秘密的方式寻求保护。而且可以通过此种方式,获取授权使用费,维护自己在市场中的优势地位,同时取得在此基础上进一步开发更高级别设备的优势。

因而,大多商业研发公司出于上述考量,总会决定不公开自己编写的算法[④],除非商业公司遭到逼迫。[⑤] 拥有算法产权的商业公司拒绝或缺乏公开的意愿,就使

---

① 参见史云涛、侯紫峰、宋建平:《基于星形互连网络的并行快速傅立叶变换算法》,载《计算机研究与发展》2002年第5期。
② 王妮:《从"996.ICU"看自媒体时代舆论传播的新特点》,载《传媒》2019年第16期。
③ 王利莹:《1100亿行源代码,这家公司如何应对大规模代码托管的挑战》,2019年11月7日,https://mp.weixin.qq.com/s/7JW-oOV1F_reJWT6VnHRlQ。
④ 参见陈昌凤、霍婕:《以人为本:人工智能技术在新闻传播领域的应用》,载《新闻与写作》2018年第8期。
⑤ 中国青年网:《法国要求谷歌公布自家算法规则》,2019年11月7日,http://t.m.youth.cn/transfer/index/url/d.youth.cn/newtech/201504/t20150421_6590014.html。

得算法黑箱的破除变成了法学者的一厢情愿，这种不愿算法公开的态度，是公开算法必须解决的难题之一。

（二）产权

智慧司法中算法公开所涉及的产权因素较为复杂，内在地牵涉着算法的真正产权者、产权者的公开意愿等问题。算法本身所具有的专业性质、符号形式、非实体性，使得算法的产权界定、侵权界定存在一定的困难，冲击着现今我国的知识产权保护体系。

虽然目前智能司法软件或设备所应用的算法，大多来源于计算机领域，并不具有全新的司法原创性，例如实现马尔科夫链、NLP的算法，但是这并不影响目前专利法对于智能司法软件公司算法的保护。根据目前我国的专利法规定，在不存在抵触申请的情况下，符合自然科学规律的、对原有内容创新的以及可重复推演的技术性方案即可申请专利。因而，尽管较多地依赖普遍的计算机领域或统计学、数学中的算法，但专门为解决司法裁判活动所设计的创新性技术方案依然可以申请专利或作为商业秘密。

商业公司对于算法公开的冷淡，是出于其对于商业利益的考虑，而司法的公正、公开的价值则不在商业公司考量的范围。既然商业公司不愿公开，是否可以依赖法院公开自己所拥有的智能机器、软件的算法？寄希望于法院公开"睿法官""206系统"等的算法，需要首先考察法院是否有公开的决定权，这就取决于法院对于这些智能司法设备产权的拥有限度。

如上所述，法院拥有的是对于法学领域的人才，缺乏计算机领域的专才，同时法院的公利属性以及预算的限制也决定了法院现今所拥有的智能司法裁判类的软件与机器都是采取委托商业公司开发或与商业公司合作开发的形式。根据相应的法律规定，法院能否公开自己的司法软件或设备的算法，取决于双方委托协议中对于算法产权的规定。如若双方立有约定，则按双方约定划分算法产权归属。如若双方没有这方面的权属规定，则需要根据双方合作的形式——委托开发或合作开发——而定权属。

如果法院与商业公司协议约定了算法的产权归属，则按双方的协议内容，有算法权属的一方则有权决定是否公开。此时若算法的权属归法院，则法院有权公开。反之，法院无权决定公开与否。

如果双方的协议内容缺乏算法权属的约定，则需分别讨论。假如双方采取委托开发的方式，法院委托商业公司开发设计AI法官或智能系统，法院拥有的只是使用权，算法的产权理当归属商业公司。如果双方采取的是合作开发的方式，情形则较为复杂，一般表现为商业公司与法院合作，商业公司提供技术支撑，法院提供法律人才、法律案例以及司法技术等。产权的归属应当按照归属原则，如果权属可以分离，则各取所应得，无争议，此时算法依旧属于商业公司。而如果不可分离，则为两者共有。公开属于对于共有物的使用，法院如欲公开，也必须取得对方的同意。

智慧司法的关键之处在于智能的辅助，这种辅助是建基于计算机科学、数学、统计学之上，依托海量司法数据，这也就决定了智慧司法离不开大量的计算机、数学和统计学的支持，典型的表现就在于算法。算法的产权保护模式，取决于商业公司所选择的是专利还是商业秘密模式。对其侵权的界定，需要依据权利要求书来判断。但算法本身的特性以及原初保护方案决定了其侵权判断的复杂。例如 A 公司在权利要求书中限定的算法为 $S=Mx + Ny$，B 公司采用 $S=Mx$，这就不构成侵权，但是如果权利要求书中只写用上述算法，未限定参数，则对方可能侵权。且存在一些基础算法步骤时，很难厘清是否侵权，在多大程度上侵权。

综上，法院在协议约定算法产权时拥有完全的公开决定权，在共同开发的情形下拥有半决定权（不完整的决定权），其他情形下，法院只是拥有智能司法设备中的算法的使用权，故依赖法院公开算法有些不切实际。退一步讲，假如法院为了实现司法公正，不惜花重金购买算法的产权，能否实现算法的公开？这要取决于商业公司是否愿意出售以及法院是否拥有此项预算。对于商业公司而言，这无异于杀鸡取卵，对于法院来说则有些心有余力不足。

影响商业公司公开算法的原因多种多样。或许有对于自家算法的先进性的考量，也有部分公司觉得自家智能司法软件或设备所搭载运行的算法在专业技术领域并不高深，是大家心知肚明的秘密。

产权因素是影响算法最终能否公开的一个重要因素，但基于现今的智慧程度、智能化水平，不得不看到目前有些智能软件开发公司不愿意公开智慧司法的算法的原因，并非是由于其本身的算法方案技术的优越性而带来的产权考虑，反而是认为其算法方案本身较为"简单"，大多是计算机领域类专业算法在司法领域内的"简单"套用。对其而言，这些算法不值得公开，因为圈内人皆知晓。无疑，这是一部分现实。现今的智慧司法处于智能的低端层次，更多的却是人工的辅助，无法实现高层次的智能替代。然而，计算机领域的发展不可小觑，计算能力的提升、智能程度的加强、司法的深层驱动，这些因素都会导致智能司法的算法在未来更成为一种司法专业的"创新性编排"，更进入到产权规制的行列。因而，技术的进展及其与司法耦合的程度的提升将迫使智能公司更多地考虑产权因素。

（三）可读性

算法公开应当考虑算法的可读性，而算法的可读性更多地涉及算法的反编译（De-compile 或 De-compilation）。编译与反编译是正、逆过程。编译的本质是人的语言转化为机器语言，让机器识别；反编译的本质则正好相反，是让机器语言被人所能读懂，其工作原理可用下图表示。

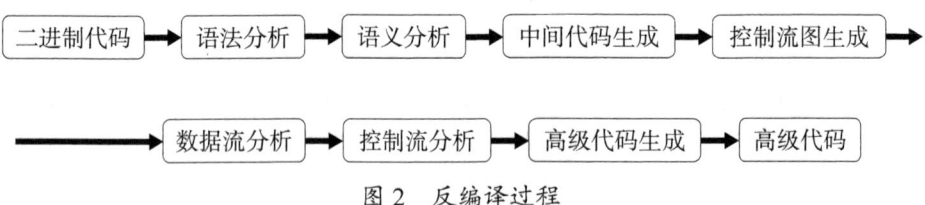

图 2　反编译过程

智慧司法过程中的反编译可能面临着区分代码和数据、处理间接跳转和间接调用指令、自修改代码以及编译器和链接器包含的子过程等难题。[①] 智慧司法软件的精准性更多地依靠海量数据，因而区分数据与代码可能是反向编译的一大难题。受冯·诺依曼结构的制约，大部分的计算机使用的数据和代码存储在同一段内存空间之中。间接跳转和间接调用的分析所面对的问题是目标地址的确定。自修改代码是程序在运行的过程中改变指令的程序代码，其编写十分困难。在智能司法软件的编写过程中，不得不链接进来很多其他过程指令，这也对反向编译带来困难。这些都是在反向编译的过程中不得不面对的技术上的难题，但这并非是无法解决的。利用相关的技术可以在一定程度上解决或缓解这些难题，但要想完全实现算法黑箱的破解，现今的技术与认知程度仍然无法达到。

上述的反向编译的技术外的难题，一方面体现为算法读取上的困难。一般而言，算法是机器或设备运行的核心元素，所以一般商业公司会将算法予以隐藏，这既有商业利益的考虑，也有对于不当公开的担忧，算法加密也不新鲜。例如实践中应用的智能司法机器人，其本身的智能算法既有云端的终端操作端，也有设备本身的芯片上的内置方案，既可联网使用，也可脱线存储信息。而此类设备上的算法即使拆解机器，得到的也只是沉寂的芯片，无法破解器本身物理或逻辑加密的方案。因而，其算法的公开，只能依赖商业公司的配合。

另一方面，算法可读性也表现在专业技术上的壁垒。司法领域内的算法，既

[①] 庞建民等编著：《编译与反编译技术》，机械工业出版社 2016 年版，第 237 页。

有计算机算法的专业限制，也有法学上修辞的阻碍。算法，究其本质不过是代码的运行过程，是对杂乱代码的编译。借助于逻辑语句"IF"、"AND/OR"、"COMMAND"命令符、"0"、"1"等，融洽地得出唯一的答案，可读性便因此而下降。加之法律术语的抽象性，使得本来就已经繁复的算法语句难上加难。

三、智慧司法的算法公开方案设计

通过上述的分析可以发现，算法公开并非是法学人"多管闲事"，其实现本质上是如何设计算法公开方案的问题，属于法学探讨的范围。无论是成本难题还是产权的难题，抑或是诸如专业壁垒的障碍，都是在设计公开方案时不得不考虑、解决的问题，这也是检验所设计出的方案的标准。

公开算法的方案，这一设计包括公开对象以及公开方式这两个主要方面，核心在于解决好公开对象的问题。在现今法律法规缺乏明确规定的情况下，设计出这一解决方案必须能够保护好研发公司的商业利益，服从现有产权制度下，考虑法院的预算，实现司法公正。

（一）公开对象

确定适当的公开对象是解决上述难题的关键，因为只有这样，才能让算法公开的范围限于有效监管的范围，这样既能达到监管的目的同时又不至于泄露商业公司的机密，保护其产权。正如上所述，按照我国目前的产权保护规定，无论智能司法软件或设备所运行的算法多么高深或多么基础，都是解决司法领域内问题的创新性技术方案，值得保护。确定公开的对象，本质就在于将算法控制在应当知晓的对象中。这样做的核心目的在于监管，同时也可以保护商业公司的技术秘密，维护其利益或"自尊"。根据司法所涉及的对象，可能存在以下几种公开的对象。

方案1：向社会公开

亦即所有人都可以查看该公司的算法，并进行监督。这种公开是最大程度上的公开。这样做无异于在现今的情况下直接让算法公司对外公布其算法，却没有任何对其补偿或产权保护措施，类似于欧盟现今逼迫谷歌公司公布其搜索排名算法。

要求谷歌公布算法的新闻发生在2015年，至今谷歌公司依旧未公开其排名算法。对于谷歌来说，公布其排名算法，无异于向全世界宣布其如何实现先进技术的方式，这将给其他公司赶超谷歌公司提供了一个方法，因为，其他公司完全可以在不需要任何成本投入的前提下复制这一算法库,并在此基础上开发出更佳的算法,超越谷歌公司。这也是谷歌公司5年以来均未回应欧盟这一要求的考量。谷歌公司宁愿放弃其在欧盟的市场,也不愿交出自己的制胜法宝。

这一方案最大的优点在于可以最大限度实现司法公正,使得所有人都可以监督智慧司法过程中所使用的设备,从而实现公正。但弊端之一就在于这样规定,无异于在劝退所有的智能司法软件或机器,或者起码使司法领域的智能技术停滞不前。如上所述,编写代码、维护代码的良性运行,对于商业公司来说,不仅涉及其以往巨大的成本投入,而且将涉及其未来所有可能依赖算法的所得收益,直接命令其公布,是对其利益的剥夺,也是对现今产权制度的推翻,这无异于强盗。这样的规定是不符合法治精神的。此外,根据"禁止溯及既往"的原则,这样的规定约束的只能是未来的公司,现今研发出智能司法软件的公司便可幸免于难,这将使得以后没有公司愿意研发智能司法软件,劝退所有潜在的研发公司或正在研发的公司。这无异于用法律为其开辟出一条垄断的合法道路。

退一步讲,即使得到了商业公司的同意,这一最大化的公开方式的弊端之二就在于这种公开,无疑将引发各种破解版的智能司法软件或设备,这并非杞人忧天。现实的例子就是手机系统中的安卓系统。安卓系统开发完成之后,安卓系统的创始公司就将其源代码向全社会予以开放。① 开放的后果就是各种破解版软件、垃圾信息、病毒蜂拥而至,对用户形成巨大的困扰。② 如果AI法官的算法开放,那么肯定会出现AI法官破解版软件或系统,一方面这将降低司法的权威性,用户随时随地都可以读取。这还是次要的。最大的危害将在于如果利用这种软件或技术实现犯罪的引导,搜索可能的规避司法的途径,成为犯罪者的"圣经"。例如经常可见安卓系统中的QQ音乐破解版、爱奇艺破解版等软件,实现不付费便能收听、观看会员资源。

向全社会公开算法的另一个弊端就在于此种公开缺乏相应的价值与意义。因为算法因其本身所具有的专业性,并非所有人都可以看得懂,尤其在我国多样的文化背景构成国家中。而且司法领域的算法,又加上了司法中的相应符号、信息,使得智能司法设备中的算法更令人难以明晰其含义。就连法学人都无法审查算法,普通人根本就看不懂,更别提对其进行监管了。例如如果不是专攻编程、设计程序的人,即使很久之前安卓系统就已经开源,我们根本就不会去看安卓系统的代码,即

---

① 参见王生金:《基于类型学的平台模式特征与共性》,载《中国流通经济》2015年第7期。
② 参见张涛、裴蓓、文伟平、陈钟:《一种安卓平台下提权攻击检测系统的设计与实现》,载《信息网络安全》2016年第2期。

使我们每天都在使用手机。这样的公开便不具有实质意义，其本质上是对专业人士开源。

综上，这种最大的向全社会公布算法的方案，不具有可行性。

方案2：向同行公布

向同行公布，是将范围限缩在同一行业领域内的人士。值得追问的是此时的同行是那一领域的人士？司法领域内的智能设备中运行的算法，同行业的人士应当为计算机领域人士，因为法学所能给予这些设备的只是法律法规、案例数据，这些都是起到数据的功用，对算法无实质影响，法律法规早已公布，计算机领域的人士也可以方便地查阅法律法规，并将其内置于算法，而且如上所述，算法的产权基本在于算法公司。因而，此处的同行的适当含义是计算机领域人士。

这一方案其实与方案1类似，本质上相同，只是公布的范围予以适当的缩减。因而，可能具有的优势、弊端并无不同，只是程度上的强弱而已，不再赘述。

方案3：向政府公开

向政府公开，亦即将算法提交给政府相关部门审查。这一方案目前得到的支持比较多。[①] 这一方案认为，政府是有效监管算法滥用、算法歧视的主体，只有政府才是保护市场和权利的可靠主体。

政府审查算法的优势在于，政府有财力的支撑，可以招募专业人士，对科技公司所使用的算法进行审查，其审查不具有上述两种方案的弊端，却可以具备上述两种方案的优势。如休谟所提出的"节俭原则"[②]，我们具有遵从既定权威的天然的惰性，政府在审查方面的优势增添了其具有的安全感与权威感。但笔者认为，政府并不是最佳的公开的对象。

第一，对政府公开，政府如欲审查这些智能司法领域的算法，必须招募专业人才，此时政府必须引入计算机领域、法学领域的人才资源。两类人才的招募，对政府来说，也是一笔巨大的财政支出，如若有更好的公开方案设计，则这种方案是对纳税人的一种不负责任。

第二，在未来智慧司法逐渐登上司法舞台的情形下，由政府审查算法意味着政府接管司法，这与权力预设的结构不相符合。行政权与司法权是并行不悖的两项权力，从分权理论提出以来，裁判权与行政权就处于分离的状态。从我国宪法

---

① 柳亦博：《人工智能阴影下：政府大数据治理中的伦理困境》，载《行政论坛》2018年第3期。
② 转引自韦恩·莫里森：《法理学——从古希腊到后现代》，李桂林等译，武汉大学出版社2003年版，第129页。

规定的现行组织架构来看,行政权也是与司法权分庭抗礼,如果由行政机关审查智能司法的算法规则,从某种意义上讲,是对现有架构的违反,违背了司法独立的原则。①

第三,政府的自利性使得政府是否就是最佳的监管主体是值得怀疑的。从人类历史中看,人类对于政府的建设与依赖,经历了大政府(全能型政府)到小政府(有限政府)的转变历程②,这其中夹杂着对于行政权力的畏惧与忧虑。不仅政府具有"自利性",而且政府中工作的人员也具有一定的自利性。③正如孟德斯鸠指出,"每个有权力的人都趋于滥用权力,而且还趋于把权力用至极限,这是一条万古不易的经验"。④在利益的驱动下,难以保证商业公司通过种种方式向政府内人员寻租。卢梭也指出,"在行政官身上,我们发现有三种本质不同的意志。首先是他个人固有的意志;这种意志倾向于维护他个人的利益",这种个别的意志居于其他意志首位。⑤此外,如果选择算法向政府公开,公开的不仅仅是算法,政府审查的时候,必然会涉及算法运行中的数据库、数据资料,一方面,政府将掌握大量的关于个人、企业等的相关信息,信息就是资源与财富,政府可以利用这些信息,成为现代的"利维坦"。⑥另一方面,政府在从事民事行为或者行政行为时,也会成为诉讼主体,由政府审查这些规则,在未来 AI 法官裁判下,政府成为最后裁判规则的评判者,这对于另一方诉讼主体来说不公正。对政府审查算法的不信任,本质上是对行政权力的不信任。

方案四:向法院公开

向法院公开,意味着法院可以获取其在智慧司法建设过程中所购买或所应用的智能机器人、软件、系统的算法。这一方案虽然鲜有人提出,但却是所有方案中最为可行、安全、最能保护科技公司利益以及实现司法公正的一种方案。原因在于:

第一,法院是法律制度的卫护者,是公正的化身。将算法交由法院,法院既不会复制其代码,模仿创造出其同类竞争产品、设备,侵犯其知识产权;也不会因为寻租泄露其代码,损害其经济利益。相反,法院还可以尽最大程度保护这些公司。如果所有智慧司法软件的算法都交由法院,这也可以避免一些恶性竞争的出现,因

---

① 陈弘毅:《法治、启蒙与现代法的精神》,中国政法大学出版社 2012 年版,第 60 页。
② 顾昕:《最优政府规模、经济社会协调发展与大政府-小政府之争》,载《学习与探索》2016 年第 1 期。
③ 吴勇、高振扬、武琳:《自利性与公共性之间:地方政府发展高新技术产业的困境及治理》,载《中国行政管理》2017 年第 11 期。
④ Montesquieu, *The Spirit of the Laws*, Trans. by T. Nugent, D. Appleton and company, 1900, Bk. I, chi.
⑤ 卢梭:《社会契约论》,李平沤译,商务印书馆 2016 年版,第 71 页。
⑥ 霍布斯:《利维坦》,黎思复、黎廷弼译,商务印书馆 2017 年版,第 13 页。

为法院是裁判者，对于知识产权制度非常熟悉，这对那些想抄袭的公司来说是一个警示。而且，法院是司法的裁判者，不会如政府般过多地涉入诉讼活动中，成为被诉主体。这也就决定了裁判结果的公正性。此外，交由法院审查，也不会破坏现有的组织架构，不会打破司法权与行政权并行的格局。

第二，法院有专业的法学人才，这是政府所不具备的内在优势。这一方案可能存在的质疑正如上所述，法学人不懂科技。法院审查算法确实存在这一劣势，但这一劣势却是相对于方案 3 来说的优势。因为在向政府公开算法的情形下，政府想要审查，必须求助计算机领域的精专人才和法学专家，而向法院公开的方案下，法院审查只需要另外聘用计算机专家即可，这样也可以节省预算。不将公开、审查权交由计算机同行第三方，原因在于相较于法院，第三方公司毕竟也是公司，其公正程度、保密度皆不如法院。

第三，无论是将算法向政府公开还是向法院公开，两者都缺乏专业技术人才的支持。因而，既然可以由政府购买人才支持，也可以将这种购买服务交给法院。法院本身对于技术上的贫乏，既不会艳羡技术公司的高新科技，也不会轻视那些虽在同行眼中基础而无新意的算法。

综上所述，这四种方案皆是对于公开算法的一种尝试，各有千秋。但利用上述的衡量标准，可以发现，在所有这些方案中，法院可能是最好的公开审查的主体，这是基于法院本身的司法主体地位决定的。向政府公开，由其审查并不是不具优势或不可行，但相较而言，其优势并不突出，应在种种利弊衡量下舍弃此种方案。

（二）公开方式

在算法公开的尝试方案中，最为关键的在于确定公开的对象，在确定之后，便可以根据这一主体选择公开的方式。在知识背景的束缚下，尽管没有最佳的算法公开的主体，但妥协折中下的更佳的监管主体为法院。公开方式的确定，则需要首先进一步明确哪些司法领域的算法需要向法院公开。是否所有的智慧司法应用的软件或机器设备的算法皆需公开？其实不然。根据智慧司法应用的智能化程度，可以发现司法实践中所应用的软件或设备有：（1）物理辅助类，如智能输入、语音识别、证据上传取证软件；（2）低级智能软件或设备，如量刑辅助设备、法律服务咨询程序；（3）高级智能裁判软件或设备，如 AI 法官。由于第一类物理辅助与能力延伸类的软件或设备，在司法过程中所能发挥的功用对于整个司法活动过程与结果的公正意义不大，加之其算法基本都是技术领域的通用算法，而且对其检测可以直接通过程序的运行，便可得出结论。因而将其公开的意义不大，也就无需再继续探讨其公开方式，故将其排除以下讨论行列。对于第二、第三类的算法的公开，则需要分别考察。

由于智慧司法的提倡，智能设备无时无刻都在运转，因而也是法院每运转一次智能设备进行辅助审判，实际上就是在检验算法的准确性。因而，无论是第二类还是第三类软件或设备，算法检验的最好的方式就是运行算法。法官可以通过比对智慧审判下设备运转的结果与自己裁判的结果的符合度，实现结果偏理性的检验。此时的检验方式是不需要调用算法库的，通过程序本身的运行实现外部检验。但这也是一种结果检验的方式，通常对于算法来说作用不大，因为算法的属性之一就在于其运行结果的准确性、唯一性，无论经过多长时间，只要算法没有发生变化，吞吐记忆的数据库增大，结果的准确性就会提升。因而有必要要求商业公司以一种专门的方式公开其算法。

公开的方式，根据交付法院使用的时间节点，可以分为事前和事后公开两种方案。两种方案的选择应当根据智能司法设备在法院审判时所发挥的功用而区别对待。如果该智能设备为上述的第二类软件或设备，仅仅作为智能咨询类、量刑辅助类设备使用，则因其所发挥的功用相对较小，而可以选择事后择一时间公开的方式。具体公开的时间则视法院发现智能机器设备出现问题或者设置一固定时间要求技术公司公开。

而对于诸如智能化程度较高的综合的案件审理类的设备，即上述第三类，如上海的"206"系统、重庆法院的智能审判平台、AI法官，因其可能直接决定案件的结果，在审判过程中发挥的功用较大，则需要在交付法院使用的时候同时向法院提交其算法方案。此时，法院就应当对技术公司所公布的方案进行审查、固定，如无问题可以使用。然而，即使是这类设备，也不需要耗费法院巨大财力随时审查，因为一方面设备经常在使用中，已经是对设备的检验，故也无需耗费投入进行算法的检验和审查。

此外，仍应注意的是，由于算法所具有的高度的技术性与专业性，商业公司一方面既会因算法日常代码的维护，另一方面也因故障的检测与系统升级的需要，即使是在交付法院使用之后，依然拥有着进入算法库的无限后台权。因而，这就带来了算法的可变动性。算法公司拥有此类无限进入权，随时都可以修改算法，而且可以利用专业技术隐藏修改的足迹，即使随时随地向法院公开，法院也防不胜防。此外，由于算法本身的自修改性，也会自行产生新的运行指令，导致其算法本身就是处于变动之中。因而，无论是在智慧司法中发挥辅助作用的咨询、文书审阅类的功用较小的软件，还是高度智能的智能审判应用，都需要在交付法院使用时进行算法库或算法方案的固定，也即每一次发生重大变动，如系统升级，就需要进行一次相应的算法固定。当发现或出现问题时，法院只需要截取固定期限或发现问题时欲审查时的算法方案，比对其与使用之前固定的算法方案的不同之处，重点审查两份方案有无不当修改之处，即可确保其公正，这可最大化地节省法院审查的难度、精力，也可充分照顾技术公司的相应权益。

一套智慧司法设备或软件，所运行的算法不止一个。通俗地说，平时手机所安装的微信软件，尽管我们在手机应用商店中看到的只是个总的安装包，但是其内部却有着很多实现不同功能的算法方案，司法领域的设备或软件亦如此。因而，这不禁让人追问，是否所有的智能司法软件中的所有的算法都需要公开，因为有的算法的改变有时连程序员都无法解释其变动的缘由，甚或是对于一些算法其本身所具有的相关性、因果性等无法准确衡量。例如现今智慧司法软件或设备所共用的神经网络的算法，其算法的可解释性较弱。笔者的建议是所有的算法都予以公开，无论其由于本身的技术特征多么专业以至于最后公开时依然可读性较低，或者公开的价值并不高。因为一方面，可读性虽然影响其审查的可能性，进而致使其公开的价值不大，但只有公开才有可能进行审查，或者也可以起到一定的威慑作用，或者起到可以让法院、当事人放心使用的作用。另一方面，虽然对于那些不可解释的算法，目前尚不具备审查的条件，但随着技术的发展、认知的进步，算法的可理解性无疑将逐步提升，届时，即使是对于此类算法，其审查也会具有一定的现实性与可行性。"司法眼里容不得半点沙子"，也不应该有半点沙子。"解决人工智能系统的不可理解性（intelligibility）的一种方案是增加系统的技术透明（technical transparency）。比如将人工智能系统的源代码开放。"[①] 英国政府也提出，"对于人工智能问题的一个解决方案就是增强可理解性"，这需要"人工智能代码或算法的可访问"。[②] 此外，换个角度思考，在合理完善的公开制度下，商业公司向法院公布自己的算法，尽管这些算法在现今技术上的解释性较低，但公司本身并无任何的损失，而法院才可以在技术可能性的前提下在某一时间审查这些算法，这本身至少对任何一方来说都没有损失。

---

① 曹建峰：《解读英国议会人工智能报告十大热点》，载《机器人产业》2018年第3期。
② House of Lords, *AI in the UK: ready, willing and able?*, the Authority of the House of Lords, 16 April, 2018, p. 38.

四、结语：回到算法

在智慧司法建设过程中，算法是一颗闪闪发光的螺丝钉，其在智能司法裁判中所将发挥的价值，令我们不得不重新考虑回归智能裁判本身，思考 AI 审判时对于算法的法律规制。人工智能与部门法结合所产生的问题，已经引起了学者的大量探讨，但智慧司法本身的算法问题却问津稀少，这是与其在智慧司法建设中所扮演的角色不相匹配的，有必要进一步探讨与研究智慧司法中算法的现实规制。无论是算法的公开透明，还是最终意义上打开智能的"黑匣子"，所需要的不单单是技术上的发展与突破，或许更多的是司法与技术的联姻，多管齐下、多方治理下的协同防治。算法规制的起点，也是规制过程中重要一环，就是如何选择公开方案的问题，而最后方案的设计不仅需要立基于现今智慧司法所应用的智能软件或设备的现实，也要具备一些超前性，不能仅仅因为现在技术上的困难或无法实现，而失去对其构思的勇气。

本文的相对局限性在于更多地出于审查算法的目的，仅选取算法公开这一形式性的要求，并未过多涉足算法领域的解释与算法歧视等问题。解释与审查只有在公开方案确定之后才可以继续进行。通过聘用相关领域的高端人才，按照公平公正的原则以及相应的计算机领域的技术标准进行排查，可以在一定程度上反向解码算法。

算法并不是一个简单的问题。认真对待智慧司法中的算法，需要的不仅仅是监管，更多的是在考虑商业公司利益的前提下，通过与商业公司的商谈，以及对于程序员的伦理教导与约束，实现司法过程中的多向"共赢"。

法学中的"实验"

——由实证研究到实践教学的一体贯通

陶宏光[*]

摘　要　传统法学坚持严格的规范/价值分析方法，并不主张"实验"的方法进入法学领域，这不可避免地导致了法学与人类真实生活失联的后果。为了克服这一问题，现代法学产生了关切现实的需求，要求通过现实反映法律真实的运行状况，这导致"实验"这一具有科学标志的方法进入法学领域的必然性。事实上，无论是作为学问的法学还是作为学科的法学，都运用了大量"实验"的方法：在法学研究中，"实验"的典型体现是思想实验、田野实验以及法学技术实验室的设立；在法学教学中，"实验"的典型体现是法学人才实验班和模拟法庭。不论是田野实验还是以其他形式展开的实验，都不属于可控实验的范畴，这是由实验自身特性所决定的，在开展过程中，实验受多种不确定因素的影响，导致研究结果具有一定的局限性，获取的实验结论也不够全面。克服目前法学领域"实验"局限性的方法是将目前法学实践研究以及法学实践教学中广泛运用的具有"实验"特点的方法和思维方式进行整合，将这种带有"实验"特点的方法和思维方式贯穿于法学研究与法学教学中，从而实现法学学科的实验化。这种贯穿于法学研究与法学教学的统一的"实验"由三大要素构成：其一是法学理论；其二是实验对象和所需工具；其三是

---

[*] 陶宏光，华东政法大学刑事法学院实验师。

对实验获取的数据进行分析。进行统一的"实验"必须具备两个条件：一是技术条件，二是从事法学实验的法学家。

关键词 传统法学 现代法学 "实验"法学研究 法学教学

引 言

传统法学基于对自然科学的"意义无涉"[①]与"价值无涉"[②]的批判，极力划清法学与科学之间的界限，在法学和科学之间筑起了一道鸿沟。在这种观念的影响下，传统法学对"实验"这一典型的自然学科方法采取了一种排斥的态度。传统法学认为，实验作为探寻事物之间确定性联系的一种方法是无法适用到法学领域的，它并不能助力于法学中"意义"的发现与"价值"的指引。但是，自近代以来自然科学在推动全球现代化进程中做出了突出贡献，它的成功促使它所运用的方法获得了所有学科的瞩目。与此同时，"科学"这一概念似乎也为学科的正当性提供了基础，由此成为所有学科竞相追逐的"时髦"。在此背景下，法学也不得不重新审视作为自然科学标签的"实验"的方法，并尝试探索与"科学"的融合之道。自法律实证主义和法学实证主义诞生以来，"实验"这一"科学"性的方法向法学领域的渗透已是难以阻挡的趋势，这也是法学极力证明自身"科学"性的重要探索。这在一定程度上体现了法学家的期望，即希望能够借助田野调查和思想实验来证实法学研究的可行性和可靠性，法学研究对于经济学原理和数学原理的接纳与运用便是明证。对于作为学问的法学而言，"实验"方法的运用是法学研究的必然要求，法学本质上是一门以社会现实为关切的学问，探索法学理论和现实之间的确定性联系必然要求运用"实验"的方法；对于作为学科的法学而言，"实验"方法的运用是法学教学的必然要求，法学教学尤其注重对学生法律思维、经验的培养，通过"实验"的方法反复训练、演示是保障学生学习效果的重要路径。李凯尔特的观点表明，科学

[①] "意义无涉"是指自然科学的研究是一项与"意义"无关的研究，基于因果关系说明的自然科学，无法给予"意义"内容以充分的阐释；而法学却是以实践问题为目标、处理人类社会意义世界内容的学科。在这个意义上，法学与科学之间无法融合，甚至不可避免地要"分道扬镳"。

[②] "价值无涉"是指科学只能为我们揭示出赤裸裸的因果事实和逻辑关系，却无法为规范问题提供指引答案。科学导向的研究纵使可以指示我们能够作什么乃至某些情况下我们想要做什么，却无论如何也无法得出我们应当做什么或什么才是被允许的结论。在这个意义上，科学是与"价值"无关的。与之相反，法学界必须重视规范主义的研究进路，不能简单地以科学式的因果说明取而代之；法学是一个"价值导向"的学问，但"价值绝不是现实，既不是物理的现实，也不是心理的现实。价值的实质在于它的有效性，而不在于它的实际的事实性"。

研究有着不同的角度，可以从研究对象的角度来分析，也能够从研究方法的选择上进行分析。如果作为"科学"标志的"实验"方法能够进入到法学领域，贯穿于法学研究与法学教学的全过程，那么，法学的"科学性"无疑将得以彰显。而这正是本文研究的动议，也是本文研究的目标。

一、"实验"嵌入法学？：一种矛盾的省思

自然科学中的实验通常具有明确的目的指引，主要是借助先进的科学技术和专业的设备，以此来对某种事物的变化规律进行分析，进而掌握不同事物之间存在的影响关系。而法学实验则是自然科学领域中实验方法在法学中的运用。对于法学实验，法学家一直以来都持有一种矛盾心理，一部分法学家认为法律中所涉及的道德和社会现象区别于自然界的发展规律，即仅仅通过观察或实验无法发现社会事物的发展规律[1]；但除此之外，也有部分法学家肯定了实验的重要性和必要性，并且明确指出，实验是一种科学的研究方法，而经过实验验证后的制定法能够正确合理地约束人的行为，司法可以维护社会稳定有序发展。

（一）传统法学与"实验"的背离

传统法学被定位为阐述实在法的原则与法律关系的一门学问或学科[2]，它是对法律现象最基本、最理论化的分析。[3] 于是，法学被普遍视为一门进行规范分析的"纯理论"学说[4]，而规范/价值分析则当然成为了法学的核心方法。这种方法关注法律学科内概念、理论以及规范的抽象分析，以此为其价值层面的追问提供参考。法学研究主要是侧重分析和"应当"相关的问题，举例说明，法院在审理具体案件时，如何制定审判标准和依据？在经济形势进入到新的发展阶段时，怎样去完善法律体系？这都是现在面临和亟需解决的问题。在思考和处理上述问题的过程中，若立足于自然科学，大自然的发展规律或许难以解释人类社会现象，自然科学领域中得出的解释虽具有强大的逻辑关联性，但是却无

---

[1] 恩科里·菲利：《犯罪社会学》，郭建安译，中国人民公安大学出版社 2004 年版，第 142 页。

[2] See Henry Campbell Black, *Black's Law Dictionary: Definitions of the Terms and Phrases of American and English Jurisprudence*, Ancient and Modern, 5th edition, West Publishing Company, 1979, p. 767.

[3] 参见理查德·A. 波斯纳：《法理学问题》，苏力译，中国政法大学出版社 2001 年版，第 82 页。

[4] See Thomas A. Cowan, "Experimental Jurisprudence and the 'Pure Theory of Law'", *Philosophy and Phenomenological Research*, vol. 11, no. 2 (1950), pp. 164-177.

法得出解决问题的答案;借助科学导向,或许可以为行为选择提供指示,却无法针对具体情境中的事物给出明确答案。① 德国著名民法学家拉伦茨便是采用诠释路径进行规范/价值分析的典范②;其从英美法学研究领域角度对法律哲学进行分析,进而探索法律自身的发展规律,拉伦茨认为法律内在变化规律受人主观因素的影响,存在一定的不确定性,实质是对通过客观因果观察来探寻社会内在规律和逻辑的方法的否定。③ 德沃金在司法过程的研究中,尝试着从新的法律人维度进行分析,并提出了"司法现象学"这个新词汇,其明确指出法律中存在突出的政治道德价值,进而否定法律经济学领域所提出的外部霸权干预观点④;凯尔森的纯粹法理论之可谓是传统规范/价值分析方法的巅峰,他在研究中区分了新旧康德主义,即对"应然"问题和"实然"问题的区分,将法学和其他所有领域的学科知识进行严格区分,并以此为理论前提,发展出一套以基本规范为前提的规范法学。⑤

(二)现代法学走向"实验"的必然性

传统法学所坚持的严格的规范/价值分析方法不可避免地导致了法学与人类真实生活失联的后果,传统法学随着现代实践的发展,似乎变得更加遥远,无法对法律运行规律进行解释。在此背景下,法律实证主义应运而生,它强调经验调查胜于形而上学(白纸黑字)、科学性优于知识性。⑥ 法律实证主义打开了"实验"进入法学的大门。由于经验调查在解决法律实证主义问题中所起的重要作用,法学家们不再延续传统法学的理论,而是另辟途径,发展出新的法学研究方法,不再是仅仅提出空想,而是更好地与现实问题相结合,获取研究所需的重要资料。这些法学家开始从"不切实际的空想"逐渐靠近生活,通过观察生活来为他们所研究的理论思想提供可证实的依据。譬如霍姆斯提出,要制定出理想的法律制度,就需要提供科学可证实的立法依据。他还指出,物理学技术在解决法律基本问题中发挥着重要作用,统计学家极有可能在未来发展中成为法学家。与此同

---

① See Aristotle, *Nicomachean Ethics: Translation, Introduction, and Commentary*, translated and edited by Sarah Broadie & Christopher Rowe, Oxford University Press, 2002, l097b25.("l097b25"为页边码。)
② 参见卡尔·拉伦茨:《法学方法论》,陈爱娥译,商务印书馆 2003 年版,第 85 页。
③ See H. L. A. Hart, *The Concept of Law*, Clarendon Press, 2nd edition, 1994, pp. 89-91.
④ See Ronald Dworkin, *Law's Empire*, Harvard University Press, 1986, pp. 12-15.
⑤ See Hans Kelsen, *Pure Theory of Law*, translated by M. Knight, University of California Press, 1967, pp. 5-6.
⑥ 参见诺贝特·赫斯特:《法律实证主义辩护》,袁治杰译,载《比较法研究》2009 年第 2 期。

时,他在研究中还对科学终极依赖思想展开分析与探讨,指出科学存在的价值正是明确不同社会目标的价值。[①]弗里德曼的观点表明,学科从理论向实验化转变的决定性因素在于相关变量技术得到更高层次的发展。一些学者在对现代法学进行研究的过程中,仅仅依靠已有的研究方法和工具是不够的,得出的研究结论也存在一定的局限性,在此情形下,需要在传统研究方法的基础上,积极探索其他不同类型的研究方法。[②]随着科学技术的发展,社科法学研究也日益兴起,其中,实验研究方法便是新兴社科法学研究方法之一;该研究方法能够有效探索事物间的逻辑关系,借助其自身存在的优势,在科学研究中得到广泛的推广和应用。实验研究法的目的在于将直接调查和自然实验相结合,以此获取研究所需的数据资料,进而拓展到对法律领域问题的分析,从而有助于提高法学研究的准确性和有效性。除此之外,实验研究法是顺应时代发展的重要产物,能够充分借助和利用现代化的科学技术推动法学领域的发展,积极应对多种难题。实验研究法的有效性近年来不断被研究者的研究结论所证实,其对于推动法学研究具有重要的现实意义。

二、有限"嵌入":实证研究与实践教学

如果说传统法学依托规范/价值分析方法所进行的艰深的思考探索为法学积淀了深厚的理论基础,那么现代法学则对法学提出了回应现实的新要求,即传统法学的理论积淀必须要应用于现实,以对现实中复杂的问题作出解答。正是现代法学的这种现实关切促成了"实验"向法学领域的"嵌入"。当"实验"进入到法学领域,不仅仅表现为一种方法,也表现为一种思维方式。无论是作为学问的法学抑或是作为学科的法学,都对"实验"这种方法或者思维方式产生了需求,当前,"实验"在法学研究以及法学教学中的广泛运用正印证了这样一种趋势。但是,目前"实验"在法学中的推广应用是分散的、不成体系的,一定程度上仍然具有缺陷。因此,我们可以将目前"实验"在法学研究与法学教学中的应用现状描述为"实验"向法学的有限"嵌入"。

[①] See Lee Loevinger, "Jurimetrics: The Methodology of Legal Inquiry", *Law and Contemporary Problems*, vol. 28, no. 1 (1963), p. 6.

[②] Sunder Friedman, Daniel Friedman, Shyam Sunder, *Experimental Methods: A Primer for Economists*, Cambridge University Press, 1994, p. 1.

（一）"实验"嵌入法学研究："思考-观察-操作"的实证范式

在法学研究中，"实验"的典型体现就是思想实验、田野实验以及法学技术实验室的设立。

思想实验主要是从思想层面进行分析，主要集中在法学家自身的思维领域中，在这个主观性非常强的领域中来完成不同场景的构建，增加或者去掉某些因素，目的是为了掌握法学理论和法律变化规律之间存在的关系。[①] 思想实验在法学研究中是一种非常常见的思考方式，特别是在法教义学中，通过思想实验能够得出一定的研究成果。随着法学理论的进一步发展，现代法学的研究内容和要求都发生了变化，法学理论在法律领域中的应用，不再仅仅是分析学术研究前存在的现象以及问题，更为重要的是，需要通过之前的研究，对之后某一时间段内可能会发生的情况进行预测。从法律人的角度来分析，简单的经验原则无法满足需求，也无需通过更多法律案件来分析法律现象及其变化规律，可以借助思想实验来对可能存在的不同情形进行设想与分析，以此来不断地完善理论体系。举例说明，在刑法学的思想实验中，"杀人者"不仅仅只限定于人类，也有可能是一些通过特殊训练的其他动物；在对"杀人对象"进行设想的过程中，可以设想出不同的对象，可能是婴儿，可能是植物人等；在设想杀人动机的时候，可以设想是为了钱财，也可能是误杀等，这些都是思想实验在法学研究中的体现。

田野实验主要是从观察层面来探索事物之间存在的关联性，在分析的过程中，可能会受到很多不确定环境因素的影响。田野实验也经常应用于法学研究中，举例说明，"美国波瑞学前教育实验"就借助田野实验法长期研究青少年犯罪问题。[②] 又如，学者以田野实验的方式研究了以色列一家幼儿园如何惩罚放学时迟到（接回儿童）的家长。[③] 一开始，幼儿园将迟到的家长姓名公布；随后，幼儿园取消了这种声誉惩罚措施，而改成金钱惩罚。研究者发现，改为金钱惩罚后，迟到的家长明显增多。虽然最后幼儿园又恢复了声誉惩罚措施，但这时迟到家长数目并没有明显减少。这一研究说明：很多时候，声誉较金钱惩罚是更好地预防违法的社会机制；同时，已有的声誉机制和社会规范一旦经资本化而瓦解后，很难得到恢复和重建。

法学技术实验室属于操作层面，譬如我国公安大学、警察学院等高等院校或研究院所，专门配备了专业的科学技术实验室，主要目的是为刑事犯罪研究提供技术

[①] 参见凌斌：《思想实验及其法学启迪》，载《法学》2008年第1期。
[②] 参见约翰·格拉海姆、特雷弗·白男德：《欧美预防犯罪方略》，王大伟译，群众出版社1998年版，第34页。
[③] Uri Gneezy, Aldo Rustichini, "A Fine Is a Price", *The Journal of Legal Studies,* vol. 29, no. 1 (2000).

和平台支持。技术实验室的设置是为了跟踪学科、专业和实验技术的新发展、新动态，采用智能化、网络化的实验模式，促进虚拟与现实实验技术相结合，以对现实中复杂疑难的法律问题进行技术分析，从而做出科学解答。齐全的实验设备是设立刑事科学技术实验室的前提，目前国内大多数刑事科学技术实验室都配备有紧密贴合公安实际的PCR扩增仪、红外光谱仪、多波段光源、生物显微镜教学系统、比较显微镜视频网络教学系统、体视显微镜视频网络教学系统等新、高、精刑事技术实验仪器设备；在此基础上，一般还会分设有DNA实验室、红外光谱室、物证提取室、物证分析室、毒物分析室、痕迹观察室、痕迹比对室和现场急救室等独立实验室。

（二）"实验"嵌入法学教学：先导试验与仿真模拟

在法学教学中，"实验"也得到广泛运用，典型的就是法学人才实验班和模拟法庭。

法学人才实验班一般是人才培养模式改革的先导性试验。传统高等教育人才培养机制呈现出条块分割、专业划分过细的问题，为了适应社会对综合素质比较高的一流创新型人才的需求，以更好地参与国际、国内的竞争，实验班的人才培养模式开始出现。由于这种人才培养模式是对传统教学模式的突破，目前仍然处于实验阶段，其具体实效如何仍然有待进一步探索。因此，这种人才培养模式是一种先导性的实验探索。目前，大多数高校的法学专业都设有法学人才实验班。法学人才实验班以培养高级法律职业人才为目的，其学制、修业年限与学位授予与一般普通本科教学都有所区别。在课程学习方面，法学人才实验班除了学习一般本科教学的专业课程与选修课程外，还会另外开设案例研习课与应用学习课，以实现教学与实践的结合。

模拟法庭就是通过模拟庭审实践进行法律教学，提高学生对法律知识以及法学理论的理解与应用能力。法学院在进行法律实践教学的过程中，会借助模拟法庭来完成分析案情、划分角色、准备法律文书、开庭等一系列环节，引导学生积极参与其中，在增长见识、积累经验的过程中，更好地培养学生的创新创造能力。在这个过程中，还可以广泛邀请和吸纳实务部门的优秀专家参与其中，为法学院法务部门的成立提供重要的人才资源，为法学专业学生专业能力的提升提供重要支持。举例说明，深圳大学法学院等院校积极引导学生参与国际法庭竞赛等活动，通过这些活动来帮助学生提高专业知识水平、积累实践经验，充分利用国际化教学团队来为学生提供更加专业的教学指导，为学生的全面发展创造良好的条件。除此之外，在当前发展阶段中，很多高等院校会把一些常见的国际纠纷案件融入虚拟法庭审理之中，以此帮助学生更好地进行涉外法律的理解与应用。

（三）思想实验、田野实验以及教学实验存在的问题

任何类型的实验，都可能会受到不确定因素的影响，田野实验也不例外，其难以或者不能消除干扰因素带来的影响，从而使得研究结果存在一定的片面性。"虽然田野实验无法准确地证实因果关系的存在，但能够提供证实假设条件。"[1] 田野实验存在非常明显的观察性质特征，能够有效地揭示出社会行为，但是无法发现社会行为发生的具体原因。因此，对于很多法学家而言，田野实验和田野观察是等同的。[2] 思想实验能够在一定程度上给予法学研究启示，但是，思想实验毕竟存在于法学家的主观世界中，受到很多主观因素的影响，存在一定的虚拟性和不真实性。现实情况和人脑海中想象的情境是不同的，而不同法学家的主观世界也存在差异，因此，即便是对相同的法律现象进行分析，得出的结论也可能大相径庭。把研究方法和实验结合起来，可以更好地反映出法学理论和法律现实之间存在的关系。一些实验经济学者认为，理论如果不能够在简单实验中得到证实，那么和现实环境相契合的可能性就会很小。[3]

三、研究与教学的统一实验化：法学的科学性彰显

研究与教学是法学学科的两个重要方面。将目前法学实践研究以及法学实践教学中广泛运用的具有"实验"特点的方法和思维方式进行整合，将这种带有"实验"特点的方法和思维方式贯穿于法学研究与法学教学中，可以实现整个法学学科的实验化。而这种实验化，恰恰就是法学的科学性的表现。

（一）统一的法学实验的要素

为了克服既有的田野实验、思想实验以及法学教学中运用到的实验之不可控的

---

[1] 莫顿·亨特：《社会研究方法新论——人类行为的科学研究》，郑建宏、易国庆、王明华译，华中理工大学出版社1989年版，第41页。

[2] 如郭云忠就把田野实验的操作者称为调查者，波普诺把自然实验等同于实地观察。参见郭云忠：《法律实证研究方法及其地点选择》，载《环球法律评论》2009年第4期；戴维·波普诺：《社会学》，李强等译，中国人民大学出版社1999年版，第47—49页。

[3] Charles R. Plott, "Will Economics Become an Experimental Science", *Southern Economic Journal*, vol. 57, no.4 (1991), p. 901.

缺陷，我们应当尝试探索一种在可控制条件下完成法律场景的模拟，在分析法律场景行为的基础上，为探索分析法学理论和法律现实存在的关联性提供可能性，寻找可行性研究方法。可以控制的法学实验在研究两者关系中发挥着举足轻重的作用，主要涉及以下三大构成要素。

第一，法学理论假说。无论是在法学研究抑或是法学教学过程中，实验方法的选择以及思维方式的确定都应该建立在理论假说的基础上。阿尔温·托夫勒的观点表明，在对社会变革进行研究的过程中，只有提出理论假说，才能够进一步展开分析。[①] 实验中所设计到的理论假说可以是已知结论，也可能是与已知结论相反的新命题。实验过程就是需要对提出的理论假说进行证明，证明其正确与否或与经验假设是否相吻合。法学实验需要证实提出的理论假说和法律现实间存在的逻辑关系是可行的。借助实验来检测和验证理论假设的正误，对于完善法学理论知识体系有积极的促进作用。

第二，实验对象以及实验所需的设备。无论是法学研究还是法学教学，实验对象都应该围绕着人来开展，这与自然界事物的研究有很大的不同，人是社会科学研究的核心，在社会科学领域中，人是主要的研究对象，如果研究对象知道自己处于被研究的状态下，可能会有意识地改变自己的行为，这个就是霍桑效应。[②] 只有研究对象自身处于最为理想的场景中，才能够获取到最为全面客观的实验结论。从经济学和心理学等层面的大量分析结论可以得知，如果能够选择合适的研究方法，并且能够充分发挥实验设备的作用，那么就可以有效削弱霍桑效应带来的不利影响。因此，很多研究者为了最大限度地保证自身研究结果的准确性，会选择一些具有代表性的实验对象。例如，对于法学研究而言，在涉及民商法领域的研究中，不能够把正在服刑的人员当作法学实验的对象；从法学教学层面来分析，针对青少年的法学教学就不能选择成年人作为对象。法学研究和教学的实验需要严格地遵循伦理原则，也就是即便是为了实验，也不能够牺牲实验对象的身心健康。除此之外，选择使用不同的实验设备，也会对最终的实验结果产生影响。不论是法学研究或者是教学活动，都需要在假说提出的条件下进行，侧重于理论性的检验，如果实验检验操作简单，那么对实验设备就没有严格的要求；如果要进行复杂程度较高的实验，想要保障最终研究结果的真实有效性，那么就需要选择科技含量较高的实验设备，并且需要匹配一些专业实验专家。

[①] 阿尔温·托夫勒：《预测与前提——托夫勒未来对话录》，粟旺译，国际文化出版公司1984年版，第196页。
[②] 戴维·波普诺：《社会学》，李强等译，中国人民大学出版社1999年版，第56页。

第三，数据分析。数据分析是法学研究和教学实验的关键环节。20世纪70年代，卡尔·多伊奇等人发表的文章汇总了62项重大的社会科学研究成果，通过对这些成果进行考察分析，他们借助数学统计方法来展开定量分析，对理论假设的正确性进行检验。[①]而实证检验的结果是，其中有三分之二的研究使用到定量分析。定量研究在最初被应用的时候，仅仅涉及较低的教学水平，随着科学研究的发展，在近些年才开始涉及数学统计学原理，通过一些专业性运算软件，输入相关数据后就可以获得最终的统计结果。这些软件的使用虽然提高了数据处理效率，但是应用到法学理论分析上会存在一定的不适配性。法学主要侧重对法律和人进行研究，是一门非常特殊的科学，因此，需要专门性地开发和设计一款与其相匹配的数据统计软件，进而得到更加客观有效的数据统计结果。需要明确的是，使用数学统计法来进行定量分析得出的结果主要是从宏观角度来进行呈现，但是却不能够有效反映出微观层面的统计结果。所以，在研究的过程中需要积极地尝试各种不同的教学工具和方法，把不同的方法结合起来使用，以此来提高法学研究的客观有效性。

（二）进行统一的法学实验所需的条件

上文主要分析了法学实验所具备的三大要素，接着需要进一步分析法学实验所需的条件，主要体现在两个方面：

一方面，技术条件。法学实验的研究对象是人，主要分析人的行为在不同环境中的变化情况，以此来分析模拟的现实和实际现实之间的差异情况，在此基础上逐渐形成的一套法学理论体系。模拟出的现实和真正的现实两者只有保持一致，才能够最大限度地保障法学实验的科学性，为进一步探索法律变化规律提供重要的理论指导。如果是一些复杂性较低的生活或者法律场景，想要进行场景模拟的困难不大。[②]如果是一些复杂性较高的生活或者法律场景，那么其中就会涉及非常多的干扰因素，而这些干扰因素在不同的背景环境下都会产生一定的影响，想要模拟出一致的场景有很大的难度。波斯纳认为法律的不可控实验是导致法学理论科学性不足

---

① 转引自丹尼尔·贝尔：《第二次世界大战以来的社会科学》，范岱年等译，中国社会科学院情报研究所1982年版，第1页。

② 1973年，斯坦福大学心理学研究所曾进行模拟监狱实验。实验以偶然的方式从来自社会的73名志愿者中选择了10人充当"囚犯"，11人充当"监管人员"，通过模拟监狱实验检验法学和心理学假说，即"粗暴行为不一定是凶狠的人的行为，而是由强大的社会力量所造成的，因此要从监狱环境本身的病态特征中去寻找反社会行为的原因"。这样的实验由于人数较少、环境因素比较简单，生活和法律场景也相对容易模拟。

的主要原因①,其缘由就在于生活和法律场景非常复杂,存在一些不可控因素的影响,无法确保模拟现实和实际现实两者的统一。

但随着科学技术的发展,新的技术和工具相继出现,使得模拟困难生活和法律场景成为了可能。譬如虚拟现实设备的出现为一些科学实验提供了技术上的支撑,虚拟现实技术主要是对人与环境之间的交互情况进行场景模拟,借助高科技把人融入虚拟环境中,在此基础上进一步研究分析人的行为变化。虚拟现实存在的特点主要体现在以下几个方面:(1)多感知性,就是把人多个不同的感觉结合起来,最大限度还原人的主观真实感受;(2)存在感,是可以让实验对象有一种非常真实的体验感受;(3)交互性,主要指的是实验对象需要对虚拟环境进行某些操作,才能够进一步得到反馈;(4)自主性,主要指的是要求虚拟中的物体需要遵循基本的物理运动原理。②虚拟现实在科学研究中发挥着非常重要的作用,能够为实验者提供更多的工具和方法来增长见识,完善理论知识体系,可以通过虚拟现实技术来还原实际社会中无法实现的实验。"虚拟现实可以让实验对象真实地体验和感受可能存在的不同现实情况。"③正是通过模拟一种以假乱真的虚拟场景,能够让人在这个虚拟环境中产生真实的感受④,在这个场景中,人和场景是密切关联的。与此同时,实验对象和周围环境之间的关系从实际现实中的不可控变为可以控制。在此过程中,实验对象不仅直接参与到实验中,直接感受虚拟场景带给自身的感受,而且也见证了整个实验过程,使得实验客观性得到显著提升,这样就能够更好地呈现和解释现实场景中可能发生的一些现象。

法律的制定主要是为了对人的行为进行约束和规范,为法学研究和教学都创造良好的条件。所以,一些法学家会把法律当作约束行为的规则。任何法律思想体系,如果不能够反映出其中存在的逻辑起点,那么其理论假设就是不成立的。⑤虚拟现实技术是专门针对人的实验方法,为法学理论研究创造了良好的条件。

另一方面,专门进行法学实验的法学家。20世纪末期,菲利首次提出使用科学实验方法来开展法学研究。但是很多实验方法都无法在法学研究领域中真正发挥其重要作用,究其原因,不仅受到传统法学思维的影响,而且还受到法学家自身主观因素的影响。法学最初的形成和很多学科都存在一定的关联性,在19世纪逐渐

---

① 理查德·A.波斯纳:《法律学问题》,苏力译,中国政法大学出版社1994年版,第89页。
② 赵时亮:《虚拟实验:从思想实验到虚拟现实》,载《科学技术与辩证法》1999年第6期。
③ 尼古拉·尼葛洛庞帝:《数字化生存》,胡泳、范海燕译,海南出版社1996年版,第140页。
④ 曾国屏:《虚拟现实——一项变革认识方法的技术》,载《自然辩证法研究》1997年第7期。
⑤ 胡玉鸿:《"法律人"建构论纲》,载《中国法学》2006年第5期。

发展成为一门独立的科学。当时欧洲的法学家着重对法律现象和意义进行分析；而社会理论、观点因为受到历史背景的影响，无法得到顺利发展。[1] 茨威格特和克茨的观点表明，传统法学就是一种非常固化的教条主义。[2] 美国的法学主要是把其当作法律参照的重要原则和教义，之所以要展开法学研究，最为主要的目的就是为了在案件审理的过程中找到可以依据的法学理论。法学家得出的研究结论都是建立在大量法律案件分析的基础上，虽然有少部分人提出反对意见，但是占据大主流的教条主义无法发生本质上的变化。法学家的观点表明，法学研究就是要实行法律自治，而对其他学科方法的排斥是正常的。回归到经济学研究领域，很多法学家在最初把效率分析引入到法学研究领域的时候，绝大部分都持反对意见，并且把其定义为经济学帝国主义。但是通过时间的推移，经济学在法学中的运用愈发广泛，这也使得很多法学家开始总结经验教训，可控实验和经济学领域的研究得到了很好的应用。弗农·斯密斯在研究中提出了实验经济学，与经济学领域得到很好的融合，为经济学领域的研究发展创造了良好的条件。但是在法学领域中，很多研究方法无法起到作用，法学家所了解的一些结论，表面上已经得到数学方法的证实，但是依旧属于比较低的水平。[3] 默顿的观点表明，仅仅只有需要依旧无法解决问题，问题的解决对知识的累积有着非常高的依赖性，科学技术和法学家都是推动法学领域研究发展的重要因素。[4] 通过对可受控实验的研究，在法学领域的应用，能够更好地解决法学理论和实践脱节的问题，这个是法学家需要承担的责任，法学家需要立足自身，积极转变思想，契合时代的发展，选择合适的研究方法和工具，积极参考和借鉴其他经验，获得更加客观合理的研究结论。

结　语

从本质上讲，"实验"是一种强调经验与命题之间互动关系的方法或者思维，它既包含从经验到命题的过程，也蕴含着从命题到经验之意。无论是作为一种方法，抑或是作为一种思维方式，在现代法学的现实性关切需求下，"实验"进入法学领域（包括法学研究与法学教学）已经具有必然趋势。近来，关于法学是否具有

---

[1] 约翰·亨利·梅利曼：《大陆法系》，顾培东、禄正平译，法律出版社2004年版，第68页。
[2] K.茨威格特、H.克茨：《比较法总论》，潘汉典、米健、高鸿钧、贺卫方译，法律出版社2003年版，第45页。
[3] 刘仁文：《法学与数学》，载《法制资讯》2011年第7期。
[4] 默顿：《十七世纪英国的科学、技术与社会》，范岱年等译，四川人民出版社1986年版，第322页。

"科学性"的争论此起彼伏。如何来定义"科学"？显然，我们不能将"科学"简单定义为"自然科学"，否则法学必然会因其与自然科学在本质上的不同而遭遇不具有"科学性"的诘难。如若我们将研究的方法以及思维的方式作为科学性判断的基础，那么"实验"这一发源于自然科学最终扩散到几乎所有社会科学领域的研究方法以及思维方式无疑可以作为法学"科学性"的标志。经过本文的研究论证，我们可以发现，通过整合当前法学领域的有限"实验"，明析其要素结构，明确法学领域"实验"开展的条件，那么，这一具有科学性标志的方法和思维完全可以贯通到法学研究与法学教学的领域内，彰显出法学的"科学性"。

案　　评

论不动产抵押权的担保范围认定

——由一个设例切入

齐昕*

摘　要　由于相关规定与实践操作长期脱节，司法裁判对不动产抵押权担保范围应当如何认定存在广泛争议。究竟是该以登记为准，抑或是约定，在《物权法》出台后的十余年间未有定论。事实上，相关规定自始未要求登记"担保范围"，簿证式样当中"抵押金额"或者"被担保主债权数额"一栏亦不应视作对担保范围的实质限定。然司法实践中明知登记未载"担保范围"而执意"以登记为准"作出认定的现象却非鲜见。殊值重视的是，"以登记为准"作为对制度错位的政策矫正，并不能见容于物权法框架之下的规则设定与价值选择。为解此困境，《九民纪要》第五十八条欲"以约定为准"统规处置思路，竟招致了意料之外的挑战。本文从自实务角度着眼，尝试通过还原抵押交易的真实样态，类型化剖析登记操作中暗含的实践逻辑，最大限度实现其与物权变动一般模式的对接；力有不逮处，尚需借助漏洞识别、限缩解释及必要续造等教义学方法完成第五十八条在现有规则体系中的定位作业。

关键词　不动产抵押　担保范围　被担保主债权数额　公信力　登记生效主义

---

*　齐昕，北京市天同（深圳）律师事务所律师。

一、问题的提出

不动产抵押实践中,抵押权人通常会要求在抵押合同中尽可能宽泛地约定"担保范围",不仅包括本金,更及于利息等附随债权。但是,这一交易意图在登记环节却往往难以落实,究其原因:不动产登记上未设"担保范围"一栏,仅有"被担保主债权数额"一栏可供填写。为顺利取得抵押权,抵押权人便不得不按登记机关的"规矩"行事,将贷款本金记入"被担保主债权数额"一栏当中。

待抵押权人行权,问题便棘手起来:抵押权人优先受偿范围该如何确定,是以登记为准,还是合同为据?以登记记载的"被担保主债权数额"为限,还是及于合同约定的包括利息在内的附随债权?

对此,试举一例作为分析样本:

2014年,A公司(下称贷款人或抵押权人)与B公司(下称借款人)签订《贷款合同》,约定贷款X亿元整。同年,A公司与C公司(下称抵押人)签订《抵押合同》,约定:抵押人同意为借款人在《贷款合同》项下的债务提供抵押担保。抵押人以本合同"抵押财产清单"所列之财产设定抵押。抵押担保的范围为主合同项下全部债权,包括但不限于主债权、利息(包括复利和罚息)、违约金、赔偿金及抵押权人实现债权与担保权利而发生的费用。

《抵押合同》约定"本合同担保范围为主合同项下全部债权,包括但不限于主债权、利息等",所附财产清单记载有抵押财产相关信息,并特别注明"抵押金额为X亿元"。抵押权人与抵押人向不动产所在地国土部门申请办理了抵押登记;该国土部门向抵押权人发放了他项权利证书,记载"被担保主债权数额为X亿元整"。

借款人逾期未能偿还案涉贷款,抵押权人向不动产所在地人民法院申请拍卖、变卖抵押人名下的抵押财产,所得款项由抵押权人在本金X亿元范围内享有优先受偿权。

2016年,不动产所在地法院作出民事裁定,裁定同意抵押权人上述申请。

2017年,抵押权人向《贷款合同》约定的管辖法院就案涉案贷款本金以外债权部分提起诉讼,要求对抵押财产变价所得享有优先受偿权。

题述争议看似基础,却在《物权法》出台后的十余年间未有定论,裁判分歧层出不穷；也因其极富典型性而最终获得了最高法院关注，并于《九民纪要》第五十八条统规了类案处置思路：允许法院在个案中根据登记操作具体情况，作出有异于不动产物权物权变动一般规则的判断，却未曾料招致了更大的挑战。

其一，该条规定"我国目前不动产担保物权登记，不同地区的系统设置及登记规则并不一致，人民法院在审理案件时应当充分注意制度设计上的差别"，但并未明晰登记制度设计究竟有何差别，对该等差别应当如何把握，所生差别又对登记信息的公示意义造成何种影响等问题，因此显得指引有余，操作不足。

其二，对于"登记系统未设置'担保范围'栏目，仅有'被担保主债权数额（最高债权数额）'表述，且只能填写固定数字"的情形，该条明确担保范围的认定应"以合同约定为准"。然而，政策上绝然划断、否弃以往，难当法官内心隐忧。充分追溯以往裁判动因、思路，才能更好地解决未来问题：为何明知登记并未记载担保范围，却执意"以登记为准"作出认定？把公信原则当"帽子"戴在判决上，又是否能够加持"以登记为准"的正当性？

其三，该条开头重述了"以登记作为公示方式的不动产担保物权的担保范围，应当以登记的范围为准"的一般规则；但其就"合同约定的担保范围与登记不一致"情况引入的变通思路，又有几近偏离乃至超脱该等一般规则：如何把握此一变通思路的底层逻辑，教义学在方法上又能使此变通思路取得一般规则的谅解，在既有规整之内寻得一席之地？

《九民纪要》第五十八条尝试统规处置思路，却招致了更大的困惑与挑战。本文拟以设例为引，第五十八条所涉要点为纲，析当事人真意，还原实务当中常见的"抵押金额"这一语词的意义；自规则沿革着眼，追问登记是否真正记载了"担保范围"相关信息，"被担保主债权数额"又是否能够作为"担保范围"的实质限定，以呈现题述争议生发的过程全貌；从法官裁判思维与心理起步，归纳以往裁判虽明知登记未载"担保范围"，却执意以登记为准予以认定的错位根源；以教义学方法探究惯常处置中的规则误用，并完成对第五十八条在物权变动规则体系中的定位作业。

二、合同中"抵押金额"一词并非对"担保范围"的限定

"合同约定的担保范围与登记不一致"预设的前提是，合同约定的担保范围应及于附随债权。如果附随债权先为合同约定的担保范围排除，则无进一步讨论担

范围是否应以"约定为准"的必要。作为题述争议分析的前置环节，有必要花些笔墨谈谈该如何理解合同上关于担保范围的相关约定。

设例中，虽然《抵押合同》已就担保债权范围予以明确约定"本合同的抵押担保范围为主合同项下全部债权，包括但不限于主合同、利息等"，法官仍以"抵押权人已就抵押金额准予优先受偿的许可裁定。在抵押权人已在抵押金额内优先受偿，另要求在抵押金额之外就利息优先受偿，于法无据"为由，拒绝支持抵押权人就利息部分优先受偿的诉讼请求。其理据何在？

通常而言，"担保范围"按照债权类型界定。当事人会在《抵押合同》中引入"担保范围"条款，对担保债权类型予以列举。但是，既然担保范围本质上是"抵押权所支配标的物交换价值在量上的范围"，当事人自然可以在类型之外，更以数额作为标准对担保范围作出限定。在此情况下，"担保范围"将同时受制于类型与数额的双重标准。鉴于"抵押金额"事实上指代本金数额（见后述），因此数额必然等于本金，如法院将"抵押金额"解释为担保债权限额，则利息等附随债权虽为类型所容，数额却在限额之外，因此被约定"担保范围"排除。

对此，抵押权人的一种回应是：假设当事人有意将担保范围限于本金，明确担保债权类型即可；又何必一方面将担保范围扩张至附随债权，另一方面却将本金数额作为债权限额，不合商业逻辑。

这一推论虽有合理之处，但不具决定性。在当事人将担保范围扩张至附随债权的情况下，另将本金数额作为债权限额仍有交易上的合理性：对于抵押人而言，附随债权数额不易确定，以本金数额作限可以有效控制风险，功能上近似为最高额抵押设定的"最高额"。对于抵押权人而言，行权前债务人或已偿还部分债权，致使剩余债权数额（本息之和）低于本金数额，比起将债权类型限于本金，将本金数额作为限额，更符合其利益最大化的交易取向。

"抵押金额"含义不明，合同条款之间难以互作参照，则有必要向外寻求意思表示解释的指引：金融行业属于强监管行业。合同概念经常从规范性文件中直接摘取使用，规范性文件因此可作合同表述解释的外部参照。如能追溯"抵押金额"在规范性文件中的来源，或能为合同解释提供加持。事实上，《物权法》颁布后，国土资源部曾出台《关于印发〈土地登记表格〉（试行）的通知》。该《通知》附有土地登记表格《式样》及相应《说明》。查该登记《式样》，"抵押金额"为登记的栏目之一。配套《说明》则明确，"土地抵押金额"是指"抵押合同约定的贷款金额"，从而印证:《抵押合同》中常见的"抵押金额"表述，是金融机构为了配合主管机关登记操作要求而引入，仅指涉本金，并无限定担保范围的功能。

三、登记中"被担保主债权数额"亦不应视为对"担保范围"的限定

相较于合同约定,实践分歧更集中于抵押登记有无记载"担保范围"。过往案例认定担保范围多以登记为准,却极少深究登记栏目设置与记载信息是否具备相应公示意义。裁判结论没有充分的事实基础支撑,因经不起事后推敲而显得虚浮:倘若登记并未记载"担保范围",如何能"以登记为准"认定担保范围?

为解决上述困境,《九民纪要》第五十八条提出"我国目前不动产担保物权登记,不同地区的系统设置及登记规则并不一致,人民法院在审理案件时应当充分注意制度设计上的差别";并且针对"登记系统未设置'担保范围'栏目,仅有'被担保主债权数额(最高债权数额)'的表述,且只能填写固定数字"引起的"合同约定的担保范围与登记不一致"的情况,提出了深入查明相关事实的要求。从而,引出了以下问题:

该条中的"合同约定的担保范围与登记不一致"应作何解?是登记未依合同约定记载"担保范围"(即,登记无而约定有)?抑或者是,登记记载的"被担保主债权数额"便是"担保范围"(即登记与约定皆有,而两者不一)?

笔者认为,无论在不动产登记统一之前还是之后,相关规定均未要求登记"担保范围"。在登记未明确记载"担保范围"的情况下,所记载的"抵押金额"(登记统一前)或"被担保主债权数额"(登记统一后)本意既非指代"担保范围",亦不应视为对"担保范围"的实质限定。既然登记未涉"担保范围",所谓"合同约定的担保范围与登记不一致",便应理解为上述"登记无而约定有"的情形。

对此,有必要首先厘清不动产登记相关规定与业务实操的相关处理。

(一)登记统一前并未要求登记"担保范围"

不动产登记统一之前,房屋与土地权利登记由住建部与国土资源部分管,两部委各自制定有《房屋登记办法》与《土地登记办法》,明确登记要求与相应簿记式样。对于是否需要抵押登记、是否应当记载"担保范围",住建部要求相对明确[①],国土资源部态度则显得含混不清。土地抵押所受困扰,也因此远比房产抵

---

① 住建部曾依据《房屋登记办法》制定《房屋登记簿管理试行办法》(建住房〔2008〕84号),其第9条第3项规定"房屋他项权利的内容,记载……担保范围",从而明确了"担保范围"属于房屋抵押权登记的必要事项。

押要大。

国土资源部曾于2008年发布《关于印发〈土地登记表格〉（试行）的通知》，开始逐步推行新的土地登记簿证式样，而新式样并未设置"担保范围"一栏：这是否意味着无须登记"担保范围"？

并不必然，登记式样虽未专设"担保范围"栏目，其他栏目信息仍有可能构成对"担保范围"的实质限定。因此，判定登记是否记载有"担保范围"，横向上需要通盘把握登记内容整体排布、栏目各自功能；该横向理解，又以纵向上熟稔不动产登记形成过程为基础。

不动产抵押权设立，登记须经申请、审批与公示三个环节。最终落实于公示的登记信息，皆依托于当事人与登记机关在申请、审批环节注入的意义。因此，欲准确把握登记信息的意义，便势必需要回溯在前的申请、审批环节。意义的动态注入，往往又反过来受制于相应环节文书式样的静态设计。因此，登记信息的解读，须结合申请书与审批表进行，下以2008年式样为例予以说明①：

申请书中，设有"备注"一栏。查"填写说明"，"备注"栏视为申请人填写"其他需要填写的情况"而设计，因此亦不排除申请人在"备注"栏中自行填写担保范围的可能。假设经登记机关许可，申请人在"备注"栏中加入了"担保范围"相关信息，申请书在进入登记机关审批流程后又会作何处理呢？

审批表中，就"土地抵押情况"，除去前述"土地抵押金额"一栏之外，另有"土地价格""土地抵押面积"及"土地抵押期限"三栏，而"担保范围"相关信息显然无法归入其中任何一项。虽然审批表亦有"备注"一栏，但是该栏位于"国土资源部门初审意见""审核意见"与"人民政府批准意见"之后。如此不难推测，该"备注"栏中记载的事项并不在主管部门及政府审核范围之内，"担保范围"如为必要登记事项，则万不会要求填写在该位置。②

登记簿中，按操作要求，抵押权设立登记的相关信息应填入"登记的其他内容"一栏。所谓"登记的其他内容"，该表述具有开放性，但是"填写说明"已

---

① 下述对2008年《通知》所附式样的解读，对地方登记而言虽有参考意义，但不具有决定性。因为地方登记部门从未严格遵循中央式样，实操情况呈现出明显的地域差异。比较典型的如：江苏省明确设置有"担保范围"一栏，但相邻的上海市却未采此模式。这一差异也深刻影响到两地法院裁判思路的选取：2013年《江苏省高级人民法院关于当前商事审判若干问题的解答（一）》明确要求"以登记为准"；被评为2014年度上海法院金融商事审判十大案例之一的（2013）沪一中民六（商）终字第315号案则明确应"以合同为准"。江苏法院在处置所在地为上海的抵押财产时，亦按照上海登记要求，认定"应以合同为准"，如（2017）苏执复187号案。

② 据笔者了解，一些地区采用的申请书式样甚至删除了"备注"栏，因此完全排除了申请人自行填写"担保范围"的客观条件；而审批表中亦未设置"担保范围"一栏。在此情况下，申请人无从自行填写"担保范围"，登记机关亦不会依职权登记。

在此栏中应填写的必要登记事项予以限定。可能会引争议的是，填写说明中要求："土地抵押权、地役权登记时，除填写上述内容外，应（在该栏中）填写土地抵押权、地役权……的范围。"此处的"土地抵押权……范围"应作何理解？"填写说明"未作进一步明确。此处抵押权与地役权并列，对两者而言"范围"一词是否应取相同意义，则有必要结合申请书乃至审批表予以解释。根据前述情况，将"土地抵押权……范围"解释为"土地抵押面积"更为合理。

根据新式样申请书、审批表及登记簿式样设计，国土资源部无意将"担保范围"纳入登记事项。基于由此反映出的政策意旨，在"抵押金额"含义如前述已获明确的前提下，"抵押金额"不可解释为对"担保范围"的实质限定。

（二）登记统一后记载的"被担保主债权数额"亦非对"担保范围"的限定

不动产登记统一后[①]，房屋、土地权利登记一并归入国土资源部主管。为贯彻落实《不动产登记暂行条例》对不动产统一登记的要求，国土资源部颁布了《关于启用不动产登记簿证样式（试行）的通知》（国土资发〔2015〕25号）。所附式样中"被担保主债权数额"是否应解释为对"担保范围"的限定，司法实践争议频起。在此有必要就以下两点略作分析：

其一，《不动产登记暂行条例实施细则》于次年颁布，虽未规定不动产抵押权设立登记的必要记载事项，但在第六十八条设置了变更登记的相关要求。[②]自该条文义与条款体系设置可得，"被担保主债权数额"不能解释为"担保范围"。

《实施细则》第六十八条第二款将"被担保债权主债权的种类及数额变更"与"担保范围变更"并列，则两范畴的意义必不相同。而根据该规定主要起草人介绍，第二款中的"被担保债权主债权的种类及数额变更"与第一款中的"被担保主债权数额"指代相同。因此，"被担保主债权数额"不可解释为"担保范围"。

其二，第六十八条第二款虽设有"担保范围变更"的相关程序要求，却不能据此推论不动产抵押登记应当记载"担保范围"，从而将功能近似的其他栏目信息视为对"担保范围"的实质限定。

---

① 2014年11月24日，国务院颁布《不动产登记暂行条例》。其第4条明确"国家实行不动产统一登记制度"，房屋、土地权利登记自此统一。

② 《不动产登记暂行条例实施细则》第68条：有下列情形之一的，当事人应当持不动产权属证书、不动产登记证明、抵押权变更等必要材料，申请抵押权变更登记：（一）抵押人、抵押权人的姓名或者名称变更的；（二）被担保的主债权数额变更的；（三）债务履行期限变更的；（四）抵押权顺位变更的；（五）法律、行政法规规定的其他情形。因被担保债权主债权的种类及数额、担保范围、债务履行期限、抵押权顺位发生变更申请抵押权变更登记时，如果该抵押权的变更将对其他抵押权人产生不利影响的，还应当提交其他抵押权人书面同意的材料与身份证或者户口簿等材料。

有学者据第六十八条第二款提出，担保范围应属不动产抵押权设立登记时的登记范围，否则无从变更登记。①但倘若《实施细则》确有通过第六十八条将"担保范围"纳入登记事项之意，第一款项下的登记变更的法定事由便不会唯独遗漏了"担保范围变更"一项；但话说回来，如《实施细则》确有意排除"登记范围"，第二款似亦不会多此一举地为"登记范围变更"设置特殊程序要求。规范意旨是调和这一矛盾的关键。

根据该规定主要起草人的解释，目前式样未设"担保范围"栏目，抵押权设立登记亦不要求填写"担保范围"②，因此第一款中未将"担保范围变更"作为登记变更的法定事由。而第二款之所以规定了"担保范围发生变更"，是考虑到登记式样日后完善后，仍有可能通过法律或者行政法规增补"担保范围"一栏。③如作增补，第一款因为已有第五项兜底而无须列举，第二款如不事先将"担保范围"明确在内，便需另作修订，徒增成本。但是，鉴于至今尚无法律、行政法规作此增补，第二款规定的"担保范围变更"的特殊程序要求，实乃备而未用。由此观之，事实上，《实施细则》已将"担保范围"记载要求剥离出抵押权设立的必要条件。登记即便未明确记载"担保范围"，也不影响抵押权设立。④

登记信息的公示意义既为登记机关赋予，故登记机关对"被担保主债权数额"含义的解释是可作上述理解的强有力印证。据笔者了解，为避免司法裁判中出现将"被担保主债权数额"误解为"担保范围"的情况，某地法院及国土部门曾专门组织沟通，国土部门明确表示：依据《国土资源部关于启用不动产登记簿证样式（试行）的通知》（国土资发〔2015〕25号）及国土资源部统一登记信息平台要求，不动产登记证明权利信息部分只记载抵押方式和主债权金额（而不记载担保范围）。

但须注意的是，部分登记统一之前要求登记"担保范围"的地区，在统一后短暂推行了相应要求（抵押权设立登记不记载"担保范围"）。然时日不长，这些地区便抛弃了上述2015年《通知》操作思路，要求在登记簿的"附记"栏中注明"担保范围详见抵押合同"的类似表述。对此，司法实践也多积极回应，认

---

① 高圣平、罗帅：《不动产抵押权优先受偿范围研究——基于裁判分歧的分析和展开》，载《法律科学》（西北政法大学学报）2017年第6期。
② 程啸、尹飞、常鹏翱：《不动产登记暂行条例及其实施细则的理解与适用》（第二版），法律出版社2017年版，第378页。
③ 同上。
④ 司法实践中，已有案例在处理题述问题时一定程度上引入了此种理解。参见（2018）最高法民申3375号、3376号（"担保物权设立与担保范围处于不同层面"）。

为此种情况下"应以合同为准"。不过,此情形并不是《九民纪要》第五十八条关注的重点。

(三)登记统一前后的式样转换与信息迁移亦可作为上述观点印证

设例抵押权横跨不动产登记统一前后,恰属此类情形。为判定此情形下的"担保范围",须比照前后登记信息,了解前后制度交替、过渡的背景及操作处理要求。

全国不动产登记统一后,各地不动产登记中心推行了相应的登记信息电子化。原本纸质簿记经电子化处理,便能够实现数据保存、线上查询。由于电子化处理依托的是统一后的不动产登记簿证式样,登记机关便需要根据新登记式样的要求,重新为旧登记信息确定相应的记载栏目。基于此操作要求,此前登记的"抵押金额",便自动迁移至登记的"被担保主债权数额"一栏,从而印证现行式样中的"被担保主债权数额"应与"抵押金额"作相同解释,不应视为"担保范围"限定。

追溯"被担保主债权数额"表述由来,早在《房屋登记簿管理试行办法》之中,住建部便已引入了该表述,将之与"担保范围"并列,从而赋予了其特别含义。不动产登记统一之后,新登记式样一方面维持了原土地登记的要求(未将"担保范围"纳入必要登记事项);另一方面又保留了原房屋登记的表述(以"被担保主债权数额"替代了原土地登记采用的"抵押金额"),这才有了今天不动产登记统一后交杂的式样模式。上述登记信息迁移的过程,亦印证了这一式样过渡的演变历程。

四、登记未载"担保范围"而法院执意依登记作出认定的考量与局限

根据《物权法》第一百八十七条之规定,不动产抵押权设立采登记生效主义。抵押权担保范围作为"抵押权所支配标的物交换价值在量上的范围",应予登记公示。[1] 如未登记公示,则因为登记欠缺足以影响物权存续的重要信息,物权变动不发生效果。[2]

如严格依循上述公示要求,而今市面上的不动产抵押权皆将因未登记"担保范围"而不生效力。该等风险既起于实操要求与规定之间的脱节,如由抵押权人全数承担,有违公平;作为"担保之王"的不动产抵押功能亦将被完全架空,金融秩序

---

[1] 谢在全:《民法物权论》(中),中国政法大学出版社2011年版,第639、660页。
[2] 常鹏翱:《物权法的基础与进阶》,中国社会科学出版社2016年版,第280页。

的紊乱便近在咫尺。

基于承认担保效力这一裁判"底线",逻辑上原本为"因公示而设立"的抵押权,事实上却被司法裁判置于"已设立但未公示"的尴尬状态。作为扭曲物权变动基本原理以迁就社会现实的产物,"已设立但未公示"的抵押权应当如何确定"担保范围",对第三人保护而言影响尤甚。因此,法院便不得不刻意无视登记信息的事实公示意义,指鹿为马地将"被担保主债权数额"解释为对"担保范围"的实质限定,从而为第三人找到一个信赖认定与保护的参照。

(一)"主债权"具有的多义性,为"套用"公信力规则创设前提

"被担保主债权数额"中的"主债权"一词具有多义性,在物权法框架下有两种使用语境,一者是"相对于担保合同项下的担保权利"的"主债权"①,另一是"相对于利息和其他附随债权"的"主债权"。②

如此,法院即便确知"被担保主债权数额"的事实公示意义(相对于利息和其他附随债权),仍可能出于政策衡量,刻意作出别样认定(相对于担保权利之"主债权"),从而使"担保范围"获得登记层面的公示状态;进而,以此公示状态与合同约定的"真实权利状态"相衬,创设《担保法解释》第六十一条的适用前提("抵押物登记记载的内容与抵押合同约定的内容不一致")。

不可否认,这一处理路径有其现实意义:一方面,相较于完全否定抵押权优先受偿效力,该解释方式至少能够确保抵押权人对本金部分的优先受偿,因此具有一定衡平色彩;另一方面,相较于完全承认抵押权优先受偿效力,又最大限度地维持了对于担保债权的公示要求。即便未载明担保范围,登记至少已对本金部分充分公示,承认该部优先受偿效力,亦无损第三人的信赖与利益,因此尽可能遵循了规范限定。

但事实上,除去上述刻意曲解"被担保主债权数额"公示含义外,上述处理路径在公信力规则的适用上也存在诸多误区。第三人利益不为法律体系价值选择所容,政策上便不应"法外开恩"。若仍强"以登记为准",实为对怜悯的错置。

---

① 物保场合下,虽然没有类似于保证的从属债权,但是从主从权利的角度理解,担保物权仍可视为主合同债权的从权利,因此相对担保物权,主合同债权即"主债权"。详见全国人大常委会法制工作委员会民法室:《中华人民共和国物权法:条文说明、立法理由及相关规定》(第二版),北京大学出版社2017年版,第315页。类似用法在从属性与不可分性相关规定中颇为常见。《物权法》第177条承袭《担保法》第52条关于"抵押权与其担保的债权同时存在,债权消灭的,抵押权也消灭"规定,将原本"(抵押权担保)的债权",替换为"主债权"。

② 全国人大常委会法制工作委员会民法室:《中华人民共和国物权法:条文说明、立法理由及相关规定》(第二版),北京大学出版社2017年版,第305页。

（二）抵押人、一般债权人并非主张公信力规则的适格主体

学理通说认为，登记公信力的预设功能，在于使信赖登记物权状态而为物权交易之人，能够依据其所信赖的物权状态，取得相应的物权变动法律效果。①

"以登记为准"处理路径多以《担保法解释》第十六条为据，却忽略了最高法院为该条适用设置的主体限定："在信赖登记的善意第三人取得登记的担保物权时，其权利不因错误的登记而被追夺，维护公正的交易秩序。"② 对此，随后的《物权法》③《物权法解释一》④《九民纪要》⑤等立法、司法解释及司法规范性文件更一再予以明确。遗憾的是，司法实践中少有法院能够清醒认识到这一限制的存在，毋宁说有效的识别。⑥ 该等情况多见于两种情形：

---

① 参见王利明、程啸：《中国物权法教程》，人民法院出版社2007年版，第96页；常鹏翱《物权法的基础与进阶》，中国社会科学出版社2016年版，第286页；王洪亮：《论登记公信力的相对化》，载《比较法研究》2009年第5期。《德国民法典》第八百九十二条第一款："为以法律行为取得土地上的某项权利或此种权利上的某项权利的人的利益，土地登记簿的内容视为正确。……"。德国通说认为，"适用善意取得（不动产登记公信力）者，须永远为一项法律行为方式的物权变动，且须包含对权利之处分。……而仅导致债法权利产生之变动过程，不适用善意取得（不动产登记公信力）"，鲍尔·施蒂尔纳：《德国物权法》（上册），张双根译，法律出版社2004年版，第494页；台湾当局所谓"民法典"第七百五十九条之一第二项规定："因信赖不动产登记之善意第三人，已依法律行为为物权变动之登记者，其变动之效力，不因原登记物权不实而受影响。"台湾地区通说认为，"况登记之公信力在保障交易之安全，故必须依法律行为而取得物权，始有牺牲真正权利人之权利，加以保护之必要……若第三人未办理登记完毕，则其尚未取得物权，自不受（不动产登记公信力）保护"。谢在全：《民法物权论》（上），中国政法大学出版社2011年版，第86—87页。

② 李国光、奚晓明、金剑锋等：《最高人民法院〈关于适用中华人民共和国担保法若干问题的解释〉理解与适用》，吉林大学出版社2000年版，第242页。

③ 《物权法》颁布后，全国人大常委会法工委曾在《物权法释义》中明确公信力保护的对象是"物权相对人"："由此可见，法律规定物权的归属与内容以不动产登记簿为依据，目的就是从国家公信力角度对物权相对人的利益进行保护"，详见全国人大常委会法工委：《中华人民共和国物权法释义》，法律出版社2007年版，第54页。对于"物权相对人"，最高法院进一步将之阐释为"因信赖公示所表现的物权而为物权交易的人"。最高人民法院明确："所谓公信力，是指依据公示方法所表现的物权即便不存在或者内容有异，但对于信赖这项公示方法所表示的物权而为物权交易的人，法律依然承认其具有与真实物权存在相同的法律效果，并加以保护。"参见黄松有主编：《〈中华人民共和国物权法〉条文理解与适用》，人民法院出版社2007年版。

④ 《物权法解释（一）》出台，不动产登记公信力与善意取得制度关系的处理思路也尘埃落定：将基于不动产权利外观的信赖保护机制，纳入到善意取得制度中一体把握。这也就意味着，第三人声请基于不动产登记的信赖保护，须以满足《物权法》第106条的善意取得要件为前提。

⑤ 《九民纪要》颁布后，其《理解与适用》在评述第58条意旨时，均是以后顺位抵押权人利益保护作为政策平衡对象，亦可推知该条适用亦设置了主体限定。

⑥ （2018）最高法民再19号案可作此一裁判思路的典型代表。该案中，最高法院重申：第一，抵押人"本身并非不动产物权公示制度的保护对象，……抵押人破产被管理人接管后，试图利用登记实务中的不同理解否定抵押人此前在自身财产上设定的权利负担，明显有违诚信原则"；第二，"不动产登记制度的规范趣旨，是为了保护以该不动产为交易客体的第三人的信赖利益和交易安全。……"。值得注意的是，在该案中，最高法院认为即便是抵押人已破产，在对登记公信力保护范围的把握上也应当严守上述两个限定，更何况是在通常情况下。

其一，抵押人作为抵押权设定一方，对"担保范围"相关权利事项均自始知情，无从基于登记形成信赖，本无权主张公信力。即便以"被担保主债权数额"记载作为"担保范围"的公示状态，在抵押权人与抵押人内部仍应以所谓合同约定的"真实权利状态"作为认定依据。然而，法院往往不加区别地将旨在保护第三人信赖的公信力规则适用于抵押人抗辩的情境之下。

其二，抵押人之外的第三人，亦非当然具备适格地位。将"以不动产为交易客体"作为主体上的绝对限定，是不动产登记公信力的预设功能所使。无论是从其追求的最终效果，还是该效果达成的作用路径，登记公信力制度都未对一般债权人（乃至强制执行债权人）施予信赖保护。

笔者也注意到，确有实务观点认为，强制执行债权人依赖查封措施加持，能够取得对抗效力。持此观点者多以日本法上学说为据，却忽略了其衍生于日本法上登记对抗主义这一事实：与上述不动产登记公信力制度不同，登记对抗的机制有条件容纳更为广泛的利益衡量。但是，在现行法采登记生效主义的前提之下，信赖保护的实现路径唯一而明确，日本法上登记对抗语境下第三人范围划定的观点没有许多参考价值。事实上，回归到与我国《物权法》同采相同路径的法例，并未承认强制执行债权人在此问题上的特殊地位。

德国法上，对不动产的保全是通过设置强制抵押权实现的。强制抵押权本质为法定抵押权，强制执行债权人因其设置而取得法定物权，因此没有讨论一般债权人信赖保护的必要；而该强制抵押权非基于法律行为设定，因此又被似排除出登记公信力调整的范畴，所以未对强制执行债权人提供特别的信赖保护。《德国民法典》第1185条将强制抵押权纳入了民法调整范围，但同时该条第二款明确排除公信力对保全抵押的适用。① 有学者提出，我国应当确立类似德国法定担保物权的制度。② 但受制于物权法定原则，现行法未予明确，而欲将法定担保物权内容当然装入到查封措施效力之中，名分有缺。

台湾地区相关规定没有引入一般强制抵押权制度，因此没有一般性地承认其法定物权地位。③ 相应的，也没有将强制执行效果归拢进物权法体系调整，再明确将

---

① 参见鲍尔·施蒂尔纳：《德国物权法》（上册），张双根译，法律出版社2004年版，第494页；汉斯—约阿希姆·穆泽拉克：《德国民事诉讼法基础教程》（第6次修订版），周翠译，中国政法大学出版社2005年版，第397页。

② 参见刘哲玮：《论民事司法查封的效力》，载《国家检察官学院学报》2019年第4期。

③ 对此讨论，可参见陈荣宗《强制执行法》，三民书局1988年版，第323页；杨与龄《强制执行法论》，中国政法大学出版社2002年版，第312页以下；吴光陆：《强制执行法》，三民书局2015年版，第334页以下。

强制执行债权人的信赖保护排除出公信力的调整范围。或由于未明确规则划定的处理路径，便需要回归法政策讨论是否有必要另设机制对强制执行债权人提供信赖保护。对此，谢在全先生曾将登记对抗模式下的动产抵押制度与之对比，从中可见一斑："况动产担保交易法上的担保交易，倘未依法办理登记，其所取得或保留之物权，因不能对抗善意之第三人，就此而言，实已隐存不能贯彻物权保护绝对性之因素，自难以我民法自不动产物权，与之相提并论。"①

《物权法》未将一般债权人纳入登记公信力保护的半径，乃至完全否认了一般债权人在物权法体系框架之内获得信赖保护的正当性，根本理由基于物债二分体系的一般政策观念：一是基于物权的本质属性，其地位恒优于债权；二是一般债权人的交易信赖是针对债务人整体清偿能力，而非单纯基于其名下的特定不动产。一般债权人不获清偿的风险是天然存在的，如果希望避免遭遇不测，应当就特定财产设定担保，从而提高债权实现的可能性；应设担保而未设，即便确有信赖，该等信赖也难称合理。②

综上，对于何者有权声请登记公信力保护，范围划定应严格遵循相关制度的立法意旨、预设功能、作用路径及整体法律逻辑结构。在我国《物权法》对不动产物权变动采纳了登记生效的一般规则与不动产善意取得制度的制度背景之下，已无余地将一般债权人信赖保护纳入物权法框架进行调整。据此，援引《担保法解释》第六十一条的适格主体，应严格限于以该不动产为交易客体的第三人。一般债权人乃至强制执行债权人无权主张公信力，抵押人更不应予以考虑。

（三）主体适格，仍不满足第三人无"重大过失"的善意要求

相较于动产善意取得，严格意义上的不动产公信力规则在两个向度上放宽了取得人积极信赖保护的条件：一是不要求权利人对外观形成具有可归责性③；另一是将除外情形限定于"（登记）不正确为取得人所明知"，而排除了"重大过失而不知"的情形。

构成差异化处理的正当性在于，登记簿作为权利表征能够确保登记结果的高度正确性，因此具有要远强于占有的推定效力。正是这种登记行使与物权实质之间存

---

① 参见谢在全：《民法物权论》（中），中国政法大学出版社 2011 年版，第 936 页。
② 杜万华主编：《最高人民法院物权法司法解释（一）理解与适用》，人民法院出版社 2016 年版，第 189 页。对其中思路更为深入的阐释可详见王泽鉴：《民法学说与判例研究》（第 1 册），北京大学出版社 2009 年版，第 103 页。
③ 程啸：《论不动产登记簿公信力与动产善意取得的区分》，载《中外法学》2010 年第 4 期。

在的高度盖然的相符关系，使得因登记错误而引发的无权处分与建立在登记正确基础上的有权处分相比，属于极为个别的例外。一方面，使得公信力产生的剥夺真实权利人物权的负效应降到最低点，无须再以物权人的可归责性正当化制度的实践效果为前提①；另一方面，强表征提供了更强的信赖基础，支撑起取得人的合理"善意"，从而排除其审查义务（德国法上，将"不动产登记簿的可信赖性"视为"善意"构成的客观要素）。②

登记簿之所以能够确保登记结果的高度正确性，是因为登记簿设置规范（包括登记机关设置、登记簿设置和登记范围的确定等）及配套制度的严格程式要求。《物权法》第十六条规定以不动产登记簿作为"物权归属和内容的依据"，实以满足《不动产登记暂行条例》第十条规定的"各类登记事项准确、完整、清晰记载"为前提。但事实上，目前不动产登记存在诸多不完善之处，法律适用与社会现实亦严重脱节。即便现行物权法确立有公信力规则，把握其构成与效力，能否全然套用严格意义上的公信力规则，存有严重疑问。加之，《物权法》另外引入了不动产善意取得制度，对公信力规则作用领域划定更添龃龉。

从全国人大法工委编写的"释义书"看，至少在立法取向上，《物权法》有意通过第十六条引入公信力规则。③亦有学者曾尝试还原立法过程，论证"《物权法》第十六条第一款就是关于权利正确性推定、公信力的规定，只是法律条文的表述没有按照境外立法例的规程行文"。④

但是，公信力规则的实质确立有赖于客观的制度基础。即便立法机关曾有意通过《物权法》第十六条第一款引入公信力规定，当时条件也无从支持其运作。从《物权法》同时确立不动产善意取得制度的安排来看，更为合理的解释是：《物权法》第十六条第一款仅确立了正确性推定，而依托第一百零六条将公信力规则纳入善意取得制度一体把握，从而舍弃了德国式的绝对公信力模式，即"公信力的相对化"。⑤

有学者对不动产善意取得制度中引入"重大过失"作为标准持否定意见，认为"法政策考虑上不应迁就现实去弱化登记簿的推定力和公信力，而应通过逐

---

① 常鹏翱：《物权法的展开与反思》，法律出版社2017年版，第265页。
② 鲁春雅：《论不动产登记簿公信力制度构成中的善意要件》，载《中外法学》2011年第3期。
③ 参见全国人大常委会法制工作委员会民法室：《中华人民共和国物权法：条文说明、立法理由及相关规定》（第二版），北京大学出版社2017年版，第24页；参见胡康生主编：《中华人民共和国物权法释义》，法律出版社2007年版，第53、54页。
④ 参见崔建远：《物权法》（第四版），中国人民大学出版社2017年版，第53页。
⑤ 王洪亮：《论登记公信力的相对化》，载《比较法研究》2009年第5期。

步完善不动产登记制度来强化登记簿公信力"。① 虽不排除上述意见亦为政策选择中的一种,但不体恤现实的法政策绝称不上是合理的:在现实条件不允许承认"抽象信赖"的情况下强赋不完善登记以公信力。这不仅因为存在逻辑与操作障碍,更关键的是,以权利人无端承受相关交易风险为代价,并不能换取簿证设计与登记操作完善的充分动力。所谓"随着我国不动产登记制度的建立和完善",这一"随"便是《物权法》颁布以来的十余年。这十余年间,不动产登记制度似未能够通过"倒逼"获得充分完善,否则无须另入第五十八条解决"合同约定的担保范围与登记不一致"问题。强赋不完善登记以公信力,与其说是"倒逼"不如说是"放纵",以当事人利益受损换息事宁人。以着眼现实问题为前提,在解决现实问题的过程中逐步实现登记实操与法律要求的并轨,或许更为贴合中国国情。

《物权法解释(一)》出台后,最高法院明确"由于《物权法》将不动产纳入善意取得制度适用范畴,对交易安全予以保护,因而应当认为,《物权法》并未确立不动产物权的公信力",转而以已有不动产登记作为信赖基础之核心,参照善意取得规则适用框架及关键要件补第三人信赖基础之不足。体现之一,便是《物权法解释(一)》第十五、十六条将"无重大过失"纳入第三人"善意"的认定标准。其意旨在于:"德国法上对不动产登记簿所具有的善意推定是一种不可反驳的法律拟制,这种制度性信赖,在我国法上并无依据。因此我国法上……的这种推定并非决定性,对受让人而言,其在主观上必须因为信赖而为法律行为,如果受让人有足够理由怀疑不动产登记簿内容,则其就应当被认为缺乏对不动产登记簿的具体信赖,……从而无法构成善意。"②

最高法院所指"具体信赖",应认为包含两方面:一方面体现为取得人应当相信不动产登记簿的正确性与完整性,另一方面表现为他没有理由怀疑不动产登记簿的内容。③ 在欠缺"具体信赖"的情况下,取得人所负注意义务将在必要情况下扩张至"不动产登记簿主簿之外的凭证、登记日志"。

这一"具体信赖"的把握标准,正与上述"担保范围"公示层面的第三人注意义务贯通。在《九民纪要》第五十八条已明确第三人对抵押合同另作核实的注意义务的情况下,登记所呈现的不完整权利状态,并不足以为交易主体提供信赖基础。

---

① 程啸:《论不动产抵押权的善意取得——兼评最高院人民法院物权法司法解释之规定》,载《财经法学》2017年第1期;《不动产登记法研究》(第2版),法律出版社2018年版,第326页。
② 杜万华主编:《最高人民法院物权法司法解释(一)理解与适用》,人民法院出版社2016年版,第386页。
③ 鲁春雅:《论不动产登记簿公信力制度构成中的善意要件》,载《中外法学》2011年第3期。

因此，未尽该等义务的第三人自然无从主张善意信赖。

（四）构成上虽未明定，公信力规则的正当性仍有赖"可归责性"补足

比较法认为，动产善意取得之正当性在于诱发原则，即真实权利人诱发权利外观，因此具有可归责性。由于导致占有与所有分离的原因众多，第三人对占有形成的权利外观之信赖，难称绝对的合理。在此情况下，如希望对第三人信赖施予保护，则需要更多关注真实权利人在外观形成上的可归责性，以实现利益平衡。但是在严格意义上的公信力制度项下，权利外观即便并非由真实权利人导致，其也须承受不利后果。①如德国法上，公信力制度并未将可归责事由纳入构成要件。有学者评价是由德国不动产物权变动制度的特殊性引起的：因采用了经登记机关见证或者公证的物权合意制度，使信赖保护上无需再对可归责事由另作考察，可直接赋予公信力。②与此同时，严格把控的登记操作及因不可归责于真实权利人的登记错误情形下的国家赔偿责任，也为绝对公信力的赋予创设了实践条件。绝对公信力完全建立在权利外观之上，内在于公信力的信赖保护因此被形式化与客观化，登记错误事由的可归责性对第三人信赖保护便也就无足轻重。

但在现行法未能完整贯彻绝对公信力的事实前提之下，《物权法解释（一）》参照善意取得规则适用框架及关键要件补第三人信赖基础之不足，这在构造上为法院留下了对权利人可归责性再作考量的必要间隙。区别于"善意"与"对价"，可归责性在不动产善意取得构成中发挥的作用更为隐性，却是为与实质公平考量绑定最紧密的一环。实质公平所涉广泛，但不可否认的是，过错永远是其中最重要的考量因素。这并非由于过错在逻辑中的必要性，而是过错作为是非观中最朴素的一个面向，惯常会被法官不自觉地以"前见"带入案件的裁判。主观状态必然需要行为印证才能揭示其存在，"过错"虽含观念评价的内容，最终却必然落脚于行为评价。如何证明登记未载担保范围的原因不可归责于抵押权人，还是要回归到抵押登记的行为过程中去。

《九民纪要》第五十八条亦将先顺位权利人的"可归责性"作为政策支点，进而强调"这种不一致是由于该地区登记系统设置及登记规则造成"。而具体判断因

---

① 王洪亮：《论登记公信力的相对化》，载《比较法研究》2009年第5期。单就不动产公信力制度与动产善意取得的理论基础可否同视为信赖保护，学理上仍存在不小的争议。与王洪亮老师认识不同，程啸老师认为两者理论基础同归信赖保护，信赖保护与权利外观实属一体两面的同一概念（程啸：《论不动产登记簿公信力与动产善意取得的区分》，载《中外法学》2010年第4期）。

② 顾竹轩：《论不动产物权变动"公信原则"的立法模式——"绝对的公信"与"相对的公信"之选择》，载孙宪忠编：《制定科学的民法典：中德民法典立法研讨会文集2002》，法律出版社2003年版。

素上,明确"只能填写固定数字"可用以证明不可归责于权利人;鉴于"抵押金额"或者"被担保主债权金额"一栏已被登记机关明确限定为贷款本金,即便是其他尚未实际发生的附随债权数额可能被预先估定,登记机关也不允许申请人将超出贷款本金部分记入"抵押金额"或者"被担保主债权金额",更不可能允许申请人填写附属债权的计算方法,因此登记机关不承认其他变通举措,由此足以证明登记未能记载"担保范围"情况不可归责于权利人。

《物权法》第一百七十三条明确,当事人享有自主确定担保范围的法定权利。根据《物权法》第十二条第一款第三项,登记机关应按照当事人意思如实记载相关信息。在当事人并没有将担保范围限于贷款本金的情况下,如法院将"被担保主债权数额"拟制为对担保范围的限定,则意味着完全架空了当事人的该项等权利,是对物权法定原则的严重背离。

五、"以合同约定为准"与物权变动一般模式的调和

如果说"以登记为准"并非出路,"以合同为准"亦不坦荡。以往持后一种观点的法院多以《物权法》第一百七十三条规定(或者《担保法》第四十六条)作为依据,但适用逻辑又有显著差异:一者较为直接,该条规定"合同另有约定的,按照约定",因此担保范围应当依约认定;另一者贴合物权公示原则要求的倾向更明显,该条规定有法定担保范围,登记未作明确的情况下,法定担保范围亦有公示效力。笔者认为,两种适用逻辑均存在问题:

物权虽为法定,但在规范内容上并未实现完全强制。比较典型的例子便是担保物权的担保范围,物权法已为当事人预留意思自治的空间。[①] 该条所谓"合同另有约定,按照约定",是指当事人可以变更或者排除缺省规则确定的担保范围,相关约定不因此丧失效力;而非可以变更或者排除物权变动的生效要件,不经公示即可当然生效。因此,该款规定的"合同另有约定的,按照约定"便不得作前一种解释。

《物权法》第一百七十三条本无意赋予"法定担保范围"推定力。从文义上讲,该条仅明确了缺省性,未明确推定性。从体系上讲,《物权法》对不动产物权变动采登记生效主义,其第九条第一款后段规定("未经登记,不发生效力")已明确,

---

① 常鹏翱:《物权法的基础与进阶》,中国社会科学出版社2016年版,第202页。

登记垄断了不动产物权的公示方式，其他表征不动产物权的机制因此被绝对排除。如此，径以第一百七十三条为据突破第九条第一款后段之限，也绝非易事。

以对上述两种适用逻辑的反思作为基础，《九民纪要》第五十八条最终将"合同约定的担保范围与登记不一致"的处置思路统规于"以合同为准"的正当性又何在？是否有可能在避免扰动既有物权公示一般模式的前提下，通过恰当的教义学方法论运用，跳脱两种逻辑遭遇的困境？

针对此一饶有趣味的问题，有必要区分情形分别展开。

（一）登记中记载"担保范围详见抵押合同"的表述或者记载抵押合同编号

登记机关拒绝配合记载"担保范围"的部分原因在于技术障碍与操作风险：附随债权类型繁杂，特别是在当事人对附随债权计算方法有特别约定的情况下，一线经办人员往往难以准确把握。正是为平衡上述障碍、风险与"担保范围"登记的必要性，一些登记机关以记载"担保范围详见抵押合同"的表述（多见于登记统一后）或者抵押合同编号（多见于登记统一前）作为替代。但是，鉴于登记记载的"担保范围详见抵押合同"或者抵押合同编号本身并未表彰任何权利信息，是否仍可将之视为符合《物权法》第九条意义上的登记公示，存在疑问。

以记载"担保范围详见抵押合同"表述的情形为例，与其说是对"登记记载'担保范围'的公示"，不如说是"对登记并未记载'担保范围'的公示"。登记阅毕，第三人见该等表述，便自知尚需进一步查核抵押合同。该等公示的本质，实为对第三人注意义务"提示"；抑或者说，是以充分"提示"第三人查核抵押合同，尽对"担保范围"的必要"公示"。

该等模式虽已与严格意义上的登记公示大相径庭，但不可否认，仍在根本上依托于不动产登记机制与条件："担保范围"本身并未记载于登记，但经由该等表述转介，第三人因登记公示而负有进一步查核抵押合同的注意义务。抵押合同由登记机关的审查、留存，具有与登记权利唯一的对应关系。其合同内容也因此成为了登记内容的实质组成部分。以此方式对登记公示范畴的扩张，本质上仍是登记的权利表征功能的延伸。教义学方法上，此处理思路仍可视为对《物权法》第九条的扩张解释，从而归入广义上的登记公示，最大限度维持与《物权法》第九条第一款后段的协调一致。

就记载抵押合同编号的情形，虽亦依托登记实现"转介"；但是在转介对象上却有一定差异，并没有明确指向"担保范围"。鉴于"转介"公示的本质是对第三人的"提示"，只有"提示"具有充分性，才能达到触发第三人注意义务的要求。

登记单纯记载抵押合同编号,是否足以尽到充分提示之用,便因此成为问题。相比上述"担保范围详见抵押合同"的表述,抵押合同编号记载的转介对象既然为"抵押合同"本身,公示意义便因此似乎更为宽泛,即"登记没有记载的权利信息,相对人均应通过自行查核抵押合同予以判明"。

如此,关键便在于,第三人在查阅登记之时,是否知道"担保范围"属于"登记没有记载的权利信息"。鉴于2008年式样填写说明中已明确"抵押金额"仅指本金,该填写说明作为公开文件本应置备于登记机关(或经询问登记机关人员可获确认),应推定第三人知悉登记没有记载担保范围。据此,记载抵押合同编号亦具有提示的"充分性",从而满足转介公示的实质要求。

事实上,《九民纪要》描述的"一些省区市不动产登记系统设置与登记规则比较规范,担保物权登记范围与合同约定一致在该地区是常态或者普遍现象,人民法院在审理案件时,应当以登记的担保范围为准",主要也是指上述两类情形。

(二)既未记载合同编号,又未注明"担保范围详见抵押合同"表述,仅在"被担保主债权金额"一栏填写有固定数字

较前两种模式,该模式更为常见。与前两种模式迥然相异,该模式的登记上无任何记载可作为"转介"基础,难以通过对《物权法》第九条的扩张性解释,来实现变通操作与现行登记生效规则的匹配调和。

教义学方法上,可视《物权法》第九条存在嗣后、隐藏法律漏洞而应对其适用范围予以限缩,从而排除该条对该等情形的适用;在此基础上,为缓解限缩《物权法》第九条所造成的待用规范缺失,另须比照上述两种"转介模式",构造该等情形下的担保范围认定规则。

首先,《物权法》第九条存在嗣后、隐藏法律漏洞。

所谓"法律漏洞",即"该问题未被规整,因此该当案件事实不生任何法律效果,假使这是一个针对(属于法律规整范围,因此)并非法外空间的问题所作答复,则其无异权利的拒绝"。① 然而,法律对该等问题的"沉默",究为无从施以漏洞填补的政策错误,还是可作法内续造的"法律并不圆满",最终将取决于法律的规整意图。

物权法引入登记生效主义,旨在确立以登记作为唯一公示方式的物权变动机制;其本意即在于,否定此种情形下的物权变动效力。然而,该等立法目的设定乃

---

① 卡尔·拉伦茨:《法学方法论》,陈爱娥译,商务印书馆2003年版,第250页。

基于一个偏离现实的预设——完善、成熟的不动产登记制度能够在《物权法》颁布后迅速创立、铺开，从而为登记公示、（绝对）公信的适用创造条件——忽略了操作上的可行性。

立法之时始料未及的是，不动产登记制度完善工作严重滞后于《物权法》对相关配套跟进的基本期待。不动产登记制度难以在短时间内获得完善，而该等情形又因登记实操与法律规定长期脱节而普遍存在，如一概严格适用《物权法》第九条第一款后段，以权利状态信息未作必要登记为由，否认抵押权设立的物权效力，显然与法律规整的基本意图不符。因没有法条排除《物权法》第九条第一款后段在该等情形下适用，第九条第一款后段已构成嗣后、隐藏的法律漏洞。

其次，在此基础上，为缓解限缩《物权法》第九条所造成的待用规范缺失，另须比照上述两种"转介模式"，构造该等情形下的担保范围认定规则。

如上所述，前两种模式之所以能够通过"登记提示"实现"权利公示"，是因为"登记提示"使第三人负有"注意义务"。尝试着解构此"登记提示-注意义务-权利公示"逻辑链条：其中，"注意义务"是关键，如不能使第三人负有注意义务，则不足以突破其借以用作抗辩的交易信赖。"登记提示"在逻辑上又具有何种地位呢？此框架下，"登记提示"对"权利公示"完成是否有必要性，取决于"登记提示"对"注意义务"产生的必要性。在该等"注意义务"有其他来源，而来源差异对"注意义务"发生并无实质影响的情况下，先在来源足以使"注意义务"先于"登记提示"发生，"登记提示"便不再必要。

对此，有必要考虑三个因素：

一者是登记信息的客观状态。一方面，权利状态并非全无登记，而仅是没有明确记载"担保范围"，交易相对人得通过登记确认抵押权的存在；另一方面，所谓的"被担保主债权数额"并不能当然等同于"担保范围"。在确有抵押权存在，但登记信息含混不明、存在瑕疵的情况下，第三人应有相当的警惕，进一步调阅抵押合同予以核实。此为当然之举，便无必要通过登记另作"提示"。

二者是抵押交易的稳定惯例。远不同于理论预期，因为登记实操的不统一，不动产抵押交易从来没有形成过完整的全国性市场。各地差异化的登记实操要求将这一理论意义上的全国市场割裂破碎、分裂，呈现出鲜明的地域性。地域性市场各自衍生出特有的交易惯例，形成了特有的公示方式，并塑造了特有的交易信赖。部分地区在不动产登记统一以来，乃至《物权法》颁布以来，甚至是《物权法》颁布之前的二三十年间始终遵循着不登记"担保范围"的实操要求，当地交易主体自始不曾对以登记方式公示"担保范围"抱以任何期待，都是以替代方式完成相关信息核实。已为惯常行止，亦无必要通过登记另作"提示"。

三者是法律规定的推定知情。如上述，因《物权法》第九条第一款后段的存在，《物权法》第一百七十三条本不具推定力；如因隐藏漏洞而限缩第九条第一款后段适用，另赋第一百七十三条推定力，仍有不妥：登记不足为据，"担保范围"认定仍应以经过登记机关审查并留存的抵押合同为准。留存合同取代登记成为抵押权利状态的唯一表征，从而具备了近似于登记的排除其他公示方法的效用，第一百七十三条前段的"法定担保范围"因此仍无"上位"余地。然而，这并不妨碍将该条后段"当事人（对担保范围）另有约定的，按其约定"解释为第三人注意义务的推定基础，以加持上述惯例对第三人"提示"的充分性。既以约定为先，第三人便推定负有查核登记机关留存抵押合同的注意义务。

规则正向涵摄事实的同时，也受到事实的反向塑造。规范解释适当照顾社会现实，也就成为解释论上的应有之义。不得不说，这一理解不能说是完全遵循了《物权法》第九条第一款后段的登记公示要求，却毋庸置疑地体现了抵押交易的真实样态与内在逻辑。以裁判指引为主要功能的《九民纪要》第五十八条显现得颇为务实：该条以自身确立了第三人对抵押合同另作核实的注意义务，为约定担保范围赋予公示效力。对此，《理解与适用》亦明确"该规则一旦确立，……后顺位债权人在设立抵押权时，就不能仅仅去看登记簿，可能还要看当事人的约定"。在登记操作短时间无法为法定公示要求提供充分支持的情况下，司法机关凭此得以建立起与登记机关理解的最低限度共识，实现设权与行权两个环节的贯通，具有过渡性，也具有建设性。

（三）《九民纪要》第五十八条不应视为物权变动规范模式向登记对抗主义的转向

民法典起草过程中，学者曾建议为《物权法》第一百七十三条增设第二款："以登记作为公示方法的担保物权，前款担保范围中利息、违约金、损害赔偿金，未经登记不得对抗第三人。"[①]但《民法典》最终没有采纳此项建议，而是延续了《物权法》确立的形式主义要求。

《九民纪要》虽颁布在前，却始终紧跟《民法典》的步调，总体方向上可以推测，其第五十八条仍以登记生效主义作为规范预设。对该条进行解释时，仍应尽可能在原有规范框架内作技术处理，避免轻易颠覆原有制度系统。推测第五十八条的

---

① 高圣平：《论担保物权"一般规定"的修改》，载《现代法学》2017年第6期。

制定初衷,"过渡性"或在其中:以坚守登记生效主义为前提,从而维持与《民法典》规范模式的协调统一;阶段性地缓和担保范围公示要求,从而为随后《不动产登记法》的出台及配套规范、式样的完善争取时间。[1]

《担保法司法解释》确曾一度引入登记对抗主义,而其制定背景又与《九民纪要》第五十八条所描述的情况十分相似。由此不禁惹人遐想,将《九民纪要》第五十八条理解为《担保法司法解释》规范模式的"回归"。[2] 但是,虽然第五十八条最终落脚到"以合同为准",却并不能据此推论该条沿用了《担保法司法解释》的规范进路。按照后者推演,"担保范围"无须登记,不动产抵押权便可生效;但是"担保范围"未经登记,不得对抗善意第三人。换言之,《担保法司法解释》的规范模式下,设权与对抗效力是两分的。按照《九民纪要》第五十八条规范模式推演,既明确第三人负有注意义务,也便一概排除了第三人"善意"的构成可能,从而使对抗蕴含于设权效力之中,设权即有对抗效力。如此,《九民纪要》第五十八条划定了自身与《担保法司法解释》第五十九条的本质差异。

然而,缘何《九民纪要》第五十八条能够跳出《担保法司法解释》第五十九条确立的惯性轨道?《担保法司法解释》第五十九条解决的是权利未办理登记的情形,《九民纪要》第五十八条解决的则是权利已作登记而"担保范围"一项未明的情形,两者立基于不同的事实基础。如上所述,正是该等事实基础,使得"以注意义务发生视同完成公示"具备了操作上的可行性。

---

[1] 《九民纪要》紧跟《民法典》步调,在第56条"混合担保中担保人之间的追偿问题"上体现尤为明显。耐人寻味,在"征求意见稿"中,该条曾含有"但全国人大法工委主编的《物权法释义》明确表示,担保人之间不能相互追偿。据此,承担了担保责任的担保人只能向债务人追偿,不能向其他担保人追偿"的表述。《九民纪要》的起草与其说是受到了2008年《物权法释义》的约束而采用的"托古"笔法,倒不如说是需要在政策上综合全国人大法工委在《民法典》编纂过程中的意见,考虑了立法发展的"必然"趋势。毕竟,《九民纪要》不能前脚出台,后脚就因为《民法典》颁布而被扔进了故纸堆。

[2] 《担保法司法解释》第59条规定:"当事人办理抵押物登记手续时,因登记部门的原因致使其无法办理抵押物登记,抵押人向债权人交付权利凭证的,可以认定债权人对该财产有优先受偿权。但是,未办理抵押物登记的,不得对抗第三人。"《理解与适用》对该条制定背景有所阐释:"由于我国登记制度不健全,在司法实践中,抵押登记出现的问题比较多,……登记部门擅自规定登记期限和收费标准,权利人必须在规定的期限届满前办理续登缴费手续,设置登记时效,增加权利人的负担与风险。……我们认为,当事人有充分的证据证明进行了抵押登记,因登记部门原因致使当事人无法办理抵押物登记,……抵押合同当事人以其他公示方式证明财产抵押的,应当根据案件具体情况和抵押事实,认定抵押成立。但不得对抗第三人。"李国光、奚晓明、金剑锋等:《最高人民法院〈关于适用中华人民共和国担保法若干问题的解释〉理解与适用》,吉林大学出版社2000年版,第230、231页。

六、结语

本文所述问题是一个小问题，但就是这样一个小问题，十余年未成定论，有着法律、规定、操作、政策四维度之间的牵扯，非讼、诉讼、执行三程序之间的奔突，而最终落脚于公示、公信两个物权制度基本支点的把握，也以最为浅薄的方式见于"被担保主债权数额"这一基本概念的理解分歧上。经由当事人真意还原、登记公示意义探究、错位裁判溯因、规则误用辨析、对《九民纪要》第五十八条这一最新规则定位作业及教义学方法的技术处理，笔者于本文尝试对此间关节、要点予以呈现，以期为相关研究及诉讼实务提供一定程度的借鉴。

论债权之受领权能作为
财产罪中的占有形态

——基于二维码案的定性分析

郝赟[*]

摘　要　二维码案的定性须经历三项分析的检验。首先，应当将商户认定为二维码案的被害人。其后，行为人调换或覆盖微信收款二维码的行为应当被评价为获取顾客支付给商户之价款的秘密手段，仅可能成立对商户的盗窃罪。最后，必须说明商户在顾客扫描微信收款二维码转账付款前，已经以某种形态对其债权利益（以对微信支付平台的存款请求权之形式存在的价款）实施着占有。从规范目的与制度功能观察，现实管领是刑法上占有的本质与核心，但其内容与表现却随着社会一般观念的变迁而不断沿革，尤其在现代交易条件下。此一对刑法上占有进行观念化扩张的刑法现代化思路能够为二维码案取得定罪的正义结果：将债权之受领权能濒于实现或者说作用在即（当商户向顾客交付标的物时）的管领力现实化样态解释为对债权利益的观念占有形态，并认为其足以充实刑法上占有所要求的现实管领力，达致刑法承认占有观念化的管领力现实化之触发条件，从而被承认为对债权利益的刑法上占有。故行为人的前述行为成立对商户债权利益即应收价款的盗窃。这一定性应当被认为是符合——至少是最可能符合社会一般观

---

[*] 郝赟，靖霖（北京）律师事务所票据犯罪研究与辩护部副主任。

念和国民预测的。

关键词 二维码案 债权之受领权能 刑法上占有观念化 管领力现实化

一、问题的提出

财产罪理论在网络时代不断遭遇技术进步的挑战，二维码案便是近年来引起广泛讨论却始终没有定论的财产罪新问题。理论只有发展创新才能回应网络时代技术变革的现实需求，依托新型支付方式的二维码案可能成为财产罪理论取得突破的重要契机。

观察当前财产罪的研究范式，无论是我国传统的所有权说，还是日本刑法理论的本权说与占有说，抑或是德国刑法理论的法律财产说、经济财产说与法律-经济财产说，其本质上多是以财产罪的保护法益为研究对象。对财产罪保护法益的研究当然具有重要价值，但法益保护作为立法动因与目的，已经被内涵进类型化的构成要件，系构成要件定型的根据。由此，除存在违法阻却事由的场合，构成要件该当性（形式违法性）与法益侵害性（实质违法性）应当相互统一。若违法性在形式与实质两个阶层需要一般的、积极的分离判断，则构成要件便被表明存在着无法对应其保护法益的偏差，由此导致法益保护不能。因此，已经被立法内涵进构成要件的保护法益，其对刑法解释的指导应当、也必须透过构成要件的屏障间接地得以实现，即构成要件的解释边界才是划定犯罪圈或判断不法的直接根据。实质性的法益思考固然重要，但其绝不等于、更不能替代构成要件本身的解释与检验。刑法解释在法益论侧面之外，同样具备以法规范敌对为犯罪本质的规范论侧面。因此，对于财产罪构成要件的解释研究，相比于对保护法益的讨论，在解释论上可能更具有实际意义。

占有，是财产罪的核心构成要件要素。然而，传统刑法上以事实管领为特征的有限的占有概念已经无法满足网络时代技术进步的需要。尽管刑法理论对占有对象进行了扩张，且就管领力的认定以及占有的归属问题发展出了占有的规范性理论（规范的占有概念），但这尚不足以解决依托新型支付方式的二维码案。该案对传统占有理论的挑战在于：行为人侵害被害人的债权，虽然法律并不承认其取得该债权，但其确以非法方式自行实现了该债权的内容，即非法受领了债务人的给付、非法取得了债权利益（如作为价款请求权指向之利益的价款）。因此，有必要进一步发展和创新刑法上的占有理论，对财产罪中的占有形态进行观念化扩张：承认在管领力现实化的条件下,债权人对债权利益具有刑法上占有;具言之,将债权之受领权能濒于实现或者说作用在即的管领力现实化样态解释为对债权利益的观念占有形态,并认为在此场合下,债权之受领权能足以充实刑法上的占有所要求的现实管领力,达致刑法承认占有观念化的管领力现实化之触发条件,从而被承认为对债权利益的刑法上占有。

二、二维码案的定性争议与理论挑战

(一)二维码案概述

2016年9月,一则题为"小偷偷换店家二维码 躺着就能赚70万"的消息在互联网上广泛流传,其描述了一种在当时看来颇为新奇的侵财手法:行为人将商铺内张贴的商户微信收款二维码换成自己的微信收款二维码,商户直到月末清账结款时才发现账目存在问题,遂案发,而此前行为人已经默默收取顾客通过扫描微信收款二维码原本意欲支付给商户的价款达人民币70余万元。① 该则消息成为日后系列二维码案的雏形,在法学界引起了关于行为人前述行为成立何罪的广泛讨论。此后,真实的二维码案不断上演,仅媒体报道者便已经波及上海②、山东③、山西④及贵州⑤多地,作案手法如出一辙。这使得法学界对二维码案定性的讨论在相当长的一个时期内始终热度不减。

值得注意的是,各家媒体在报道前述关于"二维码案"的互联网消息以及真实的二维码案时,均不约而同地将行为人称为"小偷",而非"骗子",且认为其偷

---

① 参见中国青年网:《小偷偷换店家二维码 躺着就能赚70万》,2019年1月9日,http://news.youth.cn/jsxw/201609/t20160922_8684243_1.htm;另参见新文化网:《小偷偷换店家二维码 一个月躺着就能赚70万》,2019年1月9日,http://news.xwh.cn/2016/0922/370628.shtml;另参见搜狐网:《小偷偷换店家二维码一个月躺着就能赚70万 这个会被判刑吗?》,2019年1月9日,https://www.sohu.com/a/114866444_114835。

② 参见央视网:《偷换商家二维码 非法获利被刑拘》,2019年1月9日,http://news.cctv.com/2018/03/31/ARTIBW1VjUCsm5oNAFhebdst180331.shtml。

③ 参见中国山东网:《潍坊一男子偷换商家二维码 非法获利被刑拘》,2019年1月9日,https://baijiahao.baidu.com/s?id=1595613460534763226&wfr=spider&for=pc。

④ 参见搜狐网:《偷换商家收款二维码,山西一男子非法获利2万余元被警方刑拘》,2019年1月9日,http://www.sohu.com/a/276646624_115535。

⑤ 参见搜狐网:《自作聪明!男子偷换商家二维码非法获利被刑拘》,2019年1月9日,http://www.sohu.com/a/213042921_165937。

取的财产系商户的营业款（即商户原本应当从顾客处收取的价款）；侦查机关也普遍以涉嫌盗窃罪对二维码案的行为人进行立案侦查，并以商户的涉案营业款为盗赃。这似乎表明，在法学界以专业视角展开讨论以前，二维码案应当定性为对商户营业款的盗窃，这在普罗大众看来大概是不言而喻、理所当然的；换言之，这一定性应当被认为是符合——至少是最可能符合社会一般观念和国民预测的。有观点基于商户欲受让的并非现金形式的价款，而是顾客对微信支付平台的存款债权的认识基础，认为"不管是在社会一般观念上，还是在客观事实上"，顾客始终未曾将该存款债权移转至商户占有，故行为人不可能就此成立盗窃罪。① 笔者认为，论中所谓的"社会一般观念"更可能仅仅是论者自己的观念，或者至少是其自以为的"社会一般观念"，概缘于论者朴素的法感情，过于武断且明显缺乏根据；此种论述，要么是未经对前述表彰社会一般观念的事实进行检索便妄下论断的主观臆测，要么是明知前述事实而自欺欺人。至于论中所谓的"客观事实"，也仅仅是论者基于先验的个人观念或者说虚假的"社会一般观念"而人为"杜撰"的。

2017年9月12日，福建省石狮市人民法院就一起二维码案作出了判决。该案被告人邹晓敏于2017年2月至3月间，先后在多间商铺乘无人注意将商铺内张贴的商户的微信收款二维码调换或覆盖为自己的微信收款二维码，由此获取顾客通过扫描微信收款二维码支付给商户的价款，总计人民币6983.03元。同年8月15日，福建省石狮市人民检察院以狮检公刑诉〔2017〕1099号起诉书指控被告人犯诈骗罪。福建省石狮市人民法院判决被告人犯盗窃罪。② 然而，此判决并没有能够为关于二维码案定性的大讨论画上句号。

（二）二维码案的定性争议

1. 诈骗罪说的主张

诈骗罪说认为，行为人偷换二维码的行为系对被骗人实施的虚构事实或隐瞒真相的行为，由此导致被骗人陷入某种错误认识，并基于该错误认识而作出某种关于处分的瑕疵意思表示。由于对二维码案中被害人与被骗人的判断有不同认识，诈骗罪说阵营分为以下五种主张：

其一，两者间的诈骗说（普通的诈骗罪说）。该主张认为二维码案中被害人与被骗人具有同一性，被害人即被骗人。③ 其中，一种观点以商户为被害人与被骗人，

---

① 参见张明楷：《三角诈骗的类型》，载《法学评论》2017年第1期。
② 参见福建省石狮市人民法院（2017）闽0581刑初1070号刑事判决书、（2017）闽0581刑初1070号刑事裁定书。
③ 参见刘梦雅、张爱艳：《偷换商家支付二维码案的刑法认定》，载《中国检察官》2018年第2期。

认为商户因行为人偷换二维码而陷入对二维码之归属的错误认识，并基于该错误认识而作出关于指示顾客向错误二维码支付价款的瑕疵意思表示，从而受有价款损失①；另一种观点以顾客为被害人与被骗人，认为顾客因行为人的行为陷入对价款支付之对象的错误认识，并基于该错误认识而作出关于向错误二维码处分价款的瑕疵意思表示，从而受有价款损失。②

其二，双向诈骗说。该主张认为，虽然财产损害最终仅归属于商户、顾客中的一方，但该财产损害的实现必须经由前述商户与顾客双方的认识错误与瑕疵处分，二者缺一不可。③

其三，诈骗罪的间接正犯说。该主张认为，若将商户认定为被害人，则顾客因其错误认识与瑕疵支付行为而沦为被行为人利用的移转商户财产之工具；若将顾客认定为被害人，则商户因其错误认识与瑕疵指示行为而沦为被行为人利用的移转顾客财产之工具。无论以商户或顾客中何者为被害人，另一方均沦为行为人移转被害人财产之工具。④

其四，被骗人处分他人财产的三角诈骗说（传统类型的三角诈骗罪说）。该主张认为顾客系被骗人，商户系被害人。顾客基于错误认识而处分了原本应当向商户交付的价款即归属于商户的债权利益，应当被评价为具有处分商户财产的权限，处于商户财产之处分权人的地位。⑤亦即，顾客基于错误认识而瑕疵处分了商户的财产，使商户蒙受财产损害。⑥

其五，被骗人处分本人财产的三角诈骗说（新类型的三角诈骗罪说）。该主张同样认为顾客系被骗人，商户系被害人。但其主张价款在顾客扫描二维码转账支付以前为顾客所占有，在顾客扫描二维码转账支付的一刻即移转至行为人占有。因而

---

① 参见张智然：《也谈"偷换店家收款二维码案"行为的定性》，2019年1月9日，https://mp.weixin.qq.com/s/HUJ_dB5v7PnKNahps8NSlA；另参见邹利伟：《偷换收款二维码案，我的刑法教义学分析》，2019年1月9日，https://mp.weixin.qq.com/s/7po9cbitx7Kq3reswaLJmQ；另参见李艳：《辨析偷换商家支付二维码的行为定性》，2019年1月9日，http://www.chinacourt.org/article/detail/2016/11/id/2333286.shtml。
② 参见张庆立：《偷换二维码取财的行为宜认定为诈骗罪》，载《东方法学》2017年第2期；另参见李勇：《"调包二维码案"别争了，定诈骗！》，2019年1月9日，https://mp.weixin.qq.com/s/A4Gfn2z67Gzyjtf1j34GXA；另参见周立波：《"二维码案"盗窃与诈骗定性之争：基于民事占有角度的分析》，2019年1月9日，https://mp.weixin.qq.com/s/VMYaUGIfxAjGTqhRlrV3yA。
③ 参见伍尚昶：《偷换二维码，坐收顾客支付款的行为该如何定罪》，2019年10月18日，https://mp.weixin.qq.com/s/n419Wl4Ue-X1M1sXtdvqUA。
④ 参见李勇：《"调包二维码案"别争了，定诈骗！》。
⑤ 参见伍尚昶：《偷换二维码，坐收顾客支付款的行为该如何定罪》。
⑥ 参见李勇：《"调包二维码案"别争了，定诈骗！》。

顾客瑕疵处分的价款从未以任何形态归属于商户，而是为顾客本人所占有。换言之，处分其本人财产的顾客并不具有处分商户财产的权限与地位。① 亦即，顾客基于错误认识而瑕疵处分了其本人的财产，结果却使商户未能实现其价款债权而蒙受财产损害。②

2. 盗窃罪说的主张

盗窃罪说认为，行为人偷换二维码的行为并非对商户和（或）顾客实施的虚构事实或隐瞒真相的行为，而应当被评价为无意思联络、非利用瑕疵处分意思、彻底违背被害人意思而移转财产之占有的秘密手段。由于对二维码案中被移转占有之财产以及移转实行方式的判断有不同认识，盗窃罪说阵营分为以下三种主张：

其一，盗窃价款说。由于对被害人即财产原占有人的判断有不同认识，该说又包括两种观点：一种观点认为，从社会通常观念观察，自商户向顾客交付标的物至顾客扫描二维码转账支付价款的期间内，至迟在顾客支付价款的一刻，价款便已归属于商户占有，故行为人系对商户的财产实施盗窃③，这一观点已为判例所采纳④；另一种观点认为，价款在顾客扫描二维码转账支付以前处于顾客控制之下、为顾客所占有，在顾客扫描二维码转账支付的一刻即移转至行为人控制、为行为人所占有，即商户自始至终不曾以任何形态对价款实施过占有，故行为人系对顾客的财产实施盗窃。⑤

其二，盗窃债权说。该说以商户为财产损害归属的被害人，且不承认商户曾以任何形态对价款实施过占有，由此认定被移转占有之财产并非价款，而是商户的债权：在顾客扫描二维码转账付款前，商户对其债权成立占有；在顾客扫描二维码转账付款时，商户的债权即移转至行为人占有。故行为人系对商户的债权实施盗窃。由于对被移转占有之商户债权的判断有不同认识，盗窃债权说又包括两种观点：一

---

① 参见刘宪权、林雨佳：《偷换二维码侵财行为应以诈骗罪定性》，载《检察日报》2017年11月6日第003版；另参见张明楷：《三角诈骗的类型》，载《法学评论》2017年第1期；另参见阮齐林：《"二维码替换案"应定性诈骗》，载《中国检察官》2018年第1期。

② 参见孙杰：《更换二维码取财行为的刑法评价》，载《政法论丛》2018年第2期；另参见高磊：《论清偿效果之于三角诈骗的认定》，载《政治与法律》2018年第5期。

③ 参见周铭川：《偷换商家支付二维码获取财物的定性分析》，载《东方法学》2017年第2期；另参见刑事实务：《"偷换商店收款二维码案"再出重磅新观点》，2019年1月9日，https://mp.weixin.qq.com/s/WKIlefGmeIteVdTVf7WtCg。

④ 参见福建省石狮市人民法院（2017）闽0581刑初1070号刑事判决书、（2017）闽0581刑初1070号刑事裁定书。

⑤ 参见周立波：《"二维码案"盗窃与诈骗定性之争：基于民事占有角度的分析》。

种观点认为被移转占有的债权系商户对顾客的价款请求权①；另一种观点认为被移转占有的债权系商户原本应当从顾客处受让的对微信支付平台的存款请求权。②

其三，盗窃罪的间接正犯说。该说认为，行为人系利用对商户财产无处分权的顾客对真实的价款移转对象的无认识，将顾客作为秘密取得商户财产的工具。③

3. 不可罚说的主张

不可罚说认为，行为人的行为对于诈骗罪与盗窃罪乃至其他财产罪的构成要件而言均不该当，亦即当前的刑事立法及其解释并不能处罚该种行为，只得求助于立法更新。④

就方法论而言，不可罚说认为，司法实践中对行为的评价存在以罪名间的比较分析替代独立的构成要件之该当判断的倾向：于二维码案中则具体表现为行为定性多以成立诈骗罪抑或盗窃罪的此种互斥型、择一型设问展开，而忽视了根据构成要件进行独立判断的罪刑法定基本意涵。其批评道："仅通过罪名比较进行反向的排除，无法从证明上充分论证行为的构成要件该当性。"⑤诚然，尽管诈骗罪与盗窃罪系对立关系，但这并不意味着侵财行为可以当然地在两罪之间作择一认定；不能仅通过反向排除他罪便入此罪，必须就不同罪名的构成要件——独立进行该当性检验。然而，此种独立判断的意识并非不可罚说之论者的独创或者首创，其实际上恰恰是诈骗罪说与盗窃罪说之论者颇为注意的一个问题：在论证方法上，不但驳斥对方，同时也证立己方。⑥两大阵营之所以采用所谓二罪择一式的设问模式，是因为此二罪恰恰是争议的两方主张，如此命题方可凸显争点，如是而已；此种形式上的设问模式绝不意味着其论者以二罪间的比较分析替代独立的构成要件之该当判断——事实恰恰相反。

就刑法观而言，不可罚说认为，尽管偷换二维码取财的行为确系造成较大财产损失，但若强行从解释论上努力，即通过扩张占有概念，从而将该类行为甚至全部

---

① 参见叶良芳、马路瑶：《第三方支付环境下非法占有他人财物行为的定性》，载《华东政法大学学报》2017年第3期；另参见柏浪涛：《论诈骗罪中的"处分意识"》，载《东方法学》2017年第2期；另参见许浩：《盗窃与诈骗交织类犯罪的定性问题研究》，载《法律适用》2019年第1期。

② 参见机器猫大王：《从二维码支付的本质谈本案定性》，2019年1月9日，https://mp.weixin.qq.com/s/8O0mCDjGyIIBjMRjDcRLlg。

③ 参见柏浪涛：《论诈骗罪中的"处分意识"》。

④ 参见徐凌波：《置换二维码行为与财产犯罪的成立》，载《国家检察官学院学报》2018年第2期。

⑤ 同上。

⑥ 参见张明楷：《三角诈骗的类型》；另参见叶良芳、马路瑶：《第三方支付环境下非法占有他人财物行为的定性》；另参见柏浪涛：《论诈骗罪中的"处分意识"》；另参见周铭川：《偷换商家支付二维码获取财物的定性分析》；等等。

财产致损行为勉强纳入规制范围,则"往往伴随着牺牲构成要件明确性,导致财产罪口袋罪化的危险"。①诚然,财产法益刑事保护固有的"片段性"使得处罚漏洞可能难以彻底消弭;解释论并非万能,解释与法益同样不能过度抽象化。然而,对占有概念的扩张解释并非必然导致占有这一构成要件要素丧失明确性,至于造成财产罪口袋罪化则更不是占有概念扩张的固有发展趋势。占有概念究竟如何扩张,财产罪的处罚边界究竟所在何方,关键在于财产罪的规范目的与制度功能如何随着社会一般观念的变迁而不断沿革。

4. 主要争点的归纳

二维码案是典型的盗骗交叉案件,其定性之所以复杂,是因为盗窃行为与欺诈行为在其中均扮演着重要角色,难以分离。事实上,二维码案的行为人系以类似"欺诈"或者说具有"欺诈"外观的秘密手段行为,行违背被害人意思而移转其财产之占有的盗窃行为之实——此一类型的行为被称为欺诈性盗窃。②由于刑法对盗窃罪的规定采简单罪状模式,盗窃罪的手段行为其实涵盖形态繁多,与他罪之间经常难以厘清、容易混淆。二维码案所体现的采用诈欺性手段行为的欺诈性盗窃便是典型:其容易与诈骗罪相混淆,因其采用的秘密手段行为具有"欺诈"的外观,且被害人(或间接正犯的工具)基于该欺诈性秘密手段,同样陷入对关键事实的错误认识,这与诈骗罪中行为人的欺诈行为以及被骗人的错误认识相类似。准确辨别此种欺诈性盗窃与诈骗罪,须明确如下主要争点:

其一,被害人的认定,即财产损害归属于商户还是顾客;其二,行为人偷换二维码的行为应当被评价为对商户或顾客实施的虚构事实或隐瞒真相的行为,还是应当被认定为获取顾客支付给商户之价款的秘密手段;其三,顾客基于商户的指令扫描商户提供的、实际已为行为人所偷换的二维码转账支付价款的行为,是否能够被评价为基于对价款支付之对象的错误认识而作出的关于处分价款的瑕疵意思表示;其四,被移转占有之财产的认定,以及自商户向顾客交付标的物至顾客扫描二维码转账支付价款的期间,商户是否可以被认为系以某种形态对价款实施占有。

(三)二维码案的分析进路

1. 被害人的认定

本案被害人的认定,须从生活事实、法律规范以及实务操作三个层面进行观察。

---

① 参见徐凌波:《置换二维码行为与财产犯罪的成立》。
② 参见何荣功:《财产罪认定中的几个争议问题》,载《云南大学学报》(法学版)2011年第5期。

从生活事实层面观察,由于交易数量庞大且顾客通常具有随机性、偶然性与陌生性,案发时,商户已不具有重新向繁多的顾客逐一追索债权的现实可能性。即使法律上否认顾客基于商户的指令向错误二维码转账支付价款的行为能够达致债务清偿的效果即消灭债权,换言之,认可商户在顾客依指令向行为人错误交付价款后依旧保有对顾客的价款请求权,那么该债权的主张与实现也已经沦为事实不能。因此,本案的财产损害事实上只能归属于商户,即商户乃是本案的生活事实层面的被害人。

然而,刑法上的被害人与现实中的受损失人并非一个层面上的概念①,仅根据生活事实层面的财产损害之归属便对刑法上的被害人作同一认定,可能既不充分也不必要。这是因为,若生活事实层面的财产损害之归属系出于对法律规范层面的财产损害之归属的反射,或者说乃是一种财产损害的现实转嫁与无奈妥协,那么法律评价并不必然逆向追认该损害反射的效果,即刑法可能并无充分的正当性以经反射的生活事实层面的财产损害之归属反推法律规范层面的财产损害之归属。因此,在生活事实层面以外,尚须从法律规范层面对财产损害的归属进行认定。不过,值得注意的是,若法律规范层面的财产损害之归属常与生活事实层面的财产损害之归属相出入,那么法律评价机制便可能出现了偏差。

从法律规范层面观察,本案财产损害的归属首先是一个关于权利外观或者说表见法理的民法学问题:行为人以不法行为营造并取得某种虚假的权利外观或表征(表见权利),交易相对人(第三人)基于对该权利外观的合理信赖,善意且无过失地行为,导致财产流转错误(不能依约或依法流转),在此场合下,法律须在真实权利人与善意第三人之间进行利益权衡并作出保护倾斜②,对财产上之不利益进行归属。由于表见权利人(行为人)不具有真实权利人的主体要件,善意第三人基于合理信赖而作出的交易行为便可能负担效力瑕疵,从而引发交易的不安定性。③若对真实权利人利益作出倾斜保护,则肯认善意第三人交易行为的此种效力瑕疵,使其交易行为不对真实权利人发生效力,真实权利人得重新向善意第三人请求给付,亦即将表见权利人之不法行为导致的财产上之不利益归属于善意第三人,而后由善意第三人作为民事侵权的受害人向表见权利人主张侵权责任;若对善意第三人

---

① 参见李勇:《"调包二维码案"别争了,定诈骗!》。
② 参见刘保玉、郭栋:《权利外观保护理论及其在我国民法典中的设计》,载《法律科学》(西北政法大学学报)2012年第5期;另参见吴国喆:《权利表象及其私法处置规则——以善意取得和表见代理制度为中心》,商务印书馆2007年版,第96页。
③ 参见丁晓春:《权利外观原则及其类型研究》,载《安徽大学学报》(哲学社会科学版)2009年第5期。

利益作出倾斜保护，则否认善意第三人交易行为的前述效力瑕疵，使其交易行为对真实权利人发生效力，真实权利人不得重新向善意第三人请求给付，亦即将表见权利人之不法行为导致的财产上之不利益归属于真实权利人，而后由真实权利人作为民事侵权的受害人向表见权利人主张侵权责任。出于对交易安全的着力保护，考虑到真实权利人相比于交易相对人更便于、也更有能力管理和控制虚假权利外观的形成风险，尤其是商事关系中商主体实施商行为本就应当负担较相对人更高的谨慎和注意义务，法律在利益权衡后选择优先保护善意相对人，使其交易行为对真实权利人发生效力，从而使财产上之不利益归属于真实权利人——此即权利外观理论，亦称表见法理。①

权利外观理论滥觞于日耳曼法的"以手护手"原则②；法国法将其发展为赋予虚假的表见权利优于法律真实之权利归属的效力③；德国法则将其总结为若信赖系根据某种权利状态之表象而产生，则应使信赖者处于与其所信赖之情状相符的地位，有关法律效果对该信赖者视为无瑕疵④；日本法基本继受了德国法的这一权利外观责任理论⑤；我国民法学界则根据该理论的核心要素，将其表述为权利外观理论、表见理论、信赖原则与善意原则等。该理论摄取罗马法之善意与德国法之信义诚实为给养，已经成为民商法学的基础理论，几乎在民商法的每一个领域被援用。⑥在债法领域，该理论则具体表述为：若接受给付的非债权人因表象而被信赖享有权利，则给付债务人免责。⑦

不难发现，二维码案恰好落入权利外观理论的适用场合，应当以该理论的核心要素逐一对其检验，从而确定其中财产损害之归属。首先，表见权利人须事实具有着虚假的权利外观，即由诸交易因素彼此印证形成的显然的表见。⑧本案中，行为人偷换二维码的效果是将自己的微信收款二维码张贴于商铺内，无论是考虑二维码对作为一般理性人的顾客而言具有不可分辨性，还是从二维码的张贴场所（商铺）观察，行为人的前述行为都已经导致其微信收款二维码被混淆和误认为商户的微信收款二维码，即其形成并取得了债权人（商户）的权利外观。其次，真实权利人须

---

① 参见杨志琼：《权利外观责任与诈骗犯罪——对二维码案、租车骗保案、冒领存款案的刑民解读》，载《政法论坛》2017 年第 6 期。
② 参见李秀清：《日耳曼法研究》，商务印书馆 2005 年版，第 289 页。
③ 参见雅克·盖斯旦、吉勒·古博：《法国民法总论》，陈鹏等译，法律出版社 2004 年版，第 778 页。
④ 参见卡尔·拉伦茨：《德国民法通论》（下册），王晓晔等译，法律出版社 2003 年版，第 886 页。
⑤ 参见山本敬三：《民法讲义 I 总则》（第 3 版），解亘译，北京大学出版社 2012 年版，第 322 页。
⑥ 参见雅克·盖斯坦、吉勒·古博：《法国民法总论》，陈鹏等译，法律出版社 2004 年版，第 796 页。
⑦ 参见迪特尔·梅迪库斯：《德国债法总论》，杜景林、卢谌译，法律出版社 2004 年版，第 186 页。
⑧ 参见王熠：《积极的信赖保护：权利外观责任研究》，法律出版社 2010 年版，第 100—102 页。

具有可归责性,换言之,使真实权利人的利益劣后于善意相对人的利益,须借助真实权利人对权利外观之形成施加原因力(或积极主动营造表见,或疏忽大意未予消除)的归责事由得以正当化。通说以风险控制理论为归责法理,即风险应当归属于最便于或最有能力管理和控制该风险的主体负担。①本案中,真实权利人(商户)相比于交易相对人显然更便于、也更有能力管理和控制虚假权利外观的形成风险,或者说,由商户对交易条件与环境进行安全保障与风险防范系最经济的方案②;尤其是商户作为商事关系中的商主体,其实施商行为本就应当负担较相对人更高的谨慎和注意义务——因此,商户系风险管控义务人,具有可归责性。最后,交易相对人须基于合理信赖而善意且无过失地行为,换言之,法律修正基于错误而实施的法律行为之效力瑕疵、优先保护善意相对人的信赖利益或期待利益,须以信赖原则与善意原则为基础。③本案中,作为一般理性人的顾客没有义务也没有能力对二维码之归属进行甄别,其只能根据交易习惯、以二维码的张贴场所(商铺)判断其归属,并信赖商户对其扫描二维码转账支付价款的现时指示,由此导致的对二维码的混淆以及对其归属的误认几乎是难以避免的,要求顾客准确辨认系对一般理性人的过分苛求,顾客如此行事实属善意且无过失。经前述权利外观理论的核心要素逐一检验,应当认为二维码案中顾客受权利外观的保护而得其所欲,使其交付价款的行为无瑕疵地对商户发生效力,故商户不得重新向顾客请求给付,财产损害归属于商户负担,由商户向行为人主张侵权责任,即民事侵权的受害人系商户,而非顾客。④

然而,以民法上财产损害之归属与民事侵权之受害人认定刑法上财产损害之归属与刑事犯罪之被害人的逻辑尚须证成。毕竟,刑法与民法的认识方法并不相同:刑法关注行为,民法关注关系。⑤笔者认为,刑法应当遵循民法对于财产权关系的认定。从规范目的观察,财产侵权的民法规范与财产犯罪的刑法规范系服务于财产权保护之同一目的的两种手段。刑法作为整体法律制度的最后保障,其关于财产犯罪之规范的根本目的本就是确保民法上财产分配制度的维系以及财产权利的实现。因此,对于财产损害之归属这一本质上落入民法调整范畴的民事权利义务问

---

① 参见卡尔·拉伦茨:《德国民法通论》(下册),王晓晔等译,法律出版社 2003 年版,第 886 页。
② 参见庄加园:《动产善意取得的理论基础再审视 基于权利外观学说的建构尝试》,载《中外法学》2016 年第 5 期。
③ 参见马新彦:《信赖规则之界定》,载《法制与社会发展》2002 年第 3 期。
④ 参见高磊:《论清偿效果之于三角诈骗的认定》,载《政治与法律》2018 年第 5 期。
⑤ 参见刘宪权、林雨佳:《偷换二维码侵财行为应以诈骗罪定性》。

题，刑法须尊重民法的认定，不能越俎代庖。①这也体现着刑法在具体问题的法律适用层面，作为最后法的谦抑性。由此，根据法秩序统一性原理，既然二维码案的商户在民法上基于权利外观责任而负担财产损害，那么其在刑法上便是该财产犯罪的被害人。②

此外，从实务操作层面观察。一方面，行为人的违法所得应当返还给被害人③：若将顾客认定为被害人，从而由其受领违法所得的返还，则其因已经取得标的物而不得不面临不当得利返还的负担，其事实上也很可能因此不愿受领该返还；若将商户认定为被害人，则不当得利的返还直接用于填补商户承受的财产损害，此举便避免了法律上被害人之认定无必要地造成经济上之不效率与当事人之负担。另一方面，在刑事诉讼中，被害人有权提起附带民事诉讼：若将顾客认定为被害人，则其因已经取得标的物、不负担任何财产损害而事实上不具有提起附带民事诉讼的动力，而真正负担财产损害、有提起附带民事诉讼之需求的商户却仅能够作为证人参与诉讼，无权提起附带民事诉讼，此种诉讼参与人之地位的分配实在不合事理④；若将商户认定为被害人，赋予其提起附带民事诉讼的权利，则可以实现权利享有与权利需求（或者说行权动力）的统一。由此，将商户认定为被害人，就实务操作的合理性与便宜性而言，更为妥当。

因此，综合考虑生活事实、法律规范以及实务操作三个层面，应当将商户认定为二维码案的被害人。这一认定及其法理已为判例所采纳。⑤由此，关于二维码案之定性的诸多主张中，凡以顾客为被害人者均是不妥当的。

2. 行为人客观行为与顾客支付行为的评价

之所以将行为人的客观行为与顾客的支付行为一并观察，是因为二者在事实发生与法律评价两个层面具有某种联动的特征。在事实发生层面，行为人的客观行为是诱发顾客的支付行为之因，顾客的支付行为是行为人的客观行为作用之果，二者必然存在行为的逻辑连贯性。在法律评价层面，由于商户对二维码之归属的错误认识以及顾客对价款支付之对象的错误认识系事实存在、无可争议，其对于盗骗交叉案件区分欺诈性盗窃与诈骗的两种定性而言并无实益，因此应当将顾客之处分意识

---

① 参见杨志琼：《权利外观责任与诈骗犯罪——对二维码案、租车骗保案、冒领存款案的刑民解读》。
② 参见杨群：《"二维码案"背后的表见法理》，载《江西社会科学》2018年第4期。
③ 参见孙杰：《更换二维码取财行为的刑法评价》，载《政法论丛》2018年第2期。
④ 同上。
⑤ 参见福建省石狮市人民法院（2017）闽0581刑初1070号刑事判决书、（2017）闽0581刑初1070号刑事裁定书。

的有无作为检视的重点——这是因为，顾客之处分意识的有无系欺诈性盗窃与诈骗的核心区别。具言之，若评价行为人的客观行为系诈骗，则不但须顾客存在错误认识，还须肯认顾客之处分意识的存在；若顾客仅存在错误认识，却并未基于该错误认识产生处分意识，则只能考虑成立欺诈性盗窃（须否认顾客之处分意识的存在）。

一方面，从行为人的客观行为观察，由于行为人在偷换二维码的全程均未与商户和（或）顾客发生任何意思联络，除采用秘密手段偷换二维码外，其对商户和（或）顾客没有实施过任何明示或暗示的行动①，因此，不能认为行为人曾对商户和（或）顾客实施过虚构事实或隐瞒真相的行为。意思联络应当是诈骗罪的不成文的构成要件要素，诈骗罪的行为人正是通过意思联络干涉被骗人之自由意思的形成过程。应当说，无意思联络，便无以谈"骗"。尽管"从解释论上来说，任何人都不应当将自己熟悉的案件事实当作法律规范或构成要件"。②不能以经验判断代替规范判断。但是，若经由生活事实反复检验而得以确立的不成文的构成要件要素，也要因具有所谓的以经验判断代替规范判断之嫌而受到质疑乃至被排除出犯罪构成，那么不成文的构成要件要素这一概念也就没有具象的外延实体以及存在的现实必要了。笔者认为，诈骗罪中的意思联络便属此种不成文的构成要件要素：其在经受生活事实反复检验的能力方面，并不会比盗窃罪中的非法占有目的表现得差。主张行为人的客观行为系对商户和（或）顾客实施的虚构事实或隐瞒真相的行为从而成立诈骗罪的观点，仅考虑了行为人偷换二维码的行为导致商户对二维码之归属、顾客对价款支付之对象的双重错误认识之因果描述③，却忽略了行为人在偷换二维码的全程其实从未与商户和（或）顾客发生任何意思联络这一关键环节。

另一方面，从顾客的支付行为观察，不应当承认顾客具有处分意识。一般认为，处分意识包括三项内容：具体的占有意思、移转占有的构成要素以及占有的受让人。④二维码案中，顾客具有处分意识的前两项内容，自不待言。关于处分意识的第三项内容，即占有的受让人，对其身份特征的认识系认识错误的认识内容，而不要求前置纳入处分意识的认识内容；换言之，对占有受让人之身份的认识错误或者说无认识并不阻却处分意识的存在，但前提是，占有受让人（无所谓身份）的存

---

① 参见福建省石狮市人民法院（2017）闽0581刑初1070号刑事判决书、（2017）闽0581刑初1070号刑事裁定书。
② 张明楷：《三角诈骗的类型》。
③ 参见张明楷：《三角诈骗的类型》；另参见阮齐林：《"二维码替换案"应定性诈骗》。
④ 参见柏浪涛：《论诈骗罪中的"处分意识"》。

在必须被认识，否则，处分意识便无从谈起。二维码案中，行为人在偷换二维码的行为全程均隐匿自身，无论是商户还是顾客，均不知晓行为人的存在，对价款之占有被移转至行为人控制也完全无意识（既无对客观上价款之占有向行为人发生移转的认识，也无主观上意欲使价款之占有向行为人发生移转的意志）。换言之，虽然价款之占有在客观上被移转至行为人控制，但商户与顾客主观上均没有、也不可能有向其完全无认识的行为人交付价款的瑕疵处分意思。因此，顾客因欠缺对占有受让人的认识而不具有处分意识。

综合前述两方面，就价款之占有移转对商户或顾客之自由意思的违背形态与程度而言，行为人受领价款之占有，并非源于以意思联络干涉商户或顾客之自由意思的形成过程，从而迷惑并利用商户或顾客发生外观上自愿，但本质上形成过程不自由的向行为人交付价款的瑕疵处分意思；而是基于隐匿自身、不与商户或顾客发生意思联络，以致商户与顾客对其存在以及价款之占有的真实移转对象（行为人）完全无意识，从而彻底地违背被害人的意思。简言之，行为人偷换二维码的行为并非对商户或顾客实施的虚构事实或隐瞒真相的行为，而应当被评价为获取顾客支付给商户之价款的秘密手段：即该行为不符合诈骗罪的构造，只可能成立欺诈性盗窃。这一认定及其法理已为判例所采纳。[①] 其根据便在于盗窃系"他损"，而诈骗系"自损"的本质特征。

诚然，尽管盗窃罪与诈骗罪系对立关系，但这并不意味着行为不成立诈骗罪便一定成立盗窃罪。[②] 因此，要认定二维码案的行为人成立盗窃罪，尚须从盗窃罪本身的构造出发，确定行为人移转占有的财产及其占有归属。

3. 被移转占有之财产及其占有归属的认定

对行为人移转占有之财产的认定，应当从商户原本应当从顾客处收取的价款、商户对顾客的价款请求权或商户原本应当从顾客处受让的对微信支付平台的存款请求权三者考虑。且要认定行为人成立盗窃罪，须说明该财产在占有移转前系归属于商户占有。

关于商户对顾客的价款请求权，该债权在行为人偷换二维码前无疑为商户所占有，后商户因权利外观责任而负担财产损害，即丧失对顾客的价款请求权。换言之，行为人侵害了该债权、破坏了商户对该债权的占有。然而，观察流转路径，该价款债权事实上并非被移转至行为人占有，而是直接消灭。一方面，行为人偷

---

① 参见福建省石狮市人民法院（2017）闽 0581 刑初 1070 号刑事判决书、（2017）闽 0581 刑初 1070 号刑事裁定书。

② 参见张明楷：《三角诈骗的类型》。

换二维码的行为效果并非取得该真实的价款债权,而是仅仅形成了虚假的权利外观。具言之,为优先保护基于合理信赖行事、善意且无过失的顾客,维护交易安全,使商户因其可归责性而承受财产损害,法律不得不、也仅有必要承认行为人取得了对顾客的价款请求权(人)的权利外观,从而免除顾客的价款债务;然而,法律并不认可行为人能够以前述非法手段取得真实合法的所谓"债权"或"债权人地位",事实上行为人无权也不可能向顾客主张债权、请求给付,只能消极等待顾客基于虚假的权利外观而错误给付。权利与权利外观的区别正在于:真实的权利得向义务人主张;而在虚假的权利外观下则无权利可主张,其法律效力仅限于修正善意第三人基于对权利外观之合理信赖行事的效力瑕疵,从而免除善意第三人的义务。简言之,权利保护权利人;权利外观则保护善意第三人,而非表见权利人。另一方面,当顾客扫描二维码支付价款(以债权让与即转让其对微信支付平台的存款债权之方式履行其对商户的价款债务),行为人取得的债权其实是顾客对微信支付平台的存款请求权,而非商户对顾客的价款请求权:这不满足盗窃罪作为占有移转罪对素材同一性的要求。因此,商户对顾客的价款请求权并非行为人移转占有之财产。

关于商户原本应当从顾客处收取的价款以及商户原本应当从顾客处受让的对微信支付平台的存款请求权,二者其实是实质与形式的关系:顾客转让对微信支付平台的存款债权便是以债权让与的方式履行其对商户的价款债务;换言之,存款请求权系本案价款的具体支付形式,二者系商户对顾客的价款请求权所指向的同一债权利益。观察其流转路径,行为人确于顾客扫描二维码转账付款时取得该债权利益(价款或者说存款请求权)之占有。要将行为人偷换二维码的行为认定为对商户的盗窃,则须说明商户在顾客扫描二维码转账付款前已经以某种形态对债权利益实施着占有。

判例对此作出了简要而有价值的阐释:商户向顾客交付标的物后,其"财产权利已然处于确定、可控状态,顾客必须立即支付对等价款"。① 笔者认为,判例其实是在对刑法上占有概念进行合目的的、实质的解释与突破,即在管领力现实化的条件下,承认刑法上占有的观念化。这一论述具有鲜明的网络时代的特征,能够反映支付方式的变革,回应技术进步的挑战。只是其解释过于简单,尚须从刑法上占有理论的层面进行深化。

---

① 参见福建省石狮市人民法院(2017)闽0581刑初1070号刑事判决书、(2017)闽0581刑初1070号刑事裁定书。

三、占有的观念化及其承认

（一）刑法上占有与民法上占有的辨析：占有的观念化

1. 刑法上占有与民法上占有的规范性辨析

占有（包括准占有，即权利占有）的概念滥觞于罗马市民法，用以指称对财产的管领（支配）。① 占有作为民法的重要制度，为刑法理论所援引②，故刑法上占有的概念从其渊源上就具有民法上占有的基因。此外，从规范目的与法秩序统一性的层面观察，刑法作为整体法律制度的最后保障，其关于占有之规范的根本目的应当是确保民法上占有以及整体财产秩序的维系，故刑法上占有与民法上占有存在着不容否认的内在关联。③ 然而，由于刑法与民法的规范视角各有侧重，刑法上占有与民法上占有便具有不同的规范功能，因此，在解释刑法上占有时，应当关注其与民法上占有之间存在的重要区别。④

民法的核心在于以意思自治保护民事权利，由此需要精细化地探求、解释和甄别主体的意思，占有意思之于占有保护的价值与功能便是如此。因此，民法上占有意思往往是具体的，其以明确完整的意思内容为必要。譬如，民法上占有以是否具有所有的意思为标准区分为自主占有与他主占有，并在时效取得、先占等法律事实上被赋予不同的法律效果。⑤ 与此相对，刑法上占有的核心是维系占有所表彰的客观财产秩序之平和稳定，而非占有关系或占有媒介关系中主体的意思自由；此种刑法意义上的财产占有秩序之维系主要仰赖主体对财产的客观管领行为，而不存在于精神、心理层面，故对占有意思的要求相对较弱。因此，刑法上占有意思通常是概括的，甚至是潜在的、推定的、无需明确完整的意思内容。⑥

与前述规范功能相关，刑法上占有与民法上占有在权利关联性层面也相去甚远。民法上占有作为物权法（编）的规范内容，受物权法上占有保护请求权的保

---

① 参见周枏：《罗马法原论》（上册），商务印书馆2014年版，第456—483页。
② 参见张红昌：《财产罪中的占有研究》，中国人民公安大学出版社2013年版，第119页。
③ 参见郭晓红：《民、刑比较视阈下的刑法"占有"研究》，载《法律适用》2011年第9期；另参见郭晓红：《民、刑比较视野下的占有之"观念化"》，载《法学杂志》2011年第11期。
④ 参见周光权、李志强：《刑法上的财产占有概念》，载《法律科学》（西北政法学院学报）2003年第2期。
⑤ 参见谢在全：《民法物权论》（下册），中国政法大学出版社1999年版，第941页。
⑥ 参见黎宏：《论财产犯中的占有》，载《中国法学》2009年第1期；另参见郭晓红：《民、刑比较视野下的刑法"占有"研究》。

护，在占有遭遇侵夺、妨害或危险时，原占有人被赋予占有诉权，得提起占有之诉以回复其占有的完满状态。由此，民法上占有即使不被承认为权利，而仅作为事实存在，其也不可否认地具有某种准权利的属性（日本甚至直接将占有作为权利）。然而，刑法系以占有侵夺而非权利侵害作为夺取型犯罪的构成要件行为以及侵占罪的排除事实，故刑法上占有作为财产罪的核心构成要件要素，其仅是单纯的事实，并不具有权利的意义。①

2. 刑法上占有与民法上占有的观念化辨析

刑法上占有与民法上占有存在若干差异，其中最具规范实益者、同时也是与本文论题直接相关者，便是对占有观念化的态度。占有，在初始意义上仅指主体对财产为事实上的管领，以管领事实与管领意思为要素。适应于占有媒介关系等交易形态的不断发展，占有不再局限于主体对财产为直接管领的结合关系，而是扩展至占有事实或占有意思松弛的场合，基于社会一般观念，仍承认某种非直接的、非事实的占有，此即占有的观念化。在何种程度上承认占有观念化，民法与刑法有明显差异。②

就原初的规范目的与制度功能而言，刑法上占有较民法上占有当然地更为现实。如前所述，民法的核心在于保护民事权利，主体只要对标的财产享有一定权利，就可能被认为对标的财产具有一定程度上的管领，而管领即占有。因此，民法上占有更多地具有权利管领的意味，至少具有准权利的属性，从而当然地被予以观念化的扩张：在肯认管领力的条件下，即使不存在直接的、事实的占有，观念占有也在相当高的程度上得到承认。相应地，民法创设了一系列观念占有制度，譬如间接占有（占有委托人基于占有媒介关系向占有受托人移转直接占有，同时为自己创设返还请求权，通过占有受托人即直接占有人为占有）、占有辅助（上位者基于上下主从关系指示下位者为事实管领，通过下位者即占有辅助人的辅助占有为占有）、占有继承（继承人法定当然承继被继承人生前之占有）、指示交付（占有出让人通过返还请求权的让与，向占有受让人移转间接占有）、占有改定（物权出让人为物权受让人创设返还请求权与间接占有，自己保有直接占有，以压缩乃至同步实现物权变动与债务履行之双重交付）等。③与此相对，刑法上占有的核心是维系

---

① 参见张红昌：《财产罪中的占有研究》。
② 参见温世扬：《物权法要义》，法律出版社2007年版，第359页；另参见王利明主编：《民法》（第三版），中国人民大学出版社2007年版，第409页；另参见郭晓红：《民、刑比较视野下的刑法"占有"研究》。
③ 参见温世扬：《物权法要义》，第359—373页；另参见王利明主编：《民法》（第三版），第409—436页。

占有所表彰的客观财产秩序之平和稳定，其主要仰赖主体对财产的直接的、事实的管领行为，并不具有权利的意义；相应地，刑法通常以现实的占有侵夺而非权利侵害或观念的占有侵夺作为夺取型犯罪的构成要件以及侵占罪的排除事实。因此，刑法上占有较民法上占有更为现实，观念占有仅局限于较低的程度得到承认。①

然而，适应于经济生活与交易形态的现代化发展，刑法上占有不可避免地与民法上占有一道发生某种程度的观念化，这恰恰是由刑法上占有维系财产秩序的规范目的与制度功能所决定的。具言之，财产秩序的根据随着交易形态的现代化而不断沿革：农业社会的财产秩序主要以物理的、有形的"握有"为根据；工业社会的财产秩序适应新的经济机制，拓展出系统的、机关的"控制"为根据；而进入互联网时代，金融创新条件下的财产秩序则又扩展了数据化的"归属"为根据，其虚拟化趋向日益显著，虚拟化未来更是难以预测。不难发现，财产秩序的根据本质上属于社会一般观念的范畴，不同时代的财产秩序之根据受当时社会一般观念所决定，表现为不同的具体样态，但不容否认地以观念化为历史趋势。相应地，虽然现实管领是刑法上占有的本质与核心，但现实管领的内容与表现却随着社会一般观念的变迁而不断沿革：物理的乃至机关的管领仅仅是现实管领在一定历史时期的特定条件下所表现出的具体形态，而非现实管领的当然内容与必然实体；在现代交易条件下，尽管前述旧有的具体占有形态作为基础仍然广泛存在于经济生活中，但现实管领却不再以直接的、有形的接触为必要②，而是回归其社会一般观念的本来的、抽象的位阶，以规范的、社会的视角作为判断的本质与关键，社会一般观念上的管领力由此成为认定刑法上占有的决定要素。③换言之，"刑法上对于事实上的支配也是根据社会一般观念判断的"。④刑法上占有当然是现实的，但这并不否认其本质是规范的、社会的。因此，"刑法上的占有概念，必须认为是某种程度观念化的存在"。⑤在操作层面，应当具体考察财产的属性以及交易的时间、场所等要素，根据社会一般观念判断财产处于何者的"势力范围"之中，从而认定财产的占有归属。⑥应当认为，刑法上占有的观念化存在扩大化承认的趋势，这对于维系财产秩

---

① 参见刘明祥：《论刑法中的占有》，载《法商研究》（中南政法学院学报）2000 年第 3 期。
② 参见周光权、李志强：《刑法上的财产占有概念》，载《法律科学》（西北政法大学学报）2003 年第 2 期。
③ 参见刘明祥：《论刑法中的占有》；另参见郭晓红：《民、刑比较视野下的刑法"占有"研究》；另参见郭晓红：《民、刑比较视野下的占有之"观念化"》。
④ 张明楷：《诈骗罪与金融诈骗罪研究》，清华大学出版社 2006 年版，第 195 页。
⑤ 张红昌：《财产罪中的占有研究》。
⑥ 参见周光权、李志强：《刑法上的财产占有概念》；另参见黎宏：《论财产犯中的占有》。

序的平和稳定具有积极意义。随着社会文明程度的提高，占有观念化应当越来越多地为刑法所承认。①

综上，一方面，刑法上占有受原初的规范目的与制度功能所决定，较民法上占有当然地更为现实；另一方面，刑法上占有须适应于经济生活与交易形态的发展，便不可避免地与民法上占有一道，发生某种程度的观念化。由此，刑法上占有的现代化必须解决现实性与观念化的矛盾统一；换言之，在何种程度上承认占有观念化，或者说，承认占有观念化须达致何种触发条件，这是认定现代刑法上占有的关键。

（二）刑法承认占有观念化的触发条件：管领力的现实化

探究刑法在何种程度上承认占有观念化，亦即发现刑法承认占有观念化的触发条件，需要就占有观念化的不同表现分别考察。占有观念化主要表现为间接占有、占有继承、占有辅助三项制度，其均为民法所承认②，但刑法对其态度不一。

1. 刑法对间接占有的否认

间接占有，是直接占有的对称，二者系在质押、保管以及租赁等占有委托关系中，以占有人是否为直接的、事实的管领为标准，对占有委托人与占有受托人的双重占有所作的区分。直接占有指占有受托人对占有委托物为直接的、事实的管领，如质权人、保管人以及承租人等基于物权或债权关系而对质物、保管物或租赁物等标的财产实施的占有；间接占有则指占有委托人虽然不对占有委托物为直接的、事实的管领，但基于占有委托关系而对直接占有人享有返还请求权，从而对占有委托物为间接的、观念的管领，如出质人、托管人以及出租人等虽然不直接占有标的财产，但基于物权或债权关系而对质权人、保管人或承租人等享有返还请求权，由此对质物、保管物或租赁物等标的财产实施的占有。③简言之，间接占有系指占有委托人基于占有媒介关系向占有受托人移转直接占有，同时为自己创设返还请求权，通过占有受托人即直接占有人为占有的观念占有形态。

民法承认间接占有，是因为民法的核心在于保护民事权利，相应地，民法上占有更多地具有权利管领的意味，主体只要对标的财产享有一定权利，就可能被认为对标的财产具有一定程度上的管领，而管领即占有；间接占有人虽然不对占

---

① 参见郭晓红：《民、刑比较视野下的刑法"占有"研究》；另参见郭晓红：《民、刑比较视野下的占有之"观念化"》。
② 参见温世扬：《物权法要义》，第359页；另参见王利明主编：《民法》（第三版），第409页。
③ 参见刘智慧：《占有制度原理》，中国人民大学出版社2007年版，第151页。

有委托物为直接的、事实的管领，但基于占有委托关系而对直接占有人享有返还请求权，该返还请求权的享有在民法上即被理解为间接的、观念的管领而被承认为占有。①

然而，刑法并不承认间接占有：间接占有人仅凭返还请求权而具有的管领力，在刑法的立场观察，显得过于稀薄或者说观念化，以至于完全不能达到刑法承认观念占有的最低现实化条件。② 具言之，间接占有存在于占有媒介关系之中，占有委托人（间接占有人）以出质、托管或出租等意思，将占有委托物委托给占有受托人（直接占有人）为直接占有，便是赋予直接占有人相当程度的权限，以保证其具有履行占有委托之义务、实施直接占有之行为的充分能力。直接占有人享有的此种充分的受托权限使得其对占有委托物的管领力充分现实化，从而为刑法所承认；而间接占有人赋予直接占有人如此程度的受托权限，便是同时对其自身权限施加了基于占有抗辩权的重大限制，以至于其自身对占有委托物的管领力被严重削弱，此种过于稀薄的观念占有已经完全不足以充实刑法上占有所要求的现实管领力，因而不为刑法所承认。

相应地，间接占有与直接占有的此种管领力与现实性差异，使得侵害二者所导致的对占有所表彰之财产秩序的破坏程度有显著差异，从而决定了占有委托物侵占罪较盗窃罪轻③，且仅作为亲告罪、自诉罪而存在。具言之，盗窃罪系占有移转罪，是侵夺他人占有、变他人占有为自己占有的侵财行为：行为人对标的财产原本不具有现实管领力，系直接侵夺被害人对标的财产的现实管领。因此，对直接占有的侵害是对占有所表彰之财产秩序的有形的、直接的破坏，成立盗窃罪。与此相对，占有委托物侵占罪具有背信罪的属性，系不侵夺他人占有、变他主占有为自主占有的侵财行为：行为人基于占有媒介关系而受托对占有委托物为直接占有、他主占有，原本便具有现实管领力；其违背信赖变更占有意思而以所有的意思继续为占有，占有事实与占有归属未发生变动，其只是侵害被害人不具有现实管领力的间接占有，因而不存在对现实管领的侵夺。因此，对间接占有的侵害只是破坏占有委托关系中的信赖，对占有所表彰之财产秩序并不存在有形的、直接的破坏，成立占有委托物侵占罪。

2. 刑法对占有继承的否认

占有继承，系指被继承人死亡时，继承人法定当然承继被继承人的财产，从而

---

① 参见刘智慧：《占有制度原理》。
② 参见张红昌：《财产罪中的占有研究》。
③ 参见黎宏：《论财产犯中的占有》。

承继被继承人生前之占有。①

民法承认占有继承,系出于与承认间接占有相类似的理由。民法的核心在于保护民事权利,民法上占有亦更多地具有权利管领的意味。继承人得法定当然承继被继承人的财产,对遗产享有权利,便被认为对遗产具有一定程度上的管领,而管领即占有。在被继承人死亡、继承发生时,继承人虽然可能对该法律事实并不知悉,从而不存在对遗产的占有事实,甚至不可能具有占有意思,但其对遗产享有权利即被理解为间接的、观念的占有。②

刑法对占有继承的研究体现在对死者占有的讨论中。对死者占有的研究思路,通常是区分行为人出于夺取被害人财物的意图而将其杀害后占有遗物、行为人杀害被害人后临时起意占有遗物、与致死无关的第三人占有死者遗物三种具体情状,对将遗物据为己有的行为进行定性。一般认为,前一场合下,杀害行为系夺取财物的极端暴力手段,其实施本身便是对被害人生前占有的侵夺,成立抢劫罪,而非对所谓死者占有或继承人占有的侵夺。后两种场合下,死者遗物原则上被认为系无人占有,即因原占有人(死者)之死亡而成为占有脱离物,将其据为己有则成立占有脱离物侵占罪。这是因为,现实管领是刑法上占有的本质与核心。一方面,就死者占有而言,由于死者在事实上不可能再具有管领事实与管领意思,故其占有当然消灭,亦即死者占有通常不应当为刑法所承认。另一方面,就占有继承而言,在被继承人死亡、继承发生时,继承人可能对该法律事实并不知悉,从而不存在对遗物的占有事实,甚至不可能具有占有意思③;换言之,继承人对遗物不具有现实管领力,故不具有刑法上占有,亦即占有继承因过于观念化而不足以充实刑法上占有所要求的现实管领力,因而不为刑法所承认。

值得注意的是,在继承人已经取得死者遗物之占有的场合,行为人将该遗物据为己有则是变继承人占有为自己占有的占有侵夺行为,成立盗窃罪。譬如,死者于其住所死亡,则其遗物应当被视为处于与死者同住之继承人的现实管领之下,行为人将该遗物据为己有,便是对继承人占有的侵夺。④然而,应当看到,在此场合下,继承人实质上系根据场所控制而非继承之法理取得现实管领力以及占有,这与顾客遗忘在餐厅之物由餐厅管理人取得占有的机理具有同质性,只是场所控制人的具体身份不同而已。故该种所谓的"继承人继承占有"实为场所控制人取得占有,并不

---

① 参见刘昭辰:《占有》,三民书局2008年版,第47页。
② 参见刘昭辰:《占有》,第47—48页。
③ 参见张红昌:《财产罪中的占有研究》;另参见刘明祥:《论刑法中的占有》;另参见黎宏:《论财产犯中的占有》。
④ 参见刘明祥:《论刑法中的占有》。

成为刑法因现实管领力松弛而否认占有继承的例外。

3. 刑法对占有辅助的承认

占有辅助，系指借辅助占有为占有。辅助占有，作为自己占有（亲自为管领）的对称，系指在上下主从关系中，下位者即占有辅助人受上位者即真正占有人指示而对标的财产为事实管领，从而辅助上位者为观念管领，如雇员受雇主指示而管领货物、司机受车主指示而管领汽车、承揽人受定作人指示而管领定作人提供的原材料、银行受储户指示而管领存款等。① 简言之，占有辅助（借辅助占有为占有）系指上位者基于上下主从关系指示下位者为事实管领，通过下位者即占有辅助人的辅助占有为占有的观念占有形态。

民法否认下位者即占有辅助人的占有，承认上位者即真正占有人的占有；亦即否认辅助占有，承认占有辅助。这是因为，在占有辅助关系中，下位者基于上下主从关系而从属于上位者，其作为占有辅助人对标的财产的事实管领完全是受上位者的指示，是对上位者之占有意思的实现，而非实现其自己的某种独立意思；换言之，占有辅助人仅是作为上位者的意思机关、占有机关或者说占有工具而存在②，就占有关系而言，其人格已为上位者所吸收。民法的核心在于意思自治，既然占有辅助是通过指示替代实现上位者的意思，那么上位者便被承认为真正占有人；而占有辅助人只是受真正占有人指示的占有机关，无独立的占有人格与占有意思，因而不具有民法上的独立意义，不为民法所承认。

刑法对占有辅助的研究体现在对具有上下主从关系者之占有的讨论中，存在上位者占有说、共同占有说以及折中说三种主张，其中以上位者占有说为通说。上位者占有说认为，下位者对标的财产的事实管领系受上位者的指示，是对上位者意思而非自己独立意思的实现，故占有辅助关系中的现实管领力本质上归属于上位者而非下位者。现实管领是刑法上占有的本质与核心，因而在占有辅助关系中，刑法上占有归属于上位者；而下位者仅是上位者的占有机关，其辅助占有实非占有。③ 这一论述本质上与民法相同。由此，下位者作为占有辅助人，违反上位者的指示将标的财产据为己有，实际上是变上位者占有为自己占有的占有侵夺行为，成立盗窃罪。

值得注意的是，折中说对具有上下主从关系者之占有区分具体情状分别讨论。

---

① 参见王泽鉴：《民法物权2（用益物权·占有）》，中国政法大学出版社2001年版，第429页。
② 参见谢在全：《民法物权论》（下册），第946页。另参见刘智慧：《占有制度原理》，第153—155页。
③ 参见刘明祥：《论刑法中的占有》；另参见黎宏：《论财产犯中的占有》；另参见周光权、李志强：《刑法上的财产占有概念》；另参见桥爪隆：《论盗窃罪中的占有》，王昭武译，载《法治现代化研究》2019年第1期。

其承认占有辅助是具有上下主从关系者之占有的通常情状，该场合下，刑法上占有归属于上位者。但若上位者对下位者具有相当程度的信赖，并由此赋予下位者一定程度的处分权，那么下位者的占有便应当被承认：具体包括基于相当信赖与一定处分权的上位者、下位者之共同占有，以及基于高度信赖与充分处分权的下位者之单独占有。① 在此种场合，下位者对标的财产的事实管领系对其自己意思、至少是其与上位者之共同意思的实现，其占有人格与占有意思得到承认，故被认为具有现实管领力。事实上，此种现实管领力的归属其实已经进入占有委托关系的范畴，而不再成立占有辅助；换言之，下位者系依据占有委托而非占有辅助取得现实管领力。由此，下位者作为占有受托人，违背上位者的信赖将标的财产据为己有，实际上仅是变更占有意思而以所有的意思继续占有，即变他主占有为自主占有，占有事实与占有归属未发生变动，不存在占有侵夺行为，因而成立占有委托物侵占罪。一言以蔽之，"在判断占有的归属的时候，委托人和受托人之间的信赖关系的程度、强弱实质上成为重要的判断标准"。②

由此观之，关于具有上下主从关系者之占有，上位者占有说仅是就成立占有辅助的场合而论，折中说则是对成立占有辅助、占有委托的两种场合兼而论之。占有受托人（直接占有人）与下位者（占有辅助人）之间、占有委托人（间接占有人）与上位者（真正占有人）之间的区别就在于：在成立占有委托关系的场合，现实管领力由占有委托人让渡于占有受托人，故刑法上占有归属于直接占有人而非间接占有人；而在成立占有辅助关系的场合，现实管领力由上位者保有而非让渡于下位者，故刑法上占有归属于真正占有人而非占有辅助人。间接占有与占有辅助（借辅助占有为占有）同为占有观念化的具体表现，正是其间此种现实管领力的差异，导致前者不为刑法所承认，而后者则为刑法所承认。

4. 小结

如前所述，刑法对间接占有、占有继承、占有辅助三项占有观念化之具体表现持不同态度：刑法否认间接占有，因占有受托人（直接占有人）具有现实管领力、而占有委托人（间接占有人）的观念占有过于稀薄，故将对标的财产的占有归属于前者；刑法同样否认占有继承，因继承人的观念占有过于松弛、不具有现实管领力，故不承认其对标的财产的占有；但刑法承认占有辅助，因上位者（真正占有人）的观念占有足以充实刑法上占有所要求的现实管领力，而

---

① 参见刘明祥：《论刑法中的占有》；另参见黎宏：《论财产犯中的占有》；另参见周光权、李志强：《刑法上的财产占有概念》；另参见桥爪隆：《论盗窃罪中的占有》。

② 黎宏：《论财产犯中的占有》。

下位者（占有辅助人）的事实管领则不具有现实管领力，故将对标的财产的占有归属于前者。

由此观之，在观念化的场合，刑法上占有仍以现实管领为本质与核心。应当认为，刑法在肯认现实管领力的程度上承认占有观念化，亦即管领力的现实化系刑法承认占有观念化的触发条件。

仍须强调的是，在论证刑法上占有观念化的事实性、正当性与条件性时，本文将民法上占有观念化的内涵与三项主要制度表现作为重要参照，并非不加甄别地将民法理念嫁接到刑法领域。如前所述，刑法上占有的概念从其渊源上就具有民法上占有的基因，刑法上占有与民法上占有存在着不容否认的内在关联。因此，为观察刑法上占有观念化的趋势、特征与限制，将民法上占有观念化作为比照是有意义的选择。

四、债权之受领权能作为观念占有形态

（一）债权之受领权能的功能

1. 权能之于权利

权利，乃服务于主体一定利益的实现或维持而由法律上之力保证实现的自由。[①] 权能，作为与权利及其运行和实现直接相关的概念，对其的理解自然也均是从其与权利之关系的角度进行阐释的，主要表现为三种主张。其一，权利内容说。该说主张，广义的权利内容包括权利的发生条件、存续期间以及主体对客体的支配方式；其中，权利的支配方式即权能，是权利内容的核心即狭义的权利内容。[②] 其二，权利形式说（支配方式说）。该说主张，权利即主体对客体的支配资格，而支配便是在客体上实现主体的意志，不同的客体有不同的支配方式（意志实现方式）；主体对客体的具体支配方式，即权利的存在形式、表现形式，便是权能。[③] 其三，

---

① 参见王利明主编：《民法》（第三版），第 118 页。
② 参见王利明主编：《民法》（第三版），第 240 页；另参见李锡鹤：《民法原理论稿》（第二版），法律出版社 2012 年版，第 413—414 页；另参见李锡鹤：《民法哲学论稿》（第二版），复旦大学出版社 2009 年版，第 317 页。
③ 参见龙卫球：《民法总论》，中国法制出版社 2001 年版，第 137 页；另参见李锡鹤：《民法原理论稿》（第二版），第 422—423 页；另参见李锡鹤：《民法哲学论稿》（第二版），第 316 页。

权利行为说。该说主张，权能是权利人为实现其权利而对客体可以实施的行为，权利人正是通过行使权能来实现权利；权利的每一项权能均意味着权利人可以对客体实施一类行为或一系列行为的可能性，是权利人于法律规定的范围内可以采取的各种措施与手段。[1]

关于权能概念的前述三种主张，实质上是同一本体的不同侧面。具言之，权利作为法律上之自由，其以主体对客体的支配（主体意志在客体上的实现）为内容，同时也以该种支配为其存在和表现形式；所谓法律上之自由，即是由法律上之力提供保障的实施一定行为的可能性，故权利的内容与形式统一于该种权利行为。权利并非止于抽象的存在，而是通常包含着若干具体的支配内容、表现为若干具体的支配形式、实现于若干具体的支配行为——此种具体层面的统一，便是权能。

2. 受领权能之于债权

债权，乃请求他人为一定给付即行为（包括作为与不作为）而享有一定利益的权利。[2] 债权的权能一般可归纳为三项。其一，请求权能。债权人并非基于对债务人人身或财产的直接支配，而是请求债务人以给付相配合，从而实现债权。其二，受领权能（包括保有权能）。债权的真正实现，在于债权人于债务人为给付时得受领并保有债权利益，此系债权人追求的最终结果。其三，保护权能（亦称执行权能）。债权人于债务人不履行债务时得请求法律上之力强制实现债权。在该三项权能中，请求权能具有形式上的意义，受领权能具有最终的实质性意义，保护权能则具有第二性的救济意义。[3]

关于受领权能在债权权能体系中的地位，债权的实质功能或者说根本目的在于将债务人的给付归属于债权人，由此一中心展开，债权人方得请求、受领、保有以及执行债务人的给付。债权人享有代位权、撤销权以及选择权等一系列具体权利，其宗旨均是最终实现受领。因此，债权的本质内容乃受领给付，受领权能系债权的基础权能与本质权能；而其他权能均为受领权能的派生权能、救济权能。[4] 质言之，债权之受领权能与其他权能之间具有着本质与现象的关系。

---

[1] 参见马俊驹、余延满：《民法原论》（第三版），法律出版社2007年版，第326—327页。另参见梁慧星主编：《中国物权法研究》（上），法律出版社1998年版，第258页；另参见蔡永民、李功国、贾登勋主编：《民法学》，人民法院出版社、中国社会科学出版社2006年版，第357页。

[2] 参见王利明主编：《民法》（第三版），第120页。

[3] 参见龙卫球：《民法总论》，第137页；另参见蔡永民、李功国、贾登勋主编：《民法学》，第486页。

[4] 参见王泽鉴：《债法原理》（第二版），北京大学出版社2013年版，第59页；另参见李锡鹤：《民法原理论稿》（第二版），第447页；另参见李锡鹤：《民法哲学论稿》（第二版），第325页。

（二）债权之受领权能与债权利益之观念占有

1. 一般法理的普遍分析

如前所述，受领权能是债权的基础权能与本质权能①，债权的最终实现仰赖债权之受领权能的作用与实现。由于民法的核心在于保护民事权利，主体只要对标的财产享有一定权利，就可能被认为对标的财产具有一定程度上的管领，从而即使不存在直接的、事实的占有，也仍被承认具有观念占有（权利管领）。②债权人凭借债权之受领权能的作用与实现，得受领并保有债权利益（如作为价款请求权指向之利益的价款）——此系将债权利益最终归属于债权人的现实行权机制，其权利现实化程度远远高于请求权能的作用机制。由此，债权之受领权能的作用与实现使得债权人对债权利益具有一定程度的管领——至少是民法意义上的管领。应当认为，债权之受领权能满足民法上占有的实质规范性，是一种观念占有形态。

本文研究的核心问题在于，债权之受领权能作为一种观念占有形态，是否以及在何种程度上为刑法所承认？具言之，刑法上占有以现实管领为本质与核心，刑法在肯认现实管领力的程度上承认占有观念化，亦即以管领力的现实化为其承认占有观念化的触发条件；那么，债权之受领权能是否以及在何种程度上足以充实刑法上占有所要求的现实管领力，达致刑法承认占有观念化的管领力现实化之触发条件，从而被承认为对债权利益的刑法上占有？这一问题对于解决二维码案具有实益，同时对刑法上占有理论具有合目的的突破与创新意义。

债权之受领权能并非静态，而是处于一个不断发展、充实与现实化的过程中。从债权与其受领权能的关系观察，债权的实现流程本质上就是债权之受领权能的作用进程：债权发生之初便当然地内含着受领权能，但此时受领权能可能因债务人具有期间抗辩权、履行抗辩权等给付保有事由（债务不履行事由）而处于"休眠"状态，状态不定、作用与实现前途不明，无法现实地作用与实现，债权人因而往往无法受领债权利益，其凭借债权之受领权能而对债权利益具有的管领力松弛、稀薄，远远不足以充实刑法上占有所要求的现实性；当债务履行期届至、债权人先行履行己方义务等法律事实发生，给付保有事由消灭，债权之受领权能便得以"苏醒"，濒于并最终作用与实现，从而使债权人得以受领债权利益、实现债权，债权人凭借

---

① 参见王泽鉴：《债法原理》（第二版），第59页；另参见李锡鹤：《民法原理论稿》（第二版），第447页；另参见李锡鹤：《民法哲学论稿》（第二版），第325页。
② 参见温世扬：《物权法要义》，第359—373页；另参见王利明主编：《民法》（第三版），第409—436页。

债权之受领权能而对债权利益具有的管领力充分现实化,达致刑法上占有所要求的现实性。在债权之受领权能从"休眠"到"苏醒",再到最终作用与实现的这一过程中,债权人凭借债权之受领权能而对债权利益具有的管领力渐趋现实化:从完全的松弛、稀薄,不断得到充实,并最终达致刑法上占有所要求的现实性,从而使得债权之受领权能濒于实现或者说作用在即的管领力现实化样态,作为对债权利益的观念占有形态,最终为刑法所承认。

当然,在操作层面,应当具体考察债权利益的属性以及交易的时间、场所等要素,根据社会一般观念判断债权利益是否已经进入债权人的"势力范围"之中①,从而认定债权人对债权利益的管领力是否充分现实化,以致被承认为刑法上占有。

2. 二维码案的具体适用

如前所述,二维码案的定性须经历被害人的认定、行为人客观行为与顾客支付行为的评价以及被移转占有之财产及其占有归属的认定这三项分析的检验。首先,综合考虑生活事实、法律规范以及实务操作三个层面,应当将商户认定为二维码案的被害人。其后,从价款之占有移转对商户或顾客之自由意思的违背形态与程度观察,行为人调换或覆盖微信收款二维码的行为并非对商户或顾客实施的虚构事实或隐瞒真相的行为,而应当被评价为获取顾客支付给商户之价款的秘密手段。经历前两项分析,行为人调换或覆盖微信收款二维码获取价款的行为仅可能成立对商户的盗窃罪。由此进行最后一项分析,行为人的前述行为究竟系移转商户以何种形态对何种财产的占有?由于商户对顾客的价款债权事实上并非被移转至行为人占有,而是直接消灭,因此必须说明商户在顾客扫描微信收款二维码转账付款前已经以某种形态对其债权利益(形式上为商户原本应当从顾客处受让的对微信支付平台的存款请求权,实质上系商户原本应当从顾客处收取的价款)实施着占有。否则,行为人调换或覆盖微信收款二维码收取价款的行为便无法该当其仅可能该当的盗窃罪之构成要件,从而不该当任何犯罪的构成要件,只能被认为无罪。这样的定性结论显然是令人难以接受的。

"以农业社会的立场,我们无法解决互联网时代的问题。穿透技术复杂性的迷雾,刑法对于不正义之事并非无能为力。袖手旁观,不闻不问,这不符合公众朴素的正义感。"② 如前所述,对刑法上占有进行观念化扩张,承认在债权之受领权能濒

---

① 参见周光权、李志强:《刑法上的财产占有概念》;另参见黎宏:《论财产犯中的占有》。
② 林维:《穿透技术复杂性迷雾,薅羊毛行为可能触犯三个罪名》,2019年3月11日,http://www.legaldaily.com.cn/IT/content/2019-03/07/content_7791344.htm?from=timeline&isappinstalled=0。

于实现或者说作用在即的场合,债权人对债权利益具有现实化的管领力,从而具有刑法上占有,这一刑法现代化的思路能够解释前述第三项分析中关于行为人以何种形态占有债权利益的问题,从而为二维码案取得定罪的正义结果。

具言之,商户与顾客口头订立买卖合同时,商户的价款债权便当然地内含着受领权能而发生。但在商户履行己方债务、向顾客交付标的物前,顾客享有履行抗辩权(通常系同时履行抗辩权,也可能为顺序履行抗辩权),得暂时不履行其债务、保有价款。当然,由于二维码案发生于日常生活消费过程中,交易形式系面对面的、即时的钱货两清,且每笔标的额一般都不大,几乎谈不上信赖的风险,因而现实生活中的顾客通常不大会计较其与商户履行各自债务的先后顺序,可能先行履行己方交付价款的债务。但不容否认的是,此一阶段,商户债权之受领权能能否作用与实现,取决于顾客是否放弃行使其履行抗辩权:若顾客放弃行使履行抗辩权,则商户债权之受领权能"苏醒",从而使商户得以受领价款;若顾客不放弃行使履行抗辩权,则商户债权之受领权能确定地处于"休眠"状态,无法作用与实现,商户因而无法受领价款。由此观之,在商户履行己方债务、向顾客交付标的物前的阶段,商户债权之受领权能状态不定、作用与实现前途不明,很难认为商户凭借其债权之此种受领权能而对债权利益具有某种程度的甚至是最低限度的管领力;管领力完全松弛、稀薄,远远不足以充实刑法上占有所要求的现实性。因此,在这一阶段,商户对其债权利益不具有刑法上占有。

然而,当商户履行己方债务、向顾客交付标的物时,顾客的履行抗辩权消灭,必须立即履行其债务、向商户交付价款。此时,商户债权之受领权能确定地"苏醒",濒于实现或者说作用在即,使商户得随时受领价款、实现债权。进一步说,由于二维码案的交易形式系面对面的、即时的钱货两清,且交易场所为商户自己的商铺,为商户所实力地、现实地控制;在商户履行己方债务、向顾客交付标的物后,若顾客迟迟不为对待给付,商户甚至有权实施自力救济以强制顾客交付价款、确保其债权得到实现。如前所述,认定债权人对债权利益的管领力是否充分现实化,以致被承认为刑法上占有,应当具体考察债权利益的属性以及交易的时间、场所等要素,根据社会一般观念判断债权利益是否已经进入债权人的"势力范围"之中。[①] 从二维码案的交易形式与交易场所观察,在商户向顾客交付标的物后,商户的债权利益(作为价款债权指向之利益、以对微信支付平台的存款请求权之形式存在的价款)对商户而言实际上已是唾手可得,处于商户的"势力范围"之中。此一

[①] 参见周光权、李志强:《刑法上的财产占有概念》;另参见黎宏:《论财产犯中的占有》。

对债权利益的归属判断符合社会一般观念的认识。由此观之，在顾客扫描微信收款二维码转账付款前，商户债权之受领权能已濒于实现或者说作用在即，商户凭借其债权之此种受领权能而对债权利益具有的管领力已经显著地、充分地现实化，足以充实刑法上占有所要求的现实性；换言之，在此阶段，商户债权之受领权能已经达致刑法承认占有观念化的管领力现实化之触发条件，从而被承认为刑法上占有形态，亦即商户对其债权利益具有刑法上占有。

判例对此作出了形象的阐释：商户向顾客交付标的物后，其"财产权利已然处于确定、可控状态，顾客必须立即支付对等价款"；微信收款二维码正如商户的收银箱，顾客扫描二维码便是向收银箱付款；被告人秘密调换或覆盖二维码，相当于秘密用自己的收银箱替换商户的收银箱，从而使顾客交付的价款落入被告人自己的收银箱，进而占为己有。[①] 这一论述其实是在管领力现实化的条件下，承认刑法上占有的观念化。笔者认为，此对刑法上占有概念的合目的的、实质的解释与突破，具有鲜明的网络时代的特征，能够反映支付方式的变革，回应技术进步的挑战。

此外，知悉是财产权对抗力的基础，权利人得对抗一切知悉其权利的人；占有实际上是在向他人宣示财产权，他人对其知悉的财产权之侵害，成立对表彰该财产权之占有的侵害。[②] 这一知悉对抗法理在占有归属之判断存在模糊的场合具有实益。譬如，某甲不慎将其财物从高层住所的阳台掉落至楼下，但其始终注视着此物并向路过者呼喊提示，此时某乙路过其楼下：若某乙未听见某甲的提示而不知情，则某甲对该财物不具有得对抗某乙的占有，故该财物（至少对某乙而言）系占有脱离物，某乙取走此物成立占有脱离物侵占罪；若某乙明知前情，则某甲对该财物具有得对抗某乙的占有，故该财物（至少对某乙而言）仍系某甲占有，某乙取走此物成立盗窃罪。以同一法理检视二维码案，行为人于商铺调换或覆盖商户的微信收款二维码，其当然知晓其行为系侵害商户的价款债权，则商户对其债权利益具有得对抗行为人的占有，故该债权利益（至少对行为人而言）系商户占有。此一知悉对抗法理对于将行为人的前述行为认定为对商户对其债权利益之刑法上占有的侵害，至少具有侧面的解释力。

综上，二维码案中，当商户向顾客交付标的物时，其债权之受领权能确定地

---

① 参见福建省石狮市人民法院（2017）闽0581刑初1070号刑事判决书、（2017）闽0581刑初1070号刑事裁定书。
② 参见张淞纶：《财产法哲学——历史、现状与未来》，法律出版社2016年版，第170页；另参见迪特尔·施瓦布：《民法导论》，郑冲译，法律出版社2006年版，第226页。

"苏醒"，濒于实现或者说作用在即。因此，在顾客扫描微信收款二维码转账付款前，商户凭借其债权之此种受领权能而对债权利益（以对微信支付平台的存款请求权之形式存在的价款）具有的管领力已经充分现实化，足以充实刑法上占有所要求的现实性；换言之，此一阶段，商户债权之受领权能已经达致刑法承认占有观念化的管领力现实化之触发条件，从而被承认为刑法上占有形态，亦即商户对其债权利益具有刑法上占有。由此，行为人秘密调换或覆盖商户的微信收款二维码获取价款的行为，成立对商户前述债权利益即应收价款的盗窃。

五、结论

债权之受领权能并非静态，而是处于一个不断发展、充实与现实化的过程中，债权的实现流程本质上就是债权之受领权能的作用进程。在债权之受领权能从"休眠"到"苏醒"，再到最终作用与实现的这一过程中，债权之受领权能并非当然地、自始地、全流程地被承认为刑法上占有；只有当债权之受领权能濒于实现或者说作用在即，使得债权人据此对其债权利益具有的管领力充分现实化、达致刑法上占有所要求的现实性之时，才作为刑法上观念占有被承认。二维码案中，在顾客扫描微信收款二维码转账付款前，商户凭借其债权之受领权能而对债权利益具有的管领力已经充分现实化，商户由此应当被认为对其债权利益具有刑法上占有。故行为人攫取价款的前述行为成立对商户债权利益即应收价款的盗窃。

诚然，商户的确未曾事实占有过其债权利益，但这并不意味着刑法不能以规范的、社会的视角本质地理解并承认其具有刑法上观念占有。这是因为，法学是规范学，而非单纯的事实学；刑法学认定具体行为是否该当某犯罪构成要件，实质上便是将规范适用于事实、将事实涵摄于规范。在这一"目光在规范与事实间来回流转"的法学推理（法解释与法适用）过程中[1]，应当认识到，"案件事实并非是一种'裸'的事实，而是一种构成要件该当的事实，它是经由规范的'格式化'而形成的一种法律事实"[2]。而本质则恰恰是事实与规范的连接点。具言之，"'事物本质'是一种观点，在该观点中存在与当为互相遭遇，它是现实与价值互相联系（'对应'）的方法论上所在。因此，从事实推论至规范，或者从规范推论至事实，一直

---

[1] 参见舒国滢：《法哲学沉思录》，北京大学出版社2010年版，第35—37页；另参见舒国滢、王夏昊、雷磊：《法学方法论》，中国政法大学出版社2018年版，第105—106、335—337页。

[2] 陈兴良：《刑法教义学方法论》，载《法学研究》2005年第2期。

是一种有关'事物本质'的推论"。① 一言以蔽之,"规范与事实之所以能够取得一致,是由于存在一个第三者,即当为与存在之间的调和者——事物的本质"。②

由于现行刑法对盗窃罪的规定采简单罪状模式,且立法的稳定性、滞后性与事实的多变性、复杂性之间具有恒久存在的矛盾,因此,对技术创新条件下盗窃罪诸构成要件的解释,更需要从本质出发,根据社会一般观念,认定本质的具体表现;占有作为盗窃罪的核心构成要件要素,尤其具有此现实需求。如前所述,现实管领是刑法上占有的本质与核心,但现实管领的内容与表现却随着社会一般观念的变迁而不断沿革。"从解释论上来说,任何人都不应当将自己熟悉的案件事实当作法律规范或构成要件。"③ 不能以经验判断代替规范判断。那种无视刑法上占有的规范本质以及关于占有之社会一般观念的变迁,"顽固地"以农业社会的传统经验理解网络时代的数据化犯罪,从而使陈旧的、未现代化的对刑法上占有之理解,成为阻碍刑法上占有观念化、现代化之理论藩篱的观点,有循环论证之嫌,是没有道理的。④

如前所述,关于二维码案的盗窃罪定性应当被认为是符合——至少是最可能符合社会一般观念和国民预测的,且其能够借由教义学推释而证成。在法教义学无法作出唯一结论、诸法解释众说纷纭且彼此无法说服的场合,社会一般观念或者说国民预测或许能够作为甄选法解释的标准:于罪刑法定的解释边界内、于法教义学的辐射范围中,在诸法解释中择一裁判,当以符合或最贴近社会一般观念与国民预测者为佳。这并非是司法民粹主义,而是为法教义学选取用于裁判之最终法解释提供了切实可行的正当化方案。毕竟,虽然学理上可以无尽探讨,但裁判却应当追求统一与稳定;刑法学的目的在于精细化地准确评价行为,而非刻意谋求"编织"一门为普罗大众所无法理解与接受的"曲高和寡"的学科。由此,在罪刑法定的框架内,尽可能地解释与正当化国民预测与法感情,或许应当成为刑法教义学所追求的功能与价值。

---

① 亚图·考夫曼:《类推与"事物本质"——兼论类型理论》,吴从周译,学林文化事业有限公司 1999年版,第103页。
② 张明楷:《刑法分则的解释原理》,中国人民大学出版社2004年版,序言第8—9页。
③ 张明楷:《三角诈骗的类型》。
④ 参见周铭川:《偷换商家支付二维码获取财物的定性分析》。

Ratio Juris

2020

Legal Philosophy, Legal Methodology and Artificial Intelligence

Vol. 06   December, 2020

Feature Article

On the Use of Economic Analysis in Legal Methodology

Wang Peng-Hsiang   Chang Yun-Chien

Abstract: Scholars using economic analysis of law and the doctrinal study of law rarely have a meaningful dialogue. This article attempts to incorporate economic analysis into the doctrinal study of law, the traditional legal methodology, in the following ways. First, economic analysis is not only essential in the textual and historical interpretations in certain statutes but also a type of teleological argument in purposive interpretations of statutes. Hence, economic analysis of law can be integrated into the traditional canons of interpretation, rather than serving as a stand-alone interpretive approach. Second, efficiency, the normative goal of economic analysis of law, can be categorized into first order and second order. First-order efficiency is a substantive goal, such as allocative efficiency and production efficiency. Second-order efficiency is a tool for weighing competing values, goals, interests or principles; put differently, second-order efficiency optimizes or maximizes a set of potentially incompatible purposes. First-order efficiency can explain and justify most immanent principles of private law and thus constitute the unity foundation of the internal system of private law. Since legal principles have the structure of optimization requirements, second-order efficiency is embedded in the application of every principle. Finally, economic analysis can play the role of meta-methodology, justifying a choice of one among mulitple conflicting interpretations from different interpretive approaches. Efficiency can be employed as a normative reason to justify a choice of legal interpretation and to create judge-made law.

Keywords: Economic analysis; the doctrinal study of law; efficiency; incentive; legal methods; statutory interpretation; judicial development of law; meta-methodology (second-order methodology)

Symposium: Risk Society & Ethics of Responsibility

The Dictatorship and the Exigency under the Context of Socialistic China: How to Distinguish Them? How to Exercise Them?

Yang Haizhou

Abstract: Dictatorship and exigency is a pair of words which are similar in the outside and mixed up in the inside, the former is often used in the political discourse system, while the later is often used in the legal context. However, the inseparability of politics and law leaves the two the space of converging and blending to a certain extent with each other, and create a theoretical space for comparing them. Under the context of socialistic China, dictatorship is semantically generated by the politics, of which the subject is the people, and the aiming target is the hostile, for most of the time it runs freely outside the law while suppresses the basic rights, also its state lasts a longer time. While the word exigency is formulated through the legal process, of which the subject is the country, and the aiming target is the emergency, it runs under the absolute restraint of legal systems and can not infringe the basic rights, besides, its state lasts shorter when compared with dictatorship.

Keywords: Socialism; dictatorship; exigency; semantic analysis

Featured Column: Artificial Intelligence & Computational Jurisprudence

An Attempt to Open Algorithms in Intelligent Justice

Wang Zhicheng

Abstract: With the development of intelligent judicial construction, the problem of algorithm black-box has attracted a lot of attention. The voice of breaking algorithm black-box through open algorithm is increasingly strong. The reason is that on the one hand, the algorithm can play a core role, on the other hand, the black-box affects the judicial justice. In essence, the problem of eliminating the algorithm black-box is how to design an open scheme, and the main problems that hinder its disclosure are cost considerations, property rights restrictions, etc., which are also the standards to test the open scheme. Among the many possible public objects, the court may be a better choice than the government. The choice of the open method depends on the role of the intelligent trial equipment in the judgment. The algorithm of the low intelligent program is considered in the cost and efficiency, and can be tested regularly after the event. The more intelligent the judicial equipment is, the more necessary it is to approve in advance. The algorithm scheme at the time of fixed delivery is compared with the algorithm at the time of detection, so as to check the algorithm.

Keywords: Wisdom judiciary; algorithm; algorithm black-box; algorithm disclosure; AI

"Experiment" in Law: An Integration through Empirical Research to Practical Teaching

Tao Hongguang

Abstract: traditional law insists on a strict method of normative/value analysis, does not stand for the entering of "experimental" method into the field of law, which inevitably leads to a result of losing communication between law and real human life. To conquer this problem, there is a need for modern law to focus on the reality, and reflect the real operation of law through reality, which leads to the inevitability of "experiment", a method with scientific mark, entering the field of law. From a practical point of view, whateverlaw as a science or a discipline, they bothuse a large number of "experimental" methods: in the research of law, the typical embodiment of "experiment" is thought experiment, field experiment and the establishment of legal technology laboratory; In the teaching of law, the typical embodiment of "experiment" is the experimental class of law talents and moot court. Whether field experiment or experiments by any other means, they do not belong to the category of controlled experiment, this is determined by the certain nature of the experiment itself: in the process of conducting, experiment will be affected by many uncertain factors, so that the research results will have certain limitations, the experimental conclusion obtained is not comprehensive enough. And the way to overcome the limitations of the current "experiment" in the field of law is to integrate the widely used methods and mode of thinking with "experiment" characteristicsin the practice teaching and research of law at present, making the methods and mode of thinking run through the research and teaching, so as to realize that the whole law discipline becomes experimental. This "experiment" of unified kind that running through the research and teaching of law consists of three elements, the first one the theory of law; the second is the object of and instruments needed for the experiment; and the third is to analyze the dataobtained from the experiment. Conducting a unified "experiment" must be equipped with two conditions: the first is the technology condition, and the second is the jurist that work on the experiment of law.

Keywords: Traditional law; modern law; "experimental" research of law; teaching of law

Cases Review

An Analysis on the Range of the Right Secured by the Real Estate Mortgage: Beginning with a Sample Case

Qi Xin

Abstract: Considering that real property register requirements based on rules have long been divorced with the real practice. With regard to the range of the right secured by real estate mortgage, judicial opinions are widely controversial. Whether the register or the agreement shall prevail, is not conclusive yet even after the enactment of the Property Law. In practice, registration of such range is not required by rules, therefore, information in the column of 'monetary value of mortgage' or 'monetary value of principal right secured by the mortgage' should not be deemed as a substantial cab on such range. However, it is not rare to find cases in which the court intends to identify such range according to the register, although the register never includes information on it. Such phenomenon could be understood as decision based on policy, which are definitely not accepted by the pattern of the current system. In order to extricate from the difficult position, the Minutes of the National Court Work Conference for Civil and Commercial Trials introduced the Art. 58 to unify the judging method, which incurs unexpected challenges. In this article, the author tries to restore the real state of mortgaging transactions, and analyze the rationality of practice in typified way, as to find a justified place for the Art. 58.

Keywords: Real estate mortgage; range of the right secured by the real estate mortgage; monetary value of principal right secured by the mortgage; the effectiveness of registration credibility; the principle of registration effectiveness

On Creditor's Rights' Function of Taking Delivery as a Form of Possession in Property Crimes:

Based on the Analysis of the Legal Determination of the QR-Code Case

Hao Yun

Abstract: The legal determination of the QR-Code Case has to go through three analyses. To start with, merchants are supposed to be recognized as victims of the QR-Code Case. Then, that actors make WeChat charging QR-Codes swapped or covered should be evaluated as secret means to obtain fees paid to merchants by customers, which is only probable to be the crime of theft from merchants. Lastly, it is necessary to explain that merchants have somehow already been in possession of their interests of creditor's rights-fees in the form of the claim right for deposits towards WeChat payment platform-before customers operate transfer-payments by scanning WeChat charging QR-Codes. In terms of normative purposes and institutional functions, the actual domination is the essence and core of possession in criminal law, but its contents and representations have been constantly evolving along with the general concept of society, especially under the condition of modern transactions. The above thinking of modernization of criminal law on conceptually expanding possession in criminal law is able to bring the QR-Code Case a just ending of conviction: the modality of actualization of dominating force that creditor's rights' function of taking delivery comes to the verge of realizing or functioning-when merchants deliver subject matters to customers-is explained as a form of conceptual possession of interests of creditor's rights and creditor's rights' function of taking delivery here is considered sufficient to satisfy the actual dominating force embodied by possession in criminal law and meet the trigger condition of actualization of dominating force on which conceptualization of possession is acknowledged by criminal law, thus, is recognized as possession in criminal law of interests of creditor's rights. Therefore, the mentioned acts constitute the crime of theft of merchants' interests of creditor's rights-fees receivable. This legal determination is supposed to be considered in conformity with, or at least most probable to conform to the general concept of society and the forecast of nationals.

Keywords: The QR-Code case; creditor's rights' function of taking delivery; conceptualization of possession in criminal law; actualization of dominating force

稿约

中国政法大学法学方法论研究中心始终以"追踪国际法理学研究前沿"为己任，于2012年创办《法学方法论论丛》，至今已走过了八载岁月。如今我们拓宽视野、砥砺前行，为更加契合学界的知识诉求、对接读者的阅读需要，我中心特联合北京市天同律师事务所，将《法学方法论论丛》改版为一个新的刊物——《法理：法哲学、法学方法论与人工智能》。

本刊定位为公开出版的、聚焦于法理学和法哲学理论研究的专业学术刊物，重点关注法学方法论、人工智能等议题的最新研究进展，设有"专题研讨""论文""书评""案评"四个版块。投稿请以电子邮件方式发送至本刊邮箱：jurisjournal@126.com。本刊目前授予"中国知网"等数据库以电子版权，并可能通过"法理杂志"微信公众号、"法学学术前沿"微信公众号等媒体进行对外传播。凡向本刊投稿的作者，均视为同意上述传播。如有异议，请在来稿时注明。

来稿规范说明

1. 来稿论文应包括题目、内容提要（200字左右）、关键词（3—5个）、作者简介、正文等。

2. 引用文献、对正文的注释性文字说明，一律用脚注。外文文献不译成中文。

3. 参考文献的书写格式分完全格式和简略格式两种。

4. 参考文献第一次出现时，应用完全格式。完全格式的构成：

4.1　著作：作者、著作名、出版者、出版年、页码

① 朱光潜：《变态心理学派别》，商务印书馆 2015 年版，第 35 页。

② J. Lacan, *Écrits*, Éditions du Seuil, 1966, p.53.

③ Ronald Dworkin, *Taking Rights Seriously*, Harvard University Press, 1977, pp.6–7.

④ Ronald L. Cohen (ed.), *Justice: Views from the Social Sciences*, Plenum Press, 1986, p.31.

4.2　译作：作者、著作名、译者、出版者、出版年、页码

① 古斯塔夫·拉德布鲁赫：《法律智慧警句集》，舒国滢译，中国法制出版社 2001 年版，第 47 页。

② 孟德斯鸠：《论法的精神》上册，张雁深译，商务印书馆 1961 年版，第 91 页。

③ S. Freud, *Two Case Histories ("Littles Hans" and The "Rat Man")*, Trans. by Anna Freud, Assisted Alix Strachey and Alan Tyson, The Hogarth Press, 1955, p.100.

4.3　文章

4.3.1　期刊／报纸中的文章：作者、文章名、报刊名、年代、期数

① 张千帆：《从管制到自由》，载《北大法律评论》第 6 卷第 2 辑，北京大学出版社 2005 年版。

② 贺卫方：《"契约"与"合同"的辨析》，载《法学研究》1992 年第 2 期。

③ 贾林男：《银商与中国银联商号之争》，载《中华工商时报》2007 年 5 月 23 日。

④ Heath B. Chamberlain, "On the Search for Civil Society in China", *Modern China*, vol. 19, no. 2 (April 1993), pp.199–215.

4.3.2　编辑作品中的文章：作者、文章名、主编人、编辑作品名、出版社出版年、页码

① 陈弘毅：《从福柯的〈规训与惩罚〉看后现代思潮》，载朱景文主编：《当代西方后现代法学》，法律出版社 2002 年版，第 223 页。

② H. L. A. Hart, "Positivism and the Separation of Law and Morals", in H. L. A. Hart (ed.), *Essays in Jurisprudence and Philosophy*, Clarendon Press, 1983, pp.57–58.

4.4　网络资源：作者、文献名、访问日期、网址

① 杨德明：《西双版纳的傣家斗鸡》，2015 年 11 月 2 日，http//xschina.org/show.php?id=10672。

② The Council of Australia Governments, *Water Reform Framework*, http:// www.

disr. gov. au/science/pmsec/14meet/inwater/app3form.html, last visited 21/07/2003.

5. 参考文献在文中第 **2** 次及其后出现时，可采用如下 **2** 种简略格式：

① 只写作者、书（文）名、页码（文章无此项），这几项的写法同完全格式，如：

朱光潜:《变态心理学派别》，第 35 页。

J. Lacan, *Écrits*, p.53.

Robert J. Steinfeld, "Property and Suffrage in the Early American Republic".

② 紧接同一条文献，中文只写"同上。"字样，西文只写"ibid."字样。

6. 翻译作品注释规范保留原文体例。

著作权使用声明

本刊已许可中国知网等网络知识服务平台以数字化方式复制、汇编、发行、信息网络传播本刊全文。本刊支付的稿酬已包含网络知识服务平台的著作权使用费,所有署名作者向本刊提交文章发表之行为视为同意上述声明。如有异议,请在投稿时说明,本刊将按作者说明处理。